艾坚 著

时代文化论要

SHIDAI WENHUA LUNYAO

山西出版传媒集团　山西经济出版社

图书在版编目(CIP)数据

时代文化论要 / 艾斐著.—太原:山西经济出版社,
2012.11

ISBN 978 - 7 - 80767 - 600 - 3

Ⅰ.①时… Ⅱ.①艾… Ⅲ.①文化研究 - 中国
Ⅳ.①G12

中国版本图书馆 CIP 数据核字(2012)第 251001 号

时代文化论要

著　　者:艾　斐
出 版 人:赵建廷
责任编辑:李慧平
装帧设计:赵　娜

出 版 者:山西出版传媒集团·山西经济出版社
社　　址:太原市建设南路 21 号
邮　　编:030012
电　　话:0351 - 4922133(发行中心)
　　　　　0351 - 4922085(综合办)
E - mail:sxjjfx@ 163. com
　　　　　jingjshb@ sxskcb. com
网　　址:www. sxjjcb. com

经 销 者:山西出版传媒集团·山西经济出版社
承 印 者:山西人民印刷有限责任公司

开　　本:787mm×1000mm　1/16
印　　张:26. 25
字　　数:456 千字
印　　数:1—3000 册
版　　次:2013 年 1 月　第 1 版
印　　次:2013 年 1 月　第 2 次印刷
书　　号:ISBN 978 - 7 - 80767 - 600 - 3
定　　价:58. 00 元

目 录

九、时代创意之文化驭动

十、时代品位之文化提升

绪　论

　　时代文化钤印着时代的形象和脚步,同时也搏动着时代的心音、弦歌与节律。它采录着时代的已往,驱动着时代的当下,展望着时代的未来,是时代前进和发展的标识、魂魄与力源!

　　每一个时代都有每一个时代的文化,并由此而构成了特定时代的意识导向与精神风貌。而由不同时代的文化叠加起来,经过积淀、融汇和升华,便形成了这个时代所属国家与民族的核心价值观与强大创造力。

　　因此,在本质意义上,文化建设从来就是文明建设,就是灵魂建设,就是价值观和创造力建设。在任何时代和社会,人们需要做和能够做的事情固然很多,但只有抓住了文化并对之进行卓有成效的开拓与创新,才算是抓住了根本。因为人类社会的一切文明成果都是由人创造的,而文化则是造就人和提升人的最佳途径与基础工程,并由此而天然地决定了文化永远都是社会和人走向文明与智慧的逻辑起点和契机所在。经济、政治、军事、外交、社情、民生等,虽然都是社会生活和时代脉动的构成要素,但它们同时却也都是由人创造和掌控的,而文化则永远都是智慧之人和文明之人的抟铸者与擢拔者。正是在这个意义上,遂使文化无可选择地处在了社会—时代—人的生存圈和发展链的顶端与中枢,并由此而形成了一个生存规律和兴亡法则,即:文化强,民族强;文化兴,国家兴。在人类历史上,没有一个盛世不是伴随着文化的簇拥而尊临, 也没有一个末世不是由于文化的式微而衰亡。所以说,对于一个国家而言,真乃是经济不行,一打就倒;而文化不行,则不打自倒。这样的例子,古今中外并不鲜见。历史学家由此所得出的一个规律性结论便是:要使一个民族和国家灭亡,最好的办法就是先灭掉它的文化。而一个民族只要有两三代人不学习和不赓续自己的民族文化,那么,这个民族的生存根基便会被

颠覆掉。明白了这些，我们就自会明白成吉思汗为什么要嘱咐他的子孙千万不要仅仅满足于军事上的胜利，而必须铲除西夏族的一切典籍与文字。明白了这些，我们就不会奇怪：处于战乱与贫困双重煎熬之中的阿富汗，为什么要坚持最先恢复国家博物馆的活动，并在博物馆的门楣上赫然挂出了一帧醒目的大字横幅：只要历史和文化还活着，我们的民族和国家就活着。

确乎，文化作为民族的血脉和徽志，作为国家的内驱力、方向盘、智能芯片和精神引擎，虽然外表看起来是柔性的，但其价值和作用却永远都是铁定的、刚性的。

文化的价值和意义，不仅在于它能赋予人以灵慧、理义、德操、情愫，使人从中获得精神依托与思想内曜，以致给人铸冶灵魂，催人走向崇高、睿智与美奂；而且更能辑构社会之维，形成伦理之尊，设定衍进之序，引导形制之纲，遂令整个社会在趋于文明和创新的历史进程中，更不断地得到提升与实现发展。

故此，没有文化教养和不具文化内涵的人，势必只能与动物为伍。而失却文化之引导、支撑与驱动的社会，则注定要陷入愚钝、野蛮和无序。

文化的重要性和作用力，由此可见一斑。

然而，文化究竟在哪里呢？当然我们可以说是在史迹中，在文物中，在各种各样的书籍和资讯中。这无疑是对的，但这却并不全面。因为文化除了是对人类社会已往所表现出来的智慧和经验的概括与总结之外，它更潜匿和表现在社会生活的底蕴与人的实践性和创造性之中。从这个意义上说，最具潜力和魅力的文化，当永远都是一个时代活体。尽管这种活体主要是从作为文明标识的书籍与史迹中孕育出来的，但它在转换和升华为活体的过程中却更多地还是要依恃时代的引披、激扬与禀赋。比如先秦诸子的思想争锋，欧洲在中世纪之后所出现的文艺复兴，俄罗斯于18—19世纪之交所呈露的文学创作高潮，中国自"五四"爱国学生游行所引发的新文化运动等，就都是由文化而开启时代变革和由时代变革而促进文化发展的典型例证。事实上，任何具有文明本质和进步意义的时代变革，都必定会是文化在实现膨化与外化过程中所产生的结果。而每一次这样的时代变革，又必然会引爆文化裂变，形成涵附着鲜明时代特征的全新的文化创造与文化成果。

毋庸置疑，改革开放对于我们来说，就正是这样的时代莅至与文化际遇。于此背景下，在时代与文化的双向渗透和一体交融中，不仅形成了诸多炳辉时世、促推社会和提升人的质点与亮点，而且也出现了一些以往从未有过的盲点和惑点。

这是自然的，也是必然的。因为随着恩格尔系数的不断下降，在急遽扩增社会文化消费的同时，也有力地带动了文化产业的勃兴。正是在这一过程中，不论是理论层面,抑或是实践之中,都出现了一些亟待回答与急需解决的问题,诸如文化创新、精品生产、民族特点、时代蕴涵、价值导向、精神追求、消费引领、产业规则、人文环境、精神家园、求真臻美、安全防范、思想提升、观念嬗变,特别是经济与文化的关系、物质与精神的关系、思想与艺术的关系、题材与形式的关系、创新与坚守的关系、经典与创造的关系、产业与事业的关系、迎合与引导的关系、技术与艺术的关系、利益与责任的关系、时尚与时代的关系、民族化与全球化的关系、大众化与精品化的关系、人民性与社会性的关系、市场化与使命感的关系、自由度与内敛力的关系、乡土情与普世心的关系,以及在文化创造中如何处理好新与旧的关系、拓与守的关系、土与洋的关系、雅与俗的关系、质与量的关系、经与权的关系等等。

凡此种种,都是具有时代特征和社会意义的文化命题,我们不仅有责任予以回答,而且尤其有义务要对之作出明晰的是非甄别和科学的价值判断。在答疑释惑的同时,更须以理论的创造力和精神的烛照力而给予时代、社会和人以有益的启迪与巨大的提升,务使人们在获益受惠的同时,更能得到心志的砥练与精神的哺养。

《易经》有云:"天下同归而殊途,一致而百虑。"文化的命义和称谓虽然驳杂而纷纭,但殊途同归、百虑一致,则是其最为翘楚的个性和鲜明的特点,这尤其体现在它的质态和功能上。其实,"时代文化"这一命义的提出,就正是遵从并契合了文化的这一个性与特点的。举凡民族文化、传统文化、舶来文化、革命文化、历史文化、先进文化、现代文化、大众文化、民俗文化、企业文化、时尚文化和各种各样的行业文化、地域文化、域外文化等,都只有在进入时代文化之"器",纳入时代文化之"道",汇入时代文化之"潮",融入时代文化之"制"后,才会变得有活力、有价值、有作用、有意义。因为时代既是对社会和人生的现实观照,又是对历史和未来的理性规约。所以,时代文化也便自然会成为对诸多文化类别和内容的当下选择与即时创造。这不仅会使时代文化具有高度的涵盖力和巨大的囊括性,而且会使时代文化秉具强烈的时代精神和赋有鲜活的应用价值。显然,相对于传统意义上的各类文化,时代文化的最大特点就在于它最具有现实性和包容性、针对性和应用性、趋时性和效能性、先进性和指向性。它既不是一种多向度的文化结构,但又吸纳和集聚了各种文化的本质与要素;它既具有各种文化的基本特点和构成条件,但又自觉地对之进行了高度的淬冶与大幅的提升;它既从丰富的文化积累中汲取精华,但又从当下的文化实践中吸收营养;它既体现主旋律与多样化的辩证统一,但又始终将凸显应用效能和扬励时代精神作为创造的基础与创新的前提。

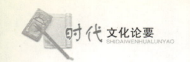

正因为如此,时代文化便理所当然地成为了具有各种文化优质元素和鲜明时代特点的文化典范与文化锋旌,代表了在历史和现实的全方位交会中所形成的思想结晶与精神粹质,既是时代对文化的希求与期许,又是文化对时代的敛结与回应。在时代文化的创造力和担当性中,不啻闪耀着时代精神的绚丽光彩和弘发着时代变革的高亢音符。

集萃优质文化资源和激扬现实时代精神,是时代文化始终所秉承和赋有的天然优势与鲜明特点。基于此,《时代文化论要》的主体结构和基本内容,便都是本着时代特点、时代精神、时代走向、时代冀求的意识规范、审美旨趣和价值追求,而着力从文化的特质内涵与多重意义上逐一展开,并在此基础上进行广辐射和深钩稽的思想开发与理论探赜。既与文化政策相呼应而进行文化学术构建,又从社会文化的创新实践中通过吸纳新思想、新理论、新成果而对规划和践行中的文化建设予以精神引导与理论诠辩,从而在发挥文化之力量与效能的过程中,更得以全方位展示和实现文化的特有价值与特殊作用。

在这里,"时代文化"是主题,"论"是关键,"要"是节点。显然,作为立论主体的"时代文化",其本身就是一个创造。而"要"和"论",则是从不同层面、不同意义和不同指向上,对这一文化与理论命题的择漉、阐发与提升。在这整个过程中,始终都坚持时代性、现实性、先进性和实践应用性相融会,理论性、学术性、创新性和方略导向性相结合,力图做到既有思想高度,又有理论深度;既有学术内蕴,又有美学特质;既有教育意义,又有启迪功能;既密切观照现实,又倾力营构宏庑;既全面擢及当下,又放眼展示未来;既从在场性出发,又以理想性收官。因此,在《时代文化论要》中,举凡文化之惑,都能找到答案;但有文化之咨,皆可得以回应。而也正是在面向现实、立足当下的文化审视与理论阐发中,才得以达臻时代精神和文化学术的紧密结合与共同发力。

一、时代前进之文化锋旌

——论文化之魂

第 *1* 章

时代发展之要与兴国强本之魂

改革开放和实现发展的最终目的，唯在于提高社会的富裕文明程度和提升人民大众的幸福指数，而此中既有经济因素，更具文化内涵。因为对于一个刚健、和谐、蓬勃发展的社会来说，经济和文化正是其得以快速前进的双轮驱动引擎，二者不仅缺一不可，而且尚须保持均衡关系和具有互激功能。早在 60 多年前，毛泽东就曾自信而豪迈地预言："随着经济建设高潮的到来，不可避免地将要出现一个文化建设的高潮。"

这是规律，这也是辩证法。

——

从宏观意义上说，经济主要是通过对"物"的生产和流通，而给社会创造必要的、完善的生存条件，以满足人们对吃、住、行的基本需求。而文化则主要是使人的心灵安欣，精神健旺，思想活跃，举止文明，意识、情操、素质、素养、道德、智慧和创造力，均能得到习养、增殖、优化与提升，从而有助于人们形成核心价值观和缔造精神家园，并通过对人的这种积极作用而有力地促进经济发展和社会进步。

由此可见，经济腾飞，是实现发展的要务；文化繁荣，是民族振兴的魂魄。在现代化建设过程中，经济和文化的关系，始终都宛若体与魂、形与神、舍与韵、物与义一般，既区别，又渗濡；既相激，又互补；既分工，又联动，不仅永远不可偏废，而且须臾不能分离。在任何情况下，那种以经济挤压或取代文化的观念和作为，都是不科学、没道理和不可取的。因为在它们之间，既存在互为因果、彼此促动的紧密关联，同时又具有取向不一、功能各异的"质"。不仅谁也代替不了谁，而且也只有在

紧密依偎和互为胼体的状态中,才能相得益彰、共同提升,产生综合效益,实现均衡发展。

社会是一个高度系统化的综合构体,人的生存和发展更是具有多元取向和多种需求。就中,发展经济是满足人和社会对物质需求的必要手段。但对人来讲,这只是最基本的生存需求,而远不是人和社会的特殊需求与本质需求。荀子说:"水火有气而无生,草木有生而无知,禽兽有知而无义,人有气有生有知亦且有义,故最为天下贵。"①质言之,人与水火、草木、禽兽的不同之处,就在于人不仅有气、有生、有知,而且更有"义"。这是人的生存本质与生命本能,也是人的价值所在和目标追求。"义"者,德、智、理、愫之谓也。这德、智、理、愫,不但是人与一切动物的本质区别,而且更是人性的特殊禀赋和本质体现。试想,人如果不具备这些禀赋和特质,而只剩下贪享物益的本能,那不就与动物为伍了么? 那还能算做是人吗? 更何况只贪享物益而无力和无能创造物益,物益又该从何而来呢? 因为正是人的这些超越于动物的禀赋和特质,才使人具有了创造物益,亦即发展经济的智慧与能力。而人的这些禀赋和特质又是从何而来呢?文化。只有文化,才能通过社会传输和环境熏陶而极为有效地赋予人以德操、智慧、理性与情愫,并以之而形成崇高的道德感和强大的创造力,从而使人得以具备作为人的本能与本性,并通过人的这一本能和本性而使社会越来越走向富裕、发达、科学与文明。

文化的重要性和不可或缺性,由此可见一斑。实际上,人类社会和人本身的进步与发展,正是这样在文化的簇拥和促动下,才一步步地走过来的。如若没有文化对人和社会的武装与淬炼,那就即使人们能够吃得很饱,穿得很暖,也仍然有可能会停滞在原始社会而踟蹰不前。因为任何物质的供给,都只能满足人的生物生理性需求,而人的本质特征的养成、积累与提升,则永远都只能通过文化教习的历练而实现,借重文化乳汁的哺养而获得。

这便是文化作为民族之魂的主要理由和基本涵义。"魂",乃为思想、精神、道义、德操、智能、情愫、范式、理性之统称;民族,是对一个社会族群的符号式概括,而任何社会族群都是由芸芸众生的有序集合所构成。故此,民族之魂的实质所指,也就是生活和工作在我们社会中的每一个人所具有的认知水平、精神境界、思维范式与创造能力。这一切,不仅是由文化形成和赋予的,而且也必然和必定是与每个人和整个社会环境所拥有的文化资源、文化能力、文化品位和文化质量的多寡、

①《荀子·王制》。

强弱、高低、优劣成正比。这也就是说，越是文化优渥的人群和社会，其思想、精神、智慧、品格、德操与能力便越先进、越丰富、越高尚、越强势，而由这样的人在这样的社会环境中所营造出来的经济与政治，也必然和必定会是发达的和清明的。

文化，对于人和人类社会的重要性和不可或缺性，就正是在这个过程中以这种方式而不可逆转地凸显出来的。无论对于一个人，抑或对于一个社会，文化都既是引领和推动经济发展的强大动力，同时又是呼应和适应经济发展的内蕴要素。特别是在现代社会中，文化与经济的传统关系模式，正在被新的社会机制和新的生产方式所激变、所冲决，甚至是局部的更改与颠覆，其所产生的一个直接后果，便是文化与经济的距离越来越靠近、文化与经济的关系越来越紧密，甚至在有的时候和有的情况下，文化就是经济，经济就是文化。一方面文化对经济的直接贡献率越来越大，文化对经济的驱动和引导作用越来越强；另一方面，经济对文化的依赖性越来越明显，经济对文化的支撑力越来越突出。一些发达国家的文化产值都早已占到了其经济总量的15%以上，而我国在2010年度，文化产业的增加值也已突破了1.1万亿元，占国内生产总值的比重为2.785。特别是有一些省市的文化产业增加值，在其所占地区生产总值的比例中已经超过了5%，并成为当地发展势头最为强劲的朝阳产业和支柱产业。其中，京、粤、苏、鲁四省市的文化产业增加值均已突破千亿元大关，其他一些省市的文化产业增加值也都呈现出飙升之势，明显地展示出极为广阔的发展前景。

文化对经济的直接贡献，不仅值幅大、增速快，而且既不消耗资源，又不污染环境，是一种小本赢大利或无本获巨利的集约化的生产项目与经营模式。特别是随着恩格尔系数的不断下降，人们的消费理念、消费内容和消费指向，都势必要越来越向文化接近和靠拢，越来越倚重于从文化阅赏和文化体验中获得精神的宽舒、心灵的慰藉、情操的淳化与智能的提升。这种巨大的消费需求，无疑要为文化产业的快速发展培育和开辟出广阔的市场，从而使文化产品和文化服务的生产与消费皆能在快速突起中实现均衡发展，形成精神与经济的良性循环生态链。

无论从文化乃民族之魂的意义上解读文化对经济的引领和驱动作用，抑或从文化对经济之直接贡献率的意义上认识文化所具有的特殊经济价值，我们都能够得出一个共同的结论，那就是文化与经济之间所形成并存续的体与魂、形与神、舍与韵、物与义的相促相济、因果转换、共同发展的辩证关系。

文化的发展，需要强大而持续的经济扶掖与支撑；而经济的发展，更需要先进而睿慧的文化引领和驱动。因为文化主要是通过"人"这个中介而作用于经济的，

又因为文化主要是以思想、精神、德操、智能的形式而对"人"、社会和经济发挥作用的。所以,经济是硬盘,文化是芯片;经济的支撑作用不可少,文化的创造潜能无穷匮。我们既需要文化举旗,经济创业;又需要经济搭台,文化唱戏。只有当经济与文化处于体魂偕配、形神兼优、舍韵和合、物义共赢的良好境遇并实现刚健运转时,才能营构出和谐而向上的社会形态,也才能创造出熠世而悦人的时代景观。

二

"以经济建设为中心",是兴国之要;构建和践行社会主义核心价值体系,是兴国之魂。

这兴国之"要"与兴国之"魂",在本质上是一种互济与互补的关系,是一种高度的和全方位的辩证统一。在任何情况下,"要"与"魂"都只是一种指向和功能的划分,而决然没有丝毫的相悖与相斥之处。就像人的躯体和人的灵魂一样,任一单向度的存在都不仅毫无意义,而且在事实上也不可能实现。只有当它们各自均充满活力并能将自身效能发挥到极致时,才会呈现佳尚的景象,也才能产生良好的效益。

经济建设与社会主义核心价值体系的关系就是这样。它们是紧密相依的,同时又是高度契合的。在发展经济的过程中,如果没有核心价值观的引导、指导、驱动和驱动,就不仅速度会变慢,效能会变差,而且秩序会变乱,方向会变偏。反之,核心价值观的养成与施行,如果不以发展经济作为对象和依托,那也就会失去存在的实践基础,丢掉发挥效能的有力抓手。发展经济,是为了创造优裕的物质条件和坚实的生活基础;而社会主义核心价值体系的构建与践行,则又是为了通过对人的精神跃升和道德提升、思想纯化和智能优化、观念趋新和情操焕新,并将之转化为高度的自觉性与强大的创造力,进而有力地推动经济发展和有效地营造社会文明。

正是在这个意义上,才形成了兴国之要与兴国之魂的相辅相成和辩证统一,也才决定了这"要"与这"魂"的不可偏废与不能缺如。因为对于人和社会来说,都需要同时而不断地获得物质和精神的双重支撑与哺养,特别是在社会转型、跨越发展、经济形态呈现多样化、思想观念出现多元化和全力加快建设步伐的新的历史进程中,经济和精神的重要性皆日趋强化和炽化。而在这个过程中,作为精神之极和文化之帜的社会主义核心价值体系的形成、构建及其所发挥的作用,就尤为急切和重要。它不仅是推动经济建设的新引擎和驭导经济航向的指南针,而且是实现民族复兴和构建社会文明的思想燧火与战略支点。

社会主义核心价值体系的这一性质和功能,完全是由其所特有的意识范畴与精神内蕴所决定的。它既坚持马克思主义的指导地位,坚定中国特色社会主义共同理想,又弘扬以爱国主义为核心的民族精神和以改革创新为核心的时代精神,积极树立和切实践行社会主义荣辱观。这样的内容赋予,无疑是对先进的时代精神、优秀的民族传统、丰富的文化内涵和成熟的实践经验的包容性概括与科学性总结,其不但代表了社会发展的意识导向与精神趋向,而且也充分体现了时代特点与中国特色;既是对马克思主义中国化、实践化、大众化的创造性应用,又是对中华民族文化粹质和中国革命与建设经验的创新性发展,并由此而使其本能地赋有了民族的内曜与时代的光彩,理所当然地要成为经济建设与社会发展的引擎和指南针,必然和必定要在中国特色社会主义现代化建设中发挥思想引导与精神支撑的巨大作用。

社会主义核心价值体系,正是对这种泛思想、泛精神、泛文化的具体化与实践化,是一种全新的精神辑构与理论创造。它之所以为"魂",就因为它对人、对经济、对社会,都具有辖治作用、引导价值、支撑力量和驱动功能。"天下之至柔,驰骋天下之至坚。""干戈不动远人服,意峻能征百万师。"思想的作用和精神的效能,往往是不可估量的。尤其是当这种思想和精神在先进理论的武装下和实践经验的凝聚中,业已构成完整体系和形成核心价值时,其所具有的控制力、征服力、驱动力和创造力,就更是不可估量的了。

这种由思想、意识、精神、观念所产生的力量和所发挥的作用,就是"魂"。社会主义核心价值体系,就正是这样的魂。既然发展经济是党执政兴国的第一要务,那么,作为"魂"的社会主义核心价值体系,就肯定要成为这"第一要务"的活力之源与动力之本。魂不能离体,魂必须守舍。因为魂是发动机,魂是方向盘,魂是操纵器。就像人离了魂之后,会变为行尸走肉一样,经济一旦离了魂,便难免要陷入僵蛰、停顿与迷乱。一如出现在经济活动中的 GDP 崇拜、科斯定理扭曲、权力与资本的畸化结合、产业开发的失范与市场迷信的盛行,以牺牲资源和环境为代价的极端利益追求、特区和开发区招商引资模式的泛化等。与此同时出现的,却是"以人为本"的淡化、文化权益的失落、公共福利的艰蹇、诚信服务的困厄、民生问题的欠账、社会风气的溺靡、道德行藏的滑坡、低俗展演的泛滥、娱乐至上的盛行……

凡此种种,都使党执政兴国的"第一要务"难以很好地实行和无法真正地落

实,而不实行和不落实又是万万不行的。因为这是要务,这是大政,这是方略。那么,该如何是好呢?肯定性的答案只有一个,那就是认认真真地赋予经济建设以魂魄,切实用社会主义核心价值体系来武装人和提升人,引导和驱动经济发展,充实和改善民生事业,淳化和善化社会风气,增强和促进社会和谐,激励和奖掖创新精神,树立和宣传先进典范,提高和加强文化自信,弘扬和发展优秀传统,鼓励和提倡创先争优。

毫无疑问,社会主义核心价值体系不仅是保障和促进经济有序、有力、有效发展的强大动力;而且更是提升人力资本、改善管理方式、增强社会文明和激励创新精神的美意良法。在它的装备和驱动下,必定会使"要务"落到实处,肯定能将希望带向未来。

"要"与"魂"完美契合、共同发力之日,便是兴国大业克难攻坚、绩效凸显之时。

第 *2* 章
文化的精魂在于思想

　　思想之于文化，犹如灵魂之于躯体。因为任何文艺创作和文化创造都是以人为对象和中心的，而人区别于他物的最大特点就在于人有思想，并由这思想而衍生出无穷无尽的慧能、哲理与创造力，这便天然地决定了：思想，永远都是文化的精魂与脉动。任何内容与形式的文艺创作和文化创造，都只有在灌注了思想的液汁和闪耀出思想的光彩之后，才会是有价值和有意义的，也才会成为形象的示范与精神的动力。

一

　　文学写人，艺术摹人，文化化人。人之所以能够成为并必然成为文化的表现主体和发挥作用的对象，根本原因就在于人是精神的载体和思想的构体。正如帕斯卡尔所说："人的全部尊严就在于思想。"①人因为赋有精神和思想，才使自己与动物发生了根本性的区别；人也因为各自精神境界和思想品位的不同而形成了能力与素质的差异。所有的文艺创作和文化创造，质言之，都是艺术地反映和表现人的这种区别与差异的。只有这样，文艺作品和文化产品才会真正撄及生活的本质，并从深层次上反映时代精神的质点和社会变革的内蕴，从而给人以有力和有益的警示、启悟、激励和鼓舞。

　　这便是文艺创作和文化创造的过程以及在这个过程中的遵循与追求。显然，这个过程的主体是"人"，关键是人的精神与思想，也就是人们在日常叙事和生活

---

　　① 帕斯卡尔：《思想录》。

表达中常说的"心灵"或者"灵魂"。人不能没有灵魂,文艺创作和文化创造不能没有"人"。这不就是说在任何形式与内容的文艺创作和文化创造中,都不能排斥和缺失思想与精神的存在么!

是的,即使是在市场经济条件下,在"产业化"的浪潮中,再大的货币利益,也不能置换和取代思想的作用与地位;再火的商品交易,也弗可决定人们的精神价值取向;再狂的市场叫卖,也决不能以出卖灵魂为代价。这是铁律,这也是底线。任何人只要有所违逆和冲决,其所谓的文艺创作和文化创造,便自会从根本上失去文化的价值与光彩,乃至沦为仅仅是徒有其形的文化躯壳。

缺失了灵魂的"躯壳文化",还能称之为文化吗?当然不能。然而这样的"文化"却正以其特有的形式和形态浸入文坛,似还呈现出一派旺相的风景。从数年前的《第一次亲密接触》、《成都,今夜不要将我遗忘》,到而今在网上强力推出的《颜扣》、《魔骸》、《超级吸收》,在畅销书排行榜中名列前茅的《小时代》、《鬼吹灯》、《杜拉拉升职记》,以至在"盛大文学首届全球写作大展"上获得百万元巨奖的王雁的《大悬疑》、卫风的《盘丝洞 38 号》等,就在很大程度上代表了这一文学生态。尽管有批评认为"网络文学 99% 是垃圾",但也丝毫没有影响其作者队伍和作品数量的快速膨胀,其原因就在于挣钱和逐利已成为一些网络写手的激情源流与创作动力。千字 2 分钱,月写 10 万字,在商业规则和市场怪圈中跑步前(钱)进,就是一些网络写手们的宗旨和目标。他们坦言,其创作所提供给读者的从来就不是精神养料,而只是一些让人消磨时间的东西。也正因为所追求的不是布理、弘德、勖人和济世,而只是钱和利,所以也便将写作的速度奉为了成败的要律。赶速度码字,凭数量挣钱,也就自然成为了他们的写作原则与人生动力。一位名叫"骷髅精灵"的网络写手说,他五年来已经写了 1000 多万字。实际上这并不是个别现象,为了维持网络文学付费阅读的市场需要,月写 10 万字就成了网络写手的生存底线。他们说:"干网络文学这一行,最重要的是速度。每个月至少 20 万字吧,没有 20 万字就上不了排行榜,收入就会大打折扣。"如此这般,年写 300 万字对于网络写手来说,也就是极为平常的事了,动辄几十万册的高印数和几百万元的高版税,对于文学畅销书作者来说,就更是一种至高的追求和必然的结果了。

其实,进行网络写作和制造文学畅销书并没有什么不好,问题的症结不在于这种文学写作样式和文化消费方式,而是在于以这种方式所进行的文学写作和文化消费,往往由于把逐利挣钱作为唯一目的和原始动力而所造成的对思想性的放逐与排斥,既违背了文艺创作和文化创造的法则与规律,又颠覆了文艺创作和文化创造的动因与目的,从而使其从根本上失去了文化创造所固有和应有的价值与意义。

文化创造,从来都不应该和不能够成为纯粹的商业行为,当然也就不应该和不能够率然按照商业化的规则去运作,并以追求商业利益为唯一宗旨和目的。即使是在"产业化"操作中,创作本身也是与商业无缘的,而只是在完成创作之后的消费过程中方可适度地合理地科学地引入商业机制,以期获取更大的市场效益,而决不能从一开始就彻头彻尾地把创作的动因、过程、内容、目的和冀望等,都一古脑儿氽入商业目的与市场法则之中,以至于把牟利当作唯一的目的和至高的追求。这样一来,必然会导致由于求数量和赶速度而一以当十、粗制滥造,形成文化的滞胀与痞块,乃至劣品匝地、水货成灾,不但不能给予读者以思想醇醪与精神营养,反而会对受众造成误读和误导。

这不仅是违背美学法则的,而且也是不孚社会道义的。因为它在空耗读者时间和浪费读者生命的同时,也亵渎了文学和文化的崇高与神圣,使本应给读者提供思想乳汁和精神养料的文化,倏然间变成了无厘头、无意义的文字堆砌,让人虽然付出了阅读的辛苦,但却得不到应有的回馈。

这无疑是一种文化悖论。文化之所以是文化,就在于它能以美学的力量和艺术的方式而于潜移默化之中给予受众以启迪和教益,并使之在接受这种启迪和教益的过程中获得精神的钙质和点燃思想的光焰,从而不断地走向睿智与崇高。反之,如果既以文化的名分和符号博弈于坛、游走于世,而在资质、目标和效能上却又与文化背道而驰,仅仅只是假文化之名而实以赚钱为唯一追索,这就从根本上篡改了文化的本质和本义,而使文化变得徒有其名、徒炫其形、徒靡其韵了。在这里,一个"徒"字,便掏空了文化的蕴存与核心。因为文化的资质和效能就像一个铜钱的两面一样,往往都是非此即彼的。没有好作用,就有坏作用,区别只在于程度不同而已。即便是在内容上不好不坏,那它在效能上也不能说就是无益无害。因为以大量无厘头、无意义的文字堆砌消磨受众的精力和时间这本身就是一害,诚如鲁迅所说"无端地空耗别人的时间,其实是无异于谋财害命的"[①],更何况纯然的无益无害,在事实上也是不可能纯然存在的。因为小说是要写人的,人是生活在社会中的,这就使人的意识和行为无一不是对社会生活的体验、评判与臧否。不论作者自觉不自觉、有意或无意,事实都是这样。既然如此,创作主体就应当扪心自问:

---

① 鲁迅:《且介亭杂文·门外文谈》,《鲁迅全集》第6卷第78页。

通过无厘头、无意义、无价值的情节、场景和人物,所渲染和表现的究竟是什么?究竟为什么?

这样的心灵拷问,对于有良知的创作者来说,恐怕是会出一身冷汗的:难道只为了自己挣钱和消磨读者的生命与时间,就是创作的动机和文化的使命吗?

二

文艺创作和文化创造中的思想内蕴与精神涵负,并不是泛指文艺作品和文化产品中的自然化思想和一般意义上的思想成分或精神元素,而是指创作主体在创作设计、创作过程和作品与产品的社会效能上,所高度自觉地涵赋于其中的具有启发意义、激励作用、引导价值和审美功能的思想粹质与精神光彩,其中不仅镂刻着历史的足迹、鸣响着时代的跫音、影印着生活的图谱,而且尤为深刻地表现和反映着创造并驱动历史、时代和生活不断前进的人们的精神境界与心路历程,使之在历史的磨砺、时代的淬炼和生活的考验中有效地实现积攒与存储,不断地趋于纯化和升华。惟其如此,作品才会具有思想性,而只有禀赋了思想性的作品,才会萦贯时代的精魂和感应生活的脉动,从而在积极的引导和淳尚的审美中给予人们以欣悦、启迪、激励和鼓舞。

任何文艺创作和文化创造,不论什么内容、什么题材、什么风格、什么形式,其在目的和效能上,都应该是这样的而且必须是这样的。因为只有这样,文化才会回归本质和本义,并因此而成为熠时的佳构和传世的精品。

人类的文化史就是这样书就的,而人类对文明世界的缔造和创建,则正是由这历朝历代、如缕而至的文学佳构和文化精品铺设而成的。何谓佳构?何为精品?除了艺术新蹊和内容厚重之外,最重要的就是要有思想,有精神,有脊梁,有灵魂。而在创作实践中,思想虽然是濡化在作品的内容之中并借重于创新的艺术形式而加以表现的,但对内容的提取和对形式的采纳,则又始终都必然和必须是紧紧围绕着作品思想性的形成和凸显而展开的。因为意犹帅也,思为魂也。对于文艺作品和文化产品来说,不论其观念多么前卫,形式多么新颖,辞藻多么华丽,篇幅多么迤长,但如果弃置了思想,散佚了精神,那就最终也只能是一具文化的木乃伊。

正是由于思想的涵濡和精神的介入,才使文化具有了无可旁贷的引领功能、社会价值和永不枯竭的生命力。从人类历史上"轴心时代"的出现,到如今科学发展观的形成,举凡社会的重大变革和创造力的巨大开发,就无一不是蕴涵于文化之中的思想燧石在迸涌精神能量和喷射智慧火花时所结出的文明硕果。确乎，是文化促进了文明的发展，而文明在其发展过程中又给人类社会留下了更为灿烂的文化。这种文化与文明的核心和本质，始终都是思想的晶体与精神的内曜。作为科学社会主义的创始人，马克思之所以要在其理论缔造中经常引述文学经典，并借喻其中的人物和故事恰切地用以阐发和佐证严肃而重大的理论命题，就是因为在这些经典文学著作中蕴蓄着强大的思想力量和丰厚的精神铀质，借用它们常常能够起到支撑理论宏庑和烛照精神殿堂的奇特作用。像荷马、奥维德、索福克勒斯、柏拉图、西赛罗、维吉尔和塔西陀，像埃斯库罗斯、莎士比亚、波雅多、笛福、塞万提斯、歌德、海涅、狄更斯、夏米索等经典作家的经典作品，都是马克思所不断阅读和经常引用的。特别是对于荷马、莎士比亚和巴尔扎克，马克思对其所有著作中的人物和事件，其至就连其中的一些小细节和不惹人注意的小人物，也都相当熟悉，并能在其理论著作中随时加以出神入化的引用，产生神奇显赫的效果。何以如此呢？盖因凝结在这些著作中的人物和事件所赋有的思想性所致。

思想大于形象，是一个基本的美学法则。思想既发于和潜于形象，又能给予形象以价值和光彩，则是又一个基本的美学法则。这样两个美学法则，不仅决定了思想性与文艺创作和文化创造的天然联系，而且也不容置疑地决定了思想性对于文艺创作和文化创造的旨归意义与极端重要性。对于思想性与文化的联系，我们必须从濡化与胖体的意义上去理解，而对于思想性对文化的重要性，我们则一定要从价值和效能的高度去认识。这就是说，思想性既是涵融于文化产品特别是艺术形象的元素与细胞之中的，同时它又决定着文艺作品和文化产品的资质、品位、价值以及由之所产生和发挥的精神效能与社会意义。

每一个创作主体都应当具有这样的意识和追求，即着力使自己的作品和产品赋有优秀品质、积极意义和社会价值，并以之通过对人的全面素质的提升而促进时代的变革、发展和社会的文明、进步。而这一意识和追求的实现路径，从根本上说就是要在创作的全过程中都遵循文化的规律、采施艺术的方式，自觉地巧妙地创造性地赋予其作品以积极而饱满的思想性。而要做到这一点，最起码的要求就是首先拒绝低俗和祛除无谓，并在这个前提下，努力赋予作品以思想价值和时代意义；其次便是不断提高思想性的时代蕴存、美学层次和精神品位，在使其具有现实性和历史感的同时，尽量使其能够绽放出艺术的魅力与人性的光彩，爆发出驱动社会变革和引领时代潮流的强大动力，并因此而成为艺术画廊中的旌标和文化天昊中的星辰。

这种要求和期待或许过高，但作为目标和追求则是必须止于至善的，就像不想当将军的士兵不是好士兵，而能够当上将军的士兵又必定永远只是少数一样。如果连企高至善的目标和期待都没有，那就会使臻达宏旨的概率大为降低，更何况文化创造的主客体关系毕竟不同于士兵与将军的关系。任何人，只要沿着正确的路径朝着至善的目标奔去，坚韧不拔、奋发进取、倾力构建、锐意创新，那就都是可能如愿以偿的。关键在于必须要有高度的自觉、正确的追求、科学的方法和精准的驱动，而决不能是为了赚钱牟利便不择手段，决不能把创作纯粹当成生意去做，决不能将写小说视作摇钱树和招财幡。意识决定行动，目标决定路径，动机决定效果。只要创作主体的主观追求和预设目标变了，文艺创作和文化创造的方法、路径和效能也就会随之而自然发生变化，正如席勒所说："庸俗的头脑会以庸俗的加工作贱最高尚的质料，相反，卓越的头脑和高尚的精神甚至善于使庸俗变得高尚，而且是通过把庸俗与某种精神的东西联系起来和在庸俗中发现卓越的方面来实现的。"①

文艺创作与文化创造对思想性的涵寓、濡化和激扬，就正是要以卓越的头脑和高尚的精神艺术化地赋予作品以活力、韵律与灵魂，并以之而提升作品的美学品位与精神价值，发挥作品对人和社会的激励作用与引领功能。

---

① 席勒：《关于在艺术中运用庸俗鄙陋事物的想法》。

第 3 章
文化的价值导向与精神追求

　　流变性和多样性是文化的天性,但正确的、积极的、先进的,具有时代精神、民族特点和社会担当的价值导向与精神追求,则是文化的生命线。只有当文化的天性服膺并融会于文化的生命线之中的时候,文化才会是有价值和有意义的。否则,流变性和多样性就会在内蕴上和效能上成为文化的悖论。

一

　　尽管文化的形态和作用是极其广泛的,但最高旨归和最深层次上的文化形态与文化理念,则永远都是一种以思想、精神、道德、情操、信仰和追求为质点的人生观与价值观,并由此而外化为人们美好的社会愿景和高度的行为自觉。这也就是说,只有先进的文化,才能赋予人们以正确的思想、崇高的道德、远大的理想和丰赡的精神;而又只有在正确思想、崇高道德、远大理想和丰赡精神的支配和驱动下,才会使人们形成良好的社会期待和产生高度的文化自觉。这是一个链式的因果递进关系,其得以正常运转与不断前进的芯片和动力,始终都是正确的、积极的,具有时代风采、科学内涵和先进思想意蕴的价值导向与精神追求。

　　文化的价值导向,主要是指:文化以其科学的价值判断和先进的价值指向,在人和社会实现提升与发展中所具有和所发挥的正确而积极的引导与推动作用。而文化的精神追求,则主要是指文化对先进思想、崇高道德、纯尚情操与懿美心愫的汲取和涵寓及其所产生的巨大而良好的社会效能。一切文化创造、文化形态、文化产品和文化服务,不论其表现什么内容、采取什么方式、具有什么特点、追求什么目标,其在终极效能上都应当和必须具有这样的价值和作用。古往今来,凡是被历史铃印、社会肯定、大众认同、民族吸纳的文化产品与文艺作品,其在本质上就都是具有这个特点并能够发挥这种作用的。所以,《礼记·效特性》上说:"礼之所尊,尊其义也。"《韩非子·解老》中亦说:"事有礼而礼有文;礼者,义之文也。"这里所说的"义",也就是对文章价值导向的强调与凸显。正是基于这种认识,孔子在《论语·卫灵公》中才明确提出:"君子义以为质,礼以行之。"否则,只"陈其数"而"失其义",那就写得再多,也不会有什么价值了。显然,"义"对于文化创造来说,既是价值导向,又是精神追求。这一为文的原则与圭臬,深刻地影响了中国的传统文化,同时也以极为强势的力量构建了中国的人文精神,塑造了中国的文明形象,并使从屈原到鲁迅的几千年中国文化始终都强烈地禀赋着以"义"为核心的精神魂魄与价值追求。用今天的话来说,也就是文化创造者们必须具有深刻挖掘和真切表现人与生活之本质,并能给予其以正确引导和有力驱动的使命感与责任心。无独有偶,遥处于地球对面的美国作家威廉·福克纳在1950年接受诺贝尔文学奖的感言中,也说出了与此极为相似的话。他指出:"作家的天职在于使人的心灵变得高尚,使他的勇气、荣誉感、希望、自尊心、同情心、怜悯心和自我牺牲精神——这些情操正是人类的光荣——复活起来,帮助他挺立起来。诗人不应该单纯地撰写人的生命的编年史,他的作品应该成为支持人、帮助他巍然挺立并取得胜利的基石和支柱。"①

这种对于文化之特点、本质、效能及其与社会和人生之关系的见解,虽然跨越了旷远的时空,但却仍能取得高度的吻合,以至完全超越了社会制度和意识形态的对立与暌隔。这说明什么呢?说明文化的价值内涵和价值标准既然是人类社会所共同勘定和一致尊崇的,那么,它就理所当然地要成为文化创造者们的共有原则、共同理想和共性追求,成为一切文化创造和文艺创作的准则、任务和使命,社会主义先进文化尤应如此。

这既是文化的前置性动力,又是文化的结论性标识。任何有价值的文化创造和文艺创作,都应当、必然和必须在这个前置与结论之间进行个性化的创造性活动。从前置到结论,这不但是一个极其广阔的社会和文化空间,而且更是一个充满生力与魅力的思想空间和美学空间。所以,它完全可以给大容量和高品位的文化创造与文艺创作提供最为丰富的养料和极其优渥的条件,以其特有的精神内蕴与

① 威廉·福克纳在1950年接受诺贝尔文学奖时的感言。《美国作家论文学》,赵永穆译,三联书店1984年版,第368页。

美学资源促使文化精品的莅世和文艺宏构的产生。其实,任何文化精品和文艺佳构的产生,都是发生和发展于这一特定的思想空间与美学空间之中的。之所以如此,唯因这个空间从来就是以正确而积极的价值标准与价值追求作为矩范和动力的。一旦有了这个前提条件,任凭作者纵横捭阖、恣肆挥洒、率性驭笔,也都是可以做到"不逾矩"和"皆创新"的,一如马克思和鲁迅那样,不论他写什么和怎样写,都会是佳品迭出、价值倍增,始终流溢着思想的新潮与闪耀着艺术的光彩的。在中国当代文学的前十七年,尽管被认为是由于社会主义现实主义的一统天下而一定程度地限制了作家的创造性和作品的多样性,但那一时期所出现的《红岩》《创业史》《保卫延安》《山乡巨变》《红旗谱》《三家巷》《苦菜花》《白洋淀》《上海的早晨》《野火春风斗古城》《林海雪原》《青春之歌》等长篇小说,不仅题材广阔、内容多样、形式新颖、风格独特,而且皆以其思想的敦厚和艺术的娴稔而成为文学的楷模与丰碑,以至深刻地影响、改变和提升了几代人的心灵世界与精神架构,迄今仍旧葆有着强大艺术生命力。何以然呢?根本的原因就在于其具有正确、积极而先进的价值导向与精神追求,作家在创作中所投诸和所兑取的不仅是思想的火光与艺术的匠心,而且更是对时代的感应,对社会的担当,对国家、民族和人民的神圣使命感与崇高责任心,而绝不是对主体利益的钩稽和与商业、欲望、消费、金钱的紧张。

对于我们今天的文化创造和文艺创作来说,这不啻是一种可贵的提醒与有益的启示。

二

社会是发展的,时代是进步的,人以及人的思想内蕴、精神诉求和生活方式等,也都是在不断的流转和变革中寻求着新的突破和实现着新的提升的。于此情况下,文化自然也应随之而发生相应的变绎和流转。这不仅是合理的,而且也是必要的和必须的,更何况实现创新从来就是文化的永恒主题与生命弦歌。在任何时候,变革和创新都是文化获得激情与诗意、实现发展与提升的有效方式和必经路径。但这也并不意味着就是凡"变"必升、凡"新"必优,关键还在于变什么?如何变?究竟"创"在哪里?"新"在何处?因为只有在因"变"而达优、因"新"而臻美的情况下,"变"和"新"才会具有创新价值和发挥积极作用,也才真正是本质意义上的变革与创新。

绵亘了两千多年的中国文化,基本上是沿着朴素唯物主义、社会人文主义、批

判现实主义和革命现实主义的路径走下来的。在这个过程中,虽然"主义"并不算多,但变革和创新却不算少。否则,就不会形成如此灿烂的中华文明,就不会积攒浩如烟海的8万件文化典籍和出现辉映星汉的千百个文化巨子,当然也就不会使中华民族从"轴心时代"开始便一直处于世界文化的巅峰。相比较而言,新时期文化虽然只有短短30余年,但却"主义"多多,"旗帜"多多,"谱系"多多,"名号"多多,唯独没有出现可以与《红楼梦》相熠的作品,或可以同鲁迅并世的作家,即使单以作家族群及其代表性作品所处的文化地位与社会影响而言,也是很难与前十七年那一批作家和作品齐埒比并的。这个不争的事实,足以让我们从浮躁、虚骛和自炫自诩的陶醉中清醒过来、沉静下来,并认真进行一番清理与思考。只有真正找出原因,特别是找出根本性的原因,才能自觉而有效地抻曲矫枉、砺锋拨翳,把事情的真相和原委看得更明白一些,也才能在清明的人文环境和忧智的文化心态中从容而自信地创造未来,实现愿景。

显然,对于现在兴时行世的文化创造和文艺创作来说,并不是主体缺乏才华,缺乏知识,缺乏技能,缺乏对精神创造和艺术创新的激情、向往与追求,更不是客观上不具备酿成足以立世、铭世、传世、熠世之文化巨人与文艺杰作的环境、条件与资源,而在许多时候和许多情况下,所缺乏的恰恰是科学、正确、积极、先进的价值导向与精神追求。当然,这种缺少并不是时代、社会和生活造成的,而主要还是文化主体在创作思想与创作实践中,对正确、先进的价值导向和精神追求的自觉不自觉地排斥、放逐以至消解所造成的。比如,在以私人话语和个体经验为主要依托的创作中,对公共价值的稀释;在通过喧嚣隐私的裸露和欲望的舒张而凸显自足自恋心理冀求的过程中,对大众情怀的闭锁;在沉溺于琐屑、偶在乃至低俗的时尚刺激与小资情调时,对崇高与正义的悖逆;在着意表现"本能化""生理化""感官化""欲望化"的过程中,对伦常世理的否抑;在所谓纯"娱乐"、大"恶搞"、土"调侃"、洋"戏谑"的颠覆性和淆乱型叙事中,对良知和理性的撕裂;在曲意改变向度、刻意寻觅卖点、纯乎追求享乐、极度崇尚消费的所谓"时尚化"和"私人化"行文中,对文化道义与社会良知的销铄等。

所有这些现象,都程度不同地在或一文化层面上表现了对价值导向和精神追求的放逐与亏缺。因为一切文化创造和文艺创作,在本质上都是一种趋新、求真、弘善、臻美的精神创造与思想引导,都是一种对良知和道德的救赎、升华与强化。所以,在其创造机制和社会功能中,一旦被生理化取代了社会性、娱乐化屏蔽了义理性、利欲化腌渍了功德性、恣意化支配了规约性、附庸化替代了先导性、低俗化消解了崇高性,那它就必定会在失去本体价值的同时也失去其本应具有的社会意义与审美功能。其结果,就像马克思所断言的那样,精神产品及其创造者们一旦将高筑于民族利益和人民立场之上的崇高、正义、公理、奉献等观念、情感和追求"淹没在利己主义打算的冰水之中"①的时候,那它就必然会在形态、性质和功能上变为文化的块垒与精神的疣物,其价值和意义的畸变与消解自当在所难免。

新时期以来,我们的文化创造和文艺创作显然已进入了一个前所未有的快速流转期,这不仅得益于宽松的政治环境,而且也得济于良好的社会条件。文化观念、文化形态、文化理论、文化方法、文化结构、文化范式、文化语境、文化元素,乃至文化的表达套路和实现方略等,都在大范畴和深层次上发生了变革和进行了创新,遂使整个文化面貌焕然一新。这无疑是值得肯定和庆幸的。但也正是在这种由快速流转和样象纷繁所造成的热闹景象中,却往往耗散和淡化了对价值导向的循守与依托,对精神追求的热忱与执著,并由此而造成了一些文化产品的思想虚脱与精神贫乏。这一点,在文学创作中的表现尤为突出。尽管"新锐""前卫""新写实""后现代"之类的口号和旗帜层出不穷,但却鲜有绚优熠世、力可扛鼎的作品出现;尽管"奇幻""悬疑""侦探""盗墓""穿越""耽美"之类的名目和称谓让人目不暇接,但却越来越使受众对文学的热情与眷顾趋于冷淡和消敛;尽管现在每年的长篇小说出版量都在 2000 部左右,随便一个年份的作品产量都可大大超过前十七年的文学出版总量,但其所葆有的艺术感召力和社会影响力却越来越萎缩、越式微,就连获得茅盾文学奖的长篇小说,也难得让人悉数记住和叫出它们的名字。这与前十七年进入读者视野的长篇小说相比,确实大相径庭。原因或许是多方面的,但最根本、最主要的原因恐怕永远都在于作品本身。而就作品本身而言,关键又在于文学的生活底子虚了,目标追求变了;真情实感少了,主体欲望多了;思想内蕴小了,外部形体大了;艺术功力差了;私语雕痕多了;责任意识弱了,自恋心理重了;"大我""主潮"淡了,俗情琐务浓了;人民大众远了,审美眼光短了;时代精神稀了,"自我表现"强了。凡此种种所造成的直接后果,就是价值导向和精神追求的易质与缺位。而价值导向和精神追求的易质与缺位,则又足以使作品失去思想光彩和艺术魅力,以至于难以发挥它本应发挥的积极作用,正如歌德所说:"一个时代如果伟大,它就必然走前进上升的路,第一流以下的作品就不会起什么作用。"②

---

①《马克思恩格斯选集》第二版第一卷第 275 页。
②《歌德谈话录》第 86 页。

对于伟大的时代变革和社会发展不起什么作用的文化产品与文艺作品，自然是不会赋有任何价值和意义的了。当然，也就自然不会得到大众的接受和社会的认同。这，绝不是我们所要的结果。

伟大的时代，应当产生伟大的作品，也最有条件和可能产生伟大的作品。关键就在于创作主体写什么和怎样写。而写什么和怎样写所检测和考验的不仅是作家的智能、技巧和才情，而且更是作家的眼光、胸怀和见识，当这一切都在时代精神与生活资质的调动下逐渐聚焦于价值导向和精神追求这一质点与亮点上的时候，创作也就必然和自然会进入最佳境界，并有望精品与宏构的熠然问世。这并不是梦想，而是充满热切期望的预言。因为文化创造和文艺创作一旦回到正确、积极、先进、丰赡价值导向与精神追求的驱动之下，它就自会焕发旺盛的生力和结出丰硕的果实。

如果说文化是一个国家与民族的心灵和大脑，那么，正确、积极、先进、丰赡的价值导向和精神追求，则是最能赋予这心灵和大脑以强大搏动力和旺盛创造力的血脉与经络，并由此而为文化筑起永具活力与魅力的生命线和价值链。

第 4 章

对时代脉动的审美观照

主旋律作品是文艺创作中的鸿篇嘉构，也是时代变革中的鼓鼙旌角。大凡史诗性的美学凝铸和碑碣式的艺术构制，都是以主旋律作品为基础而磨砺、沉淀和遴选出来的。

正是由于主旋律作品所反映的是社会变革中的大事件，所采录的是时代发展中的大脉动，所表现的是情感跌宕中的大冲突，所描摹的是精神升华中的大境界，所以也便毋庸置疑地决定了它在文艺创作中的龙头地位与定向作用。

一

旋律之谓，本是乐音经过艺术构思而形成的有组织、有节奏的和谐运动，用以充当旨在表达思想感情的乐曲的基础，也就是中国古代所说的"律吕"。而主旋律之谓者，则显然是指这一"运动"中的主体形式和这个"基础"上的核心部位。若将其引入文艺创作而喻之，那便是对大题材、大主题、大事件、大思想的美学形诸与艺术表达。当然了，"主"与"独"并不是一个等同的概念。在文艺创作中，既然有"主"，那也就必然会有"次"，并由之形成了主旋律与多样化的相拥相衬和互济互补，遂使文艺园地中得以呈现出宏微有致、巨细同辉的繁荣景象。

不过，尽管主旋律与多样化永远都是有机的结合和辩证的统一，但在任何时候和任何情况下，主旋律作品都必定和必然要处于领衔的地位和发挥定性的作用。因为多样化所体现的，只是一种艺术的自然生态和大众的审美期许；而主旋律作品在艺术创造中所诉诸的，则是社会变革的机锋与时代发展的脉动，是精神和思想的炽燃，是灵魂和愿景的披陈，是情感和心愫的爆发。

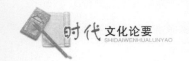
正因为如此,主旋律作品便天然地获得了独特的和无以旁贷的社会内涵与时代禀赋,不仅多样化的文艺创作不能取代它,而且也只有在它的主持和引领下,多样化才能真正体现出自身的价值和意义。否则,一旦失去主旋律的携领或者游离于主旋律之外的所谓多样化,都会无一例外地在事实上陷于浅悖、芜杂和低俗。显然,只有在主旋律作品呈现强势与优势的情况下,多样化才会更加彰然地显示出自身的独特作用与不可或缺性。

主旋律作品的重要性及其不可替代的文化价值,正在于此。特别是对于一个急遽变革的时代和快速发展的社会来说,主旋律作品就不仅是对它的艺术化描摹和审美化展示,而且更是人们艺术地把握世界的一种有效方式和能够驱进社会变革与时代发展的强大动力。因为文艺的功能唯在于它在摹写人生和钤印社会的过程中,自会通过对美的创造和对善的弘扬而起到欣悦、激励、鞭策与鼓舞的作用,并以此而淳化人性、开发人智、砥砺人志、提升人德,使整个社会不断地走向文明、和谐与发展。而恰恰正是在这个过程中,主旋律作品具有得天独厚、无与伦比的渗透性和感染力,它往往能够通过影响人和改变人而影响和改变整个世界,并为处于变革发展中的社会营造良好的人文环境和构筑纯美的精神高地,使人们的心灵世界与生活境遇均发生深刻的变化和实现巨大的提升。

对于此,无论过去的主旋律作品,抑或现在的主旋律作品,都给我们提供了结结实实的实践佐证。列宁曾把高尔基的《母亲》称作"是一本重要而及时书"。重要在什么地方呢? 及时在什么地方呢? 就在于这部长篇小说真实而生动地反映了俄国革命的社会诉求与壮伟历程,艺术地勾勒了革命的大转折与生活的新走向,乃至它和它之后所产生的诸如《铁流》《毁灭》《海鸥》《青年近卫军》等主旋律作品,皆成为千千万万红军战士的力量之源与心灵之钥,而且竟使有的红军战士直至战斗到最后一刻,什么都丢光了,唯独一支枪和一本浸染血渍的书仍在与生命为伴。新中国成立后,主旋律作品不仅极为有效地陶冶了一代又一代人的情操,激励了一代又一代人的心志,而且简直就是艺术地塑造了一代又一代人的品性与灵魂,特别是曾经被全社会广泛热读热议的长篇小说《保卫延安》《野火春风斗古城》《青春之歌》《林海雪原》《红岩》《红日》《红旗谱》《创业史》《苦菜花》,诗歌《回延安》《雷锋之歌》《致青年公民》《向困难进军》《小草在歌唱》《一月的哀思》《周总理, 你在哪里》,话剧及电影《万水千山》《年轻的一代》《于无声处》《南征北战》《在烈火中永生》《英雄儿女》《上甘岭》《洪湖赤卫队》《红色娘子军》等,就都在猛烈摇撼人们心旌的同时,也慷慨地赐予了人们以高尚的品格、坚韧的意志、无私的精神和绮丽而远大的理想,由此所产生的巨大精神力量不仅升华了人和激励了人,而且也通过人而对经济发展和社会进步产生了巨大的推动作用。

二

改革开放 30 余年来,文艺创作中的主旋律作品与时俱荣、与日俱增,在创作的数量上和艺术表现的形式与手法上,都有大的提升和新的突破,特别是在党史题材作品的创作上尤著佳绩、尤为惹眼,其中许多作品都得到了社会的好评和受众的认可。像《毛泽东去安源》《毛泽东在 1925》《井冈山》《开天辟地》《湘江北去》《青年毛泽东》《长征》《历史的天空》《潜伏》《毛岸英》《巍巍昆仑》《解放大西南》《建党伟业》等,就都是这方面的名篇佳作。这一类以党史为题材的主旋律作品,不仅具有表现价值和审美作用,而且尤其具有认知功能和激励作用。因为以今天的视角而还原当年的历史,必定会在唤起人们对"百战多多创业艰"的崇高记忆的同时,也更能让年青一代在认识历史的过程中感悟峥嵘岁月的艰辛壮伟和思考幸福生活的来之不易。在经过历史的沉淀和对迷雾的廓清之后,许多历史事实都较前更加清晰、更加准确、更加客观,这便使一些党史题材的主旋律作品愈益具有认识价值和震撼力量,它不啻是艺术地解读了中国共产党自成立以来的奋斗,确为"中华民族发展历史上开天辟地这一大事变"的重大时代命题,从而在欣悦和审美中给人们上了崇高的一课,让人们在享受艺术的同时更得到了心灵的净化与精神的激扬。主旋律作品对时代精神和价值取向的勘正与引领作用,由此可见一斑。

主旋律作品,作为时代精神的主导韵律和社会变革的高亢音符,它所承载和铭记的,永远都应当是、必须是和必然是对社会变革的历史见证和在时代跨越发展中人们的心路历程,它同时也始终都是对真、善、美的激情呼唤与倾力追求!因为一个民族的醒悟,首先是文化上的醒悟;一个时代的创新,首先是文化上的创新;一个政党的力量,很大程度上取决于其对文化的高度自觉与自信。而主旋律作品的本质属性和价值所在,则正是对这种醒悟、创新、自觉和自信的综合性凝聚与形象化体现。

第 5 章
文化的"软"形式与"硬"作用

文化是什么？文化做何用？

这似乎是一个 ABC 的问题，人人都能答释一二，但又是一个深不可测的智薮，要作出精准剀切的回答，还真不是人人都能做到的。正因为如此，在对文化的理解和施行上便出现了一个巨大的模糊区间，以至于常常会使之蹈入误区，产生悖论，形成不良的社会后果。

显然，对文化之性质与功能的归真返璞，很有必要。特别是在嚣攘浮靡的市场环境中，当文化日甚一日地沦为"唯商品"，并成为一些人的赚钱工具时，这种归真返璞也就自然要深为文化的生命线所系了。

一

在人类的社会活动中，经济和文化是两个基本形态，并由之而派生了其他诸多具体的社会功能与职场分类。正因为经济与文化的效能对于人类社会的进步和发展来说同等重要，所以它们在人类社会的历史进程中便不仅几乎是同时产生的，而且在尔后的发展中也一直是互依互补、相辅相励，共同构成了人类社会得以不断实现发展的支撑点与驱动力。这是人类社会所独有的现象，也是人类社会区别于动物世界的显著标识。动物世界只有对物质的需求，而没有对精神文化的依赖；尤其是动物的一切活动和需求都是本能的和原生态的，而人的一切活动和需求则是充满选择性和创造性的，特别是在物质需求之外，人更有对精神、智慧、理想、情操、道德、伦理、志趣和审美的向往、践行与追索，并在这个过程中不断地优化和提升自身，使自身具有更先进的思想和更强大的创造力，以便愈益有效地推动社会的进步和发展。

这是什么呢？这便是文化。

正是在这个意义上，中国最早的文化典籍《易经》便有了"观乎人文，以化成天下"的纪论，而在曹丕说过文章乃"经国之大业，不朽之盛事"之后，北宋哲学家张载更是把文化定位为"为天地立心，为生民立命，为往圣继绝学，为万世开太平"。所有这些说法，不仅是对文化之性质和功能的个性化概括，而且尤其是对文化之价值和作用的实践性总结。从中可以看出：文化虽不是物质，但却是智慧；虽不是经济，但却是精神；虽看似无形，但却无处不在；虽似乎可有可无，但却绝对不能缺失。因为文化所具有的思想导向和精神动力，文化所禀赋的道德内涵与认知功能，不仅可以使人从中达到开智、懿德、纯情、励志的目的，而且能够赋予人以高度的自觉性、深刻的道德感和强大的创造力。

这，才是本质意义上的文化性质与功能。文化之所以重要，之所以不可缺失，之所以有价值和有意义，唯在于它具有这样的性质和功能，并以之对人和人类社会的不断走向文明和有效实现发展，起着独特、深邃而又无以旁贷的巨大作用。

文化的这一性质和功能，在天然地赋予文化以精神价值的同时，也天然地决定了真正有价值的文化，就必须具有文明内涵、积极意义和先进性。这是什么呢？这便是养"心"。心之官则思。所以，养心也就是养智、养德、养思想、养志气。

在任何时候、任何情况下，文化都不能离开这个根本。一旦离开了，文化也就定然会贬值和变质，必然会陷入迷途与歧路。而现在，我们的一些文化产品和文化服务就正在遭逢这样的不预之虞。其中，最具有代表性和腐蚀力的现象，便是把文化完全等同于物质、等同于经济，纯乎变成了赢利的手段和赚钱的工具，似乎文化的价值和意义就只剩下了赚钱和赢利。在这种目的和导向下，一个最直接的不良后果便是无底线、无原则、无边际地迎合市场、俯就低俗和谄媚受众，从而使文化品质急遽下降、文化形式日趋诡异、文化导向明显扭曲、文化效能呈现负值。一如电视节目单纯追求收视率，小说单纯追求发行量，图书单纯追求印数，学术著作单纯追求速成，课题研究单纯追求"发包"，畅销书写作单纯雇佣"枪手"，名著改编单纯依赖"戏说"，新闻语言单纯追求"雷人"，杂志"发迹"单纯依靠卖版面，论文写作单纯采取网上拼接，乃至抄袭。甚至，就连改编经典名著《红楼梦》，也要刻意罗织出林黛玉"裸死"的媚俗情节。这样做的结果，只能是使旨在养心、益智、弘德、励志的文化，一步步地陷入庸俗、低俗、媚俗之风的包围之中，在失却其真性质与积极效能的同时，往往还会充当心灵的鸩饵与精神的杀手。

为什么会出现这种非文化的文化现象呢?背后的推手便是真金白银的发酵魔力。利益的博弈,不仅使文化丧失了本应赋有的性质、品格和效能,而且也动摇和迷乱了一些人的人生信仰与生活目标,更使社会风气在充斥浮靡、机巧、利欲、玄韬的溺变中形成志趣的眩晕和精神的迷惘。这绝对是与我们崇高目标的错位,这更是对我们时代精神的悖逆。

国民之魂,文以化之;国家之神,文以铸之。文化的价值和意义,永远都在于它对人和社会的思想启悟、精神引导与道德提升。文化的这种养心作用,既是物质不可取代的,又是金钱不能置换的。当然,文化产品和文化服务,也可以是有价的;对文化产品和文化服务的消费,也可以是有偿的。因为在产业化和商品化的社会背景下,文化当然也自会产生其市场价值。不过,文化的市场价值,永远都是附着在文化的精神价值之中,并与其精神价值完全统一和高度协同,而绝不是也绝不能是在率性降低、畸变和取消文化之精神价值中,不择手段地一味从文化身上榨取经济利益,更不能是以文化的精神负值来换取市场利益的最大化。

<h1 style="text-align:center">二</h1>

毛泽东是一位伟大的马克思主义者。他不仅通晓马克思主义理论,而且成功地实现了马克思主义基本原理与中国实践相结合,并在此基础上缔造了党,缔造了军队,缔造了新中国,成就了辉煌的事业。

对此,人们是充满钦佩和感激之情的,特别是对毛泽东的丰富的知识、超人的智慧、果决的胆识、横溢的才华,更是交口称誉、倍加钦羡。

是什么成就了毛泽东?是中国革命的伟大实践,同时也有文化之功。我们在加诸于毛泽东的诸多称谓之外,其实还应当再加一个"文化伟人"的称谓。使毛泽东的学识、才华、智慧、胆略跻于超常状态的原因固然是多方面的,但其中一个基础性的重要原因,则在于他国学基础扎实,文化素养极高,终生酷爱读书,善于融会贯通。毛泽东嗜书如命,爱不释手,苦读苦吟,积习久矣! 即使是在清贫中、战乱中、白色恐怖中、鏖战正酣中,他也与书为伴,其乐陶陶。长征是艰苦的,但毛泽东照样一边行军,一边读书;胡宗南围困延安,形势是危急的,毛泽东在准备撤离延安的空隙中,仍旧抓紧时间读书;井冈山时期,战斗急,生活苦,毛泽东根本不在乎,而唯独没书读使他无法忍受,所以每打一个土豪,他最关心的就是进去找书读,特别想找一本《三国演义》读。《三国演义》《水浒传》也许与指挥作战关系更密切一些吧,所以毛泽东特别看重。在1938年召开六届六中全会期间,他竟对满身征尘的贺龙和徐海东说:"谁不读《三国演义》《水浒传》《红楼梦》,谁就不算中国人。"直至建国以后,毛泽东在繁忙的公务之余,也总是尽量挤时间多读书,涓滴之时都要充分利用起来。一部《鲁迅全集》从延安的土窑洞一直带到北京的中南海,放在床枕边,不断地翻阅,不断地思量,不断地从中悟出许多真知灼见来。《诗经》《楚辞》、汉魏乐府、全唐诗、各种典籍的总集、合集、选集、专集,各种经史子集和诗词曲赋,全在他的涉猎范围之中,他不仅喜读,而且善解、强记、娴用,每每信手拈来,昭人喻事,恰到好处,妙趣横生,化腐朽为神奇,总能收到以古喻今、以镜鉴人、以理布道、以智悟聪的奇特功效。

毛泽东一生读了多少书?这已是无法准确统计的了,但仅从他的藏书中我们似也可以略知大概。首先,毛泽东藏书数量大、品类全,就这还常常向人借书读。他甚至为了向黄炎培借书竟不惜屈尊打了借条,并且为了按期归还而不得不赶着读完。在毛泽东的藏书中,有相当一部分都做过评点和批阅,仅经他亲手圈点批注过的诗词就有1590首,涉及历代诗词名家400余人。这些诗词,他不仅反复诵读,其中有许多都能倒背如流,而且还用毛笔抄录了其中的100多首。唯其如此,他的一首《沁园春·长沙》便能无异于是向旧世界发出的战斗檄文,而另一首《沁园春·雪》则使山城重庆为之震撼、蒋家王朝陷于惶悚。

毛泽东勤于读书,而且善于读书,善于运用。遵义会议进行总结时,毛泽东做了艰苦的动员和耐心的说服工作,其中有许多道理都是从《三国演义》《水浒传》的典型战例中引申而来的。至于《孙子兵法》,他更是谙熟于心,并在实战中予以灵活而巧妙的运用。像西游记、水浒故事、三国故事、史记故事,毛泽东统统烂熟于心,并在为人处世和指挥战斗中屡加巧妙的借鉴,每每获得巨大的成功。他曾用武松打虎激励干部、战士的斗争精神,以周瑜挂帅晓谕干部政策,以刘备取川说明团结地方干部的重要性,从贾府不可逆转的衰败引申到美苏所遇到的困境,等等。

在毛泽东的著作和语言中,更是引用了很多像"心之官则思","祸兮福所倚,福兮祸所伏","民不畏死,奈何以死惧之","知己知彼,百战不殆"之类的名句,其每一出现,必定烁采生辉,极为有效地加深了人们对所引喻之义的理解。他以"茕茕子立,形影相吊"形容没落势力的极端孤立;以"为渊驱鱼,为丛驱雀"形容统战工作的重要性和极"左"倾向的危害性;以"星星之火,可以燎原"形容革命力量所呈现出的不断发展的趋势;以"不入虎穴,焉得虎子"说明进行调查研究的重要性;以"日落西山,气息奄奄,人命危浅,朝不虑夕"形容腐朽的思想和落后的制度所面

临的不景气和岌岌乎;以"水至清则无鱼,人至察则无徒"说明对干部不能求全责备,如此等等,就都堪为这方面的例证。

毛泽东是一位革命伟人,一位理论伟人,一位政治和军事伟人,但他同时也是一位文化伟人。深厚丰富的文化积蓄不仅淬铸冶炼了他的人格、品性,而且也成就了他的壮伟事业,给了他超人的知识、智慧、才华、胆略和气魄!

显然,毛泽东不啻为体现文化主"硬"作用的楷模与典范。而他所代表的,又恰恰是一个景致和一个社会的缩影。

第 *6* 章
文化的正负值与文化人的义利观

　　追求利润、待价而沽、主体利益最大化等等，向来都是商品社会中物质与物质或物质与货币的交换原则。在市场经济条件下，这种交换关系尤为凸显。然而，在精神领域，在文化场中，在心灵世界，这种交换原则的适用度可就不那么带有普遍性了，以至在很多时候、很多情况下，它都会成为反式和悖论。

　　何以然呢？唯因精神层面的东西虽然对于人和人类社会的生存与发展极为重要，但却向来无价可循。比如良心、理智、素质、高尚的道德、纯贞的情愫、美好的心灵之类，能用值多少钱来衡量吗？能用商品交换的原则来交换吗？当然不能。这种"无价"，这种"不能"，恰恰反证了它的极端重要和宝贵，是真真正正的无价之宝。正因为精神层面的东西既重要，又无价，所以也便天然合理地形成并决定了在文化传播、精神浸润、道德教化和心灵升华诸方面的社会公益性与不可擅利性。

一

　　对于文化的社会公益性和不可擅利性，早在人类文明的肇始时期就已经在高度自觉地实行了。从尧、舜到孔、孟，从耶稣、释迦牟尼到苏格拉底、柏拉图，他们对人和人类社会所进行的开创性的精神缔造与文化建构，就都是大公的和无偿的。继他们之后，人类社会在其历史进程中虽然经历了数千年的沧桑变故，但亘古不变的却是精神教化与文化传播的公益性和社会化、布理性和抑利化、尚德性和无私化、励志性和倡义化。在这个过程中，"义"对"利"的排斥和取代，乃是完全于未经任何博弈的情况下而天然地赋有的，因为尚德和倡义早已成为精神缔造与文化建构中的一种理所当然的民族自信心和集体无意识了。作为中华传统文化之原点

与先师的孔子就曾说过："不义而富且贵，于我如浮云。"这种强烈的德义意识，不但通过社会实践以血脉永续的方式传承下来，而且也渐渐成为人们的一种精神圭臬和思想范式。不仅在文化传播与精神渲濡领域如此，而且几乎扩延到了社会生活的所有领域，即便是在以赚钱赢利为本旨的商人群落中，也自发地将崇德尚义当作了经商与处世的前置标准。早在中国资本主义萌芽时期的明朝，就有一位名叫王现的商人在总结其事商成功的经验时便强调指出："利以义制，名以清修，恪守其业，天之鉴也。"在中国历史上曾经"纵横九千里，兴时五百年"的晋商，之所以能够达到"处货殖之中心，执金融之牛耳"的程度，根本原因就在于其实行并坚守了"利以义制"的原则。

经商尚且如此，从文当然就更应该如此了。因为二者不仅形式相异、内容各殊，而且方略互斥、本质不同。前者有价，后者无价；前者有形，后者无形；前者作用于身，后者作用于心；前者以增殖赢利为目的，后者以修德励志为根本。所以，在精神文化的创造、建构与传播中，自当首先赋有一种崇高的使命感、庄尚的责任心、强烈的奉献意识和勇敢的担当精神，而绝不能一味地听任孔方兄的诱拐，懵头懵脑地被赵公元帅牵着鼻子走，把搂钱当成了从文的主旨与目的。即使是在市场经济条件下按照价值规律经营文化产业，也同样不可舍义求利，尤其不能唯利是图。因为文化产业既然是以文化为内容的产业，它在创造、生产、经营、消费的每一个环节中，就都首先和始终要体现文化的性质和效能，切实把悦人、开智、励志、养心的作用放在第一位，使之真正能够以其所涵寓的先进思想和奋发精神而给人以欣悦和激励，让人从对文化产品和文化服务的消费中得到审美的满足、心灵的净化和精神的提升。如果出自文化产业机杼中的任何产品和服务不具备这样的性质，不秉有这样的效能，起不到这样的作用，那就无异于从根本上抽去了文化产业的灵魂，而文化产业一旦失去灵魂，也就自会变得只有产业而没有文化了。当然，这里所谓的"没有文化"并非是指没有文化的内容，而只是说这种内容很差，很悖，甚至很坏。这是自然的。因为作为思想载体和精神标识的文化，其在正常状态下并不呈现中性，而基本上是趋于两极的，即其内容不是积极的、先进的、高雅的、新颖的，就极有可能是消极的、落后的、低俗的和陈旧的，差别只在于程度不同而已。至于那种不好不坏、亦好亦坏的文化产品和文化服务并非完全没有，而是其出现的概率很低，且既非文化之常态，又非文化之本质。文化之所以是文化，就是要赋有先进的内容和能够发挥积极的作用。否则，还要文化干什么？更遑论文化的效能性与重要性。

对于此，我们的现实文化生态就很能说明问题。每当我们极目纵览，映入眼帘的不就总也是优劣并存、瑕瑜互见、雅俗杂陈、新旧斑驳么！何以如此呢？盖因文化内容的两极趋向使然。在现实文化景观中，由于价值规律的逆转和市场法则的倒挂，乃至趋劣、趋瑕、趋俗、趋旧的文化产物和文化现象常常显得十分扎眼，诸如手机涉黄网站几于泛滥、低俗文学作品层出不穷、荒诞不经的影视制作屡屡出镜、玄幻惊悚的网络写作频频亮相。凡此种种，都在不同程度地转换着和颠覆着正常而积极的价值要素、价值主体、消费结构与消费方式。虽然其形式诡异、景状玄幻，但在本质上都不过是为了敛财和趋利。

本来，由于 3G 技术的发展和成熟，移动通讯与互联网技术日趋融合，给人们带来享受信息社会的快捷与方便，这无疑是一种文化和科技的进步，但文化场中的趋利者们却把这种快捷和方便转移到了利用互联网和手机网络传播淫秽色情和暴力犯罪上来，这种不法网站居然多达数十万个，并且境内外相互勾结，声势浩大，无孔不入，屡打屡生。其背后的根本原因，就在于运营商和制黄贩黄者之间那种"剪不断，理还乱"的利益关系。

二

本来，在宽松的文化环境和优越的社会条件下，作家们是最有可能解放生产力和开发创造力的，但令人匪夷所思的却是，一些人竟把写小说当成了种庄稼：不是求质量，求效能，而是争印数、争版费。在这种扭曲的利益目标促动下，盗墓新品种出来了，鬼吹灯新品种出来了，悬恐、惊悚、仙侠、灵异、穿越、玄幻类新品种出来了，接龙小说和超文本文学出来了，"最小说"杂志和韩寒品牌、郭敬明品牌也出来了。紧随其后的便是 50 万册、100 万册的印数攀比和 800 万元、1000 万元的时髦作家富豪榜排名。在如此貌似繁荣、丰收的景况下，殊不知其给社会制造的却是文学的怪胎，其给历史留下的却是文化的笑炳。

本来，把作为"世界第一圣人"和中国文化象征的孔子搬上银屏，无疑是一件大好事、大善事，可无奈这耗资 1.5 亿元拍成的电影《孔子》却成了一部不折不扣的战争片，以至这部电影的海外发行版竟然干脆将片名译成了《孔子之决战春秋》。在影片中，不见了杏坛，没有了儒雅，丧失了仁智，所见却是血腥的厮杀对决场面。历来被尊为"大成至圣先师文宣王"的孔圣人，完全失去了其大仁大智的本真面目，不仅猝然变成了武林高手，而且居然还是位"迎风而立，指挥千军万马"的

赫然将帅。问其何故要把孔子装扮成这般模样？回答竟也极为干脆：作为一部商业电影，当然要一切为了票房。钱，就是上帝。

本来，采用现代艺术形式表现花木兰女扮男装代父从军的故事，无疑是对古为今用，弘扬民族文化和尚武精神的有益探索，可谁能料到摄制者竟把电影《花木兰》的主题和情节都变成了"木兰从军恋爱"，并且屡有雷人之语频出娇口，从而使文学经典《木兰辞》完全走了形、变了味。问其原因，竟因没有爱情戏，票房上不去。

其他像以荒唐解构历史伟人而出名的"学术新星"、以悍然颠覆传统文化精髓而闻世的"国学辣妹"、以无端制造和炒作奇闻艳遇为能事的"灵通人士"、以一裸而博取千金的"艺坛另类"等等，又有谁不是唯市场驭制精神的产物和唯金钱操控文化的结果。不错，在商品社会中，完全无视市场法则，自然是不明智的。但与此同时，我们也要清醒地看到：当市场把一切社会细胞都货币化了之后，以钱为本也就会成为一个社会的主导法则。这在"物"的层面，是可取的；但在精神范畴，则是可怕的。因为在社会功能结构和社会道德体验中，物质和精神从来就有着不相同的效能目标和二元化的价值取向：价值尺度对于前者是刚性的，而对于后者则是"柔"性的。关于精神文化的这种价值之"柔"，我们至少可以解读为：金钱从来不是它的唯一价值绳墨和终极追求，而以它为藉体，将金钱作为唯一的和至上的利益目标，则更是对它的误解和亵渎。所以，在健康的理性的文化创造与文化消费中，绝不可蓄意制造以文化掘金的神话，更不能刻意追索将文化变钱的目标。至于文化产业对市场准则和价值规律的践行与体现，那也只是对"产业"而言的。即便这样，其基础和前提仍须永远都有赖于文化自身的先进、积极、淳雅和刚健。

在这个命题上，我们决不能误读亚当·斯密对"看不见的手"的论述。其实，作为经济学家的亚当·斯密，他在提出以"看不见的手"操控市场的同时，就更以愈加充沛的理论思维阐发了"道德情操"的重要性。他认为，即使是在市场经济中，那只"看不见的手"也并不是万能的。只有在道德、情操、良心和正义的驭制和引导之下，那只"看不见的手"才有可能会发挥积极、有效，然而也有限的作用。

在市场经济中，对物与物和物与币的交流和置换尚且如此，那么，在精神文化的创造与消费场中又该当如何？这就更自不待说了。其实，在这方面，我们的前人早已为我们走出了可资效法的路：巴金、赵树理、周立波等许多前辈作家，都是主动放弃领工资的，理由只有一个，那就是既已领了国家发的稿费，就不应该再去拿国家发的工资。20世纪50年代初，年仅28岁的豫剧演员常香玉，宁肯在生活上千般虐待自己，日夜兼程地到全国各地轮番义演，硬是用血汗钱为抗美援朝捐了一架价值 15.2 亿元(旧币)的米格飞机。鲁迅一生辛勤劳作,但却大部分时间都没有工资,只靠稿费维持清苦的生活。他原本计划要写关于唐朝文明和关于四代知识分子的长篇小说,还要写关于中国字体变迁史和文学发展史的学术专著,但对这种名利双收的事他最终还是决定放弃了。为什么? 就因为写短小的杂文以应对现实的战斗更重要,指导和资助文学青年健康成长更重要,为中国新文艺的发达而充当"牛"和"泥土"更重要。

千万不要以为这些都已是过往的云烟了,现在搞市场经济,还需要那样吗? 其实,时代再变化,社会再发展,文化人的职业操守也不能变,拜金主义到什么时候都会为人们所不齿。就说季羡林吧,他一生劳作、一生节俭,但为汶川地震捐款,却一出手就是 20 万元;就说钱学森吧,他说:"我姓钱,但我却不爱钱。"不但从来不言名利,而且把稿费、奖金之类也悉数捐给了科学事业和人才培养。就说邰丽华吧,她以残疾之身艰苦奋斗,事业有成,仅为四川地震灾区、左权革命老区、台湾风灾和国际慈善项目就捐出善款多达 578 万元之巨。

面对现实生活中的如此品性和人格,我们又该作何想呢?

是的,该是作出义利抉择的时候了,该是把我们的笔墨和才华用于建构文明和召唤心灵的时候了。这就要求文化的创造主体和消费主体不论在任何时候和任何情况下,都应该进行充分的道德体验和赋以正确的价值取向,始终坚持以义制利、以义驭利、以义导利、以义帅利,而决不可因利失义,更不能唯利是图。因为只有文化主体具备了正确的和科学的义利观,文化创造、文化产品和文化服务才会形成刚健而有益的价值,才能发挥积极而有效的作用。

二、时代发展之文化跫音

——论文化创新

第 *1* 章

创新是文化发展的枢机与动力

实现文化的繁荣与发展，是一个重大时代命题。而如何才能真正实现文化的繁荣与发展，则是破解这一重大时代命题的关节点与生命线。就中，创新的价值，臻于至上；创新的意义，尤为重大。我们甚至可以说，没有创新，就没有文化的生存条件和发展空间；创新不到位，文化就会失去其本应具有的活力与魅力。因为对于既作为精神产品而又服务于精神建设的文化来说，只有秉具新而美的形质与意态，才能体现其品格和发挥其作用，而创新则是发掘和淬炼文化这新而美的形质与意态的最佳选择和必经路径。

一

近些年来，若从作品的数值和热闹的程度上作考量，我们的文化无疑是繁荣的。但若从创新的意义上作评析，那可就很难一语置论了：有创新，但不够，甚或可以说是很不够。特别是缺乏全面的、本质的和带有突破意义的创新行动与创新成果。

正是由于创新不够，才造成了一些作品思想力、艺术力的羸弱和感染力、影响力的式微；才出现了一些文化活动和文化服务的平庸面世与诟病丛生，才导致了重复、复制、模仿、翻拍风的盛行和题材撞车、手法雷同、扎堆抢"戏"、群起趋"摹"现象的频发，这不仅妨碍了文化受众群的增殖和文化覆盖面的扩大，而且也为中国文化进一步走向世界造成了主体不力的障碍。一如文学作品的产量在激增，而真正阅读文学作品的读者却在减少，甚至有人说现在写诗的人比读诗的人还要多。读者群的散佚和缩小，无疑会衰减文学的社会覆盖面和精神影响力。又如即使是在欧美一些中国文化流行的国家，中国当代文学作品的出售和阅览都不仅门市

少而小,而且数量和品种也相当微薄和单一。再如我们的影视制作虽然数量年年都在递增,但真正能够打入世界市场的产品却很少。与此形成鲜明对比的,却是美国不仅占取了世界56%的广播和有线电视收入、85%的收费电视收入、55%的电视票房收入和占全世界总额三分之一的电影票房收入,而且美国仅在2010年度就发行各类图书31亿册,发行唱片17.3亿张。

当然,各国有各国的具体情况,不能作硬性的对比。但这种对比却无疑可以给我们提供一种启示,那就是问题到底何在? 差距究竟何在?

按说,美国是一个移民国家,既没有统一的文化,又没有文化的根脉,更谈不上悠久的文化传统和丰富的文化积累与文化遗存了。这使它至少在"内容产业"上处于先天不足的劣势。但它又凭什么偏偏能够在文化创造和文化产业上占据优势呢?

核心答案只有一个,那就是凭靠创新——不仅在文化上进行创新,而且更在技术上和观念上进行创新。以电影制作为例,就有1977年乔治·卢卡斯的《星球大战》和2010年詹姆斯·卡梅隆的《阿凡达》。前者以率先使用计算机技术创造特效景观,从而开创了科幻电影的新时代;后者将3D技术与环保理念相结合,进一步为科幻电影的发展营造了新景观和开辟了新途径。这两部电影都收获了数十亿乃至上百亿美元的票房收入。更重要的是,它以先进的文化技术和文化理念领先时代,吸引和占据了全世界观众的审美触角与艺术视窗,并在不知不觉中输出了美国的价值观、增强了美国的软实力。正如法国前外长休伯特·韦德里纳所说:美国的强大"要归功于美国通过电影和电视塑造和掌控全球形象"。

其实,这种创新的欲念、激情、精神、技法与能力,已经成了美国文化创造中的一种强大基因和至高追求。从自由体诗歌形式的首创,到现代小说的意识流书写;从现代舞蹈的个性化创造,到流行音乐的美国式肇始;从通俗读物的大众化演绎,到新媒体的不断升级改造等,处处都体现了一种敢为人先、勇逾矩度的创新精神。即使是在常规性和重复性题材的再创作中,也每每能够寻蹊辟幽、出奇制胜,令人眼前一亮、耳目一新。比如电影《泰坦尼克号》的摄制,就是这样。这个题材已经被多次使用过了,其故事情节也是人们所耳熟能详的。但一经卡梅隆的手,它却又奇异地焕发出了新的艺术光彩。创作者虽然在表现形式上很难说有什么新的突破,但却运用人性的善良和爱情的真挚猛烈地摇撼了观众的心旌,让人不仅爱看,而且看过之后还难以忘怀;不仅看时激情燃烧、心绪昂奋,而且看后还泪眼婆娑、感慨良多。何以会如此? 都是由创作者的刻意创新所结出来的艺术善果。其他像花木兰、孙悟空、功夫熊猫等,这些对创作者来说,都并非是驾轻就熟的中国传统题材,但一经他们的再度创作,便立马成了极具观赏功能和票房价值的艺术香饽饽。何故? 唯由创新所致,唯因创新所为。

这样的例证,既不是极端的,也不是个别的,而是一个不以时间和地域为限制的广谱性的文化法则与艺术规律。其所体现的,正是文化创造和文艺创作的蹊异特征与不可逆特性。新鲜、独特、个性化,崇张力、尚锋锐、有创意,是一切内容和形式的文化创造与文艺创作所共同赋有的艺术本质与美学特征。对于这样的本质和特征,乃是在任何时候和任何情况下,都必须遵循,都不可违逆的。因为只有这样,才能使作品具有生命的活力与艺术的魅力,才能使受众乐于接受和便于接受,也才能真正体现文化的价值和特质,发挥文化的作用与功能。

创新之所以对文化具有不可或缺与不能弱化的特殊重要性,完全是由文化自身的本质特征与内蕴规律所规制、所决定的,同时也是因受众的接受习惯和采纳方式而在长期的实践中所瀝淀、所形成的。任何受众对任何文化形态的接收和汲取,都必须要依靠文化自身的力量首先唤起其欲望感和自觉性,其次才是具体的接收和汲取过程以及在这个过程中所产生的欣悦与感动、融会与升华、积聚与提高、有益与有效。

马克思之所以说文化"是一本打开的关于人的本质力量的书",恩格斯之所以说"文化上的每一个进步,都是迈向自由的一步",其本质涵义,就是指文化的创新价值及其所产生的积极作用。因为只有从形式到内容都实现了创新的文化产品、文艺作品和文化服务,才会具有这样的美学品格和发挥这样的社会效能。这既是文化的特质,同时又是文化与"物"的本质区别。

"物"是满足人和社会的生物与生理性需求的,而文化则是惟为人的精神、道德、智能、情操以及人所特有的思维能力和创造能力的灵韵与乳汁,它与"物"不仅形态不同、功能不同、旨向不同,而且对人发挥作用和被人接纳采用的路径与方式也不同。任何人不论自觉与否、乐意与否,都必须采用"物"益以维持生存,而文化虽然对于人和社会的意义十分重要,但却与生命的存弗基本无关,它只是作用于人的思想、精神、道德、智能和社会的文明与和谐。相对于生命的存弗,这显然是更高层次和更进一步的"软"需求了。正因为如此,文化必须以自身强大而独特的力量唤起人们的阅赏欲求与内在自觉,并能给人以激情与美感,使人从中撷惠和受益。这就需要从创新中发掘和凝聚巨大的思想内曜与艺术魅力,真正使文化产品、文艺作品和文化服务能够吸引人和感染人。如果没有这种吸引性和感染力,那么即使主体愿望再好,也难以被接受,更无法生效力。所以,鲁迅才深有感触地劝诫

青年作家说:对于文化创造和文艺创作,"万不要忘记它是艺术"。首倡"软实力"概念的约瑟夫·奈才更为强调地指出:但凡文化,必须具有"吸引力和说服力"。

是艺术,就要遵循和恪守艺术的法则与规律。而在艺术的法则与规律中,创新则永远都是主持中馈的龙头老大。

二

在我们的文化创造和文艺创作中,之所以会出现数量不断激增而精品佳作少和社会影响小的现象,就其根本原因而言,就是缺乏创新。

缺乏创新,自然是由创新力不足所致。至于创新力不足的原因,若要认真探究起来,那就比较复杂了。而且对于每个时期、每个创作主体和每项具体创作内容来说,其创新所以缺失的原因与程度也都各不相同,很难一言以蔽之。但若从如何增强创新能力、提升创新欲念、激扬创新精神的意义上作考索,则可以开出以下有效药方,即:励志创新,采漉原汁;入主时代,把控脉动;沉潜底层,感悟社会;探集英华,独辟蹊径;拒绝平庸,淬冶佳作;甘于寂寞,开掘厚重。

尽管提升创新欲念、激扬创新精神和增强创新能力的措施很多、途径很广,但核心内容和关键旨要莫过于上述几个方面。文化的创造主体和服务主体如能认真做到和做好,其创新素质和创新能力便肯定是会不断得到充实、强化与提升的。

励志创新、采漉原汁。要创新,首先要有创新的志向和决心,必须在顶层设计和目标追求上进行精心擘划。一方面下定决心不落俗套,不慕因袭,不走捷径,不讨畸巧,不骛虚饰,不追时尚;另一方面更要从多方面进行充分的准备,积极矫正和提高自己的思想水平、认知能力、审美情韵、价值取向和艺术操守,千方百计从各个方面为实现创新而创造条件、开辟路径、提供资源、营造氛围,从而使创新愿望落到实处,创新目标实现兑取,创新精神得以激扬,创新能力获得提升。只有在这个基础上,才能做到采漉原汁。而采漉原汁则是创造或创作过程中实现创新的第一步,即从社会生活中采集和淘漉出带有典型性和本质意义的第一手素材,并以此为据而确定题材,提炼主题,进行情节、场景、人物、事件的粗线条勾勒和大幅面设计,以形成营构精品的初坯,并为后续的精细加工打下良好的基础。这个基础非常重要,其优劣臧否,将直接关系到最终成果的价值和后续工作的开展。

入主时代,把控脉动。时代,就是历史的行程、生活的进取、社会的变革、世情的当下。所以,时代精神必定是对生活内蕴、人性本质和历史趋向的敏锐反映与集中体现。任何文化形态在本质上都是要反映和表现时代走向与时代精神的，区别只在于进行这种反映和表现的具体形式和内容有所不同而已。因此，文化要实现创新，就必须切中时代脉动的特质、规律与走向，就必须真实而具体、生动而艺术、典范而新颖地为时代造像，为时代立言，为时代镂史。只有这样，文化产品和文艺作品才会有新意，有深度，有内涵。否则，只在时代洪流的表面或边沿上捞取一些腻沫和水泡而加以包装，便贴上文化标签而匆匆面世，那就注定只能是文化的秽物与庸品了。如此之作，虽然速成，但也速朽；虽能媚世，但却赘世。它注定只能是一些无法经世悦人的泛泛之作。由此可见，创新对于文化创造和文艺创作的极端重要性。而要创新，就必须把控时代脉动；要把控时代脉动，则必须入主时代大潮。入主者，即充当时代的主人，深入时代的中枢，驾驭时代的潮流，走在时代的前沿，勇做时代的助推者和弄潮儿。而决然不是规避时代潮头，逸出时代主流，一味耽溺于沙龙式的海侃神聊和贵族式的樽前筵后。显然，离时代主潮的距离有多远，离实现创新的路程就有多长。

沉潜底层，感悟社会。生活，是有层次的。只有底层生活，才是大众的生活，才是最真实的社会，才会显现社会生活与人性内蕴的本相与本质。举凡有创新、有价值、有内涵、有意义的文化创造与文艺创作，都无一例外地必然是对社会生活本质和人性之真实面貌的艺术化反映与典型化表现。当然，从社会生活到文化生成，这中间还是有一个主体感悟与艺术升华的过程的。这个过程就像一座精神之桥，它一头连着社会底层，一头连着文化创新。只有当创作主体真正深入到了社会生活的底层，才有可能跨过这座精神之桥而抵达彼岸，进入创新的实践过程。因为这"桥"是感悟，是体验，是淬冶，是升华，如果未能从生活底层撷取丰富的生活素材，又哪里会有感悟和升华可言呢？既然没有感悟、升华，也就无法过桥。而过不了桥，也便无法进入创新实践。由此可见，创新的源头始终都在社会生活的底层。文化的创造者们从社会生活底层发掘和撷获的素材越丰富、越本真、越优渥，其实现创新的幅度就会越大、程度就会越高。那么，怎样才能达到这个目标呢？关键就在于必须沉潜。走马观花不行，浮光掠影不行，空中俯视和道听途说更不行。决定地需要的倒是必须"走、转、改"，必须走入生活。只有像赵树理、周立波、柳青、陈忠实那样沉潜于社会生活的底层，才能掘开实现创新的不竭源流。

探集英华，独辟蹊径。创新不仅需要生活基础和社会认知，而且也需要思想升华、知识转换、艺术集萃与经验积累。任何创新，都必然是独特的发现和个性化的创造，但绝不是空穴来风和异想天开。就其本质而言，皆为思想与艺术的集约凝聚

和知识与经验的高度升华。这个过程，就像破茧成蝶一般，虽然二者的形态和质态大相径庭，但又毕竟有着一定的因果关系。这是一个从积累经转换而达臻飞跃的过程。积累，就是原料集萃；飞跃，就是本质转换。任何创新，都是在丰富积累的基础上经过"飞跃"而实现质变的。所以，为了创新，就必须在思想、艺术、知识和经验诸方面进行长期而艰苦的探寻、采集、积累与升华，必须认真学习，广撷博采，恒久积累，刻苦砥砺，并在这个基础上高度自觉地进行思想提升与艺术探赜，不断地转变思维方式和开拓艺术疆域，有效地实现经验转换与实践升级，切实在厚积优聚的条件下形成自己的卓拔见解、闪光思想、独特风格与良好素养。一当达到这样的境界和水准，实现创新也就指日可待、水到渠成了。

拒绝平庸，淬冶佳作。拒绝平庸是淬冶佳作的认识基础和思想前提。没有拒绝平庸的意向和决心，很难创造出文化精品和创作出文艺佳构来。因为在文化创造和文艺创作的过程中，平庸是下坡路，一不鼓劲，一不用力，就很容易滑下去；而佳尚则是攀高峰，只有全力拼搏、奋勇攀登，才有可能到达目的地。基于此，创造和创作主体就必须要有一种强烈的自觉意识和坚韧不拔的创新追求，必须要有拒绝平庸的愿望、决心和信心，必须要坚持做到"语不惊人死不休""文不臻粹不杀青"。任何创新的实现和精品的铸成，都是在与平庸的搏杀中脱颖而出的。只要把拒绝平庸的决心变为摒除平庸的行动，并坚持到底，不改初衷，创新的文化吉星便一定会欣然惠顾、如期而至。

甘于寂寞，开掘厚重。在浮华的时代和繁荣的文化生态中，浮躁和趋利已经成了创新的宿敌。所以，想要开掘厚重的文化宝藏，想要从思想和艺术、形式和内容上实现高密度和全方位的创新，首先必须具有甘于寂寞的内在要求和外在表现。否则，就只能是在文化创造的旗号下做着制造文化疣物的无用功。这样的例证触目可见，这样的作为令人省思。因为如此制造的文化繁荣不仅无益于社会，而且有损于大众。其结果只能是繁荣而无效能，繁荣而不发展。文化创造和文艺创作是一种高强度和高纯度的精神升华与艺术集结，是殚精竭虑之为与呕心沥血之举，没有甘于寂寞的精神，乃是决然铸不成大器和创不出精品的。历史的经验早已反复证明：只有才华与耐力相伴、硕智同静穆结盟，知识和寂寥同在，才是进行创作的佳境，也才是实现创新的坦途。

趋新、求新、以新悦人和以新制胜，既是文化的形态所需，又由文化的本质所赋，并因此而天然地决定了：创新，永远都是促动文化实现快速、刚健和均衡发展的枢机与引擎。

第 2 章
在自主创新中建设和发展先进文化

　　自主创新不仅是驱动国家发展的动力，是托举国运鸿业的根基，而且也是民族赖以存续和时代实现腾飞的筋腱与翅膀。崇尚创新、追求创新、实现创新，永远都是全民族的战略选择和全社会的价值取向。对于作为智慧之凝聚和精神之升华的文化来说，则尤其如此。因为只有不断地创新，才能赋予文化以旺盛的活力与强大的魅力，才能使文化获得广泛的社会认同和高度的市场认可，并因此而发挥更加积极的作用，产生更为卓著的效益。

一

　　社会是循序发展的，它一程一程地衔接起来，便构成了历史。历史的本质，是对人类文明的客观展示和辩证总结，而文明的载体、酵体和介体则始终都是文化。所以，说文化是历史的跫音，是民族的灵魂，是时代的旗旌，是前进的动力，一点也不为过。特别是在现代社会中，文化不仅以多种形态深深地融入了国家与民族的生命力、凝聚力和创造力之中，而且还越来越成为经济实力和综合国力的构成要素，成为时代风貌和社会风尚的鲜明标志，成为智慧能力和精神走向的有力见证。

　　文化，怎样才能具有这样的品格和能力？如何才能担当这样的使命和责任呢？关键就在于自主创新——不但要大力强化自主创新的能力，而且要不断地从自主创新中提升文化的品位和效能，淬冶文化的思想和艺术，开拓文化的界域和维度，丰富文化的形制和方略，扩充文化的储蕴和潜质，激扬文化的活性与张力，并在这个基础上实现文化事业与文化产业的快速发展，最大限度地从挖掘文化潜力和展示文化魅力中发挥文化对于经济、社会和人本的积极作用与特殊效能。

对于文化所具有的社会功能和积极作用，人们是普遍认同的。但对于文化的自主创新，人们却往往缺乏深刻的认识和思考，更鲜有将其与文化的本质、特性、价值和效能紧紧地联系在一起，从因果关系上对之加以科学而辩证的分析与考量。其实，这恰恰是文化的本质、特性、价值和效能得以形成与实现的关键所在。不论任何时候，真正具有价值并能发挥积极作用和产生巨大效益的文化形态与文化质态，都必然是创新的成果，是在不可逆规律驱动下的精神和艺术产品，是最具独特性和开拓意义的审美创造。不如此，便不足以扬播真理、传辐美感和震撼心灵，便会因此而产生效能之忧与价值之虞。正是由于这个原因，举凡炳辉史册和熠耀当代的文化产品与文艺作品，无一不是其创作主体在锐意创新的过程中所形成的思想结晶与艺术果实。从长城、故宫，到《论语》《离骚》；从《兰亭序》《奔马图》，到《木兰辞》《红楼梦》；从苏州园林、晋商大院，到《狂人日记》《雷锋之歌》；从《清明上河图》《霓裳羽衣舞》，到《黄河大合唱》《"激流三部曲"》等，皆概莫能外。

这些文化产品和文艺作品获得成功的最大妙诀，就在于"创新"二字。而它们经历的创新之路所揭示的，则是一个文化创造和文艺创作的内在规律与恒定法则。尽管文化创造的天地是无限广阔的，永远具有纵横驰骋的自由空间和自主选择的天成机缘，但在任何情况下，这个规律与法则都不容有丝毫的怀疑和动摇。任何内容和形式的文化创造与文艺创作，其在本质上都是要作用于人并通过人而作用于社会的，这就要求它必须是新颖、精美、深刻而纯尚的，必须能够吸引人、感动人、欣悦人和提升人，必须具有教化作用和审美功能，并能在温润的熏陶和强烈的震撼中使人自觉地认同它、选择它、接受它和融会它，并在它的作用下变得愈益睿智、崇高而纯粹。

文化产品和文艺作品使人自觉地选择它和接受它的唯一理由，就在于这种产品和作品具有创新价值，是对新的思想的升华和对美的艺术的展示，是对璀璨的历史的精神回照和对刚健的时代的审美写真。同时，也是对崇高精神与真挚情感的形象化传达与语体化诉陈，对人的认知能力和理想追求的逻辑演绎与美学形诸。黑格尔说过："审美带有令人解放的性质。"而创新，则是通向审美的第一道门槛和实现审美愿望的最主要和最便捷的通道。这就是说，文化一旦疏离创新，审美便会遭遇被艺术杜门和被社会拒纳的尴尬。而任何不能帮助人们实现审美理想和精神升华的文化产品与文艺作品，其自身的价值也便必然要在不可抵挡的挥发和消解中归于沦丧与失落。

正是在这个意义上，我们必须深刻而执笃地认识到：只有创新，才是文化的灵魂和生命线,才是文化获得活力与魅力、实现效能与价值的最重要源头和根本性要素。

二

　　我们对先进文化的建设,就其本质而言就是一个追求文化创新和实现文化创新的过程,而且这种创新是高层次、大幅度和全方位的,是最具有时代精神、历史价值和本质意义的。因为只有创新,才能发展。在未来的发展中,创新文化必定要成为社会进步和历史发展的心路历程,成为民族振兴和国家强盛的精神坐标,成为对一个充满激情与理想、创造与收获、希冀与探求的特定的时代的无与伦比的正确引导与强大支撑。一个国家的文化,同科技创新有着相互促进、相互激荡的密切关系。创新文化孕育创新事业,创新事业激励创新文化。所以,不论从文化自身实现丰富和发展的意义上说,抑或从文化对经济、社会和人所具有的特定价值与特殊效能的意义上说,我们都必须高度重视文化创新,真正在改革和发展的实践中使文化创新成为我们的自省意识和自觉行为,并卓有成效地运用文化创新的丰硕成果,引导和驱动经济的发展、社会的进步和人的能力与素质的全面提升。

　　我们必须做到这一点,我们也有条件和有能力做到这一点。因为任何内容与形式的文化创新,都是既需要有正确而宏远的目标,又需要有科学的理念和恰切的方法。正是在这些方面,我们天然地占有着强大而独特的优势。

　　辩证唯物主义和历史唯物主义,为我们进行文化创新提供了科学的世界观和方法论;处于改革、开放和发展之大潮中的时代精神、社会内容与生活资质,又为我们进行文化创新营造了良好的社会人文生态环境。特别是绵长而久远、博大而精深、丰赡而灿烂的优秀民族传统文化,就更是为我们在新的社会背景和新的历史条件下进行文化创新奠立了坚实的基础,蕴储了丰富的资源,提供了典范的例证,凝积了进取的精神,使我们从中获益多多、受惠绵绵,始终处于优渥和趋前的地位。

　　中华文化历来包含鼓励创新的丰富内涵,强调推陈出新、革故鼎新,强调"天行健,君子以自强不息"。建设创新型国家,必须大力发扬中华文化的优良传统,大力增强全民族的自强自尊精神,大力增强全社会的创造活力。我们必须认识到,中华优秀民族传统文化,在本质上是一种创新的文化、变革的文化、进取的文化,只要我们结合现代化建设的实践,运用马克思主义的立场、观点和方法,对之加以科

学的继承、弘扬、丰富和发展,切实在新的体制和新的机制条件下,按照新的型杼和需求对之进行合理而有效的熔铸与淬炼,我们就一定能够在世界文化多样并存和激烈竞争的形制之下与格局之中,岿然坚守民族文化营垒,捷足先登世界文化高峰。

在中华民族五千年来的历史演进与社会发展中,始终伴随着文化创新的弦歌与潮音,始终同伍于精神的拓进与文明的升萃,始终在坚忍的探求和不断的突破中创造着富于民族特色的文化瑰宝与精神粹质。从杏坛到书院,这种灵活的教学体制和开放的学术精神,为民族文化的蓬勃发展和优秀文化人才的不断涌现发挥了巨大的促进作用,并由此而产生了大量经典文化论著和宏伟文化胜迹,其所涵寓的新睿智慧、改革思想与进取精神,极其深刻地影响着中国社会的变革与发展。

在文化的创新与发展中,人才是至关重要的。一个国家、一个民族、一个时代,只有在拥有了创造型人才之后,才可能把文化创新从理念变为实践,才可能铸冶出文化的黄钟大吕。而真正的创新型的人才,特别是那些禀赋非凡的旷世奇才,往往并不是用常规的方法所能够培养出来的。像达·芬奇,像爱因斯坦,像莎士比亚、曹雪芹、高尔基、鲁迅、齐白石、梅兰芳等,就不是任何大学、任何研究生院之类机构和形制所能造就的。杰出的创造型人才,是任何堪称鼎盛的文化时代所不可或缺的。缺了他们,也就缺了天才,缺了巨擘,缺了创新典范和领军人物。而任何杰出的创造型人才的孕育与成长,最重要的外部条件就是必须要有良好的社会人文生态环境,必须确保其不受压抑和嫉妒,必须使其有条件充分发挥自身的潜能与才智。这就必然要关涉到文化的体制和机制,特别是要关涉到社会环境、社会观念,以及人们的是非标准与价值取向。16 与 17 世纪之交的欧洲,18 与 19 世纪之交的俄罗斯,20 世纪 20 至 30 年代的中国,虽然其高等教育并不发达,人才规制并不完善,物质条件更是差到了近乎恶劣的程度,但却出了那么多极具创造才能和创新精神的杰出人才。为什么?就因为环境和机制使然。良好的社会人文环境与灵活开放的人才机制,是杰出的创造型人才得以孕育和成长的最重要条件。在自周秦以来的两千多年中,中国出了大量极具创造才能和创新精神的杰出文化人才,并因此而形成了灿烂的古代文明。先秦时期是一个人才辈出的典范时期,即使是在先秦之后,从朱熹、张载、陆九渊,到王阳明、师惠栋、钱大昕等,从曹植、王粲、司马相如,到李白、关汉卿、罗贯中等,也同样构成了足以炳辉千古的人才圣殿。这期间,书院这种教习知识与探求学术的形式起了重要作用。因为它不但"学""道"并重,而且开放、灵动、求实、率真,从而极大地避免了对创新型人才的抑制与嫉压。

正因为如此，自宋代以来，书院逐年多于官学，迄至清代，全国竟有书院4365所，成为造就具有创新思想的杰出人才的重要基地。一度处于"五四"新文化运动之潮头的胡适就曾感慨道："书院之废，实在是吾中国一大不幸事。一千年来学者自动的研究精神，将不复现于今日。"中国的大学体制是出现于近代的舶来品，而置身于新型大学并一度领导学术潮流的胡适之所以会如是说，唯因书院有着灵活、开放、务实、求真的机制与风气，并因此而最大限度地避免了行政手段和人为因素对杰出人才的压制，同时也有效地激发和保护了真正的杰出人才的创新精神。从一定意义上说，抗战时期，由京津两地三校内迁、合并于昆明的西南联大，是秉承了书院的某些特点的，它求实、率真、笃诚、质朴，充满了活跃气氛、创造激情和进取精神，故而，虽处于战乱袭扰、条件简陋、物质匮乏的环境之中，但却仍旧造就了一个蔚为壮观的英才群体。

文化是经济发展和社会进步的风向标和内驱力，而人才则是文化实现创新和发展的擘划者和执行者。归根结底，只有人才，才是最重要的，才是基础的基础，才是根本的根本，才是核心的核心！这是我们在进行文化创新中所首先和始终必须明确认识、高度重视和认真施行的重中之重。很明显，没有邰丽华和杨丽萍的艺术创新，就不会有《千手观音》《我的梦》《雀之灵》《云南映象》等艺术佳作的轰动世界。《狼图腾》《藏獒》《亮剑》等文学佳作的出现，唯一的根据和理由，就是首先有了秉具创新思想和创新能力的创作主体的存在与奋斗。如果没有创新型人才这个前提，那就一切便都会是空的，我们所期待的所谓文化的辉煌，最终也只能像鲁迅所说的那样，不过是一个"心造的幻影"。这就要求我们在进行文化创新时必须从根本上抓起，必须按规律办事，必须有辩证法思想，必须下大力气创造优越的社会条件和良好的人文环境，必须具有发现、支持和奖掖杰出人才的慧眼、机制与政策，特别是决不能再把对创新型杰出人才的管理仅仅沦落到单纯看学历、看年龄、看职称的游戏中去，一定要有人才难得、杰出人才尤其难得的人才意识，切实把"不拘一格选人才""排除万难用人才"的科学理念落到实处，产生实效。

对于文化的创新和发展来说，不论在何种意义上，我们现在都具有最好的条件，都处于最佳的时期。特别是当优秀的中国传统文化自身所具有的价值和意义越来越被世界所认同、发现和重视的时候，就更为我们在更大范围内和更高层次上赢得了进行文化创新的空间和机遇。而今，在"多元文化架构下的汉语发展"，已成为一个世界性的热门话题。"汉风""华流""中国热"，正在全球范围内日趋飙起、渐成热潮，全世界已有200多个国家的3000多所大学都开设了汉语文化课。不仅

日本、韩国、泰国等亚洲国家开设汉语文化教学的大、中、小学数量剧增,而且即使是在美国,汉语也成为继西班牙语之后的第二大外语。仅在2002至2004年间,美国派往中国的留学生人数竟有4737名之多。这说明,中国文化越来越受到全世界的关注和景仪。何以如此呢?根本原因之一,就在于中国文化在创新机制的支撑和创新精神的激励之下所形成的丰富、精粹而深邃的内容及其优美而娴雅的表现形式,毋庸置疑地代表了人类文明与社会发展的思想与精神、道德与秩序、情操与智慧、理想与愿景。创新,不但赋予了中国文化以富赡而睿智的内容,而且也赋予了中国文化以恒久的魅力与长青的生命。我们在这样的文化土壤上进行改革与开放时代的文化创新,无疑是具有完备的前提条件和强大的潜在优势的。我们一定要认识到这一点,并自觉地在进行文化创新的实践中切实利用好和发挥好这个优势,真正使其成为我们在新的时代条件下全方位进行自主文化创新的丰富资源、有力鉴证、强大支撑和不竭动力。

<h2 style="text-align:center">三</h2>

我们在新的时代条件下和新的社会需求中进行文化创新,虽然有赖于对优秀传统文化的继承和弘扬,虽然同样也有赖于对世界一切优秀文化的汲取和融会,但这绝不是最终的目的,而只能是一个过程、一种方法、一次阶段性的探求、试验、凝结与聚敛。我们的最终目的唯在于创造改革开放时代的先进文化,创造有中国特色的新型文化,创造面向世界、面向未来、面向现代化的最具时代性和竞争力的优秀民族自主文化。这是历史的趋势,这是时代的呼唤,这也是人民大众的冀望与吁求。我们别无选择,我们必须在具有广度、深度、高度和精度的创新中完成这一责无旁贷的历史担当。在现代条件下,文化既是经济发展和社会进步的牵引力和内驱力,是综合国力和民族素质的重要标志和典范体现,同时又处于全球对置、相互吞噬的激烈竞争之中。多样性并存的全球文化生态,其本质就是一个优胜劣汰的充满考验与选择的竞争机制。在这样的文化生态环境中,任何一种文化想要生存和发展,就必须突出自己的特色,凸显自己的个性,形成自身的强势与优势。怎么办呢?唯一的办法就是创新、创新、不断地创新,真正从创新中实现文化的变革与提升。

既要创新,就不能是对传统文化的摹袭,不能是对域外文化的照搬,不能是对已有文化成果的冷饭重炒,不能是对前人创造履迹的亦步亦趋,而是要充分地合理地利用传统文化资源和一切优秀文化元素,紧密结合新的生活和新的时代的特点与需求,进行富有民族特色和时代精神的个性化创造。只有这种个性化的创造,才是文化之生命力的源头,才是文化的强大魅力之所在。而这种个性化创造的本质,则是对文化实现创新的过程以及在这个过程中所获得的丰硕文化成果的体现。这就是说,但凡我们要使文化创造和文艺创作具有活力与魅力,并以之作用于社会和走俏于市场,乃至得以彪炳于时代和留驻于史册,我们就必须鼎力进行创新。不论是过去,还是现在;也不论是中国,还是世界,举凡成功的优秀的文化创造与文艺创作,其必然和必须都是进行创新并实现了创新的优秀成果,都是令人耳目一新、难得一见的"这一个"。譬如,只有35年生命历程的莫扎特,之所以被人称为"音乐的上帝",就因为他从四岁开始写钢琴协奏曲时,便已成功地把非凡的天赋、惊人的技巧和纯朴的天真结合在了一起,从而使他的音乐神韵悠远、旋律婉丽,完全与众不同。尽管以大卫为题材的美术创作并非自米开朗基罗始,但米开朗基罗的《大卫》一经问世,便像电光雷火一样地照亮和震撼了整个美术界。何故?就因为米开朗基罗没有沿用前人在表现大卫时所采用的习惯性的美学思维和艺术手法,而是一反大卫将敌人头颅踩在脚下的典范塑型,别具匠心地将获得胜利后的大卫雕塑成一个年轻、英俊、健壮而自信的英雄形象,他那目光炯炯、直视前方、左手向上成抛势、右手下垂微握拳的战斗姿态,不仅赋予了这尊石雕以生命,而且也赋予了这尊有生命的石雕以蕴藏正义与力量的深邃文化内涵和强烈时代精神。其实,像《离骚》与《红楼梦》,像《狂人日记》与《家·春·秋》,像齐白石的《蛙声十里出山泉》与梅兰芳的《贵妃醉酒》,像郭小川的《致青年公民》与贺敬之的《雷锋之歌》等等,之所以能够在给人以巨大美感时起到励人心志、开人灵智、慰人情愫、启人良知的积极作用,并因此而成为精神的旗帜和时代的碑碣,最根本和最主要的原因只有一个,那就是:它们都是创新的成果。

这是一种本质,这也是一个规律,一切文化创造和文艺创作,只有严格遵循这个规律,才能获得这种本质,而一旦获得这种本质,也就标志着它走向了蹊径,达臻了成功。创新的价值与魅力,正在于此。

文化创新具有巨大的价值和魅力,但实现文化创新却并不是一件轻而易举的事。首先,需要变革观念,真正认识到进行文化创新的必要性和重要性,积极培养创新思维,大力激扬创新精神,不断提高创新能力,切实把进行创新和实现创新变为一种高度的自觉、热切的期待和坚忍而执著的追求。我们必须认识到,以信仰、思维、理性、价值追求与审美取向为主要内容的文化观念,是影响和决定创新活

动、创新方向以及创新成功与否的第一要素。因为文化观念的存弗与确谬、发展与变化，不仅决定着人们的活动是否能够趋于"创新"和实现"创新"，而且还表现为人们对待具体创新活动的态度和立场。所以，它是至关重要的。其次，需要审慎选择和不断优化进行文化创新和实现文化创新的正确道路与科学方法。文化创新既有与其他创新相同的地方，也有与其他创新相异之处，这就要求我们在进行文化创新时必须针对各类和各种文化的性质与特点选取不同的道路和采用不同的方法。我们必须认识到，文化创新的进行和实现，都有赖于相应的外部条件和一定的社会环境，只有当我们以正确的道路和科学的方法进行文化创新时，才能更充分地利用这些外部条件和适应这一社会环境，使之成为保护和促进文化创新的抗体与动力。再次，需要创新主体具有积极而正确的思想导向和政治方向，具有丰富而高尚的知识积累和精神境界，具有精当而娴稔的艺术手法和表现能力。另外，还需要有一种创业精神、吃苦精神、奉献精神和甘于寂寞的精神，需要有一种对民族、对祖国和对人民的责任心与使命感。这一点，同样极其重要，有之则成，无之则败。因为它是创新最终能否实现的最后关键。古今中外，举凡创造了文化奇迹与艺术精品、建构了思想宏庑与精神大厦、成就了不朽业绩与旷世功勋的大师和巨擘，就都是具有这种精神的，就都是以坚强的毅力和雄伟的气魄而献身于文化的建构与创新的。想一想，长城、故宫、金字塔、巨石阵的诞生，那是多么惊心动魄的伟大创举啊！想一想，米开朗基罗为了在西斯廷教堂那800平方米的天花板上绘制巨型天顶画《创世纪》，竟然在长达四年的时间里，坚持天天仰头、举笔，重复着同一个姿势和动作，及至创作完成之日，其手臂的关节也僵硬和变形了。想一想，司马迁在身受腐刑、处境维艰的苦难中，是如何忍受着难挨的煎熬而终于完成了被鲁迅称为"史家之绝唱、无韵之《离骚》"的《史记》的？想一想，奥斯特洛夫斯基和吴运铎，是怎样在身残、肢瘫、目盲、体衰的艰窘之中，一个字又一个字地写完长达几十万字的自传体小说《钢铁是怎样炼成的》和《把一切献给党》？想一想啊，想一想，我们就会得到体认和升华，我们就会受到震撼和鼓舞，我们就会进行自省和反思。

这种体认和升华、震撼和鼓舞、自省和反思，对于我们来说，不仅是必要的，而且是重要的。因为我们的文化创造和文艺创作，正在一定程度地受到盲目、歧向、浮躁、趋利、袭"洋"、慕"古"等的渍渗与搅扰，从而一定程度地衰减和销铄了我们的创新精神与创新能力。这无疑是应当引起我们充分重视和高度警惕的。社会上流行的所谓时尚文化与"酷"一族、偶像文化及肆意狂欢与及时行乐族、行为文化与"快闪暴走族"、网络文化与博客及"Q"一族、星座文化与波波族、血型文化与漂一族、白领文化与月光族等,虽然都有其生成和存在的某种合理性,但在总体上和本质上,它们则属于快餐文化和泡沫文化一类,是需要加以沉淀、熔铸、提升和引导的。我们要在自主创新中建设和发展先进文化,最重要的途径就是要在优秀民族传统文化的深厚根基上,紧密结合生活实际与改革实践,充分融会时代精神与社会蕴涵,积极汲取域外优秀文化元素,大力进行自主的全面的具有本质意义和时代特征的文化创新,始终把凸显和追求具有原创性、创意性和中国特色的新型文化,作为我们实现文化创新的基本方向和主要目标。这里有一个特别重要的问题,就是在文化创新中一定要着力处理好承传和弘扬民族传统文化与吸收和融会外来优秀文化的关系。一定要确立优秀民族传统文化和时代文化的主体地位,一定要始终不离开这个"根",并坚持不断地在创新机制中充分运用一切优秀文化元素来涵养、丰富、护卫和发展这个"根",使之不断地壮大起来,不断地抽出新芽、长出新叶、开出新花、结出新果。这实际上也就是进行文化创新的过程和实现文化创新的成绩。

法国思想家于连(Franois Jullien)在 20 世纪末曾经说过:"在世纪转折之际,中国知识界要做的应该是站在中西交汇的高度,用中国概念重新诠释中国思想传统。如果不做这一工作,下一世纪中国思想传统将为西方概念所淹没,成为西方思想的附庸。"①这位西方学者所发出的警示,是足以让我们深长思之的。同时,它也是我们在进行文化创新中所必须谨记和坚守的一个基本原则。

---

① 于连:《新世纪对中国文化的挑战》。

第 3 章

"文化创新"是文化兴国的
实现基础与前提条件

文化创新与文化兴国的关系,就像砥石与锋刃一样,只有不断地磨砺,才能使其焕发光彩,犀利异常。正因为如此,在实施文化兴国的过程中,我们便须臾不可懈怠文化创新。

一

"文化兴国"是一个重大的极具现实意义和战略意义的时代命题,它不仅与改革、发展和现代化建设成败攸关,而且也与实现民族复兴和人的全面发展紧密相连。因为文化的功能是独特的、巨大的和无可旁代的,同时又是以"人"为中介而加以实现的。文化的直接对象是人,人的直接对象是社会。文化,正是通过人而对社会和人自身全方位发挥武装、提升、驱动和定性定向作用的。这就使文化自然地赋有了塑造和变革社会与人的特殊性质和特殊功能,这也就使人类社会的历史理所当然地成为文化与文明的发展史。

"文化兴国"不仅在概念和内涵上包容了以往所说的"科教兴国""人才兴国",而且从本质上揭示了文化的特性和兴国的要略,同时也在科学定义"文化"概念的过程中使文化归真返璞,使文化见证文明,使文化叩问现实,使文化驱赴时代。特别是从社会学、经济学、哲学、人类学、政治学和生命科学的综合意义上,对文化以及文化与人、文化与文明、文化与经济、文化与社会的关系进行深刻发掘和科学论析,尤具开拓价值和创新意义。毫无疑问,无论在理论创新、学术建构和认识提升的意义上,还是在切入现实、紧贴实际和为改革与发展提供思想导向、精神动力与智力支持上,这都是一个关节点,其命题新颖,内涵丰富,针对性准,包容性大,指导性强。

文化究竟是什么？这是个在浅层次上很容易说，但在深层次上又很不容易说的问题。文化的性质和功能是什么？这同样是一个泛泛而谈比较容易，若要全面、科学、准确地认识和把握可就很难的问题了。只有通过文化创新，充分运用精练的语言、明确的概念、严谨的逻辑和科学的思辨，才能对这些问题进行透彻的阐发，才能有效地进行发掘、开拓和提升，并赋予其深刻的社会意义和时代内涵。

文化之所以能够兴国，是由文化自身的内容、性质、特征和功能所决定的，同时也是由"兴国"所包含的内容、所担承的任务和所追求的目标决定的。兴国"兴"什么？就是兴经济发达和社会进步；就是兴物质文明、政治文明、精神文明、社会文明和生态文明；就是兴完善法制、健全民主和实现人的全面发展；就是兴"以人为本"，以科学技术为第一生产力，以发展为第一要务；就是全方位、大跨度、高层次地提高人的全面素质和提高综合国力及参与国际竞争的实力与能力。而所有这一切，又恰恰都是"文化"所包含的内容、文化所特禀的性质和文化所具有的功能，也都是只有文化才能予以承担的时代重托与历史使命。

二

首先，文化是知识、智慧、道德、文明、科学、教化、技能、创新等的总概念和总称谓，它不仅天然地包含着科技、教育、人才以及各个知识学科与学术群落，而且也本能地赋予了这些文化内容以正确的思想导向、崇高的道德涵负、积极的精神资源和强烈的创新欲望，从而在文化自身的内部交融与转换中实现知识硬件与精神软件的有机结合与有效提升，形成巨大的创造精神与创新能力。想想看，在迄今为止所有的人类文明成果和所有的社会发展的遗迹中，哪个不是文化的积累结晶与精心塑造的产物呢？再想想看，如果没有文化对人和人类社会的渗入和驱进，那么，人和人类社会又该是个什么样子呢？那就会正如法国学者布封所说，未经文化作用的自然界是可怖的、野蛮的和死气沉沉的。只有在文化的参与下和作用下，人和人类社会才能够一步步地走向文明和实现发展。所谓经济，所谓社会，所谓文明，一旦与文化相暌隔、相剥离，它们还会形成和存在吗？答案无疑是否定的。因为有无文化素质和文化能力，乃是人能否改造、健全和发展自身与社会的最重要的前提条件和决定因素。

其次，人是万物之灵。正因为人是万物之灵，人才有能力创造文明社会。而人

之"灵"从何而来呢?当然是来自文化,也只能来自文化。这是人与动物的最严格的分野和最本质的区别。当然,动物也是有灵性的,特别是有一些动物的灵性和技能,连人也无法企及。如蜜蜂筑巢、蜘蛛结网、蚕儿吐丝、鸟儿飞翔等,都是人类永远无法达到、只能模仿的,并由此而产生了仿生学。但,这是不是说动物就比人强呢? 不是的。关键在于一切动物的一切行为都是与生俱有的本能行为。而人的行为却是文化行为。本能行为与文化行为是人与动物的主要区别。前者只能按照一种特定方式自然进行, 而后者则能按照多种方式自觉进行。正如马克思所说:"……诚然,动物也进行生产。它也为自己构筑巢穴或居所,如蜜蜂、海狸、蚂蚁等所做的那样。但动物只生产它自己或它的幼仔所直接需要的东西;动物的生产是片面的,而人的生产则是全面的;动物只是在直接的肉体需要的支配下生产,而人甚至摆脱肉体的需要进行生产,并且只有在他摆脱了这种需要时才真正地进行生产;动物只生产自己本身,而人则生产整个自然界;动物的产品直接同它的肉体相联系,而人则自由地对待自己的产品。动物只按照它所属的那个物种的尺度和需要来进行塑造,而人则懂得按照任何物种的尺度来进行生产,并且随时随地都能用内在固有的尺度来衡量对象;所以,人也按照美的规律来塑造物体。"

人与动物的这种区别,是最重要和最本质的区别,而人之所以能够以自己的方式与动物区别开来,就因为人有文化,而动物没有文化。人正是从文化的滋养和培育中拥有了知识,产生了智慧,形成了创新精神和创造能力,并因此而不但发展了自身,而且也发展了经济和推动了社会的不断前进。

又次,文化不但能够给人以知识、智慧、技能、才思,而且还能给人以思想、意识、觉悟、德操、素质、品格、理想、信仰,以及人生观和价值观、开拓力和思辨力、创新精神与奋斗精神等,这显然使文化的力量远远超越了单纯的科技或者单纯的教育的力量。因为只有科技与精神、教育与品德、知识与思想、能力与觉悟等紧密结合在一起并构成一个整体的时候,才能产生和发挥积极的、巨大的和持久的创新力和进取力、冲击力和爆发力。而文化所提供给我们的,就恰恰正是这种无与伦比的巨大的合力。任何科学、技术、教育、智能等,都不可与这种合力同日而语,也都不能与这种合力相提并论。

再次,进入现代社会以后,文化的吸纳力和广涵性越来越大,文化的爆发力和作用力越来越强。在许多情况下,文化与经济和政治相互渗透和交融的机遇越来越多,频率也越来越高,以致让人常常难以分清哪是经济?哪是文化?哪是政治?美国人从一部电影中可以获利20亿美元;英国人宁可不要女皇也不能不要莎士比亚；俄罗斯人在苏联解体和国力大衰的痛楚中却自觉地团结在普希金的旗帜下，用诗人的民族进取精神和民族凝聚力激励自己，走向未来，再铸辉煌。不错，这是文化，但这同时也是经济和政治。特别是在文化越来越走向产业化、越来越受到经济法则和价值规律支配的情况下，其作用的多样性、价值的多元性和性质的转换特征，都无疑会使文化的社会定位和社会功能更加趋于明显、重要和强大。同时，这也使文化在兴国中的地位和作用大大地抬升和增值了。在这种情况下，我们必须以新的观念和新的眼光来看待文化，我们也必须以新的尺度和新的标准来检测文化。因为随着社会的变革和时代的前进，文化的本质内涵及外延形态正在以空前的调频和强力快速实现着深化与发展。在现代社会中，文化的辐射面和涵盖量不仅可以包容一切，而且可以驱动一切。不管人们自觉不自觉，文化都在无可排遣地以其特有的方式和巨大的力量驭制和驱动着人与社会的全面进步与快速发展。正是在这个进程中，文化自身的各种构成因素也在实现空前的大融会与大整合，乃至越来越无法从传统的文化观念上认识和诠释纷至沓来的新型文化景观与文化现象了。比如：影视制作对科学技术的依赖，通讯和广播对光纤技术的凭恃，通才教育对传统教育体制和结构所提出的新变革与新要求，以及在这个过程中社会科学与自然科学的相互渗透与高度融合等。

一言以蔽之，未来的社会既是人文的社会，又是数字的社会；既是经济的社会，又是科技的社会；既是智能的社会，又是文明的社会；既是张扬个性的社会，又是弘扬法治的社会；既是学科高度分化的社会，又是知识空前融合的社会。而文化，则正是使这诸种在传统意义上相对立的社会形态和社会机制走向合龙和实现同化的枢纽与契机。在文化这个沟通历史、未来与当代的大平台上，所上演的关乎人和社会的大变革与大发展的现实活剧，必将场景越来越宏大，人物越来越众多，内容越来越丰富，艺术越来越精湛。学科的一切深化与融合，精神的一切升华与爆发，社会的一切变革与发展，人类的一切知识、智慧、德操、悟性、品格、风采与技能等，都将在这个大平台上登台亮相，展示其从未有过的新的韵律与新的姿采。

这就是文化，这就是社会，这就是未来！它以毋庸置疑的凿凿事实和极其富于前瞻性的视域启悟我们：文化兴国，势在必然。我们早一点认识，就会多一分自觉。我们只有以高度的自觉性问鼎文化兴国、策动文化兴国，我们才能更为有效和有力地实施文化兴国。无论从学术层面、思想层面作考察，还是从政治层面、实践层面作质证，这都是一次空前的开拓，这都是一个巨大的创新。

一个时代又一个时代过去了，但它所创造的文化却以层层积淀的方式留了下

来；一个新兴的时代将要来临时，文化又必然是它的序幕与前奏。我们今天提出"文化兴国"、倡导"文化兴国"，其意义正在于：它既是对丰赡的民族文化的开发、扬励和利用，又是对变革的现实社会和未来的时代发展的极具前瞻性和战略性的预警和策划，其所赋有的重大学术理论价值、思想政治意义和社会实践功能，都必将随着改革的不断深入和社会的不断发展而越来越深刻而广泛地显示出来！

正是在这个过程中，文化创新的必要性和重要性日益凸显。因为文化作用的发挥有赖于文化自身的新、淳、精、美。而文化的新、淳、精、美又只有从不断的创新中才能频仍获取和长期葆有。

第 4 章
文化创新与精品生产

只有通过文化创新，才能创造出文化精品。

培育和激扬文化的创新能力与创新精神，是发展文化生产力和增强文化产品竞争力的中心环节，也是全方位实现文化提升和高品位繁荣文化事业的关键所在。这一方面是因为文化创造的不可逆性决定了只有不断地创新才是驱动文化事业蓬勃发展的恒久不衰的原动力，另一方面则是由于浮躁的创作风气、浅悖的审美寻获和急切的价值觅取，都已于不经意之中对文化创造构成了妨碍，并形成了部分或隐或显的斑痕和痼疾。这就不能不使受众在对一些文化产品的眩惑与失望中而反转身去报之以冷漠和疏远。于此情况下，呼唤文化创新也就自然越来越成为时代之约与大众之望了。

我们的文化创造，只有按照先进文化的要求，不断地在实践中进行积极而正确的创新，才能真正有效和有力地突破定势，走向蹊路，焕发光彩，实现品位、力量、价值与功能的全面重构与提升。

一

文化的繁荣与发展，不仅要表现在产品数量的增加上，而且尤其要表现在以其思想的深刻、内容的丰富、技巧的新颖、形式的多样、形象的生动鲜明，以及对民族精神和时代精神的激扬与涵负等基本要素所形成的强大艺术魅力，而赢得广大受众的自觉欣赏与高度认同，并能真正给予广大受众以欢悦、感动、启迪、教益、激励和鼓舞上。只有这样，其产量的增加才会是有意义的，也才能够对实现文化的繁荣与发展起到积极、有益的作用。否则，一旦出现量虽大而难以臻优、数虽多而唯

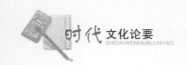

其致滥的现象,那后果可就难免要令人忧悒了。从一种特定的维度来考察现实的文化创造,应当说量与质的相悖现象不仅是存在的,并且有愈演愈烈的趋势。这主要表现在创新能力的弱化,优秀的原创性作品的相对不足,具有震撼力和轰动效应的史诗性的鸿篇佳构的明显缺位。与此同时,平庸的甚至低俗的作品却时呈浮糜之象,并不断地涌起一些误导受众的小浪头。一些与建构先进文化和健康有益文化相忤的文化产品、文化活动、文化服务,特别是一些格调不高、内容陈旧、思想空泛、艺术粗糙的文艺作品,就是随着这些频频泛起的小浪头而进入读者的审美视野与文化生活之中,并对其产生着矮化精神、渍蚀思想的消极影响的。读者抱怨道:"在很多作品背后,我们看不到一个独立的有见识的骄傲挺拔并特立独行的形象,看到的是带有几分迷惘几分浪荡几分神经几分自恋,带着对物欲的渴求和对西方文化的向往,焦虑地站在虹霓下幻想和等待的一群人。"甚至有的读者直言道:"在这些作品中,精神变软了,物欲变硬了;心灵萎缩了,肉欲增强了;人格矮化了,私欲膨胀了。"显然,平庸化、低俗化、利欲化和无前提无条件无融会无选择的追慕西方后现代主义,已成为实现文化创新的一种不容忽视的障碍。

任何文化产品和文艺创作,在本质上都是思想结晶、精神升华与美学淬炼的产物。同时,任何文化产品和文艺创作也都本能地天然地赋有着教人向美、向善、崇德、崇智和激扬民族精神与时代精神的义务和责任。不如此,文化在本质上就难以成其为文化,甚至还会形成对真正意义上的文化的反叛与颠覆。而要如此,文化则必须是淳真的、高尚的、睿慧的和美奂的,必须真正归属于和无限忠诚于它所产生和所依附的民族、时代与人民。正是在这个意义上,我们才必须坚定不移地始终代表中国先进文化的前进方向。也正是在这处意义上,我们才有理由、有气度、有力量、有信心要求一切内容和一切形式的文化创造都必须按照先进文化和健康有益文化的标准和期冀去创造自身、完善自身、发展自身,并在这种创造和发展中充分释放自身的能量和实现自身的价值。恩格斯说过:人类的历史"是人类本身的发展过程,而思维的任务现在就是要透过一切迷乱现象探索这一过程逐步发展的阶段,并且透过一切表面的偶然性揭示这一过程的内在规律性。"我们进行文化创造的终极目的正在于此,因为任何文化创造都属于形而上的哲学范畴,都是一个溶注了美学汁液的感性与理性相交融的思维过程。

文化怎样才能完成这一任务呢?最直接和最主要的达臻方式和实现途径,就是通过创造符合先进文化和崇高美学之要求的文化善举与文化精品。因为只有这样的文化,才能把崇高、美奂、智慧、良知与道义带给受众,并得到受众的自觉接受与由衷赞赏。所以,在文化创造中,向来都是贵精而忌滥,求美而摈庸。雄踞于中国文化典籍之冠的《论语》《周易》《孙子兵法》等,其实都各只有5000多到15000多字的篇幅;被尊为唐朝大诗人的金昌绪和张若虚,所留给后世并足以使其成为大诗人的诗作,其实也都各自只有一首诗,即《春怨》和《春江花月夜》。反之,《榴花梦》虽在篇幅上雄踞中国古代诗歌之冠,但却几乎被人遗忘;乾隆皇帝虽然一生写诗超过万首,但却从来无人把他称为"诗人"。

显然,这并不是说创作的数量越少越好,而只是说,在文化创造和文艺创作中永远都应当遵循一个铁的法则,即:宁可少些,但求好些。自然,又多又好,无疑是一种文化创造的最佳状态和最高境界,但如果确是又多又差,那就真的还不如是量少而质高了。因为多而滥、多而差的结果,常常是既使好作品容易被浑茫和芜杂所淹没,又颇让读者过多地耗费鉴别与择漉的苦功夫,甚至还难免要让读者在披沙淘金中受庸品之扰,饮劣品之鸩,挨废品之烦。试想,现在每年的长篇小说出版量几达2000部,而散文和诗的创作量几乎比它所拥有的读者数量还要多。在这样浩如烟海的作品中,真正质量高、魅力大、涵负深、影响广,并真正被大众所接受、社会所认同,且足以史册留名、碑传后世的佳作,却实在是与其数量极不相称的。出席"中国文学史百年研究1904—2004国际研讨会"的学者们一致认为,纵观近年来我国已出版的1600余部中国文学史,可以说几乎无优可选、无善可陈。浮躁、蹈袭、炒冷饭、无创新,是导致这些研究成果学术品位沉落的重要前提和根本原因。文化创造一旦失去创新的品质和进取的精神,那便无异于从根本上扼杀了它的活力,泯灭了它的光彩。另外,改编经典名著之风的盛行,特别是在"现代派"和"人性化"旗号下所进行的谴劣型和低俗化的改编,更从一个侧面显示了一些创作者在文化原创力、思想驭握力、艺术概括力和美学鉴赏力诸方面的走形与弱化。本来,改编经典作品不仅是应当允许的,而且也是应当提倡的,关键在于这种改编切忌过多过滥,关键要看在适度的改编中是否能够改得有创造、有新意、有妙处、有高招,既遵从原作的基本内容,保持完好的基本风貌,又能在丰富、发展和创新中对原作进行富于逻辑性和感染力的思想诉求与美学阐释。而绝不是也绝不允许是对经典作品的随意阉割和肆意解构,更不能是在时髦的语境下以改编的权力话语将经典作品谴劣化和低俗化。但在实际上,不仅过多过滥的现象严重存在,如以清廷戏为主题的电视剧已达万集以上,而重新改编的《红楼梦》电视剧版本就有6部之多,由《三国演义》和《水浒传》改编的人物传记电视剧也将长达1000集以上。而且,这其中有相当一部分经过改编之后的经典作品,都不但变了形貌,而且失了魂

魄;不但与原作格格不入,而且简直就是与原作背道而驰。比如无场次话剧《圈》,就是对鲁迅的小说《阿Q正传》和《药》的庸俗化篡改与色情化颠覆。《圈》中的阿Q和吴妈的形象、性格及其相互关系与表现,纯粹是由改编者所臆造出来的所谓"人性化"的低俗符号。在不绝如缕的对经典作品的改编中,《圈》并非绝无仅有。不是么?甚至还有人剑走偏锋,竟从对《三国志》的《蜀书》和《魏书》的研究中发现了关羽原来是个好色之徒;从对《水浒传》和《三国演义》的精读中提出:中国有许多经典文化需要解毒!从对长沙马王堆出土的女尸的考证中,提出这个沉睡了2000余年的西汉老太太活着的时候竟然是人家的"二奶"!这种所谓的改编和研究,其实是无异于对经典文化的宰割与荼毒的。

凡此种种,说明了什么呢?至少说明在文化创造,特别是在文艺创作与研究中,形而上学之风甚盛,而创新能力和创新精神却正在出现弱化。这是我们必须予以高度警惕和充分重视的。因为只有创新,才是文化能够存活的生命线和得以发展的原动力,也才是文化创造和文化产品的激情、魅力、姿彩与风骨的所有和所在。

二

加强和提高文化创新能力,鼓励和激扬文化创新精神,是我们所面临的一项迫切而重要的时代使命。为此,我们不但要充分认识文化在现代社会中越来越广泛、越重要的价值和作用,而且要充分认识文化自身的性质、特点及其体现自身价值和发挥自身作用的有效途径与恰当方式。只有这样,我们才能更科学地把握文化的内在规律和更有效地开发文化的时代意蕴,从而在正确驭御文化的发展规律和发展道路的过程中最大限度地实现文化的熵增价值和发挥文化的文明作用。

我们必须认识到,创新对于文化来说,永远都是生命的源泉和发展的动力。不论是作为思想道德、知识智慧和精神家园的文化,抑或是作为社会经济之别一种性质与形态的产业文化,其生命的律动和价值的增长,在本质上都是要依恃和借重于创新机制、创新能力、创新精神和创新成果来叩启和驱动的。从某种特定意义上说,几乎可以认为是没有创新就没有文化,至少也是不会有充满活力、迸发激情、光彩灼人、价值飙升的真正意义上的文化创造和文化产品的。迄今为止,我们所看到的有价值的文化,应当说都是创新的成果。正因为它们是创新的成果,所以才能够在历史的考验、时代的淘漉和社会的选择中不仅留了下来,而且被世世代代的人们所关注,所认同,所吸吮。希腊文化、罗马文化、腓尼基文化、玛雅文化等,都是这样。特别是中国的优秀传统文化,无论从哪种意义上说,它们都属于绝无仅有的天才的创造,都具有鲜明而巨大的不可逆的特性。如商周时期的思想、社会、军事和哲学著作,先秦的诗骚和散文,汉代的文赋、乐府以及教育的兴起,晋代的绘画、骈文以及对冶炼技术的改进,南北朝时期的刻石、绘画以及佛教文化的兴盛,唐代的诗歌、舞蹈和书法艺术,宋代的诗词创作、评话艺术和蔚为壮观的科学技术成就,元代的戏曲创作和建筑艺术,明代的航海技术、陶瓷艺术、商品意识和发达的农医科技,清代的长篇小说、诗词变革、译作滥觞和对西方新思潮与新科技的引进等。所有这些,即使是在大视野的世界文化格局中,它们也永远属于黑格尔所说的"这一个"。

正是在这一优秀文化传统的丰厚滋润与灵智启迪之下,我们的新文化才得以在新时代、新生活、新人物、新景致的感召与映照中,根深叶茂、蓬勃发展,并不断地创造出新的文化胜绩来。只有根深叶茂的文化大树,才能结出丰满硕艳的文化果实。这是必然的,这也是自然的。

毫无疑问,对于优秀的传统文化,我们是必须自觉接受的;对于有益的外国文化,我们也是必须积极吸收的。在这一点上不能有任何犹豫,也不容有任何含糊。因为这是我们民族和时代的文化得以立足的大地,是我们先进文化不断前进的基础,这同时也是我们实现文化创新和发展文化事业的最重要的基础性前提与先决性条件。否则,我们的创新就会变成空中楼阁,我们的人民就会成为沦落天涯的、无家可归的、抽象而空洞的所谓"世界公民"。列宁说过,无产阶级文化并不是从天上掉下来的,也不是什么人凭空杜撰出来的,而"应当是人类在资本主义社会、地主社会和官僚社会压迫下创造出来的全部知识发展的必然结果。"实际上,我们所要建构的先进文化和我们所要认同的健康有益文化,就正是在这种"纵"向继承和"横"向吸收的基础上而鼎力进行文化创新所凝聚成的新结晶、所采摘到的新成果。

我们必须这样。不论是历史发展的规律,抑或是现实变革的势向,都要求我们必须这样。只有这样,我们的文化才能不断地推出新内容、新形式、新手段,才能真正地增强创造力、吸引力和感染力。而要实现这个目标,我们的文化创造主体和文化创造过程则又必须始终满怀热忱、坚持不懈地做到贴近实际、贴近生活、贴近群众。

对优秀传统文化的"纵"向承接和对有益域外文化的"横"向汲取,虽然是我们

进行文化创新的基本前提和必要条件，但这样做的本身却并不等于就是文化创新。要真正实现文化创新，尚需在这个坚实的基础上，对原质性的文化积累和自然状的文化要素进行全面的升华、开拓与突破。在这个过程中，一定要创立新的体制和机制；一定要赋有新的思想和观念；一定要做到内容新、形式新、方法新、手段新；一定要关注时代，结合实际，面向大众，具有现代眼光、世界胸怀、时代风貌和民族精神；一定要在求新、求变中真真正正、切切实实地做到达优和臻美；一定要使我们的文化创造和文化产品在让人耳目一新、情趣盎然、心灵震撼、精神奋发的同时，并能给人以积极的思想启悟和崇高的审美愉悦；一定要同时抓紧抓好公益性文化事业和经营性文化产业，坚决按照围绕中心、服务大局的现实需要，充分反映广大人民群众在先进理论的指导下，实现中华民族伟大复兴的时代最强音；一定要通过文化所特具的强力与魅力，把体现国家的意志与反映人民群众的心声统一起来，不断增强文化的震撼力和实效性，在进一步解放思想、与时俱进中，着力从体制、机制、观念、方法、内容与形式等方面提高文化创造的品位，加大文化创新的力度，增强文化创新的效益，努力以文化创新的丰硕成果为时代提供增强执政能力的手段和实现执政目标的方略！

其实，文化创新的方法、途径、目的和意义全在于此。马克思说过："当艺术生产一旦作为艺术生产出现，它们就再不能以那种在世界史上划时代的、古典的形式创造出来"。这就是说，任何真正意义上的文化，不但应当是不断创新的，而且这种创新的实现还必须仰赖于这种文化所生存和发展的环境、条件、内容、形式与方法的不断的适应性的变化和高层次的优化。

为什么要这样呢？因为创新是一种求异与探索的思维活动和实践活动，它在迷茫中闪烁着耀眼的光彩，在风险中孕育着巨大的成功，在艰辛中淬冶着灿烂的现实。整个的创新过程始终都充满着智慧、胆略、勇气和信念，盈荡着创造的激情、科学的理性、探求的毅力和进取的精神。任何创新，都首先是对实施者的才智、勇气和探求、进取精神的检验与考验。无限风光在险峰，千砺百韧竞峥嵘。正是在这种艰辛的探求和锐意的进取中，才铸就了创新过程的崇高和创新成果的亮丽。在人类历史上，任何优秀文化的形成和发展，都是在经历了这样一个过程之后才进入这样一种境界的。从公元前3500年兴起的苏美尔文化到公元750年至1200年的伊斯兰文化；从公元250年至900年的玛雅文化，到公元1300年至1550年的欧洲文艺复兴；从公元618年至906年的中国盛唐文化，到公元1919年燃起的中国"五四"新文化运动之炬火，一应概莫能外。特别是像人们所耳熟能详的欧洲印象派绘画、俄罗斯批判现实主义小说、好莱坞情节化叙事电影、中国 20 世纪二三十年代的批判现实主义文学等,之所以能够在特定的历史条件下熠然出现,并留下诸多永远镌刻青史的文化精品,无一不是由锐意创新所铸成的精神文化的丰硕成果。历史的事实是最具启发性和说服力的。这些以往的优秀文化成果所具有的创新精神和创新品格所诉诸的,只有一个真理,那就是:只有创新,才是一切文化的进取之路;只有创新,才是铸冶文化精品的有效之举。在文化的创造上,舍此别无妙诀,违此定蹈歧途,悖此必遭蹉跎。决定地需要的倒是矢志创新,锐意创新,积极改进和不断优化创新体制与创新机制,大力提高和弘扬创新能力与创新精神。

为此,我们必须克服浮躁作风和畸化心态,必须正确认识和处理求质与趋利、应时与流俗、使命与恣情、务实与追风的关系,必须高度自觉地在匡正流弊、激浊扬清、崇善立德、倡美抒优的同时,切实解决好大方向游移、价值观混乱、创造力萎缩、媚俗风盛行的问题;必须在认真施行"双百""二为""三贴近"和"三创新"的基础上,用对时代、事业和人民的崇高敬畏与无限真诚,积极地不断地创造优质的文化产品,传播壮美的时代旋律,辑构刚健的创作机制,营造和悦的社会氛围、砥砺改革的进取锋芒,鼓鍪大众的奋发精神。

时代不仅要求我们的文化必须创新,而且要求我们的文化必须进行多角度、全方位和广辐射的创新。从思想、观念、理论,到内容、形式、方法等,都真正"创"出一个全新的文化天地来。只有这样,我们的文化才能不负历史的重托,挑起时代的担当,兑取大众的厚望。因为我们所面临的是一个越来越走向大文化的时代。在这个时代,文化不仅是经济发展和社会进步的智慧资源和精神动力,而且在许多时候和许多情况下文化本身就是经济和社会。在这个时代,文化不仅越来越成为人们关注和参与的焦点,而且也越来越成为社会生产和消费的热点。在这个时代,随着文化的功能越来越广泛、文化的价值越来越巨大,整个社会和全体人民对文化实现创新的期待和要求也随之越来越厚重、越渴慕和越迫切。因为只有通过创新,文化才能不断地实现提升和更好地发挥作用。

我们进行文化创新,实际上是在完成时代和人民所赋予我们的一项神圣而崇高的历史使命!我们深信:随着对文化创新的探求与实践的锐意拓进,必将是文化精品和文化亮点频仍出现。

第 5 章
创新：从精神到文化的实现与升华

创新，之所以被认为是民族精神的不屈灵魂和国家发展的不竭动力，其根本原因就在于创新的本质永远都是突破和前进、发现和发展、创造和升华，并由此而本能地决定了：人和人类社会，都只有在不断的创新中才能达臻不断的变革和进步。

一

人类自古以来就赋有创新的愿望和实践，并用文字作了诸多总结与概括，一如"苟日新，日日新""与时俱进"等。然而，有愿望，并非都能实现；有实践，更绝非都会成功。何以然呢？唯因创新的实现乃是需要具备一定的条件的。

这条件有主观的，也有客观的，但主要是主观方面的，即人的主观能动性和主体意志力，以及构成和支撑这能动性与意志力的智能结构、知识水平、思维方式、精神元素、操控能力和思想观念等。就中，精神元素和思想观念尤为重要。这便是为什么常常会出现成功的创新者却并非都是满腹经纶者的幕后原因。因为创新的过程并不是知识竞赛，更不是考试答卷，而主要是一个精神、意志、观念、思维等通过对知识和能力的启动与策划而使其实现有效爆发的过程。简单说来，所谓创新，就是用全新的思维和超越传统的做法颠覆习惯，打破常规，挑战难度，攀登高峰，也就是别人没有想到的他却想到了；别人不敢去做或者不会去做的事，他却既敢做又会做；别人做不到或者做不好的事，他却不但做到了而且做好了。在这个过程中，当然需要知识和技能，但首先需要和始终需要的则是创新主体的观念、胆略、超拔的认知能力和科学的思维方式。

　　这一点，非常重要。为什么我们中国人产生创新欲念和进行创新实践的时间是世界上最早的，我们的社会制度也是世界上最好的，而偏偏在近半个多世纪以来的社会变革中我们的创新成果却不如西方发达国家呢？其根本原因就在这里。像"可持续发展""软实力""循环经济""低碳经济""创意文化""生态主义""竖式教育""信息时代""知识经济""绿色发展"等所有这些理论新概念的提出，就都是出自欧美发达国家的，并且一经提出，便都很快会得到世界各国的热烈响应与高度认同。至于他们在科技方面的创新成果，那就更自不待说了。

　　这的确是一个值得我们认真思考的问题。究其原因，症结就出在观念的差异上。资本主义制度的缺陷和脆弱性及其所面临的重重危机，反而赋予了西方人一种近乎枕戈待旦的忧患感和无时不在警觉的防备意识，他们似乎每时每刻都在警惕着危机的到来，都在准备着应对危机，并强烈期待能够从危机中求得生存与发展。所谓"西方中心论"，就主要是在资本主义发展过程中形成的，因为欧美毕竟是世界资本主义的源头和基地。但自从资本主义形成后却连遭重创，乃至"西方中心论"屡屡步履维艰、危机四伏。如：两次世界大战，主要在欧洲；1929 至 1933 年的经济大萧条，主要在美国。这不仅使欧美社会深为受伤，而且更使欧美人民产生了一种强烈的忧患意识：大战使欧洲几成屠场，但却由此而使他们产生了欧洲一体化的强烈愿望，因为只有全欧洲团结起来，才能增强对抗危机的力量。经济大萧条使美国几乎走到了崩溃的边沿，但不经沧海难为水，结果却逼出来一个"罗斯福新政"，不但拯救了资本主义，而且使美国从此发展成为西方文明的"守护神"。就这样，使忧患意识和自发批判能力渐渐在欧美人的心中扎了根。迄至今日，尽管自己的国家已经很富裕、很强大了，但他们的着眼点却仍旧总在找问题、寻岔子，力求医疮于初微，防患于未然。例如，美国学者就从来不写赞许和肯定美国的著作，从来不为美国歌功颂德。他们一开口，一动笔，就准是对美国的批判和警告，例如著名学术著作《西方的没落》(斯宾格勒)、《西方的死亡》(布坎南)、《美国时代的终结》(库普乾)、《这个痛苦的共和国》(德鲁·福斯特)等。甚至，就连"创新"的首创者熊彼特，其在最初提出"创新"概念时的全称，也是"毁灭性创新"。

　　由此可见，创新对于我们实现科学发展和快速发展虽然极其重要，但若想要真正能够有效地做到激励创新精神、提升创新能力、收获创新成果，那就首先必须要进行观念创新。而观念创新的精神元素和内在动力，则又永远都在于不懈怠、不满足、不自负、不居功。与此同时，更应赋有强烈的忧患意识、自觉的批判精神、坚毅的开拓勇气和高度的责任担当。

二

同样，在文化创新中最为倚重的，也首先是观念创新和精神创新。因为文化是精神的孵化物，是精神的实现与升华。所以，文化贵在精神创新。只有不断地追求并实现精神创新，才是文化的魅力之源与生命之根。但真正意义上的文化观念与文化精神创新，却必须是由表及里、器韵俱佳、形神兼备。而这，又恰恰是我们在文化创新中所出现和所遇到的难题。许多对创新的追求与实践，往往都败北于此，并因之而造成了文化生态的或一畸变与失衡。

显然，这不仅是一个值得特别关注的问题，而且更是一项亟须加以改进的工作。因为它直接关系着文化创新的成败与文化效能的优劣，是实现文化大发展大繁荣的关津所在。

客观世界的万事万物都无时不处于变化和发展之中。创新，就是为了适应这种变化和发展而所采取的对策。这个过程，曾被19世纪德国著名科学家尤·李比希比喻为"处于不断脱毛的状态"。因为鸟儿只有不断地脱毛才能更好地飞翔。恩格斯极为欣赏李比希的这个比喻，并将之作为科学理论创造的基本方略。

实际上，这个"脱毛"的过程也就是创新的过程。世界上的万事万物都是如此，文化当然就尤其如此了。作为一种精神创造和思想表达，文化的天性从来就是求新与拓异，就是艺术和审美，就是灵动与创造。不管文化的内容和形式如何林林总总，其在本质上则永远都是一项创新的事业，都是一个创新的过程。只有当文化具有了创新的气质和品格之后，它才会是有价值和有意义的，它也才能够做到永不衰减自身的活力与魅力。

对于这一点，文化创造者和文化从业者大抵都是认识到了的，但对于究竟应当如何进行文化创新和怎样实现文化创新？那可就是歧义蠭生、各殊己见了。就现实的文化生态而言，"形"胜于"质""嬉"掩于"庄""人"浮于"事""情"悖于"理"的现象，已经成为文化创新的社会诟病与艺术障碍。这种状况必须改变。不然，文化创新就很难达到预设的目标和收到预期的效果。

任何文化，都应当是对人的情感、精神和思想的艺术表达，也都应当是对人生和社会的形象化审美观照。既然如此，它当然是要追求形式美，追求表达方法和实现路径的艺术化了。这种追求的本质和过程，就是创新。只不过这种对形式和方法的创新追求，永远都不能是"单纯"的和"唯一"的，而是必须与其所涵载和表达的思想内容相呼应、相融合、相一致,并有助于和有益于思想内容和精神价值的彰显与表达。因为不论在任何时候,方法都只是思想的桥梁,形式都总是要为内容服务的。形式和方法的作用,主要是帮助创作主体实现对内容的艺术表达和引导受众达到对精神价值的感悟与接收。显然,在整个文化创造和文化传达过程中,形式和方法所起的都只是载体与介体的作用,而任何介体和载体则只有在能够使其所承载和引荐的思想内容充分加以展示与传达时,它才会变得有价值和有意义。

正因为如此,大画家吴冠中才深有体悟地说"笔墨等于零"。他甚至还说"100个齐白石也抵不过一个鲁迅"。为什么?就因为形式是为内容服务的。对精神的涵寓和张扬,永远都是文化创造的宗旨和本质,同时也是形式创新得以获取价值的最佳途径与唯一选择。

但是,在我们的文化创新中却似乎越来越呈现出一种失重和偏颇,那就是在过分地刻意地追求形式创新的同时,却也同样过分地刻意地放逐和消解了对思想内容和精神价值的创新,并由此而导致了一些文化产品及文化活动的形式怪异和内容虚脱、方法畸糜和精神猥琐、手段吊诡和思想紊乱。凡此种种,不仅造成了内容与形式的背离、失调和对立,而且即使是在形式和方法上的所谓创新,也显然是有违于文化创新的美学原理与艺术原则的,这就势必要使受众的"期待视野"和"接受屏幕"发生扭曲和产生障碍,让人强烈地感到形式掩盖和压迫了内容,嬉谑转移和消解了思想,人物形象失去了事件和场景的支撑与铺垫,情感流泄粗暴地绑架了对理性与良知的驭控。于此情况下,所谓的创新又怎么能够如愿以偿地收到预期效果呢?

这些文化创新的事与愿违,从根本上说,就是由于没有遵循和恪守创新的美学原理与思想原则。我们说创新是文化的生命,但决不意味着创新可以随心所欲、恣意妄为。真正的创新,不仅从来与模仿和抄袭无涉,而且也注定与乖谬和低俗无缘。凡是在这个节点上犯了戒的所谓"创新",其结果都注定是会心想着种下的是龙种,而收获的却偏偏是跳蚤。这样的悖论,并非是远离我们的神话。就在我们这多有呼吁创新和追求创新的当下文场中,一些声称已经"创"了"新"的文化产品,却也往往会与我们的期望值大相径庭。比如,我们现在一年的歌曲创作量总计在两万首以上,而真正能够在社会上广泛传唱的又有多少首?我们现在一年的长篇小说出版量总计在两千部以上,而真正能够走进广大群众阅读视野的又有多少部?我们现在一年生产的电影和电视剧分别多达400部和500部(14000集)以上,而其中又有多少会成为产生强烈震撼力和具有广泛辐射性的传世佳作呢?当

然,这并不是说我们没有上品佳作,而只是从产量的基数和时代的要求上作考量,显然我们应当有更多更好的文化产品。

之所以会出现这种反差,根本原因就在于创新意识不炽烈,创新能力不强大,特别是即使在那些赋以强烈创新愿望的创新实践中,也多有对创新原理和创新原则的误读与违逆,这其中的症结,就在于对思想、观念和精神层面的创新往往多有藐视和放逐。

第 *6* 章
文化创新的民族基因与艺术法则

文化，是一个很大的概念，同时也是一个很大的范畴。它以不同的方式和形态在不同的层次上几乎涵盖了人类所有的精神产品、文明粹质乃至整个"人化的自然"。艺术，只属于"小文化"范畴的一种精神创造，它在本质上是人对社会和自然的一种审美观照，是人的思想升华、情感爆发和灵智飞扬的美学结晶，是一种民族精神、历史精神和时代精神在现实感悟中的综合效应，是一种在深厚文化背景下的创造性的艺术诉求。

一

一切艺术创造都属于最直接、最具象的文化创造，一切艺术产品都是创作主体在深刻的文化感应中所实现的美学凝铸和所进行的艺术概括。艺术，尽管只是一个与文化亲缘最近的直系家族，但艺术自身却同样也有着一个相对说来十分广阔的天地，它不仅包括音乐、戏剧、美术、电影电视、曲艺、书法、舞蹈、杂技、艺术摄影、工艺装饰、会展布置等，而且也包括文学。

任何成功的艺术创造，都首先是一种文化创造，是创作主体受到文化感应之后的思想升华与艺术结晶，其次才是艺术本身的个性化创造。文化对艺术创造的巨大影响可以是直接的，也可以是间接的，在多数情况下都是间接的，甚至是创作主体所未能意识到的。但无论如何，这种影响却始终都是存在的和根本无法排除的。文化对艺术的影响常常是通过各种各样的介体加以实现的，如民族性、历史性、地域性、时代性、民俗与传统、哲学与政治、社会与家庭、宗教与伦理等。其实，不同时代、不同国度、不同地域、不同主体的艺术创作和艺术品，之所以全都天然

地存在着鲜明的题材、风格、形式、个性等方面的差异，就因为其文化背景不同、文化底蕴不同、文化介入艺术创作的形式、方法和程度不同所致。

对于这一点，几乎我们触目可及的任何成功的艺术创作和艺术品，都可以引为例证，米开朗基罗、罗丹、摩尔三位不同时代、不同国度的雕塑大师，其作品的韵味和风格显然是大相径庭。毫无疑问，亨利·摩尔是向米开朗基罗和罗丹认真学习过雕塑技法的，是从学习的过程中受到深刻的文化感应并融彻于自己的雕塑创作之中的，但其结果却大相迥异。摩尔既是传承传统技法的，但他同时又是最大胆和最有成效的雕塑技法的变革家。他认真地研究自然，观察自然，从自然界的有机物体所潜含的自然力的法则中领悟空间和形态的虚实关系，从而以自己特有的构思、技法和风格将人体造型简练至最单纯的状态，并从这种抽象的单纯中突显生命的本质。像《母与子坐像》《大型纺锤件》《弯曲的腿》等，就都是这样的。这些作品与罗丹的代表作《思想者》《巴尔扎丸》，以及拉斐尔的《女像》《加利哀《母与子》《吕德的《奈伊将军》等相比，明显地存在着时代、国度和文化背景的差异。

同样的现象，我们也可以从吴道子、张择端、朱耷、任伯年，乃至黄宾虹、潘天寿、关山月、徐悲鸿、黄胄、石鲁等人的绘画作品中看出来。在莎士比亚与汤显祖之间，在《蓝色的多瑙河》与《梁山伯与祝英台》之间，在《罗宾汉》与《水浒》之间，在普希金与艾青之间，最根本的差异是什么呢？是由文化背景和文化蕴涵上的差异所造成的作品在风格、气质上的差异。正是这种差异，使他们的创作实现了社会化与个性化、历史感与现实感、继承性与创造性的完美结合与高度统一，造就了艺术作品和艺术家的"这一个"的天性与特性。

"这一个"是艺术创作的至境，而艺术创作中的"这一个"就其本质意义而言，归根结底都是文化的钟灵与造化。因为艺术贵在创造，艺术的价值和功能唯在于它所具有的不可逆的创造性，而这种创造性的实践体现，就是艺术作品所达臻的"这一个"的美学境界。只有真正的原创性，只有真正的不可逆性，只有真正的民族特性和艺术个性，才是艺术创造所追求和所达臻的境界，才是真正的艺术创造，而能够赋予艺术创作以脊梁与灵魂的，则永远都是特定的文化背景和文化底蕴，都是创作主体从深刻的文化感应中所得到的异乎寻常的启迪与灵智，都是浓酽淳美的文化酿造，都是民族、地域、时代和生活的文化升华和文化结晶。离开文化，艺术创造就会变为无本之木和涸辙之鲋，艺术品就会失去活力与魅力。不论在任何时候和任何情况下，我们都应当坚定不移地将艺术置于创造和创新的思想范畴与美学机制之中，将艺术创造和创新置于深厚的文化背景与文化底蕴之中，并源源不断地从中汲取丰富的营养，撷获新奇的感悟，捕捉斑斓的浪花，采摘丰硕的果实。只有这样，我们才能认识和把握艺术创造的法则与规律，才能不断地创作出具有时代光彩和艺术个性的艺术品，也才能真正赋予艺术创造和艺术品以灵魂与魅力。

为了做到这一点，在艺术创造的实现过程中，我们一定要坚持对民族传统进行优化，对西方艺术进行择滤，一定要充分尊重、升华和变革我们的民族艺术，并在这个根基上严格选择和广泛吸收一切域外的优秀艺术，妄自菲薄民族艺术和传统艺术，盲目崇拜乃至摹袭西方现代主义艺术，同样都是轻率和不成熟的表现。在这一点上，20 世纪最有成就的真正的艺术大师巴尔蒂斯，以自己的极富理性的艺术实践给我们提供了一个良好的艺术范例。他是法国籍的西方画家，他生活和创作于现代派浪潮的漩涡之中，但他决不盲目追随身边那些当红的现代主义大师，他不在乎时代和流行，他一直致力于具象绘画，用每一笔表达着对古典绘画和民族传统风格的尊敬，矢志不移地追索着恬静而独特、宁谧而淳朴的优雅风格，他特别赞赏中国传统艺术超然物外的精神，并源源不断地从深厚质朴的中国文化渊源中吸取营养，使自己的技法日趋完美。他熟读《唐宋传奇》《东坡诗集》《离骚》《西游记》等中国文化典籍，对中国古代绘画艺术服膺有加。面对现代派艺术的泛滥，巴尔蒂斯发誓："我不得不创造出一种可传递事物之神并表现我所见到的现实之美的绘画；而时下画家作画，是要表现他们的那个'个性'，却忘记了共性才重要……我恳求我的中国朋友，不要受西方影响。"

巴尔蒂斯不媚俗，也不追风，所以他发现了真理。他始终都在对生活和艺术进行独立的审视和思考。他的艺术就是他的艺术，瞬间的云翳遮罩终究掩不住其耀眼的光辉。

其实，巴尔蒂斯所发现的是一个普遍的艺术真理。这个艺术真理，不仅被写实派列宾、苏里柯夫所证实，而且也被现代派马列维奇、夏加尔和康定斯基所证实。西方绘画艺术的具象化走向，戏剧和影视艺术的情节化走向，音乐的经典化走向等，都在悄无声息但却明白无误地验证着巴尔蒂斯所坚持和所发现的普遍性和趋向性。

由此，我们又该有一些怎样的回味和思考呢？无论如何，我们必须崇尚创新，我们更应崇尚文化，因为只有它们才是艺术的魂魄之舍与生命之源；只有它们，才能把艺术创作和艺术品带入一个永远充满盎然生机的无限广阔而淳美的艺术旷野，并毫不吝惜地赋予其以永远旺盛、永远不竭的生命力！

二

在文化浸润、引领与扶掖之下的艺术创新，常常具有广阔的开拓领域。不仅旧的艺术形式和艺术品种在不断开出新的花朵，而且还时有新的艺术品种被创造出来，如以往有电影、电视、广播剧等，如今则有摄影文学熠然面世。

摄影是什么？文学是什么？摄影文学又是什么？

面对摄影文学的矫健步伐和葱俊姿容，我们必须思考这个问题，研究这个问题，回答这个问题。因为一个新的艺术门类的产生，不仅具有蹊独性和合理性，而且也赋有相应的社会意义和创新价值。它是美的升华，它是形式的变异，更是社会生活的艺术凝缩和思想内曜的美学淬炼。它在新的大变革大发展的时代中应运而生，自然尤具有这个时代的特定内容和精神风采。的的确确，它是艺术的宁馨儿，它是改革与发展时代的艺术骄子，它是在多元辐射和互动审美中所绽放的艺术奇葩，它是光的艺术、速度的艺术、色彩与语言的艺术，它是形象的艺术、画面的艺术的奇异交融与完美结合。在摄影文学中，我们不仅是在通过光和线条来欣赏形象和画面，而且是在通过形象和画面阅读散文、小说和诗歌。创作者们以具有独特构思和运用特殊语言所营造成的氛围、意境、情节与心愫，常常会产生强烈的形象冲击力和视觉感染力，让人在心旌摇动的审美愉悦中深深地感悟生活，紧紧地趋赴时代，具象化地理喻人生的价值和社会的内蕴。

随着社会的发展和时代的进步，不仅科技成果会给人们的生活带来新的变化，而且审美观念的拓进和审美空间的扩大也会给人们的意识带来新的飞跃。一方面人们要求审美对象更多样、更美奂、更丰富，另一方面新生活和新科技又提供了实现这一愿望的物质基础与美学材料，使扩大审美空间和塑造新的审美对象成为可能。新的艺术，就是在这种情况下应运而生的。一个多世纪前电影艺术的问世，半个多世纪前电视艺术的问世，都是这样。摄影艺术的问世虽然较早于电影艺术，但却是伴随着影视艺术的发展而逐步完成其从技术到艺术的发展过程的。应当说，摄影技术为影视艺术的创立和发展奠立了美学基础和准备了技术条件，但影视艺术的长足发展又反转来大大促进了摄影艺术的快速拓进。它们是互为砥石，彼此磨砺的。影视艺术虽然具有多种内涵，但就其艺术形质而言，则始终都是光的艺术、摄影的艺术、画面与镜头的艺术，像普多夫金、格里菲斯和爱森斯坦等对电影艺术做出贡献的艺术家们的最大成就，就都主要表现在对光的运用和摄影技巧的新发明和新突破上。

艺术发展的历史业已证明,摄影艺术不仅是诸多新兴艺术的派生体,而且摄影艺术也是在借助其派生艺术的力量过程中不断地完善和发展了自身的。如今,由摄影与文学的结合所产生的摄影文学,必将会在为古老的文学之树爆新芽、抽新枝、长新叶、绽新花的同时,也为摄影艺术自身平添新的活力与焕发新的光彩。

这是不言而喻的,这是顺理成章的。规律使然,法则使然,时代使然,事实使然。

文学在本质上是一种艺术,但文学同时又是各种艺术得以产生和发展的催生素和培植基。许多戏剧、电影、音乐、美术和电视剧等,都是以文学作品和文学形象为其表现的内容和采撷的对象,特别是电视剧,几乎有百分之八十以上都是以文学作品为蓝本改编而成的。离开文学,艺术就会变成无米之炊。因为文学有思想,有形象,有情节,有场景,有时代风云,有人物命运,有生活皱折,有历史轨迹,任何优美的艺术形式皆可以从文学中汲取丰富的取之不尽的思想内容和社会内容,并用以铸成自身的脊梁与灵魂,达到优美的形式与刚健的内容的完美结合与高度统一。

正是在这个意义上,摄影与文学的联姻,必定会生成艺术的葱俊之子与奇伟之子,因为它们是优优相加与强强联合,是在多元辐射与互动审美过程中所实现的全方位的艺术探赜与美学创新。这种探赜和创新,至少具有以下三个方面的优势和特点:

一是摄影文学同时具有摄影和文学的特点,集形象化、情节性、画面感和韵律美于一身,不仅直观性强、吸引力强,而且最能产生互动感应与复合审美的效果与功能,最能于瞬间唤醒读者的阅读欲望和点燃读者的审美热情,令读者于欣悦和美愉之中快速领略作品的形象化情节和激越性内容,并透过人物命运的跌宕起伏而准确地捕捉时代风云与世事沧桑,体会生命价值与人生意义,鼓起斗争勇气和胜利信念。这一切,都是在自觉、兴奋和激动中快速完成的,都是在情与美的交织与激溅中完成的,也都是伴随着昂扬的意绪和跳跃着欢快的节奏完成的。因为摄影文学的情节是用画面构成的,而画面则是精练、有限和富于跳跃感的。它既不可能像单纯的摄影作品那样天然地产生画幅的独立性和割裂感,又不可能像所有的文学作品那样缠绵和铺陈。它必须用高度精美的画面在高度和谐的连续中构成高度简练而富于韵味的场景与情节,它必须以画面作为语言,形象化地诉诸作品的情节和内容,它必须简洁、深邃、生动、优雅,用有限的画面组成完美的故事,以简

练的情节诠释繁复的内蕴,在错落有致的场景与事件的艺术组接中给读者创设出无形而巨大的想象空间和广阔而隽永的回味的余地。

二是摄影文学具有在多元辐射和互动审美中实现艺术创新的特点,它以摄影的形式表现文学的内容,又以文学的内容诠释摄影的意蕴,从而既赋予摄影艺术以丰富的思想内容和社会意义,又赋予文学作品以直观的艺术形式和形象化的语意介体,使二者在互补互动中珠联璧合、相得益彰,产生出强烈的艺术效果和深刻的社会效应。在摄影文学中,摄影和文学是在相互照应中实现相互辐射,在相互感应中进行互动审美的,这种相互辐射和互动审美本身就是一种艺术创新。因为在这个过程中,不仅强化和深化了摄影与文学自身所秉具的美魅,而且在互映和互动中产生了新的美形与美质,给人一种全新的审美视觉感受和审美心理感应。摄影文学的创作过程和阅读过程,实际上就是一个多元辐射和互动审美的过程。在创作中,作者首先要运用文学的构思方法组织情节和设置人物,然后再运用摄影镜头创造规定画面来完成情节和塑造形象。摄影与文学就像两个太阳一样对射韶光,相互辐射,彼此受益,共筑艺术的新生命。读者在阅读摄影文学时,首先接受的和始终接受的是摄影画面,并从具有连续性的画面组接中获得情节的信息、场景的氛围和人物命运与情愫的或显化或潜在的复杂内容。当然,读者也可以首先从文学切入,然后再寻找相应的摄影画面,并从中得到对文学内容的形象化诠释。不论怎样,阅读摄影文学的过程都是一个互动审美的过程。

三是摄影文学是科技与艺术相结合的产物,同时也是用形象展现人们的精神风貌和心灵奥秘的诗。在摄影文学中,画面语言是主体,文字语言只是对画面语言的一种补充、延伸和诠释。因此,摄影文学不仅是时代的产物、生活的产物、创新的产物,而且也是一种心灵的产物、思想的产物、精神的产物、美与技术的产物。在中国的传统文化中,诗配画的表现形式、看图识字的表现形式、为文学作品画插图的表现形式、连环画的表现形式、为中国画题跋的表现形式,乃都是古已有之的,但以其与摄影文学相比,则有着本质上的区别。在摄影文学中,摄影画面是主体,摄影画面本身就是一种形象化的特殊语言艺术,它不仅具有散文的意境、诗的韵律,小说的社会性和传记文学的真实感,而且具有一种强烈的视觉美和穿透力,具有广阔的想象空间,具有深远的意境和极其丰富的思想蕴涵。在各种文学样式中,诗是最形制小巧而内容丰富的,但摄影文学中的摄影画面在这方面比诗更胜一筹。一幅成功的摄影画面,虽然画幅不大,但却涵义无穷,想象不尽,并能给人以激情与美感。所以,作为新兴的艺术品种的摄影文学,乃是具有巨大的美学潜力和极其光明的发展前景的,它的得天独厚的特点和无与伦比的优势,必将为它赢得繁荣滋长的肥沃土壤和炫寰熠世的广阔空间。

狄德罗早就期待各种艺术之间能够"相互加强",并通过这种"相互加强"而"给我们以动人心魄的印象"。朗格则强调指出:"艺术家的工作就是制作情感符号;这种制作涉及各种不同程度的技能和技巧。……每个艺术家都在发明他自己的技术,当他这样做时也是在发展他自己的想象。"蓬勃兴起的摄影文学,就不仅是在实现着狄德罗的艺术理想,而且也是在一步步地把朗格的艺术法则变为具有时代精神的艺术现实。

改革的时代,永远呼唤创新的艺术;创新的艺术,永远属于改革的时代! 也正是在这个过程中,民族基因和艺术法则永远都是文化创新的矩度与酵体。

三、时代脉动之文化感应

——论经典文化

第 1 章

关注"经典文化" 是实现文化创造的认知基础

　　文化，是一个民族、一个国家、一个时代的脊梁与灵魂，而经典文化则是这脊梁中的脊梁、灵魂中的灵魂。对于任何一个有活力、有理想、有追求、有创新的民族、国家和时代来说，经典文化永远都是其生命的依托、精神的支撑和创新的源泉，都是其得以存续和赓延的筋络与血脉，当然就更是其实现新的文化创造的认知基础了。

　　因此，不论在任何时候，也不论在任何情况下，我们都不能容许经典文化受到玷污和贬损，我们都要保卫经典文化的高尚与纯正，我们都要弘扬经典文化所承载和涵融的优秀的民族传统与激扬的时代精神。这，不仅是文化创造的前提条件，而且是文化创造的逻辑起点。

一

　　文化以及经济和政治，是所有民族、国家和时代生存与发展的基本要素，但文化与经济和政治的不同之处，更在于它不仅是以强大的渗透力和影响力作用于人的思想、情操、精神、道德、灵智与意识，并不断地使之得到丰富与提升，而且是以厚重的积淀性和坚忍的连续性顽强地存储于民族传统与时代精神之中，并塑造着民族、国家和时代的形象，规定着民族、国家和时代的范式，铸冶着民族、国家和时代的风采与精神。正是在这个过程中，经典文化不但处于主体的地位，而且发挥着重要的和无可旁代的导向作用。所谓民族特点，所谓历史传统，所谓时代精神，这些于一个有尊严的国家和有秩序的社会来说至为重要的东西，究竟是什么呢？究竟在哪里呢？它们就是经典文化，它们就涵融和积储于经典文化之中。

恩格斯在《家庭、私有制和国家的起源》中指出:正是"由于文字的发明及其应用于文献记录",人类社会才得以"过渡到文明时代"。至于国家形象与国家机器,那可就简直是"文明社会的概括"了。鲁迅则认为,中国人的自信力其实就正是来源于经典文化之中并在经典文化之中得到巩固和升华的。他说:"我们从古以来,就有埋头苦干的人,有拼命硬干的人,有为民请命的人,有舍身求法的人,……虽是等于为帝王将相作家谱的所谓'正史',也往往掩不住他们的光耀,这就是中国的脊梁。"①

显而易见,文化的本质是文明,国家的灵魂是文化,民族和社会的脊梁则是由文化与文明的合力所铸成。而作为文化的主体与核心的经典文化,则自然是构建和弘扬文明的核心了。恩格斯所说的"国家"与社会的本质含义,鲁迅所说的"中国的脊梁"的核心意蕴,就都十分典型、十分集中地体现在经典文化之中,并以经典文化为载体而加以恒久的、广泛的传播与弘扬,从而形成一种被人们自觉接受和高度认同的社会观念、行为范式、思想风貌、道德准则以及强烈的集体无意识。不论到了什么时候,也不论是从何种意义上作考察、作阐释,经典文化都堪为民族的"根"、国家的"魂"、历史的"质"、社会的"韵",都堪为时代的旌标、精神的支柱、道德的砥石、思想的内曜,因为我们所说的经典文化,主要是指经过历史沉淀、实践检验、社会遴选、大众认同的具有一定根本性、权威性和主导性,并在长期的社会实践中产生过广泛积极影响的文化结晶与优秀著作。

这样的文化结晶和优秀著作,无论它们产生在什么时代和什么样的社会背景之下,肯定都是先进思想、崇高道德和超凡智慧的产物,都对塑造人们的灵魂、启悟人们的心智、升华人们的思想和鼓舞人们的斗志起过积极的作用,也都在严格的检验和严峻的考验之中溶入了我们民族的血液,化入了我们时代的韵律,铸入了我们国家的肌体,渗入了我们人民的意识之中,并已经成为我们的民族、时代、国家和人民的重要构成因素和不可分割的组成部分。像《诗经》《离骚》《史记》《吕氏春秋》《资治通鉴》《三国演义》《红楼梦》,像《阿Q正传》《凤凰涅槃》《子夜》《雷雨》《家》《四世同堂》,像《保卫延安》《黄河大合唱》《红岩》《青春之歌》《林海雪原》《红旗谱》《创业史》《雷锋之歌》等。这样的作品,已经深深地融入了我们的民族精神和时代精神,并成为我们的民族精神和时代精神的聚宝盆与风景线。正是它们塑造了一代又一代中华儿女的崇高、睿智而又倔强的灵魂,源源不断地赐予我们

---

① 鲁迅:《且介亭杂文·中国人失掉自信力了吗》,《鲁迅全集》第6卷第91~92页。

的人民以智慧、良知与自信。

李白曾有诗云："干戈不动远人服，一纸贤于百万师。"经典文化的内蕴本质虽然是一种非物质化、非形态化的东西，但其巨大的作用和特殊的功能却是既无与伦比，又无可旁代的。从《论语》到《阿Q正传》，从《离骚》到《雷锋之歌》，从《韶乐》到《黄河大合唱》，从《永乐大典》到《白毛女》，它们对于各个时代和各种社会的中国人的震撼与影响，都是极其强烈、巨大而深刻的。在我们民族文化与时代文化的永不生锈、永具魅力的链环中，正是经典文化以其强大的生命力和昂扬的先进性赋予这链环以光彩与动力，并使其在民族精神与时代精神的构建与激扬中始终处于主导地位，发挥先锋作用，产生积极效应。中华民族五千年的历史，实际上就是一部文化史——文明史，也可以说就是一部经典文化形成、积累和多层次、全方位发挥积极作用的历史。一个朝代一个朝代地过去了，一个时代一个时代地过去了，许多显赫一时、不可一世的东西都消失了、湮灭了，但文化却留了下来——留在经典文化之中，并通过经典文化而织入民族精神的旗旌、渗入炎黄子孙的血脉、化入社会生活的范式。正是孔子的《论语》和《诗经》，成为中国人几千年的思想矩度与行为规范，并深深地影响了全世界，以至于孔子所说过的诸如"己所不欲，勿施于人"之类的名言竟然被写进了一些西方发达国家的治国法典之中。正是屈原的《离骚》和《九歌》，像烈火一样将爱国主义与忧患意识的烈焰在中国人的心中燃烧了几千年，以至于在抗日战争的烽火中一出《屈原》的上演竟然在全国掀起了"停止内战、一致抗日"的狂飙，乃至周恩来忍俊不禁地盛赞郭沫若用戏剧为抗战立了一大功。正是鲁迅的杂文和小说，以其正义的呐喊和热烈的召唤，不但唤醒了千百万在黑暗中沉睡的中国人，而且引导和鼓舞一批又一批青年人奔赴革命、涌向延安。正是艾青的《火把》、田间的《假如我们不去打仗》、臧克家的《有的人》、郭小川的《致青年公民》、贺敬之的《雷锋之歌》等诗的精灵，以其铿锵的思想和优美的韵律，将哲理和激情撒遍神州大地，强烈地唤起了人们对真、善、美的憧憬与追求。也正是杜鹏程的《保卫延安》、罗广斌和杨益言的《红岩》、杨沫的《青春之歌》、曲波的《林海雪原》、柳青的《创业史》、吴强的《红日》、周而复的《上海的早晨》等长篇小说，以其真切的内容、宏伟的架构、积极的思想与优美的艺术，所反映的重大历史事件和所塑造的动人艺术形象，不但彪炳于文学的史册，而且也照亮了读者的心扉，以至成为中国革命和中国人民在前进道路上的壮美诗篇与英雄碑碣，整整塑造了一代人乃至几代人的灵魂，并赋予他们以不竭的美感与不泯的激情。

举凡经典文化，都是在历史的淘漉和实践的检验与考验中形成的。它无须自

诩,也不能自封。在最现实的文化创造与近距离的文艺创作中,一般说来是不足以出现经典的,但却为孕育经典奠定了基础,创造了条件,提供了可资检验和考验的初选对象。当然,这并不是说最现实的文化创造和近距离的文艺创作中没有好作品,而是因为即使是好作品,由于没有经过历史沉淀和时间考验,由于尚未得到社会的广泛认同和读者的一致接受,所以也便难得称其为经典。这说明,经典文化不仅要质高、品优,而且要经时、耐久,要全方位地符合先进文化与健康有益文化的要求,要真正成为思想的先锋、道德的风范和艺术的楷模,要对人的全面提升和社会的全面进步发挥过并且继续发挥着积极的推动作用,要成为凝结、汇聚、丰富和弘扬民族精神与时代精神的基本要素与典型代表。

正因为经典文化具有这样的资质、特点、功能和优势,所以它才是国家形象的标帜、民族精神的象征和大众夙愿与情怀的抒发,并因此而荣膺其应处的崇高地位和应有的社会尊严。

对于此,我们必须要有充分的理解、正确的认识、坚定的恪守和严格的遵循。我们一定要形成一种意识和建立一种信念,即:经典文化,就是对民族传统、时代精神和大众情愫、愿望与意志的强烈凝铸、典型表现和有力弘发,经典文化本身就是对民族精神与时代精神的具象化展示与高品位激扬。

正是在这个意义上,我们所担承的一个重要的时代命题,就是保卫经典、丰富经典和弘扬经典。

二

保卫经典、丰富经典和弘扬经典的时代命题的提出,一方面固然是出于战略上的考虑,但另一方面也确实是由于现实的需要。因为在我们的现实生活中,在我们近距离的文化创造与文艺创作活动中,确实出现了一种采取各种方式有意无意地否抑、弱化、消泯、阉割、排斥和误释经典文化的现象,出现了一种倾轧和取代经典文化的风气,出现了一种贬损和扭曲经典文化的思潮。这种情况的出现,显然是不正常、不健康的,也是不能容许和放任自流的,所以必须予以扼制和扭转,尽快采取措施保全经典文化的形质与意蕴,捍卫经典文化的主体地位,发挥经典文化的主导作用,保持和强化经典文化在构建和弘扬民族精神与时代精神中的巨大力量与特殊功能,使经典文化在与主流文化的融会与结合中,在其他健康有益文化的辅助下,共同为建设先进文化而奠立坚实的基础,形成大变革与大发展时代之文化的主流与强音。

概括起来，贬损和排斥经典文化的现象主要有以下几种表现：

一曰"戏说"。几乎各种文学名著都没有逃脱被"戏说"或类乎戏说的厄运。诠释名著原本无可非议，但这种诠释是必须以严肃的态度和科学的方法进行的，必须真切、准确、忠实于名著的原意和本义。可是"戏说"者却不是这样。他们完全按照自己的意欲和自己的需要而随意杜撰，胡聊海侃，甚至连其中的情节、人物、场景、事件等，也都走了形、变了味，要么似是而非，要么面目全非。就连在人人耳熟能详的京剧《沙家浜》中，阿庆嫂与郭建光的同志关系也被戏说成是淫妇与奸夫的关系了。他们在"戏说"的苫子下所进行的，其实是篡改与扭曲之实。

二曰"丑化"。经典著作的内容都是丰富、深阔、健康的，其表现形式和艺术手法也都是蹊独、娴稔、优美的，但"丑化"者却偏偏要将其崇高变为庸俗，将其深刻变为浅悖，将其曼妙变为愚拙，将其优美变为丑窳。并因此而使经典著作的正面作用变为负面作用，积极效应变为消极效应，审美功能变为审丑功能，促进力量变为促退力量，从而使本来旨在引导积极人生的经典著作，一下子变成迎合低级趣味的文化陷阱。

三曰"贬抑"。经典文化的地位和作用是实践笃定的，是历史形成的，是大众认可的。在文化的天昊中，它们皆为发光的星座，有着自己既定的位置和不可否定的价值。但是，"贬抑"者却总是要来个"异向思维"，在"重新评价""重新定位"的嚣攘之中对经典文化大加挞伐，指责有加，横挑鼻子竖挑眼，刻薄刁钻到了昏愦可笑的程度，乃至于把鲁迅说成是"茅厕里的石头"，把《呐喊》评判为"没有任何艺术性的政治说教"，甚至仅仅只用一个"左"字，就率然把在"前十七年文学"中所形成的经典作品一笔勾销。

四曰"颠倒"。经典文化之所以为经典文化，就因为它是时代文化、先进文化、优秀文化、主流文化和健康有益文化的杰出代表，就因为它是文化的精品与粹质、文化的核心与先导、文化的旗帜与方向。但是，"颠倒"者却反其道而行之，着意在中国现代文学名著排行榜中把《狂人日记》《女神》《家》《子夜》《雷雨》《骆驼祥子》等，排在一些武侠小说和言情小说之后，或者干脆来个"榜上无名"，甚至用鸳鸯蝴蝶派的小说置取革命现实主义文学杰作的位置，以周作人、胡兰成、曾今可等的所谓优雅文笔与闲适情调，掩盖鲁迅、郭沫若、茅盾等的时代激情与思想光彩。

五曰"排斥"。新时期的文坛是热闹的、活跃的、丰富的，打着各种旗帜、标出各

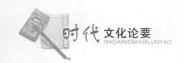
种"主义"的文化产品和文艺创作应有尽有,谁都拥有话语权,谁都可以争霸主。这无疑是一种好现象,这标志着空前开放的文化环境所带来的空前活跃的文化生态。但也正是在这种空前活跃的社会氛围与文化语境中,经典文化的地位却越来越逼仄,声音越来越低沉,影响越来越式微。"排斥"者明确宣布要"打倒经典",要"从现代主义开始重构文学",要让"卫道"的文化"死得难堪",要使新时代的文学"从肉体开始,到肉体结束"。他们甚至赫然妄称要将一切知识、文化、纯洁、诗意、抒情、哲理、使命、经典、良知与道德等,统统列入大清除的名单之中,一概"格杀勿论",全部扫荡一空。

六曰"取代"。经典文化之地位与作用的确定性和重要性,是不言而喻的。但是"取代"者却千方百计地想要以其他文化对经典文化取而代之。他们对西方后现代主义文化顶礼膜拜,对优秀的民族传统无情解构,对真诚、崇高和道义彻底摒弃,对时代精神和爱国主义肆意销铄。与此同时,却无限眷恋和延揽生活的琐屑与内心的迷惘,无限陶醉和赏悦个人病态的人生体验与毫无美学价值的悃言谵语,无限追慕和歆羡狂躁的炫耀与平庸的闲适,无限矫情和倾心"妖魔化语境"的恣肆与"下半身写作"的快意。而所有这一切的实现,则既均需从消解、排除和取代经典文化开始,亦更均要从消解、排除和取代经典文化结束。

尽管以上对诸种篡改、误诠、排斥、消解经典文化之现象的举例,只是管中窥豹、大树撷叶,远非其实际内容的全部,但也足以令人怵目惊心,深深地为之憾然、嗔然、竦然,它使我们在充分认识保卫经典的重要性和紧迫性的同时,更激发和坚定了我们保卫经典的使命感与责任心。特别是面对文化的全球化竞争整合和西方文化霸权的不断扩张所构成的严峻形势,就使保卫经典的工作显得比以往任何时候都更加急切和重要。因为文化的全球化不啻是对民族文化的严酷选择与严峻考验。在这种选择与考验中,民族文化既有因被融化而消失的可能,更有因得强化而发展的机遇。为了不消失,为了求发展,我们就必须首先确立和发挥经典文化在民族文化和时代文化中的主体地位与突出作用。因为经典文化以其鲜明的民族性、深阔的历史感和巨大的影响力,足以抗衡和抵御一切侵扰,并以其绰约的姿彩而巍然自立于世界文化之林,从而得以有力地源源不断地为民族文化的发展树立楷模、提供动力,遂使民族文化永远处于强势的地位,永远焕发生命的光彩。

大凡经典文化,都总是以其浓重的民族特色和深厚的历史感与鲜明的时代性而成为人类文明的积累、文明的精华和文明的瑰宝的,并因此而成为世界文化的重要构体与组成要素。它的存在,只能使世界文化更丰富、更多彩、更亮丽,而绝不会因被其他强势文化所吞噬乃至散佚与消失。我们优秀的民族传统和充盈着激情与活力的时代精神，不但主要是以经典文化为载体而加以高度凝结与聚合的，而且也主要是以经典文化为源流而不断地实现延伸和发展的。在文化的全球交融与激烈竞争中，强势文化必然要通过不断衰减弱势文化的质量和淡化弱势文化的影响力而逐步同化弱势文化。这种现象的出现，是既不符合弱势文化归属者的民族利益与国家利益，同时也是违背文化自身的内在法则与客观规律的。因为强势文化对弱势文化的同化，不仅会造成弱势文化所属民族与国家的个性化文化的消亡，而且还会造成全球文化形态、文化景观和文化品类的单调与贫乏。

每个民族和每个国家，都期望自己的民族文化与时代文化能够以强势文化的实力和姿容直接参与文化的全球化交融与竞争，并能从这种交融与竞争中胜出。而构成强势文化的决定性因素，则始终都是这种文化自身所具有的民族气质、文明蕴涵、时代特点与创新精神。这也就是说，对作为民族精神与时代精神之集结枢纽和鲜明标志的经典文化的任何阉割、淡化、排斥与否定，实际上都无异于是人为地加速自己民族和自己国家与时代的个性化文化的走向式微和归于消泯。我们应当知道，文化是无孔不入的，人的思想、心灵、意识和精神也不能处于空巢状态，它们总是要被一种文化所占据，区别只在于这种文化是什么样的文化和属于谁的文化而已。在文化的全球化交融与竞争中，自己民族和自己国家与时代的个性化的文化一旦退出，强势文化便会立即全面侵入，并最终实现占有。而对于一个民族、一个国家和一个时代来说，其文化的生命链一旦被阻隔或斫断，那么，这个民族、这个国家和这个时代的精神支撑也就会随之崩坍和断裂，这个民族、国家和时代的生命之舟，也就难免要归于倾覆和沉沦了。我们之所以要把文化置于重要的地位，之所以要把先进文化作为构成精神家园的基本要素之一，之所以要强调必须大力加强中国特色社会主义文化建设，不断为改革开放和现代化建设提供有力的思想保证、精神动力和智力支持，其根本原因就在这里。

我们一定要十分清醒地认识到，在文化的全球化交融、整合与竞争中，强势文化的头牌常常是要被西方文化霸权所占据的。他们所提出的"历史终结论""文明冲突论""软权力论"，他们所进行的非平等、非规范化的文化输出与文化竞争，其实质就是要在全球范围内筑坞抢滩，营构文化殖民地，发挥"软权力"的特殊效用，达到不战而胜的目的。这种以极少的投入和极小的代价便能从激烈的国际竞争中轻易胜出的策略，一直是美国最为优先考虑和倾全力予以实施的重大战略举措。据统计，美国和几个西方国家已垄断了全球90%以上的新闻源和新闻传播权；仅

美国一国就控制了全球 75% 的电视节目的生产和制作,占据了全球电影总放映时间的 50% 以上。至于在利用因特网向全世界推行自己国家的价值标准、意识形态、经营理念与社会伦理,全方位、全时空、全天候地实施"文化输出战略"和"软权力战略"方面,美国可就更是不遗余力和捷足先登了。对于此,就连西方学者托马斯·麦克菲尔也不禁连连惊呼:这就是电子殖民主义,这就是西方文化霸权。

我们之所以要竦然奋起,大呼保卫经典,也实在是理所当然和时势所迫。一方面固然因为经典文化所受到的不应有的甚至是严重的扭曲和误读、篡改和戏谑、排斥和否定;另一方面也是因为文化的全球化竞争整合与西方文化霸权的不断扩张所给我们带来的逼仄与焦虑,势必要促使我们采取相应的文化安全方略和文化保护措施。要发展,就首先必须生存;而要生存,则又首先必须在确保安全的前提条件下,努力为其营造一种良好的生存环境和有序化的竞争机制。

我们要积极培育和大力弘扬民族精神;要以人为本,并实现人的全面发展;要切实做到"尊重劳动、尊重知识、尊重人才、尊重创造";要不断地长期地保持稳定、深化改革和加快发展,就必须高度重视和充分发挥文化的特殊功能与巨大作用。就中,特别是要真正确立经典文化在文化建设中的主体地位,切实发挥经典文化在文化战略中的主导作用,不断提高和加强培育、升华、保卫经典文化的责任心、使命感和自觉性,并以实际行动力促经典文化越来越成为时代文化的发展动力与构成要素!

第 2 章
经典文化与主流文化的
主体地位和主导作用

在中华民族伟大复兴的时代进程中,文化的重要作用是不言而喻的。那么,如何才能更充分更有力地发挥文化的重要作用呢?一个不容忽视的问题便是必须在大众文化的扰攘喧嚣中,明确地自觉地坚持不懈地给予经典文化和主流文化以合理的社会定位,确保其主体地位不动摇,驱动其不断实现新发展,促进其内蕴精神大发扬。因为大众文化与经典文化和主流文化的形态、性质和功能是不同的:前者主要以追求消遣娱乐和感观刺激为目的,后者则主要以铸冶和扬励民族精神与时代精神为宏旨。

——

我们之所以要提出经典文化与主流文化的社会定位问题,是因为这个问题在文化建设的现实实践之中越来越重要,越来越突出,已经到了不能不予以重视的程度了。一个显而易见的事实,就是纯消费文化、纯商品文化、纯身体文化、纯隐私文化、纯欲望文化、纯作秀文化、纯扮酷文化、纯逗趣文化、纯游戏文化、纯行乐文化、纯摹"洋"文化、纯拜金文化、纯噱头文化、纯矫情文化等,正在对经典文化和主流文化形成戕害和围困,使经典文化和主流文化不但失去了大片的地盘,而且也失去了诸多的受众。这无疑是从社会文化场中所传出的一个值得警惕的信号。因为经典文化和主流文化的衰减往往是与民族精神和时代精神的销铄成正比的。

诚然,文化产品和文艺作品是应当赋有一定的娱乐功能的,但它同时也忌讳徒然娱乐、消极娱乐和庸俗娱乐。文化所赋有的娱乐功能不但应当尽可能地提升到欣悦和审美的层次,而且还应当具有思想意义和激励作用。特别是对于先进文

化来说,不仅应当如此,而且必须如此。

正是在这一点上,经典文化和主流文化乃是占据了优势的,而大众文化则无法比及。经典文化是经过时间淘漉和历史沉淀的文化精品;主流文化是深入社会大潮和感应时代主潮所创造出来的最能涵寓生活本质、反映时代风貌、表现人情事理的经世之作,它们都具有铸冶和扬励民族精神与时代精神的巨大而特殊的作用。这种作用,是大众文化所基本上不具备的。在一定意义和一定程度上,大众文化就是市场文化。这种文化不仅是在市场经济条件下应运而生的,而且也基本上是遵从市场经济的法则和规律而生存和发展的。对于大众文化的价值和意义我们毋庸置疑,但是,与此同时我们还必须清醒地认识到:无论在什么时候,也无论在什么情况下,大众文化都只能是对主流文化和经典文化的调节与补充,它既不可能占据时代文化的主导地位,更不可能销铄和取代经典文化与主流文化。因为文化对社会的责任承担,主要表现在对民族精神的传扬,对时代精神的构建和对人的灵魂的塑造与道德的提升。而恰恰是在这一点上,大众文化常常显得无能为力。只有经典文化和主流文化才能从容应对,不辱使命,并以其巨大的精神力量和璀璨的思想光芒烛照永恒,钤证时代,激扬斗志。

如果说大众文化是文化的快餐,那么,经典文化和主流文化,就是文化的大宴。快餐只起暂时充饥的作用,而大筵则能给人以全方位的滋养与深层次的营建,两者的效用是大不相同的。其实,社会对文化的需求是客观的,各种文化在社会中所处的地位完全是由其自身所具有的性质和功能决定的。任何健康的正义的向上的社会,都不能没有同样健康的正义的向上的精神做支撑。这就是经典文化与主流文化天然地占据文化主导地位的原因和理由,这也就是荷马、莎士比亚、歌德、托尔斯泰、屈原、李白、曹雪芹、鲁迅等永远不老和《伊利亚特》《哈姆雷特》《浮士德》《复活》《离骚》《梦游天姥吟留别》《红楼梦》《阿 Q 正传》等永远有价值的原因和理由。早在 20 世纪 40 年代,新康德主义者 E.卡西尔就从发展的观念出发而明确指出:"人不再生活在一个单纯的物理宇宙之中, 而是生活在一个符号宇宙之中。语言、神话、艺术和宗教则是这个符号宇宙的各部分,它们是组成符号之网的不同丝线,是人类经验的交织之网。人类在思想和经验之中取得的一切进步都使这个符号之网更为精巧和牢固"[1]。这就是说,人与文化是相依相融的。人,是由文化饲养的"动物",而人类社会则是只有在文化的陶冶、支撑与驱动中,才能走向文

---

① E.卡西尔:《人论》,上海译文出版社 1985 年版,第 33 页。

明和实现发展。显然,这里所说的文化,是指由知识、经验、典章、教化、诗情、哲理、道德、操守、智慧、技能、创造性与开发力等构成的人的精神素质与人类社会的文明环境。

只有经典文化和主流文化才含蕴这些内容,也才能担当此任。正是由于这个原因,英国人把莎士比亚看得比女皇还重要,世世代代从莎士比亚的文化成果与文化精神中汲取无穷无尽的哲理与诗情,并渐渐形成一种只属于英国的民族精神、民族语境和民族的审美意识与思维方式。法国人对维克多·雨果的景仰与崇拜,可以说已经到了绝顶和极致,并由此而油然生出一种强烈的民族自豪感和自信心。雨果的作品就是法国人心目中的圣经,他们不仅阅读它、传诵它,而且对其中的人物和故事、思想和精神、诗魅和情韵等,都耳熟能详、娓娓乐道。雨果融会于作品中的民族责任心和社会承担精神、人道主义和永远不屈的抗争精神、对是非的鲜明态度和彻底的奉献精神,都已深深地含化在法兰西民族的精神气质与每一个法国人的血液和细胞之中了。在法国,雨果不仅是民族精神的象征,而且也是先贤祠中的圣人。他的作品不仅占据了教科书和展览馆的主要位置,而且他的人格也占据了每一个法国人心中的最圣洁的空间。直至今天,每逢雨果的纪念日到来,全法国都会处于深深的悲痛与怀念之中,乃至出现万人空巷与秉烛长忆的景象。至于普希金,那简直就是俄罗斯人心中高悬长照的太阳了。他们尊其为"俄罗斯的文化英雄""俄罗斯的精神象征""俄罗斯的胜利基石""俄罗斯的诗坛太阳""俄罗斯的智慧、自由、信念和力量的永恒的代表"。他们说,普希金的一点一滴都属于俄罗斯,属于俄罗斯人民和他们世世代代的子孙。任何一个俄罗斯人都能够通过普希金提升自己的智慧、净化心灵的空间、校正生命的航程。他们还说:"我们每个人从小就感到普希金在我们身边。他时时刻刻存在于我们的生活之中。然而随着新人一代一代地成长,他也不断地变得更加年轻,因此他总是我们的同时代人。"①不论物换星移、时驰世转,人们对普希金的挚爱都一直在与日俱增、与日俱浓,在整个俄罗斯已经形成一种无比强韧的"普希金情结""普希金之恋"。特别是在苏联解体后,普希金不但未时过境迁,反而更加赢得原苏联所有民众的愈发不可动摇的崇敬与挚爱,他们的思维活动、文化结构、精神素质已经与普希金融为一体、密不可分了。

这些尽管只是举例说明,但也足以确证经典文化与民族精神的紧密联系和对

---

① K.帕乌斯托夫斯基:《面向秋野》,张铁夫译,湖南文艺出版社1992年版,第116页。

民族精神的有力支撑。

与经典文化相依、相协、互促、互激的主流文化,是时代精神得以表现和发扬的主要借体与载体,我们同样要予其以充分的重视,给其以恰当的定位。以文学创作而论,那些切入现实生活主潮,着意描绘和表现时代变革、社会发展与现代化建设的宏伟场景和奋斗历程的作品,永远都应当是文学舞台上的主角,永远都应当处于扛鼎的地位,因为其价值和作用乃是任何争奇鹜怪的所谓"调侃文学""欲望写作""身体叙事"之类皆不可比及与代替的。

对于此,我们必须十分的清醒,十分的明确。在经典文化和主流文化定位问题上持模糊态度,实际上是对侵蚀和佚散民族精神与时代精神的别一种形式的放纵和默许。

二

给予经典文化与主流文化以主体文化的地位,目的在于确立各种文化的主从关系,以确保民族精神和时代精神能够得到积极的营构与大力的弘扬,并在这个过程中不断地提升人的思想、净化人的灵魂、丰富人的知识、激发人的力量、坚定人的信念、活跃人的创造力,而绝不是对非经典文化与非主流文化的藐视与排斥,也没有必要对非经典文化和非主流文化进行藐视和排斥。因为各种文化在主从关系之外还应当具有谐调关系和互补关系。丰富性和多样性是文化的天性,创造性和不可逆性是文化的个性。这就要求我们在确立文化的主从关系的同时,还必须兼顾文化的谐调关系与互补关系,并尽可能多和尽可能大地释放文化的天性与个性。

在这个认识基础上,处理大众文化与经典文化和主流文化的关系,我们显然就会得心应手和游刃有余得多了。对于经典文化和主流文化来说,大众文化既是其"从",又是其"补",它还在构成文化整体结构的有序化层次与机制中起着不可或缺的谐调作用。从这个意义上说,大众文化以及其他健康的文化不仅不是多余的,而且尚是必要的和必须的。大众文化的性质、形态和功能,决定了它所应处的地位和应起的作用。

与经典文化和主流文化不同,大众文化在整体上是一种追求感官刺激和放纵享乐的消费文化,它放逐意理、拒绝思想、回避责任、游戏人生,往往通过猎奇、鹜怪、扮酷、作秀、搞拙、闹笑等聊赖的不规则的生活碎片与人生噱头而寻觅卖点和赚取利润。这种形质和功能的文化,自当处于"从"与"补"的地位。因为大众文化虽然无力担当塑造民族灵魂和弘扬时代精神的任务，但却可以起到以闲适消解奋斗之"累"、以消遣缓舒跋涉之"苦"、以放纵纾免殚精之"闷"、从调侃转换处事之"烦"。文武之道，一张一弛。轻松的闲娱和无拘的释放，即使对于拓进的社会和奋斗的人生来说，也是必要的。大众文化正是在这里找到了其生存的空间和价值的支点，并从适应社会的多元化发展趋势和满足生活的多样化实际需求而赢得了人们的认同和撷取。

基于此，我们同样也需要给予大众文化以合理的恰当的社会定位，既不能任其盲目泛滥，掩盖一切，主宰文化场与精神链，又不能视其为敝帚而率然弃之，惧其为猛兽而断然拒之。正确的态度只能是在合理定位的基础上，积极地给予其以有效的思想指导和美学诱掖，不断地赋予和提升其社会蕴涵、思想意义与美学品格，以使其真正成为处于主导地位的经典文化和主流文化的调适与补充。

毋庸讳言，在我们的文化生态环境中，时有定位混乱、主从倒置的现象发生，乃至常常于不经意之间造成对经典文化和主流文化的冷落、轻贱与摒斥，以致使其处于逼仄的地位和难堪的处境，甚至任其淹没在败落文化的蒿莱里和挣扎在大众文化的喧嚣中。是的，每当在书店中看到以欲望叙述和身体写作的小说盖过了也红过了《三国演义》《红楼梦》《青春之歌》《红岩》《抉择》《至高利益》等作品的时候；每当在街头书摊上看到被摆在一起的周作人、胡兰成、张资平、曾今可的"作品"亮过鲁迅、茅盾、巴金、老舍的作品的时候；每当看到那以骂起家，从先秦一直骂到"五四"，骂倒鲁迅，骂倒30年代文学，骂倒解放区文学和十七年文学的狂人的文章到处被转载，著作到处被翻印，并俨然被尊为文坛"英雄"的时候；每当看到躁动一时的中国现当代文学排行榜上居然将一些武侠、言情小说的作者和作品排在了鲁迅、茅盾、巴金及其作品的前面的时候，心中就会生出一种难以言喻的酸楚。试问：难道在作用于人的思想与灵魂、为人长硬脊梁骨输氧增钙的文化产品——文学创作中，就真的没有是与非、美与丑的区别和界限了么？

现在，有一种流行说法，就是认为我们的文学已失去了创作的矩范和评价的标准，正在变成一艘没有舵手、航海仪和指南针的巨大航母，漫无目的地驶向一个不可预知的远方。不论这种说法准确与否，我们来认真研究一下经典文化和主流文化的社会定位问题，并确认其主体文化的地位，都是极有价值和意义的。因为不论在什么时候和什么情况下，我们的人民和我们的事业都需要民族精神和时代精神为其张起远航的风帆；也不论在什么时候和什么情况下，我们的民族精神和时代精神都需要经典文化和主流文化为其筑构坚强的支柱与巨大的砥石！

第3章
在传承与应用中弘发经典文化

经典文化不仅是构成先进文化的主要原料，而且是民族的"根"和民众的"魂"。正因为如此，我们对于经典文化就必须要有正确的认识和态度，同时还要有积极的办法和措施，以便在防止对它的贬损与伤害的同时，更能有效地对它加以保护和弘扬。这是时代所赋予我们的责任，也是我们所本应担当的历史使命。

一

关注经典文化是一个时代的命题。我们之所以要关注经典文化，唯因经典文化是民族的脊梁与灵魂，是历史演绎的文明坐标，是社会发展的智能刻度，是我们极其典范而丰赡的思想载体与精神家园。它不仅标志着我们曾经走过的路，而且也以其特殊的方式预示着我们必将要走的路。从经典文化中，我们完全可以触摸到社会前进的足迹，聆听到历史发展的跫音，并深深地感知到人类的思想和智慧实现升华与搏动的血脉和筋络。特别是在大变革的社会和大发展的时代的历练之中，已使经典文化秉有了丰富的蕴涵和不阿的品格，并成为我们继承优秀传统和扬励民族精神的基础、方向与动力。一个民族、一个国家的生命基因与创新能力、思想锋芒与精神砥石、智慧光彩与力量源泉，其实就正是深深地蕴藏在这个国家、这个民族的经典文化之中的。保卫经典，实际上是保卫我们的智慧和思想之源；弘扬经典，实际上是弘扬我们的优良传统与民族精神。

正是在这个意义上，我们必须关注经典文化。关注的目的不仅在于对经典文化的融会和承传，而且更在于对经典文化的弘扬与发展。这是我们在建设先进文化过程中所必须认真做好的一项基本工作，也是我们为了应对经济—文化一体化与全球化的世界趋势和抵御西方文化霸权主义对民族文化的冲销与浸渍的战略举措。我们不仅具有这样的责任和能力，而且也具有这样的优势和实力。因为我们拥有在全世界唯一绵延至今的五千年文明。我们在这样漫长的历史衍进中创造并积累了大量优秀的文化典籍和精神成果。这些成果，在认识和驾驭自然规律、社会规律与美学规律上，都对我们的民族和人民的绮丽情怀、远大理想、聪睿智慧和崇高品格等，作了最充分的展示、最有力的淬炼、最真实的记录和最艺术的传达，从而使我们的民族和人民成为屹立于世界民族之林的思想先锋与精神巨人。我们不仅应当为之自豪和骄傲，而且更应当以高度的自觉性和坚忍的创造力不断地从中开掘思想的光耀与精神的宝藏。

当然，我们现在提出关注经典文化，除了这些根本性的原因之外，还有一个更为直接的原因，那就是现实对我们所提出的责诘与挑战。曾几何时，淡化、消解、"戏说"和篡改经典文化在一些地方已成为一种庸俗的时尚，特别是在一些所谓的"人性化"的"改编"中，不仅对经典文化的内容进行了随心所欲的肢解，而且对其中的英雄人物进行了精神低矮化和人格卑微化的处理。另外一种情况，就是用后现代主义的文化庸品置换和取代经典文化的历史定位与审美指向。这种现象所造成的后果是严重的，它在消泯历史的智慧碑碣与精神基石的同时，更会对人民大众的思想走向与审美情趣进行销蚀和误导。而发生这种现象的本身，则从另一个侧面说明相关创作主体的创新精神与创造能力的趋于衰减与枯竭。对于这种现象，我们自当予以警惕和重视。不消说，这也是我们之所以要关注经典文化的直接动因。当然，这并不是说我们不主张和不提倡对经典作品进行改编。恰恰相反，对于经典作品我们向来都是鼓励和倡导以多种形式、体裁和艺术手法进行改编的，这不啻是对经典文化的弘扬和丰富。但是，不论在任何时候、任何情况下，对经典作品的改编都必须忠于原著的基本思想内容，基本人物形象与人物关系，基本事件、场景与情节。而绝不能对之进行随心所欲的肢解、篡改、扭曲，更不能使其主题变质、思想变态、精神变疲、趣味变糜。在这方面，成功的例子和不成功的例子尤其泾渭分明。电视连续剧《沙家浜》《林海雪原》的失败与电视连续剧《红旗谱》《三国演义》的成功，就很有警示性和说服力。它们从优劣对比中所诉之于世的，无疑是一个至理。

由于大凡经典文化，都是经过历史沉淀、实践检验、社会淘洗、大众认同，并具有一定根本性、权威性和主导性，在长期的社会实践中产生过和继续产生着广泛积极影响的文化结晶与优秀著作。经典文化的最大特点，就在于它具有从严格选

择和反复淘漉中所形成的精良性质和优秀品格。它是民族文化在长期的实践与创造中所淬炼而成的精品,具有深深的民族之"根"和浓浓的时代之"韵",同时也具有典型性和代表性。所以,对于经典文化来说,只有层次感和丰富性,而没有逼仄感和庞杂性。否则,它就称不上是经典文化。

二

文化,重在建设,贵在创新。即使是经典文化,也仍然有一个不断丰富和发展的问题。要实现这种丰富和发展,最重要的方法和途径莫过于对之进行科学的阐释、积极的弘扬和大胆的创新。在这个过程中,始终必须严格恪守思想原则、美学规律和道德标准。当然,要丰富和发展经典文化,就首先必须继承和捍卫经典文化;而要继承和捍卫经典文化,则首先必须认同和掌握经典文化。

文化从来就不是静态的。只有发展和创新,才是文化的法则与本质;只有在变革现实的实践中对之加以充分的应用,才是对文化自身价值的最大释放和最高体现。鲁迅说过:"文化的改革如长江大河的流行,无法遏止,假使能够遏止,那就成为死水,纵不干涸,也必腐败的。当然,在流行时,倘无弊害,岂不更是非常之好?然而在实际上,却断没有这样的事。回复故道的事是没有的,一定有迁移;维持现状的事也是没有的,一定有改变。有百利而无一弊的事也是没有的,只可权大小。"①即使是对于历经千锤百炼、被世人赞誉有加的经典文化,也同样不能超越这个法则,也同样需要在增值、创新、发展和应用中焕发生命光彩与体现效能价值。

经典文化所遇到的更为深刻的挑战正在于此。因为淡化、肢解、误诠和篡改经典文化,固然是对经典文化的伤害,而一些经典文化由于时代隔膜和因循守旧乃至失去光彩与活力而不被人们广泛接受和喜爱,又何尝不是另一种对经典文化的伤害呢?从根本上说,这种伤害或可认为是更具杀伤力的。因为对于文化产品来说,被拒绝接受或受而无悦,则无异于是对之的更为彻底的否定。毋庸讳言,确实有一些经典文化是只在小范围内被极少数人接受的,也确实有一些经典文化由于面世的年代过于久远和其所反映的生活场景与思想内容同现实的暌隔而使人们不便于广泛接触和接受。在这种情况下,就只有通过创新才能达到增值的目的,才能贴近现实和走向大众,才能更好地为改革和发展的新时代和新生活服务。即使

---

① 鲁迅:《且介亭杂文二集·从"别"字说开去》,《鲁迅全集》第 6 卷第 224 页。

是一些被人们广为传诵的经典文化作品，一旦经过形式和内容的创新，也会在品位上和价值上更高一着、更胜一筹，并呈露出新的姿容，闪耀出新的光彩。像《西游记》《三国演义》《红楼梦》《水浒传》《木兰辞》等古典名著，通过戏剧、曲艺、电影、因特网、电视连续剧等形式的再度创作，就不但大大拓宽了辐射面，扩大了读者群，而且也产生了巨大而良好的社会效益和经济效益。像孙悟空、诸葛亮、哪吒、花木兰等蜚声全球的动人形象，人们之所以接受他们、喜爱他们，大多并不是通过他们所寄身的原创作品，而主要是通过其他更为普及和更易接受的艺术形式加以实现的。

只有经典长存，才能民族永辉！因为它们是一个血肉相连的生命共同体。

第 4 章
经典文化是民族的情感记录
与历史的精神刻度

作为民族的情感记录与历史的精神刻度，经典文化不仅影印着我们的生活履迹，而且也显映着我们心路历程。因此，在任何时候我们都必须对之怀有崇尚之情与敬畏之心。

一

经典文化是民族的灵魂，是社会的良知，是人民大众的精神给养和智慧渊薮。

无论是建设中华民族共有的精神家园，抑或是建设社会主义核心价值体系，最终都是要以文化作为介体和载体的。这也就是说，只有文化，才是我们建设共有精神家园和核心价值体系的主要实现方式和基本途径。正是在这个过程中，经典文化所处的地位和所起的作用笃定是铁里做钢、肉里做筋。因为经典文化永远都是国家、社会、时代和民族的思想燔炬、精神依托与智慧渊源，永远都是文明的根基、创新的土壤和发展的动力，我们的一切精神果实和智慧花朵，质言之，就都是在经典文化的胚基上孕育、滋长并逐渐成熟起来的。没有经典文化，我们的精神就会被架空，我们的心智就会被壅塞，我们的根脉就会被斫断。所以，尊重经典、弘扬经典、创新经典和保卫经典，始终都是我们的崇高责任与神圣使命。

在这个过程中，尤其要认真处理好彰显本义与激扬创新的关系，切实做到执本而不走形、释义而不逾矩、尚新而不骛怪、趋时而不媚俗，着力在传承、弘扬、创新、发展、推广和应用上下大工夫，切实做到深刻发掘经典文化的历史意义与人文价值，充分认识经典文化的时代涵负与社会意蕴，科学分析经典文化的认知功能与美学特征，准确把握经典文化的思想效应与示范效能，并在此基础上积极赋予经典文化以饱满的时代精神与广泛的普适性能，真正使经典文化在立经铸典、宏理崇义的同时，亦更能具有悟心、励志、炫世、悦人的"柔"性与"活"气。

二

对经典文化所涵寓的深邃思想和丰富内容进行义理发掘与审美评判，并在这个过程中弘发其思想，延展其内容，捍护基粹质，创新其形式，不仅是每个时代的使命，而且也是我们每个人所应承担的任务。正因为如此，《论"经典文化"》一书的莅世，便自当别有一番意义在。

《论"经典文化"》全书共收辑以不同题旨、从不同角度、用不同形式论述经典文化的文章24篇，并附有各类专家及各种媒体关涉经典文化的言论及报道10余篇，是一本广泛关涉、深入研究和全面论述经典文化并萃集和辑纳了相关资料与信息的专题性学术理论著作，具有题旨宏阔、论证精当、观点明晰、见识灼卓、资料丰富、信息丰沛的优势与特点，是思想文化和学术理论界关乎经典文化的簇新之论与旌标之作。

《论"经典文化"》一书滥觞于《关注"经典文化"》一文，或可认为是后者的深化、延宕与扩展。这个命题的提出肇始于2004年，主要是针对当时种种"戏说""丑化""贬抑""颠倒""排斥""取代"经典文化的现象而从理论与实践的契合点上进行深度开掘与全面评析的，同时也针对性地提出了发展的方向与疗治的方略。由于这篇论文题旨重大而切时，一经发表，便立即在社会上和学术界引起广泛关注、热烈回应和一致好评，被海内外各种媒体频加征引和转载，成为文化理论的旗帜和舆情热议的焦点。时任山西省委常委、宣传部长的申维辰同志见微识著、因势利导，为了进一步引申其意义，扩大其影响，强化其作用，便邀集全国知名专家、学者，在五台山组织了一次题为"关注'经典文化'"的学术研讨活动，这本《论"经典文化"》就是这次专题学术研讨活动的收获之一。从那时到现在，虽世易时移、经年越序，但对于"经典文化"这一重大时代命题来说，却依然龃龉不断、雾障犹存，它仍旧是文化勘正与引导的重点领域和社会关切与热议的敏感话题，仍旧是我们在进行文化传承与创新和实现文化增殖与发展过程中所必须首先予以正确定位和定向的基础性前提条件，因为经典文化永远都是我们所有时代和整个民族的精神砥石与智慧渊源。

正因为如此，《论"经典文化"》一书便注定要在我们民族与时代文化的根柢和

枢机中凸显其澄浊以固本、刳虬以正身、挚言以树理、灼论以履新的价值与意义。在这里,所谓"论经典文化",其要旨就是为经典文化定位、正名、释义、褫伪,着力在理论与实践、历史与现实、社会与人本、精神与意识、诉求与审美的衔接点上激活并放大经典文化的本质内容与特殊效能,以及它在建设中华民族共有的精神家园、建设社会主义核心价值体系和实现文化大发展大繁荣中所秉有的特殊价值与所发挥的巨大作用。像《关注"经典文化"》《论经典文化与主流文化的主体地位和主导作用》《经典永恒与文学经典的现实发展》《经典文化是人类文化精粹的等高线》《先进文化——经典文化的理论内涵与实现途径》《论文学经典文本的引导与被引导》《对经典文化的哲学解读》等篇,就主要是从文化基因、文学原典、美学本质与时代精神的旨向和意义上,对经典文化的历史本质、社会涵寓和思想内曜进行深度发掘与高度概括,并从历史的积淀过程和时代的本质需求上全面论证了经典文化的重要价值、特殊效能及其在民族精神建构和先进文化培植中所不可替代的地位和作用。像《在创新和应用中捍卫和发展经典文化》《关注经典文化和普及文化经典》《改编经典作品必须取严肃严谨的态度》《使时尚和流行成为经典》《论经典作品的电视剧改编之道》《当代化和产业化是弘扬经典文化的重要途径》《在开放的文化运动中保护和发展经典文化》等篇,则把着眼点和切入点均放置于经典文化如何实现与时代发展和现实需求的契合与接轨上,并以此为肇基而博览时世、钩稽史实、纵横评骘、统摄精义,着力从对经典文化的捍卫、创新、发展和应用上进行学理的探求和实践的论析,特别是在关乎经典文化的创新和应用上独辟蹊径、尤著功力,提出了许多建设性的意见和创意性的构想,庶可认为举凡经典文化在现实发展中所遇到的诸多极富挑战性的问题,它都一一给予了透辟的分析和肯綮的回答,并灼论迭出、熠言频至,每有所论,必臻佳境。一如该书主编所提出的"对于经典文化,我们要做的工作主要是在正确认识它的价值和充分发挥它的作用的基础上,切实从继承中加以弘扬,从发展中实现升华,从实践中进行创新"的论点,就是具有战略性、科学性和现实指导意义的。因为捍卫经典文化不被篡改和肢解只是最起码的工作,我们的最终目的还在于要利用经典文化所涵蕴的深刻的社会内容、璀璨的思想光芒、完美的表现形式和精湛的艺术手法,来为现实的改革和发展服务,来为实现人的全面发展和社会的全面进步服务,来为建设中华民族共有的精神家园和社会主义核心价值体系服务。经典文化不仅是构成先进文化的主要材质,而且也是凸显中国文化之优势与特色的基本要素。长期的社会实践和坚忍的艺术探求所赋予经典文化的,主要是以正义、良知、崇高和美奂为主体内容而形成的宏厚、深邃、丰富而精美的精神与智慧积累,这就使经典文化不但历史地承担了构建先进文化和驱动社会发展的神圣使命,而且也具有完成这一使命的素质、品格与能力。

显然,在对创新与应用中捍卫和发展经典文化的剀切解读和科学阐释中,我们必须更注重在创新与应用中捍卫和发展经典文化,这才是一个重大而急迫的历史质点与时代命题。

《论"经典文化"》中所辑构的另一类论文,则是或通过文化个案的专题分析而对经典文化予以深度的范式诠辩,或通过聚焦现实文化生态而对种种解构和销铄经典文化的不良现象予以诘疑和辩驳。像《从〈红楼梦〉与明清人文思潮的关系看经典文化的社会依托》《鲁迅:永远的经典》《鲁迅文化:中华新文化之魂》《鲁迅文化经典的当代命运》《经典的改编与"戏说"》《尊重经典 弘扬经典 保卫经典》《"红色经典"不容戏说》《弘扬经典文化与建设文化强省》等篇什,就都是在经典文化与现实社会的对接中提出问题和切入主题,并进一步在历史和时代的考量与淬冶中升华问题和深化主题,遂使其鲜明地赋有了时代性强、现实性强、针对性强、旨向性强和应用性强的特点,真可谓优渥中露刚毅、敦厚中显锋芒、针砭中扬正气、诉求中指方向,从而在历史考辩和现实质证中为经典文化的当代命运和未来走向确立了合理的定位,进行了有力的抗辩,实施了积极的引导。

这种抗辩、定位和引导的必要性和重要性,正在于它对历史和现实发生文化错位时所及时进行的敏锐回应与正确驱动。其客观环境和前提条件诚如本书序言所云:"现在有些地方却出现某种借口'改编'而对前人留下的经典文化随心所欲地涂抹、篡改以至弄得面目全非的怪现象。造成这种现象的动机其实相当卑劣,无非是自己没有本事写出足以传世的作品,却想沾经典文化'品牌效应'的光,廉价地博得人们的注意。而他们塞进去的那些迎合某些人的低级趣味的乌七八糟的东西,不仅糟蹋了经典文化,还会使缺少知识的人误以为那些经典作品就是这副样子,从而对读者(或观众)产生误导。这种状况,很令人愤慨,是难以容忍的。"

三

对经典文化的贬抑和恶搞之所以会"很令人愤慨"和"难以容忍",纯乎是由"经典文化"的特殊形成方式和产生过程及其自身所秉具的无可旁代的重要文化地位和巨大社会作用所决定的。因为凡属经典文化者,其必定是在长期的历史熔

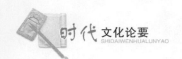

铸和社会淘漉中经过反复实践与严格选择方可形成并予以定格的文化粹质与文艺精品，它不仅在漫长的历史过程中集中了时代的菁华、社会的理智和天才的创造，而且也集中地体现和典型地代表了中华民族的灿烂历史、奋斗历程、思想燔炬和智慧结晶，它在承载和涵寓时代精神、民族精神、创新精神和进取精神的同时，更为我们的社会和民族激扬和勾勒了生活的范式与绮丽的理想。经典文化在向我们传达太多太多的历史文化信息的同时，也为我们凝结和辑构了太多太多的精神亮点与生活炽点。在经典文化中，我们所看到的，是中华民族在漫长的历史演绎中所留下来的文明印痕和心路历程；我们所感到的，是民族精神在社会变革和时代变迁中所暴发出的巨大凝聚力和强大驱动力；我们所想到的，是如何才能让我们以经典文化为载体和介体的所有以往的文明和智慧，都能在新的时代条件和社会环境中更加绽放出新的花朵，闪耀出新的光彩，聚敛成新的绩效与果实。经典文化在任何时候、任何情况下，都不失为我们每个人和我们整个民族的思想潮头、精神内曜和智慧源泉，都不失为我们每个人和我们所有时代的意识圭臬、社会灵符和生活范式。不论我们意识不意识、自觉不自觉、承认不承认，从《论语》《易经》《庄子》《老子》，到《史记》《三国演义》《红楼梦》《呐喊》等，都总在以其特有的方式塑造着我们的灵魂，镂刻着我们的形象，规范着我们的生活秩序，指引着我们的人生旅程。在这个过程中，经典文化不仅仅表现为一种范本，而在更多的时候和更多的情况下，它则是以一种民族的承传性和强烈的集体无意识而洇渗、丰富和涵养着我们的思想、精神与心灵，使我们在历史的赓延和时代的变迁中永远得以处于精神的高位和创造的峰值，并获致心灵的宁歆与智能的喷涌，在不懈的奋勉中赢来不竭的收获与不辍的进取。

正是在这个意义上，我们每个人和我们整个民族与时代都无法逃避经典文化的滋养。作为心灵的养料、精神的依托、生活的范式和智慧的源泉，在任何时候，即使是面对恶意咬啮和恣意挞伐，经典文化也都总会是岿而不动、巍然屹立。

也正是在这个意义上，不论以何种理由对经典文化所施的任何肢解、篡改、误读、阉割、恶搞、戏说、贬抑、销铄、涂鸦和否定，都是不能允许的。因为在这方面一旦越界，便意味着要对我们所独特拥有和引为骄傲的历史传统、民族精神、社会伦理、审美情愫、思想粹质和智能源流施行消弭与摈弃，其后果当然是极其严重的和不可想象的。与此相反，对于经典文化来说，我们所担当的责任和所赋有的使命则永远都是：在不断的创新和广泛的应用中不断地对其进行捍卫和弘扬，有效地使之实现丰富和发展。正如意大利文学家卡尔维诺所说过的那样：经典就是你经常听人家说"我正在重读"而不仅仅是"我正在读"的那些书。为什么？因为经典文化不仅伴随着历史的发展和社会的前进，而且也伴随着我们每一个人心律的搏动与智能的增长。唯其如此，我们才天然地负有在赏阅中传承经典文化、在评骘中捍卫经典文化、在弘扬中发展经典文化、在创新中丰富经典文化的神圣使命与崇高责任。

第5章

对美的探寻与发现

对美的探寻和发现，是时代脉动之文化感应的永恒课题，也是我们在关注经典文化的整个过程中都必须予以高度重视的中心工作与基本任务。因为一切文化创造与艺术创作，在本质意义上都应当是对美的探寻和发现，都应当成为对生活与时代、历史与现实、人性与世态的形象化的艺术记录，都应当负有一种无以旁贷的美学价值与社会价值，并因此而成为历史发展和社会进步的不可或缺的驱动力量。

正是在这个意义上，当我们审视和梳理文化创造与艺术创作的现实历程与实践表现时，我们便不能不一则以喜，一则以忧。因为在我们繁荣、旺相的文化艺术景观中，缺乏美感与质感、支点与亮点、思想与理想、张力与魅力的作品，也参差其中，形成了明显的不和谐和夹生态，这是应当引起足够重视的。

一

文化创造和艺术创作是一个广阔的天地，属于它的题材、形式、方法与风格等，是十分丰富、十分具有挑战性和创新空间的，创作主体完全可以自由选择，纵横驰骋，充分施展自己的创作才能和发挥自己的艺术个性。但是，也恰恰是在这个过程中，无时不在对创作主体实施着残酷的选拔和严峻的考验。如何审视生活和把握时代？如何选择题材和驾驭题材？如何提炼主题和塑造人物？如何设置场景和展绽情节？如何描述事态和呈露情态？如何布饬环境和披沥心境？等等。这一切，看似任由创作主体恣肆挥毫，实际上却是有着铁定的规律和严格的限制的。创作者虽有广阔的选择空间和无限的创造余地，但决不能超出美与丑的临界点。一且超出这个临界点,文化创造和艺术创作的性质就变了,就有可能由创造美和审视美,变为暴露丑和欣赏丑,就会出现悖论。

这种情况,在我们的文化创造和艺术创作中并不鲜见,其主要表现就是作品浅薄而平庸,呈现出一派灰色的调子和凋敝的景象,没有思想,没有理想,没有情愫,没有美感。只有琐屑的描绘和卑微的感情,简陋的画面和颓败的场景,阴私的心境和膨胀的物欲,腐化的生活和贪婪的攫取。这一类作品,也许形式很机巧,也许辞藻很华丽,也许打着"前卫"的旗号,也许挂着"新锐"的标签,但终究仍是花衫衫苫不住丑丫丫,无法激扬出美学的活力与艺术的魅力,更难以焕跃出生活的亮色与时代的姿彩。像一个时期以来所流行的"零度写作"、"另类写作""私语化写作""红粉文学""侍女文学""下半身文学"等,其中就有不少作品是缺乏思想力量和审美理想、违拗生活法则与艺术规律,有悖伦理道德和社会文明的。

有一种观点认为,市场化的生活决定了无英雄的时代,而无英雄的时代则决定了非史诗的文学。既然如此,表现芸芸众生,描绘凡人琐事,展示腐庸伪劣,暴露黑黄丑怪,就应当成为文化创造与艺术创作的内容和对象。只有这样,文化才能适应市场的需要,也才称得上是文化的市场化运作。

显然,这种观点是站不住脚的,甚至是荒诞不经的,它用形式逻辑的推导代替了客观事物的内在特征和本质真实,所以便得出了与事实不符的甚至是完全背离的结论。首先,文化产品虽然具有商品的属性,但它同时更具有精神的性质,而且其商品属性是由其精神性质所设计和规定的,是精神性质的派生物和附载物。一切真正意义上的文化产品的价值构成和价值定位,都首先和始终取决于它的精神价值和思想内涵。对于我们来说,就是只有涵载先进文化内容的文化产品,才是有价值和有意义的,也才能真正赋予其作为"物"的部分以价值和意义。其次,我们的当代生活并非是无英雄的时代,而恰恰相反,这才正是一个英雄辈出、奇迹迭现、壮举频频、伟业煌煌的时代。经济快速发展,社会持续进步,改革开放不断深化和扩大,综合国力大大提高和加强。这个举世公认的事实难道是西北风吹出来的吗?不是,是人干出来的。那么,在干出如此惊天动地煌绩伟业的人们当中,难道会没有英雄吗?难道会只是猥琐平庸的芸芸众生吗?事实显然不是这样。关键在于创作主体具不具有发现英雄的眼光和讴歌英雄的热情,而绝不是我们的时代没有英雄。再次,在任何时候,任何形式和内容的文化创造与艺术创作,都必须采取个性化的方式和典型化的方法对生活和时代加以准确的把握,并在这个基础上进行具有全局性和前瞻性的艺术概括,并以富有活力与魅力、能够形象化地反映生活本

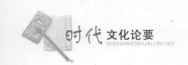

质与宣示时代趋势的优秀作品感染读者,启悟观众,引导人们在审美过程中获得对生活的激情与信念,积极地创造现实和坚定地走向未来,而绝不是也绝不能以迎合和屈从于少数人的低级趣味为代价,而徒为换取一时的和不正当的经济效益。

文化和艺术只有以美的形态和质态切入社会,切入时代,切入人生,并能以"润物细无声"的方式源源不断地给予社会、时代和人生以力量、智慧、文明与美,才能在确证自身价值的同时也赢得人们的亲和与钟爱。否则,它便只能被放逐于寂寞的荒原。而文化创造和艺术创作既要赢得人们的亲和与钟爱,就不能仅仅止于自然主义地写实生活和罗列事实,更不能一味消极地晾露丑庸和展览腐污,而是必须富有生活的激情与理想,必须能够给予人们信念和力量。

二

在文化创造和艺术创作中,排斥思想,放逐理想,散佚文明,淡化社会性与时代感的倾向,的确不是一种好兆头,它所造成的负面影响是不可低估的,也已深为大众所诟病。

诚然,文化、文学和艺术应当是开放的、丰富的、多样的,作家艺术家们的创作应当是自由的、恣肆的和个性化的。也因为这样,创作者们在创作实践中才应更加严格和更加谨慎,因为广阔而自由的创作空间给你提供了坦途,也给你提供了歧路,关键在于你选择什么,欣赏什么,依恋什么,追求什么?这是至关重要的。在你面前,郁金香和罂粟花同样灼艳可人,同样具有召唤性和诱惑力,你采摘什么呢?这不啻是一种考验。当然,能够胜出于这种考验者,必当具有敏锐的眼光、卓越的才智和极强的辨识力,而获得这种非凡的眼光、才智和辨识力的条件与基础,则是其水平、品格、责任心和使命感的高淳与强烈,尤其是其对人民的挚爱,对时代的观照和对先进文化的认同与归依。

其实,赋予文化创造和艺术创作以富于美学意义和时代精神的思想与理想、质感与美感、张力与魅力,并不是对文化创造与艺术创作的额外苛求,而完全是本来意义上的文化创造与艺术创作的题中之义。只是由于这一"题中之义"在创作实践中被一种不正常的倾向所掩盖,所佚散,所泯灭,才不得不对其施以格外的救正与强调,并从理论与实践相结合的层次上予以阐发和建构。

马克思指出:"五官感觉的形成是以往全部世界史的产物。囿于粗陋的实际需要的感觉只具有有限的意义"①,这就是说,文化产品和艺术作品的价值和作用,并不只局限于仅仅满足一些人的粗陋的实际需要的感觉,而主要还在于积极引导和提升他们的精神境界、思想感情、道德情操和审美趣味,使之实现升华和飞跃,不断地跻于更高的层次。世界就是这样发展起来的,人就是这样发展起来的。如果我们的文化产品和艺术作品仅仅只限于满足和适应一些人的粗陋的实际需要,那么,世界和人自身在一定意义上将会停止发展,至少会造成思想、道德、精神、趣味方面的凝固,乃至沦落。这或许是创作者们所始料未及或不愿看到的,但却是事实。在社会生活中,我们并非没有这样的感觉和体验。因此,马克思说:"一方面为了使人之感觉变成人的感觉,而另一方面为了创造与人的本质和自然本质的全部丰富性相适应的人的感觉,无论从理论方面来说还是从实践方面来说,人的本质的对象化都是必要的"(同前注)。

我们强调要为文化创造和艺术创作灌注饱满的思想与执著的理想,使其得以反映生活和时代的本质,具有尽可能大的思想张力与尽可能多的艺术魅力,正是基于这一原因的。

帕斯卡尔曾经说过,人是一根脆弱的苇草,他的全部尊严就在思想。因为只有思想才是区别人与地球上其他动物的一星永不熄灭的火花。想想看,摒除了思想与理想、质感与美感、张力与魅力的文化产品与艺术作品,它还剩下了什么呢? 无非是浑噩与庸陋、无序与紊乱、贫乏与愚赢,如此而已。这岂不与先进文化的涵义和人类文明的进程背道而驰了么? 所以,我们必须为那些失血的文化创造和艺术创作唤回思想与理想,注入质感与美感,赋予张力与魅力,使它从此变得有背景,有灵魂,有活力,有光彩,成为无愧于我们改革时代和先进文化的思想结晶与艺术碑碣。

---

① 马克思:《1844 年经济学哲学手稿》,人民出版社 1979 年版,第 80 页。

第 6 章
不断提升文化原创力

文化的本质是创造,而经典文化永远都是实现文化创造的前提与胚基。

自从有文化以来,举凡能够成为经世之作和励志之论者,就无一不是独特的艺术发现和极具个性的思想结晶与美学构制。

一

只有秉具深刻而独特的时代内容、思想内涵、精神价值和艺术魅力的文化产品、文化服务和文化制作,才会是有价值和有意义的,也才会在经久不辍的口碑相传与省人济世中,渐入人类的智慧舱门和精神宝库,并深深地沉淀在历史脉动的底蕴之中,成为时代的精神坐标和民族的集体记忆。

正因为如此,具有肇发性和拓异性的独立探求与创造,就不仅被尊奉为文化的特质和天性,而且更被看成是文化之生命与价值的至高体现。有一种说法,认为在文化场中,原创者是天才,模仿者是奴才,摹袭者是蠢材。话丑理端,其所道破的恰恰是文化创造中一个不贰的真谛。事实上,从孔子、屈原到李白、杜甫,再到关汉卿、王实甫、罗贯中、曹雪芹,直至鲁迅,又有谁个不是在独立的开拓性创造中铸冶文化宏构、熠耀精神光彩呢?

这是一种历史的规约,这更是一个文化的法度。古往今来,举凡要在和能在精神创造上垦异拓蹊并直达峰巅者,无一不是对这规约的忠实执守和对这法度的真诚践行。诸如司马迁将屈原的《离骚》和孔子的《春秋》相提并论,给予极高的道德和美学评价;李白感同身受地抒写"屈原辞赋悬日月,楚王台榭空山丘";苏轼激情难耐地称王维的诗画"得之于象外,有如仙翮谢笼樊"。更见运笔"神俊""敛衽无间"。在整个清代文化显学中，之所以会形成"红""兰"相映、日月争辉的格局，完全是由于《红楼梦》和纳兰性德词作所撷获的杰出成就和所具有的崇高价值造成的，而支撑和驱动这巨大成就的质点与力源，则恰恰正是其独诣佳境的原创性。

自明朝末年袁宏道从"烟煤败黑，微有字形"的残卷中发掘出青藤艺术的内蕴价值之后，徐渭的诗、书、画、文就一直以其炳辉史册的独创性而深为世人所倾倒，乃至就连娴于诗画创作的郑板桥也自称甘当徐渭门下的走狗，而被尊为画坛老泰山的齐白石则把无缘为徐渭抻纸磨墨叹为终生之憾事。在20世纪二三十年代的中国，正当革命潮涌之际，田汉、聂耳、艾思奇等人居然能以其搦管之力而引发千军万马之效，何故呢？唯因《义勇军进行曲》和《大众哲学》，均以其无与伦比的独创性而生发出夺人心魄的精神震慑力。至于鲁迅，那就更是在其丰富而深邃、瑰奇而精致的独特文化创造中，不仅塑造了一系列铃刻着时代印迹和民族特质的艺术典型，而且犹如黄钟大吕、惊雷鼙鼓般地宣示了深蕴民族大义的警世恒言，从而在独特的艺术创造中将文化的力量和效能发挥到了极致，真乃文莫殊焉，功莫大焉！

文化的独创性何以会产生如此强烈的心灵震撼和巨大的精神威力呢？根本原因就在于文化是一种以新而美的形式对社会生活与时代变革的艺术写真和对人之情愫与心灵的激情调度，并在这个过程中既极富情致地揭示了精神世界的奥秘，又非常个性化地张扬了艺术情韵的真素，从而在强烈的美感和巨大的魅力中给人以思想的引导、精神的哺养和道德的提升。

显然，文化的功能和旨向，是要通过艺术的方式而作用于人的情感、智能、思想和精神的。但是文化却不能硬性灌输，不能强制受众对之加以接受和认同，而是必须做到让人在欣悦和自觉中主动亲近和自觉吸纳，并在这个过程中于不意之间感悟和接受文化之内蕴精神的熏陶与濡染，从而在审美中得到启发、充实、升华和提高。文化要以这样的方式发挥这样的作用，就必须做到表里俱新、形质兼优、器韵鲜卓、内涵富厚，首先要能够强烈地吸引人和感染人，能够给人以视觉冲击和心灵震撼；其次便是要有品位，有韵味，有涵寓，能够使人从中得到心灵慰藉和精神哺养。而具有独创性的文化产品和文化服务，就最赋有这样的素质、功能和品格。因为具有独创性的文化不仅在内容上是对生活原汁的首次提炼和展示，而且在艺术表现形式上也有着与其内容相匹配的新颖和独特。它既不可能是"新瓶子装旧酒"，也不可能是"旧笼屉蒸新馍"，更不可能是"旧瓶子装旧酒"和"旧笼屉蒸旧馍"。否则，那还算什么独创呢？所谓"独创"，就是唯一的创造，不可逆的创造、个性化的创造和从来不曾有过的创造。文化创造和文艺创作中的原创性所代表和所体

现的，就正是这种独创性。原创，就是首创，就是第一次创造，也就是无拓模、无依傍、无因袭的独特创造。既然这样，那就肯定会是和一定要是从内容到形式、从事件到场景、从人物到情节、从构思到意境、从题材到旨向、从品位到韵味等，都或一或几地具有肇始之质和独到之处。这样的文化创造和文艺创作，无疑是会以其形神俱新、俱佳、俱深、俱美而深得受众的喜爱和社会的钟情，并因此而得以极为广泛、充分、强烈地展示文化的风采和发挥文化的效能。

<h1 style="text-align:center">二</h1>

独创性—原创性的宝贵之处，正在于其秉有形神俱新、俱佳、俱深、俱美的素质与特点。然而独创性—原创性的获取与实现，却并非就是唾手可得、一蹴即就。它是要付出辛劳的，它尤其需要具有对生活和人的深刻体验与理解，对历史和时代的透彻认识与把握，对艺术和美的精准砥砺与运用，对真谛和理想的热烈憧憬与追求。否则，便会出现原创力的萎缩与匮乏，并因此而使文化创造陷于平庸和猥琐。我们现在或许正在陷于这样的困境和经受这样的煎熬。因为我们在文化创造和文艺创作上不得不面对这样两种不堪颉颃的事实，即一面是创作量的激增，而另一面则是精品佳作的稀少。特别是在有如云升雾罩的创作大潮中更鲜见思想深刻、艺术精到、具有强大精神震撼力和时代标识性的艺术佳构与文化巨制。

这是我们时代的文化之憾，这更是我们心中的文化之痛。自然了，这既不是我们所期待的文化收成，这更不是我们所应有的文化生态。因为无论在时代条件、社会条件和精神条件方面，抑或在文化环境、政治环境和生活环境方面，我们都大大优于和歆于以往的任何时代，当然就更是孔子、屈原、司马迁、杜甫、关汉卿、曹雪芹和鲁迅们的时代所远远不可比及的。那么，我们的原创力有什么理由衰减？我们的精品佳作又有什么理由罕见？

没有，任何理由都没有。如果硬要说有，那也就只能是创作主体的原因了，症结就在于浮躁、怠惰、浅薄和趋利；就在于对人民大众的冷漠，对社会变革的暌隔，对现实生活的疏离和对时代精神的拂逆；就在于热忱的退隐，激情的蛰伏，责任心的消泯和使命感的淡化。一些文化创造者和文艺创作者并没有把自己的工作视为一项崇高的社会担当和庄尚的精神创造，而只是把它作为吃饭的营生和赚钱的工具。于是，在文化场中，一些与规约和矩度相违、与良知和道义相悖的不当作为便频有所现，诸如什么以低俗的流行元素颠覆崇高的文化精神呀，用媚俗的俯就之风迎合粗鄙的惰性享乐呀,利用文化产品和文化服务一味片面追求主体利益的最大化呀,在文化架构中蓄意设置丧失道德底线的噱头与卖点呀,将娱乐至上和收视率为王奉为文化创造和市场营运的不贰法条呀,等等。

如此这般,又怎么能不禁锢和扼制文化的原创力、消解和屏蔽文化的独创性呢? 举凡出现在文化场中的种种媚俗、趋利之举和容鄙、助粝之风,其实都是可以从这里找到根荄与源头的。种瓜得瓜,种豆得豆。在如此走形变样的文化期待和域值追索中,又怎么会有良好的文化果实可供采摘呢!

这是自然的,也是必然的,完全属于可预之虞。

按说,我们现在的出版社有 579 家,文艺报刊多达 600 余种,每年的各类出版物总量超过 30 万种。此外,在 1000 余家综合网站和四五百家专业文学网站上,也有大量文艺作品面世。每年除了产出 400 多部电影和 500 多部电视剧之外,还有 200 多部动漫作品会在不同时段中走上荧屏。应该说我们已经是一个产出量相当庞大的文化制造大国了,但我们同时却又是一个缺乏精品佳作的文化入超国。我们的文化产品在产量和效能的比值上显然处于失衡状态。何以然呢?原因就在于佳作少,影响小,效能差。又何以然呢? 原因就在于创意不济,独特性差,原创力匮乏。

既原创力匮乏,而又深为骛名盈利所焦虑,那就只能以低俗的审美趣味和拙劣的艺术组装而饥不择食地或掠取生活泡沫而制造文化噱头,或猎杀经典名作而游戏现实人生,或在无矩的搞笑中将庄严的人生主题庸俗化,或以粗鄙的时尚之风而使清淳的灵愫变为浑浊。其结果当然只能像社会所诟病和受众所怨尤的那样:媚俗的文化蚀人志,搂钱的文化不养心。

这既不是文化的正常生态,更不是文化的应有效能。造成这种状况的原因,主要在于文化原创力的匮乏和审美趣味的走低,而提升审美趣味和振兴文化原创力的关键,则在于文化创造主体必须深入生活,深入实际,深刻撄及时代精神的中枢和深切感受改革大潮的涛漪;必须切实走向人民群众,切实沉入社会底层,切实赋有干预生活、志在担当的社会责任和民胞物与、世情康阜的人文情怀;必须树立"为天地立心,为生民立命"的志向和具有"抱诚守真""利以义制"的品性;必须不断锤炼艺术功力和淳化人生境界,具有苦心孤诣铸佳作、呕心沥血创精品的夙愿与追求。

这并不是玄论和苛求,而是任何时候任何一个文化创造者想要获致和提升独创性——原创力的必由之路与必秉之质。历史上的硕儒和现实中的才俊,不就都以其确凿的创优弘绩、铸冶精品之实践而兑证了这一亘世铁律与赫然事实么! 柳

青为了写《创业史》，不仅长期落户到长安县皇甫村，而且彻底地融化在村民中间，真真正正地成了他们中的一分子，在整个生活过程和生命历程中都与那里的村民事如亲躬、感同身受。作为党史人物和"鲁艺"名师的周立波，本可自然而然地在京城当官、驭权、享福，可他却偏偏要举家迁往益阳乡下，在那里住土屋、吃粗饭、耘大田、喂仔猪、采茶子花、看花鼓戏，捐出稿费为村里种梨园。他正是这样在与乡亲们的"厮混"中实现了心灵诗化、情感挚化、境界淳化，接连写出了以《山乡巨变》为代表的一系列精品力作。一度出任中国作协党组书记的马烽有一句口头禅，就是"京华虽好，不是久留之地"。他的生活之基、生命之根和创作之源，始终都深蕴于最能给他激情与灵感的晋汾大地。而以《白鹿原》名世的陈忠实，则正是从对白鹿原的历久深入与情甘如饴中才淘练出了具有史诗品质的小说名作。

这样的例子在大师名家中，不仅是不胜枚举的，而且从司马迁、曹雪芹到鲁迅皆概莫能外。显然，它绝不是个别的体验和偶发的事例，而是一个极具恒久意义和普遍性的矩度与规律。然而，曾几何时，却有人认为这是过时之法，并以宾馆文学、身边琐事、"表现自我"和"回归内心"取而代之，继而更有玩文学、谑文化的兴起，乃至把文化创造全然当成了逗乐的把戏和搂钱的工具。如此这般，又怎能期望原创力的增殖与提升呢？

我们必须认识到，像柳青、周立波、赵树理、马烽等作家对生活的深入，绝不仅仅是一种寻觅原型和发现题材的方法，而在更本质的意义上，它尤其是一种对人生观、价值观的实践体现，是一种对人民的崇尚和对文学的敬畏，更是一种以情感转移和生命感悟为标识而献身文化创造的纯正操守与博大情怀。从他们屡次提出降低稿费、多次主动捐献稿费，直至最后自觉放弃工资的具体事态中，便可洞见其透明的心灵底板和清纯的精神世界。在他们看来，这一切都极为正常而简单，正如赵树理所说："写作是我的工作，也是我的责任。既已拿了国家的稿费，当然就不应该再拿国家的工资了。"这种觉悟和境界，与他们深入生活、走向民众、沉入底层的生存方式不仅是一致的，而且是相融的，其所体现的正是一个文化创造者的纯正灵魂与高尚人格。这，才是他们原创力旺盛的动力与源泉。因果对应是一个不变的法则。因此，在他们的收获中除了精品的频出和创造力的勃发之外，更有品格的淬冶与精神的升华。因为他们在这个过程中所表现出来的是对心愫与人生的全方位拷问和实践性回答，这不仅是崇高的，而且更是严峻的。

谓予不信，当可一试，收获肯定是会大大出乎你的预料的。因为文化的原创力就正蕴存于这种极可宝贵而又极为难得的崇高与严峻之中。

四、时代变革之文化鸿迹

——论文化产业

第 1 章
文化事业与文化产业的辩证关系

发展文化事业和文化产业，是进行文化建设的两个主要的支点和亮点，也是文化发展战略的基本内容和主攻方向。那么，何为文化事业？何为文化产业？它们各自的性质、特征、功能及其相互之间的关系又是如何呢？这是我们在理论上和实践中都必须予以明确而科学回答的时代命题。因为文化事业和文化产业不仅赋有崭新的时代内容，而且在新的环境和新的条件下，也构成了它们之间的崭新的相互关系。

一

在现代社会中，文化的地位和作用越来越重要、越巨大，它不仅与经济、政治、军事、外交等齐驱并进，而且深深地渗透在经济、政治、军事、外交等一切社会事务和社会活动之中，成为经济发展和社会进步的一种巨大的驱动力量。因此，在综合国力的全球化竞争中，文化不仅举足轻重，而且具有支撑、引导、提升与促进的功能，成为最具张力、活力与魅力的社会契机和生产力要素。正是在这个过程中，文化事业与文化产业相互渗透、相互配合、相互促进，以其特殊的力量和特有的方式构成了文化的驱动链与文化的有机体，使文化既成为经济发展和社会进步的精神引导与智能支撑，又成为经济发展和社会进步的直接构体与具体指数。

文化的这一性质和功能，只有在文化事业与文化产业联合作战，共同发挥积极作用的情况下才会具有，才能实现。这就要求文化事业和文化产业须臾不可割裂，不可分离，不可悖逆，不可排斥，它们在任何情况下都必须是一个互适互促、辩证和谐的统一体。它们也只有在形成合力的情况下，才能充分显示自身的特征和

发挥自身的作用。尽管文化产业是文化事业的分蘖体,是现代社会和市场经济赋予文化的一种新的特征与功能,但它从产生的那一天起,就天然地具有服膺文化事业和适应市场需求的本性,即在构建道德与文明的情况下,最大限度地创造经济效益和物质价值。

让文化生产和文化产品直接进入市场机制,直接产生经济价值,这对于传统文化性质和文化观念来说,不啻是一种挑战。因为传统文化是崇礼非物和重义轻利的,文化的生产和消费基本上只局限在思想、精神、道德与礼俗的范畴之中,传统文化甚至认为:文化与经济、与物质、与利益不仅不是相契合的,而且倒是相逆违的。

应当说,把经济价值和物质利益排除在文化之外,使文化变成一种纯粹精神的形而上的东西,是中国传统文化的一大局限性。这一局限性所导致的后果无疑是严重的。它不仅使中国从 18 世纪一开始就在所谓泱泱大国的自满与自诩中出现了科技与经济的衰落,而且使中国的抑商意识广泛地渗透和表现在人们的思想与行为之中,并以潜规则的方式构成了对经济发展的体制性与观念性的双重禁锢。康乾盛世之际,其实正是中国经济走向急遽衰落的肇始之时。当时,就中国国内而言,确实是政治稳定、物质丰裕、生民康泰的盛世,但若打开国门看看外面的世界,并作一番横向比较,便会发现中国正处于一种与世无争的停滞状态。此时的欧美正值工业革命新潮之骤起,文艺复兴,思想创新,科技进步,社会变革,整个都在爆发出一种新的文化浪潮、精神爝火和生气勃勃的物质生产力。出现了以卢梭、伏尔泰、狄德罗等为代表的新思潮,也出现了以佛罗伦萨科学院、英国皇家科学院、法国皇家科学院为代表的科研机构,还出现了瓦特和他的蒸汽机。正是在外面的世界大变天的情况下,沉溺在康乾盛世之自怡与自满之中的清王朝,却依旧穿旧鞋,走老路,不思改革,不思开拓,不思进取,完全无视世界的变化,全然没有顺应潮流、弃旧图新的意识,乃至中国的经济实力急遽地衰落了。在 18 世纪之前,中国的经济实力一直在世界上处于领先地位,但就在从 1820 年到 1850 年的仅仅30 年中,英国的经济总量就超过中国 5 倍,美国的经济总量就超过中国 8 倍。不言而喻,中国从盛世中开始衰落了。

痛定思痛,我们在探究中国衰落的原因时,不能不注意到传统文化中的抑商、轻物思想和"君子喻于义,小人喻于利"的观念,对经济发展所造成的潜在抑制。我们已经吃过这样的亏了,我们绝不能再吃这样的亏。怎么办呢? 那就是更新观念,强化商品意识,遵循市场规律,克服和弥补传统文化中的理论与观念缺失,积极发展文化产业。

当然，我们发展文化产业，将文化产业与文化事业并提，并不仅仅是为了弥补传统文化中的抑商和轻物缺失对发展经济所造成的思想障碍，更多和更直接的原因还在于不断发展着的现实世界和商品社会所给我们提出的严峻挑战。在现代社会中，随着生产力的快速发展和恩格尔系数的不断下降，一方面为了实现可持续发展和建构循环经济，必须尽量减少对物质资源的消耗和对环境的污染，另一方面人们对文化产品和文化服务的消费需求也与时俱进，越来越广泛、越迫切、越巨大。这样两种情况所传达出的一个强烈时代信号，就是必须赶快发展文化产业。在未来的经济发展和综合国力的全球化竞争中，文化产业不仅前景看好，而且简直是正以咄咄逼人之势重夺头牌。现在，美国的文化产业的年经营总额已达数千亿美元之巨。其中，仅声像产品一项的创汇值就已几及航空航天业的创汇值，也几乎与电子业的创汇值持平，而谁都知道航空航天业和电子业是美国最具优势的龙头产业之中的佼佼者。在美国，文化产业的增加值已占到 GDP 的 18% 至 25%，其在国民经济中的比重居于第 4 位。英国和日本的文化产业的年产值，也都是一路飙升的。前者仅艺术业的年产值就超过 170 亿美元；而后者仅是娱乐业一项的年产值就已超过了其汽车工业的年产值，谁都知道日本的汽车工业是其龙头产业之一。其他像德国、法国、意大利、西班牙等许多国家的文化产业，都越来越在国民经济中占据着举足轻重的地位。毫无疑问，在现代社会中，特别是在未来的发展中，文化产业必定是经济发展的新亮点和主体内容之一。在综合国力的全球化竞争中，它的地位和作用越来越显赫，越来越重要，这是一个新景象，更是一个大趋势。

　　正是在这样的时代背景和现实驱动下，文化产业犹如一轮朝阳，虽然其开发未久，但却已明艳炙人了。故此我们不仅要积极发展文化事业和文化产业；而且要大力发展文化事业和文化产业，要坚持把积极发展文化事业和文化产业作为宣传文化部门的重要任务。要以体制和机制创新为重点，深化文化体制改革，进一步革除制约文化发展的体制障碍，完善文化产业政策，加快文化产业结构调整，优化资源配置，提高集约化经营水平，运用高新技术促进产业升级，推进我国文化产业实现跨越式发展，逐步提高文化产业在国民经济中的比重，不断增强文化产业的整体实力和竞争力，特别是必须把文化建设摆在更加重要的位置，一定要积极促进文化事业和文化产业共同发展。在形势的逼促和政策的引导下，文化事业与文化产业并重，以文化事业带动文化产业和以文化产业促进文化事业等新认识和新理念，已开始深入人心，并引起全社会的广泛关注，逐步成为人们的一种共识与范式。特别是在上海、北京、广州、山西、云南、江苏等地，发展文化产业，实现文化事

业与文化产业同时并举和协调发展的观念已见诸于实际行动,收到了初步的但却是明显的良好效果。像北京在打造国际性大文化形象中所推出的三大文化品牌工程,像广东着力于对岭南文化特色和强项的复兴与发展,像上海所举办的国际艺术节和国际电影节,像山西所进行的平遥国际摄影艺术大赛和华夏文明看山西历史文化展览等,就都是这方面的典范,同时也收到了极佳的社会效果和显著的经济效益。

马克思在《剩余价值理论》中,从对商品、资本劳动及剩余价值的研究入手,所得出的一个明确结论便是:艺术创造在本质上是一种生产力。所有的文化产品(包括文化服务)同物质产品一样,都是由生产与消费、生产者与消费者等要素所构成的,并都受到生产力和生产关系的矛盾运动的制约,同时也都要受到经济法则与价值规律的驱驭和支配。既然如此,发展文化产业就不仅不是对文化的内在本质与规律的违背,而恰恰是对其内在本质与规律的揭示、契合和驱驭了。实际上,这也是一种对辩证唯物论和科学发展观的具体实践与成功体现。

二

将发展文化产业与发展文化事业相提并论,是具有深刻的社会意义与时代内涵的,其本身就是与时俱进的表现,就是科学发展观的体现。

以往,我们只提发展文化事业就已基本上包含了文化的主要指向和全部内容。而今,却只有同时并提文化事业与文化产业,才能涵盖文化的基本内容和主要趋向。这种变化,无论对于社会,抑或对于文化自身来说,都是一种开拓和进步,其中蕴涵着丰富的社会内容和鲜明的时代精神,主要是赋予了文化以物质含义与经济内容,并从这个特定的角度使文化在原有的思想、精神、道德、情操、智慧、学识的价值基础上又增添了新的价值,即物质价值与经济价值。这种文化涵义与功能的变化,实际上是对文化的价值和意义的丰富与提升,也是对文化的概念、内蕴和价值取向的跨越与飞跃。其结果,使文化同时具有了上层建筑与经济基础的双重性质与功能,越来越在综合国力的全球化竞争中处于扛鼎的地位和发挥领衔的作用。不过,尽管文化产业的价值、意义和作用十分重大,而且越来越重大,但它却始终不可离开文化事业而单个存在、独自前行。它始终都要同文化事业密切配合、相偕为伍、共同存在和发展。只有这样,文化事业和文化产业才能持久地健康地得到壮大和繁荣,因为,第一,文化事业与文化产业是不可能截然分开的,在许多情况下它们都是互相交融与互相渗透的,甚至是你中有我,我中有你;第二,文化的精神内容与物质内容是互为介体和载体的,其物质内容只有具有了精神内容时才有价值,而其精神内容则只有借重于物质内容才能得以存续和传播;第三,经济价值永远都只能是文化价值的一个组成部分,而绝不能也不容许其成为文化价值的全部内容,因为不论任何内容与形式的文化,都应当和必须具有升华人的思想、净化人的灵魂、提高人的觉悟、丰富人的智慧的性质和作用,这虽然是发展文化事业的主要目的,但这个目的的实现则尚需文化产业予以积极的协助与配合。反之,任何文化产品和文化服务都只有在其秉具了思想光彩与智慧内曜之后,才会是有价值和有意义的,并因此而获得受众的青睐,开拓广阔的市场,收到巨大的效益,撷取丰厚的利润。

　　文化事业与文化产业的这种互依、互促、互励关系,是由它们各自的特征、性质和功能所决定的,也是由人和社会对文化的期望和需求所决定的。一般来说,文化事业是指以继承和弘扬优秀传统文化,吸收和同化优秀域外文化,丰富和提高人们的审美水平、思想觉悟、道德素养和才智能力,纯化和优化社会风气、生产秩序、行为规范与价值取向,并能给人的全面发展和社会的全面进步提供精神动力与智力支持为目的的文化建设, 而文化产业则主要是指按照经济法则和价值规律,采取规模化生产和市场化运作,以赚取利润和发展经济为目的的文化生产与文化消费活动。这就决定了文化事业的公益性质和精神特征,文化产业的经济性质与物质特征。办文化事业,主要是一种社会公益性的投入,追求的是精神效益和社会效益;办文化产业则主要是一种旨在赢利的经济活动,追求的是价值和利润。对于一个国家、一个民族和一个社会来说,文化事业和文化产业都是必要的、重要的和不可或缺的,但相比较而言,文化事业显然比文化产业更关键、更重要、更普遍。因为对于任何一个健康发展的国家、民族和社会来说,缺了文化产业只是发展得快与慢的问题,而缺了文化事业可就是有没有智能、精神与灵魂的问题了。欧洲文艺复兴时期的学者贾诺佐·马内蒂曾经说过,社会的文明与进步,是因为有了高尚而智慧的人,而人的伟大则在于他有建设的能力。试问:人的建设的能力从何而来呢? 正是来自于文化事业所赋予他们的智能、精神与灵魂。

　　这说明,文化建设的最优组合和最佳状态,莫过于文化事业与文化产业的相互配合和协调发展了。这正是我们所实施的文化发展战略和所追求的文化进取目标。

　　要使文化事业和文化产业相互配合、协调发展,关键在于不但要认识和把握它们各自的性质、特征与功能,而且要在理论上和实践中正确地创造性地处理它

们之间的关系。其中,最重要的就是要充分理解文化的本质特征及其所涵负的广泛而恒久的社会功能与精神力量。

尽管文化事业和文化产业所担当的社会任务和历史使命是不同的,它们各自所具有的特点和发挥作用的方式与途径也是不同的,但它们的终极目的和对社会与人的歆悦、勖勉与提升作用却是相同的。文化事业固然是与生俱有地承担着通过涵渗、熏陶、濡染、教化、感悟、启迪、诱掖、激励等方式促进人的全面发展和社会的全面进步的责任,但即使是主要按照价值规律产生经济效益的文化产业,也同样负有一定的审美、教化、启悟和激励的作用。这是必然的和必须的,在任何时候都不能有任何模糊和动摇,否则,就有可能会出现文化的悖论。因为文化产业虽然是以发展经济和赚取利润为直接目的,但前提条件是它所提供的产品(或服务)必须符合先进文化和健康有益文化的要求,必须对升华人的思想、提高人的才智、淳化社会风气和驱动生产力发展,起到积极的促进作用。这个前提条件很重要,它实际上正是一切形式和内容的文化产业的间接目的和终极目的,也正是在这个最重要的质点上,使文化事业与文化产业殊途同归,达到了完全的一致和高度的统一。从这个意义上说,文化产业不仅在本质上要服膺和归依文化事业,而且或可认为它就是文化事业的一个"另类"组成部分。因此,一切文化产业在按照价值规律实现经济目的的过程中,始终都必须自觉地创造性地个性化地与发展文化事业相配合、相协同、相补充、相促进,并在文化事业的大格局与大目标中发挥自己的积极作用。这就要求文化产业必须坚持先进文化和健康有益文化的旨向,在追求经济效益的过程中必须兼顾社会效益,力争内容不断丰富,形式不断创新,"双效"不断提升。在任何情况下,都不能以耗散和销铄社会效益为代价而片面地追求单纯的经济效益,都要坚持在社会效益第一的前提条件下施驭价值规律和实现经济目标。因为文化产业毕竟是文化的一个构成部分,而文化的本质则永远都只能是文明;更因为我们的文化产业自当是中国特色社会主义文化的一项崭新的核心内容,是中国先进文化的必不可少的构成要素,而当代我国先进文化的内涵要义,则是以马克思主义为指导的面向世界、面向未来、面向现代化的,民族的科学的大众的社会主义文化。

其实,要求文化产业在按照价值规律实现经济效益的同时,还必须兼顾社会效益和坚持社会效益第一的原则,并不是对文化产业的一种苛求,更不是强加给文化产业的一种额外负担,而恰恰倒是对文化产业之发展规律和内在要求的高度契合与积极回应。它与文化产业自身的规律性与发展目标是完全一致的。它实际上是文化产业实现壮大与发展的最坚实和最强劲的支撑点与驱动力。文化产业虽然是一种对文化产品和文化服务的制造与经营活动,是一个遵循价值规律进行生产、流通和消费的过程;文化产品和文化服务虽然是一种商品与商业活动,但它们生产的意义、商品的价值、流通的动力和消费的需求是什么呢?是它们所具有的崇高的精神、先进的理论和科学的世界观、人生观与价值观,是它们所涵负的知识素养、审美价值与思想内容。除去这些,文化就会只剩下一个空壳,其经济价值也就会消失殆尽。任何文化产品与文化服务,不论其介体和载体包装得多么豪华和冶艳,如若其内容是空泛的、干瘪的、低俗的、丑窳的,它也就会在顷刻之间变得毫无意义和价值可言。它只会被人斥之为"精神污垢"与"文字垃圾"。试问:这样的文化产品和文化服务还能够进入市场和招徕顾客么?这样的文化产业还能够达到赚取利润和发展经济的目的么?回答自然是否定的。同这种情况相反,对于那些具有先进思想、充实内容、盎然情趣和优美艺术的文化产品与文化服务来说,人们自当怡然观赏、欣然接受,并争相竞望、观者蜂至、百看尤欢、百听愈益。这样一来,不就赢得了顾客、占领了市场,并随之而实现了赚取利润和发展经济的目的么!

的确,文化产品是一种商品,但它是一种特殊的商品;文化服务是一种具有商业性质的服务,但它同样是一种特殊的商业服务。特殊在什么地方呢?特殊就特殊在它是精神商品,它是审美服务,它负荷着教化和激励的功能。它作为商品和商业服务的全部意义与核心价值,就在于它能够通过经济法则和商业手段而对人实现审美享受与精神提升,对社会进步、风气淳化和秩序规范产生积极的促进作用,对知识和文明达到有效的积累、传播与弘扬。

文化不仅是构成民族、国家之国际竞争力的一个核心因素,而且是民族、国家持久实现发展壮大的重要社会资本与精神资源。特别是在现代社会中,文化的特性和功能不仅横亘于上层建筑与经济基础之间,并成为融贯上层建筑与经济基础的精神关连体,而且它也业已越来越成为真正能够解决当代诸多经济问题、政治问题和社会问题的奇妙的药方与钥匙。毫无疑问,文化的这一特性的嬗变与功能的扩延,乃是只有仰赖文化事业与文化产业的合力才能充分实现的。这说明,在现代条件下,文化事业与文化产业的互依互赖、相促相励,已经成为时代的特征、历史的必然和实现绿色发展、循环发展与可持续发展的新途径与大趋势。

中国文化向来崇尚"天行健,君子以自强不息;地势坤,君子以厚德载物"。其实,发展文化事业与文化产业,就正是对这两种文化的基本命题的现代阐释与实践印证,同时也是对中国特色先进文化建设的战略擘划、现实操作与具体实施。

第2章

文化产业：现代社会的
精神亮点与经济支点

在以发展经济为主要战略目标和价值取向的时代，在知识经济越来越呈现强势并居于主宰地位的时代，文化产业的形态、规模和域值，必将不断地趋于多姿多彩和蔚为壮观，必将越来越成为经济的爆发点和支撑力，并以转换的形式实现经济的腾飞。因为文化不仅可以引导和涵盖经济，而且可以转换和物化为经济。文化不仅伴随着和驱动着经济的发展与社会的进步，而且必定要更多地参与经济竞争和变为经济实体。

为了应对这种必然和驾驭这种大趋势，我们首当其冲的工作便是：第一，必须对文化产业有正确的、充分的认识；第二，必须满腔热情而又卓有成效地解决文化产业在实现发展过程中所遇到的诸多理论问题和实践问题；第三，对文化产业的建构和发展，必须有科学的态度、战略的眼光和具体的措施，必须统一擘划，合理布局，开发与维护兼顾，继承与发展并举，必须求实、创新、高效、有序，积极营构新机制，不断争创双效益。

—

发展文化产业，首先要解决观念问题，解决认识问题。

在传统观念中，人们往往认为，精神与物质是二元定性和二元定位的。属于精神的东西，既是崇高的、虚骛的，同时又是无形的和无价的。只有物质的东西才能用相应的价值尺度进行客观的价值评判。这是影响文化产业发展的一个认识原因。除此之外，还有一个更为直接的原因，就是人们在对文化的概念和范畴、性质和特征、形态和功能的认识上所出现的种种偏颇。人们对文化的认识和理解，往往只局限在"小文化"的范畴之内,认为文化就是文学、艺术、书籍、报纸、展览馆、阅览室之类,要以此为基础和对象而实现产业化,那当然是存在很大的局限性了。然而,事实并非如此,文化的概念和范畴不仅相当宽泛,而且文化的形态和特征也多姿多彩。"大文化"观认为,凡是人们意识和智慧所及的事物,就都是文化的对象和范畴,诸如农耕、机械、纺织等,皆属文化。所谓文化产业,通常主要是指以"小文化"和"中文化"为基础和对象所开发的产业。"中文化"介于"大文化"和"小文化"之间,除了囊括"小文化"的全部内容外,还应包括科技、教育、体育、会展、博物、旅游、信息、休闲、娱乐、专利、品牌、商标、中介服务、信誉、素质、无形资产、著作权、因特网、观念、意识、精神状态、管理、服务、智能、服饰、知名度、影响力、化妆、收藏、文物考古、历史遗存、建筑、广告、创意、设计、策划、整合能力与整合效应、应变能力与创新精神、演讲与口才、形象与装束、气质与风度、自然风光与人文景观、文化素养与文明程度,等等。

显然,以"中文化"为基础和对象开发文化产业,不仅是可行的,而且也有着广阔的天地和光明的前景。其中的许多项目和内容,都是随着新生活和新时代的发展应运而生的,同时也是新生活和新时代所迫切需要的。正是在这个意义上,我们说:社会越往前走,文化产业就越有获得长足发展的机遇和环境;经济越是快速发展,文化产业就越能赢得超常的份额、比重和效益。这正如罗马俱乐部主席佩恰依早就预言过的那样:当传统产业和物质消费达到"增长的极限"时,文化产业便益显其青春的朝气和光彩,由于人类对精神文化需求的无限弹性和人类对精神文化资源开发的无限弹性,而使文化产业可以完全不受传统产业扩展边界的限制;又由于文化产业不以消耗资源和污染环境作为实现自身发展的代价,而是以智力型、清洁型、悦趣型和增值型的特点,将人类及其赖以生存的社会环境的发展转向对人类自身潜在资源的开发,所以这便最有条件和可能使其成为实现可持续发展的典型模式。基于此,佩恰依断言:"未来的发展,只能是文化的创造",并使这种创造所获得的成果以产业化的形式实现增值,不断产生新的效益。

在新的时代条件下,人们自然会产生新的生活需求和新的生活欲望,而这种新需求和新欲望的基本特点,就是从对物质的需求向着精神和文化的需求转移。人类在经历过狩猎社会、农业社会、工业社会和信息社会之后,必将要进入一个以文化、精神和情感为基础与介体的,追求歆悦、梦想、历险、探求、刺激、抚慰和创新的时代,这使人们将消费的侧重点和注意力越来越转移到对精神文化的需要上,并因此而使文化与经济实现一体化,使文化越来越走上产业化和规模化的发展道

路。以往的文化产品所特禀的高雅、孤赏和不可逆特性，也必将越来越被社会化、大众化与批量复制化生产所取代，文化已不再是少数人的专利品和小圈子里的孤雅之物，而是越来越成为大众化和社会化的智能与精神、心理与情感的消费品，并因此而产生巨大的经济价值，乃至成为具有可持续发展性质的新兴产业。

我们必须认识到这一点，以便及时改变观念，使我们的思想认识符合社会法则和经济规律，必须高度自觉而能动地加快经济——文化一体化的历史进程，必须全力推进文化产业的蓬勃发展，并以高屋建瓴的眼光、胆识和姿态，对文化产业的建构和增殖进行科学的战略擘划和有力的理论指导。

<h2 style="text-align:center">二</h2>

文化产业尽管在世界经济大潮中还只是处于初露端倪和崭露头角的阶段，但却已经显示出了巨大的威力与潜力。与第一产业和第二产业相比，文化产业的优势越来越被人们所认同。它以人的智能开发为基本取向，以满足人的精神需要为主要目标，它既不消耗和破坏自然资源，又不污染环境，而且在营构高尚与文明的同时还能带来巨大的经济效益。许多事实都证明了这一点。特别是在经济发达国家，文化产业的精神价值和经济价值，皆令人刮目相看。1998年，美国的文化产业经营总额竟高达2000亿美元，同年的加拿大文化产业经营总额也高达113亿加元。这一年，日本仅娱乐业的生产经营收入就超过了日本当年汽车工业的总产值，为40万亿日元。在美国，每年的电影、电视和音像制品的营业额都在1000亿美元左右。其视听产品的出口额，几乎年年都名列美国出口项目的前茅。电影《泰坦尼克号》仅投资1亿美元，在不到2年的上映期中就赚回了30亿美元的利润。它在给全世界的观众送去艺术享受的同时，还使一批电影制作人和演员成为世界级的明星，这又为巨大的经济效益营构了深不可测的文化资源潜力。从20世纪末开始，美国的第一大出口行业就既不是飞机制造业，也不是农业，而是影视制品和音像出版业。世人皆知，美国的飞机制造业和农业是强项，也是出口龙头产业。但是，却常常忽视了美国的电影和电视，认为那只是玩玩的，消遣的，娱乐的，很少往创造巨大的经济价值上想。其实不然，从20世纪30年代起好莱坞电影就蜚声世界，狂飙式地席卷世界，很快占领了欧、亚、澳、拉丁美洲和非洲的电影市场，在世界范围内赢得了一个庞大的观众群，把许多国家的民族电影挤得奄奄一息，连英、法这样的国家也不得不发出限量美国电影输入的强烈呼吁，并出台了相应的政策法

规。有人说这是文化侵略和文化渗透,殊不知这同样也是激烈的经济竞争。在《财富》杂志推出的全球最大500家企业排行榜中,也不乏叱咤风云的文化产业企业。仅美国的文化及娱乐业巨子就控制了全球五大唱片公司中的4家,好莱坞8个大公司中的7家,以及全球最重要的电视、报刊和出版集团。而这些国际著名的文化产业集团在我国加入WTO后,便都把注意力投向了中国,虎视眈眈、跃跃欲试地要分餐中国文化产业的这块大蛋糕。在中美关于中国加入世贸的双边协议中,我们承诺加入世贸后3年内允许外国以合资或参与经营的方式,在股权不超过49%的情况下对影院进行投资改造,并且以分账的方式每年进口20部外国影片用于影院放映。这意味着什么呢?这意味着在我国加入WTO后,国外的文化产业将进军中国文化市场。为此,美国不仅特地从我国进口了50部影片进行全面研究,以便他们能制造出更适合中国观众口味的影片,而且还以填写调查表的方式对我国大城市、中小城市和乡村的电影市场和电影观众进行量化分析,并在此基础上确定输入我国的影视作品的题材、风格、演员乃至票价等。在这种情况下,我们还能坐视吗? 前几年,一部《泰坦尼克号》在短短的时间里就从我国拿走了数亿元人民币的票房价值,那么,今后每年都有20部以上的外国巨片上映于我国影院和电视荧屏,我们现在又该作何想呢?

其实,影视制品和音像产品只是文化产业的一个方面,其他像商业文化、企业文化、消费文化方面的产业经营和精神渗透,也都咄咄逼人。这其中,特别是科教产业、媒介产业、艺术产业、体育产业、娱乐产业、旅游产业和文化休闲产业等,都是国外瞄准中国市场的焦点, 也都是我们自己进行文化开发和发展的产业亮点。商业文化,主要是指在商品制造、推销和使用过程中所渗入的种种文化因素和以满足人们精神追求、价值取向与消费心理为目的的行为,及其所形成的文化景观和所产生的文化效应。企业文化,是指文化在向产业行为的渗透过程中所形成的包括团队意识、质量意识、品牌理念、营销理念、创新精神和进取精神等在内的微观文化形态,以及企业管理者进行文化移植与创新的精神与理念方面的结晶。消费文化,则是指人们对文化及精神、知识及娱乐、游赏及休闲诸方面的极其广泛的文化需求,以及实现这种需求的特定对象与特定方式。这是一个十分广阔的文化领域,同时也是文化产业的一个十分巨大的潜在市场。例如,美国以新知识、新技术为传播载体的5000家软件公司对经济的贡献率就超过了世界最大的500家企业的总和。美国最大的媒体媒介托拉斯甘尼特报业公司,竟拥有95家日报、35家星期日报、7家电视台和11家广播电台,以及影响巨大的甘尼特新闻社、《美国

周刊》等，仅属于它麾下的《今日美国》的发行量，就高达 230 万份。同时，它还拥有北美最大的户外广告公司。凡是到过洛杉矶的人，都知道那里有个迪斯尼乐园，因为它是人人必去之处。就是这个迪斯尼乐园，不仅在美国国内以主题公园为依托，从游览、观光、餐饮、娱乐发展到电视、音像、服装等行业，而且在世界许多地方都兴办了迪斯尼子乐园，觊觎着全世界的娱乐产业的潜在市场。美国的体育产业的年产值高达 631 亿美元，超过石曲、汽车、航运、初级金属、林木加工等工业部门的当年产值。其他像以足球业为主的意大利体育产业的年产值也有 24 万亿里拉。英国仅体育产业就为国人提供了 37.6 万个就业机会，超过了全英煤炭、农业和汽车制造业的从业人员的总人数，而英国的文化艺术产业更是一个年收入近 200 亿美元的大产业。就连日本的体育产业的年产值也跻身于全日本十大产业之内。

至于旅游业，那就更是文化产业中一本万利或无本万利的朝阳产业了。英、法、德、奥、埃及、意大利和西班牙等国的旅游业都堪称支柱产业，而这些国家的旅游资源几乎没有什么自然风光可言，主要都是人文景观。实际上，全世界的人们万里迢迢跑到这些国家去，也正是冲着那些丰富而多彩的文化遗存而去的，看的就是文化，就是历史，就是思想的积淀和精神的升华，就是智慧的结晶和意气的飞扬。罗马、佛罗伦萨、威尼斯、萨尔茨堡、维也纳、布鲁塞尔、巴黎、伦敦、马德里、巴塞罗那、开罗，都是以其深厚的文化底蕴和丰富的文化遗存而引人注目和诱人驻足的。恰恰在这一点上，我们中国，不仅是长项，而且是特项，关键在于如何开发和利用，如何在这方面形成产业，把"蛋糕"做大。

开发文化资源，发展文化产业，不仅是现代社会和未来社会的精神亮点与经济支点，而且也是经济欠发达地区摆脱贫困和走上富裕道路的最具耐力和潜力的措施。治穷先治愚，扶贫先扶志。贫穷的根源，固然有生存环境和生产条件方面的原因，但最根本、最主要的原因恐怕还在于精神、智能、知识——文化上的贫困。这种文化上的贫困可以箝制人的精神，僵蛰人的思想，禁锢人的观念，泯灭人的进取心和创造性，销蚀人的自尊心和自信心。对于贫困的人们来说，这才是最可怕的。正如一位文化人类学家在广泛调查的基础上所得出的结论那样："贫困对人的尊严和人性的堕落所造成的后果是无法衡量的。"为什么会是无法衡量的呢？因为这种后果不光是表现在缺少多少衣食和住房上，而更主要的是表现在心理、精神、观念、意识和智能的闭锁与错位上。这种情况如果长期得不到改变，就会积淀成一种落后的心理状态、思维定式和价值取向，并以顽固的文化习俗和意识理念表现出来和流传下去，使贫困以文化的形式根植于受其浸淫的人们的心灵深处和意识底层,再也难以拔除和摆脱。而文化一旦成为产业,就会以经济的形式和生产的方式广泛渗透在人们的生产与生活之中,使人们在不自觉之中接受文化的熏陶,接受含附在文化中的先进思想与先进观念、先进科技和先进知识,从而实现立志创业和以智治穷。英格尔斯曾经说过:"发展最终所要求的是人在素质方面的改变,这种改变是获得更大发展的先决条件和方式,同时也是发展过程自身的伟大目标之一。"文化产业的实现过程和发展过程,正是通过对人的素质的改变和提高而作用于生产力解放与经济发展,进而实现社会的全面文明与进步。因为文化产业是以规模化的形式和以经济为载体而全方位介入人的思想、生产和生活领域的,即使不为刻意学习和接受的人,在事实上也不得不接受它的积极影响,并在实践中产生效应。正因为如此,发展文化产业就不啻是扶贫解困的一剂良方与妙药。

另外,由于在现代社会中,政治、军事和经济都越来越借重于文化的形式加以表现,所以这方面的国际竞争和斗争也越来越集中在文化上,这使文化的内涵已不再是单纯的文化的含义,而是或多或少地附有了政治、军事和经济的因素。强势文化以产业化的规模和形式占据世界市场,在牟取高额经济利润的同时,还向世人传播了其所附有的政治观念和价值观念,让人们在接受其文化产品的同时也就不知不觉地接受了其人生观与价值观。既然这样,我们发展文化产业也就绝不仅仅是一个发展经济和发展文化的问题了,还有政治意义和军事意义在其中。因此,许多国家在经济、文化交往中,要强调提倡文化的多样性和保持本国文化的民族传统等等,就都是基于这样的现实而所采取的相应对策。我们在发展文化产业的过程中,一定要以这种特殊性作为定位的刻度和衡量的砝码,一定要既有经济头脑,又有政治眼光,一定要使我们的文化产业在获得巨大的经济与文化效益的同时,也获得巨大的政治效益和社会效益,在客观上起到抗衡"单边文化战略"和繁荣民族文化、发展先进文化、促进精神文明建设的积极作用。

三

文化产业,是一种以经济形式出现的对精神产品的规模化生产与大众化营销的特殊产业。经济,是其存在和流通的形式;精神,是其形成和发挥作用的实质。在经济与精神之间,是消费需求与消费供给的关系。文化产业的开发者和经营者的最大任务,就是全面了解、深入研究和熟练驾驭这种文化消费的供求关系,并使之不断地趋于合理和恒久地保持平衡。这就需要从日常生活入手,进行深入的市场

调查和消费心理分析，尽可能地把人们用于文化消费的时间、金钱、档次、动机、价值取向和审美追求等，纳入一个巨大而合理的函数之中，并以此作为组织文化产品的规模化生产与大批量进入流通领域的依据。现代经济学的最大特点之一，就是其观照面越来越广阔、越宏大，而其着眼点却越来越狭仄、越微观。对于文化产业的开发和发展来说，在经济学的意义上同样如此。这是我们发展文化产业所必须认同的理论和必须恪守的规律。

我们所处的时代，是文化产业登台亮相和蓬勃发展的时代。据测算，在 21 世纪的头几年中，文化产业的产值在世界经济的总产值中将占到 5.2％，超过 14000 亿美元。毫无疑问，在未来的经济竞争与发展中，文化产业将是举足轻重的。捷足者先登，先登者得利。我们怎么办呢？别无选择，必须奋起直追，积极应对，大力开发文化资源和发展文化产业。从我们的实际情况看，是极具发展文化产业的潜力、活力与魅力的，最大的文化资源优势在于它极其丰富的文物存储和独具特色的人文旅游资源。我们必须充分认识到，这一文化资源优势的宝贵性和可开发利用的巨大潜力。它丰厚、独特、宏大、瑰丽，既是不可再生的，又是难以比并的，而它却属于我们。正像一系列文化开发所呈现在人们眼前的景象那样，我们有五千年文化积累和精神积淀，这是世界上许多国家既惊羡之至而又无法办到的。我们在这个基础上发展文化产业，是肯定得天独厚和无与伦比的。

历史文化遗存和丰厚的人文资源，是发展文化产业最可宝贵的和受用无穷的资本，而这恰恰是我们的独到之处。只要我们真正按照文化旅游的标准和要求开发出来，乃是会在全世界先声夺人的。其实，备受世人青睐的欧洲文化旅游，从文化遗存的历史价值和文物价值看，并不都那么具有深厚的底蕴，只是他们在着意进行综合开发中赋予了其以新的内容，使之产生了积极的效果，乃至凡是到过佛罗伦萨的人，都要在位于一条小巷中的并不起眼的但丁故居和米开朗琪罗故居前流连忘返；凡是到过维也纳的人，都要在多瑙河畔漫步沉思，并想象着那支《蓝色的多瑙河》是施特劳斯在什么样的意境中创作出来的；凡是到过布鲁塞尔的人，都少不了要去观瞻市议会广场，因为马克思、恩格斯和维克多·雨果都在那里居住过和写作过；凡是到过巴黎的人，都会在巴黎圣母院踯躅良久，因为那里曾发生过卡西莫多与美丽的吉卜赛女郎的动人的爱情故事。这就给了我们一个启示，对人文景观的开发，不能仅仅局限在对景观的修复上，而更重要的还在于要对其注入人文事迹与人文精神。这样不仅可使人文景观获得鲜活感和真实感，而且可使人文景观产生精神感应与历史回响。

在这方面,特别值得一提的是《华夏文明看山西》的策划与创意,把华夏文明用图片、模型和实物,按照历史顺序定格在具有民族传统意味的常家庄园里,确乎不同寻常,几乎是蓦然为常家庄园平添了姿彩与亮色,赋予了那饱经沧桑的高墙深院以历史的凝重感与现实的感染力。既适应现实的需要,又符合历史的真实,从而使人文精神与文化意蕴得到了相当完美的结合。这个展览放在山西,放在常家庄园的深宅大院里,自然别有一番意义在。因为山西就是华夏文明的发祥地之一,常家庄园就是历史演义的实物见证。山西最有资格和条件举办这样的永久性历史展览。这样的展览,一方面是把源远流长的中华文明史以微缩景观的形式表现出来,另一方面也是对现实社会和现实生活的文化洗礼与历史诉说。用我们自己的历史遗存展示我们自己的历史过程的匠心构思与精巧制作,特别具有历史感和沧桑感,也特别赋有亲和力与感染力。只要我们开拓思想,更新观念,就会不断地发现新的文化旅游资源,不断地产生新的开发文化旅游资源的创意。只要我们肯动脑筋,可开发的旅游资源就会频频出现,接踵而至。

当然,除了文物布展和文化旅游的资源优势之外,我们的影视制品、文艺创作、书刊印制、媒体传播等,应当说也是具有一定资源优势的,关键在于我们如何进行合理配置和有效开发,如何把资源优势转化为产业优势?

这就是我们所面临的形势和所应承当的使命,这就是我们在积极应对WTO挑战的关键时刻所必须作出的抉择和必须回答的问题。我们应当确信:在现代社会和未来社会中,"发展最终可以文化概念来定义,文化的繁荣是发展的最高目标",而积极有效地开发文化产业,则是实现文化繁荣、经济发展和社会进步与文明的必由之路!

第3章
文化产业的精神规范与价值取向

文化产业既然是一种产业,其在生产流程、市场定位和价值目标上,就必然要蹈入作为产业而固有的辙轨之中, 这无疑是保障其实现正常运作的必要条件之一。但文化产业又决然不同于其他任何内容和形式的物质性产业,其在加工对象、效能目标和价值追求诸方面,都与物质性产业有着本质的区别,这就要求文化产业必须顾及文化的特点、符合文化的要求、具有文化的品质,在其产品和服务中鲜明而突出地传达出丰富的思想内蕴、正确的价值导向和积极的精神追求,而绝不能把文化产业混同于或等同于其他产业,以至于用生产规模化、流程市场化、利润最大化掩盖和取代其精神效能与社会效益的有效实现。

一

文化产业的勃兴,是历史发展的必然,也是时代进步的表征。人类的社会生活自古以来就集中在两个基本点上:一为生产,二为消费。尽管这种生产和消费对于人类的需求来说,是刚性的、永恒的,但生产和消费的内容和方式却是在不断地发生着变化和实现着提升。这种变化和提升的标志,往往就凸显在从更物质化向着更精神化的过渡与飞跃,而实现这种过渡与飞跃的实质,则是对文化需求的愈趋热切和倚重。事实是,随着恩格尔系数的不断下降,人们对精神文化的消费需求也确实是在日甚一日地趋于迫切和炽炙,并由此而带动了文化对社会的覆盖面的不断扩大和文化的社会生产力的快速发展。

文化消费是文化生产的前提条件,文化消费的不断扩大自然也就成为文化生产实现发展的内在动力。正是由于文化消费和文化生产的这种循环往复式的互促与互济,才为文化产业的不断上扬和持续发展开辟了广阔的场域和开拓了无尽的空间,不仅使文化产业越来越成为新兴的朝阳产业和恒定的支柱产业,而且即使是在全球经济遭遇金融危机的不利形势下,它也能化"危"为"机",逆势而上、蓬勃发展,呈现出一派繁荣兴旺的景象,甚至还大有"百卉皆殚我更艳"的气势。

这是文化产业的新优势,这同时也是时代发展的大趋势。只有充分认识这种新优势和及时趋赴这种大趋势,不失时机地把文化产业做强、做大,才是科学的方略、明智的选择和有效的作为。因为在现代社会中,随着文化的精神、经济、社会、政治功能的全方位放大与深层次渗濡,不仅使文化与"人"的关系越来越密切,而且文化自身也越来越具有了社会性和生产力的内涵,并已成为国家核心竞争力的重要构成因素。文化产业作为一种以流程化、规模化、拷贝化、市场化方式大规模生产文化产品和进行文化服务的形制,其本身既是社会生产力的特殊体现方式,又是传播和扬励时代精神、民族情韵与大众智慧的有效途径。

正是在这个意义上,当文化产业获具商业价值和市场定位之时,也就正是其区别于任何其他物质性产业的开始。

对于此,我们必须要有清醒的头脑和明确的认识。在任何时候和任何情况下,对于任何文化产业及其产品与服务,都既要遵循其作为产业的生产规制和作为产品的市场法则,同时又要恪守其作为道德圭臬、智慧源泉、思想旌帜和精神标杆而所必须秉有的科学内涵与正确方向。

这,便是文化产业的鲜明特征、个性规律及其与其他任何物性产业的本质区别。

之所以如此,乃是因为文化产业既可以是一种产业,同时又有着不能等同于物质性产业的特殊性。一般说来,作为产业,主要是指文化的物性内容;而不能作为产业的,则是文化的思想、精神、智能与道德内容。文化的这两部分内容既有严格的区别,同时又须臾不可分离,物性是精神的载体,精神是物性的灵魂。物性因赋有精神内容而产生价值,精神因有物性的装载和托举而得以有形和有行。尽管文化产品的市场价值往往主要是由其物性内容产生的,但这物性一旦失去其所赋有的精神内容,则会毫无意义;或者虽然赋有一定的内容,但却不真、不善、不美、不刚健、不新鲜,那则会产生相反的意义。由此可见,只有当栖息在文化产品之物性价值中的精神价值处于饱满和积极状态时,其物性价值才会真正具有实际价值和实际意义。否则,一本虽然装潢精美但却没有内容或者内容很差、很坏的书,其作为一本书的物性价值也定会随之而消失殆尽。

正因为如此,才天然地决定了文化产业既是一种产业,但又决然不是一种一般意义上的产业,它自有其特禀的内在规律和本质特征,这便是在貌似相同的生产规制、生产流程和生产条件之下所涵蕴和所包容着的,却是与任何物质生产都截然不同的"质",即对认知效能的追索和对精神走向的设定,并由此而产生和形成了意识的向度与精神的维度,遂使文化产业从其诞生的那一刻起便本能地具有了不同于其他任何物性产业的特殊性,即在物质形制、物质方式和物质途径之中强烈地凸显着积极的宣舆功能和正确的精神导向。任何出自文化产业机杼之中的文化产品和文化服务,其在本质上都必须和应当具备这样的特点和效能。如若不然,就会出现悖论,就会对文化产业及其产品和服务的功能与本义造成逆忤与颠覆。何故呢?唯因文化产业不同于其他任何一种物性产业,栖驻和涵寓于其物性躯壳中的精魂与灵智,始终都应当是和必须是积极的美学思维、科学的认知效能、正确的精神导向和先进的价值追求。这种效能和目标虽然在通常情况下大都不是显化的和物化的,但它却是一切文化消费的内在动力和终极目的,并由此而决定了只有它才是一切内容和形式的文化生产与文化产品的灵魂和本质。

这,既是文化本性的体现,又是文化的属性使然。就像所有的物质生产都要求在其规范而合理的程序与规格中生产出优质的产品一样,文化则要求在生产它的产业链的终端所出现的,必须是能够起到心灵抚慰、思想认知、道德提升和精神导航作用的富于高尚情愫与隽永魅力的产品。否则,无论拥有多么豪华的物质外壳和精美包装,其效能和价值也仍旧会是销铄殆尽,甚至还会产生负面效应,造成对社会精神领域的污染和对人们心灵的戕害。特别是在文化越来越成为推动社会前进的精神动力和人们的基本生存方式的今天,这种污染和戕害所造成的后果常常是深刻的和带有渗透性的,尤其会使那些缺乏审美经验和精神历练的人们受伤。

二

因消费需求而形成市场,因市场需求而促动生产,因生产效能而产生利润。在这个以文化为主体的链式循环圈中,消费是动因,生产是关键,赢利是目的。文化产业既然作为产业,就无法跳出这个链式循环圈的驭制和律动。这是法则和规律,这也是自然和必然。但作为文化产业,与其他物性产业不同的是,它必须在这个循环圈的每一个环节上都设定一个具有常效功能的思想"过滤器"和精神"导航仪",并以此而将其全部生产流程和终端产品与服务牢牢地锁定在先进思想、科学认知和正确方向上。只有这样，才能确保在由精神创造切换为"文化生产"时不被易质，在由智能升华转换为商品销售时不被蜕变，也才能在从文化维度向商业维度的嫁接中伴随着对利润的获取而激活潜栖于其中的精神灵智，进而汇聚成具有民族印记和时代标识的精神源流和思想谱系。

　　尽管要做到这一点并不是容易的，但却必须做到。否则，文化产业及其产品和服务一旦被脱去精神内涵与认知价值，那它也就只会剩下赤裸裸的商业利润，而在文化生产中任何对赤裸裸的商业利润的单项度追求，都势必会导致精神内涵的散佚和认知价值的失落。至于其对消费者所产生的影响，那则是除了无作用，便是坏作用。因为任何人对文化产品和文化服务的消费，说到底，都是要追求审美享受、思想哺乳、精神涵养和认知效能的。如果达不到这个目的，他为什么要出钱去消费你的产品和服务并使你从中获得利润呢？因为文化产品和服务所产生的社会效果无非是以下三种情况，即：好作用、坏作用和无作用。在通常情况下，完全无作用的文化产品和文化服务几乎是不存在的，大都是不起好作用，则起坏作用，差别只在于其产生作用的程度有所不同而已。因此，马克思说："资本主义生产就同某些精神生产部门如艺术和诗歌相敌对。"何谓资本主义生产？简而言之，对于文化产业来说，就是缺乏社会担当和精神涵负，一味地单纯地片面地追求不正当、不合理的商业利润，或认为就是用精神鸦片去攫取不义之财。显然，资本主义生产是对社会主义生产的反动，这自然不是我们的文化产业及其产品与服务所追求和所期许的。

　　我们所要建设和发展的，是具有中国特色的社会主义新型文化。为此，我们的文化产业也就自然和必须要走中国特色社会主义的发展道路，而驱动在中国特色社会主义旗帜下和航向中的文化产业，则只能是以先进文化和健康有益文化为其基本内涵和主体导向的产业结构、生产形制和市场法则，只能是在追求美愉和效益共生、灵智和物质同在、精神和经济双赢的过程中，达臻生产规模化、实现利润最大化、趋求构体科学化、走向效能社会化，以便在着力发展重点文化产业、培养骨干文化企业、促动新兴文化业态、扩大对外文化贸易、实施重大项目带动战略、建设现代文化市场体系、积极扩大消费和加快文化产业园区与基地建设的同时，也使全民族的文化创造力空前高涨，国家的文化软实力不断加强，人民的基本文化权益得到更好保障，先进文化得到更大发展，社会文化生活更加丰富多彩，广大人民的精神风貌更加生气蓬勃、昂扬向上。

　　文化产业的发展必须与文化事业的发展相辅相成、互激互励、共济共荣，必须

在有效增强国家经济实力和国际竞争力的同时,亦能同样有效地激发全民族的创造力和提升人民大众的精神境界与文明素质,而绝不能是只在单纯和片面追求经济效益中率性地放弃和冷落对情愫的陶冶,对道德的提升,对思想的引导和对精神的构建,更不能在产业化的过程中为了追求利润骤长而不惜使精神受伤。

我们这样提出问题,并不仅仅只是一种防范和警示,而更多的还是从对实践中所出现的种种问题的深层次思考和针对性策应。因为正是在产业化的过程中,一些文化创造和文艺创作的主体精神导向与价值追求正在发生变化,文化产品的精神含量和美学意蕴越来越稀薄,追慕时尚标签和感官刺激的产品和作品越来越多,商业气息正在日甚一日地浸渍着文化的崇高与纯正,利欲追求也正在蠹蚀着文化的时代使命感和社会责任心。在这种情况下,种种不良倾向也随之而频出。诸如文化创造和文艺创作中的纯娱乐化倾向、去政治化倾向、纯商业化倾向、去民族化倾向、低俗和恶搞倾向、叛离和割裂倾向、争奇和骛怪倾向、玄幻和悬疑倾向、回避和抵牾倾向、浮华和浅悖倾向、颠覆传统和膜拜舶来倾向、崇信乖谬和拥趸不经倾向、淆乱价值标准和贬易文学尺度倾向、僭越艺术规律和置换审美法则倾向、用欲望取代愿望和以妄言冒充文本倾向、将道德与文学割裂和把文学与社会剥离倾向等。所有这一切,虽然名目繁多,但其源头和旨向却大抵都只有一个,那便是基于对物欲、金钱和肉体的向往与祈拜。而令人忧心和惊异的是,这种种先进文化的悖论、民族文化的异端、时代文化的发难者和革命文化的叛逆者,却往往是以造"热点"、找"卖点"、满足市场需求、实行商业运作和探究产业化路径为由而堂而皇之地走向广阔的社会和输入大众的心灵,在其获得巨大商业利润的同时,却也形成了对民族精神的灼痛和对社会良知的否决。

其实,产业化并不与低俗化如影随形;追求利润也并不与崇尚良知相互抵牾。在本质意义上和正常情况下,只有内涵丰富、导向正确、形式新颖、品质纯正、时代精神强烈、民族特点鲜明、艺术风格质朴、生活气息浓郁的文化产品和文化服务,才会是最有思想意义和社会效益,同时也才会是最具商业价值与市场潜力的。这从以往的《英雄儿女》《红岩》《周恩来》《生死抉择》,到后来的《西圣地》《戈壁母亲》《英雄时代》《潜伏》《大江东去》,再到而今的《解放》《复兴之路》《一路格桑花》《辛亥革命》《长白山下我的家》《营盘镇警事》等所有获得"双效益"的文化产品中,都可以得到有力的资证。

由此可见,那种以低俗化和庸俚化迎合市场的认识和做法,那种以矫饰和伪诈冒充时尚与"酷"的认识和做法,那种把精神内蕴和思想导向、审美意趣和认知效能、社会责任和时代使命、民族精神和大众情愫统统化解和消融在对利欲的追索之中的认识和做法，显然是既误读了文化的本质，又曲解了市场的法则。

振兴和发展文化产业不仅是历史的大律动和时代的大趋势，而且尤其是推动文化大发展大繁荣的重要引擎和实现经济跨越发展新的增长点，我们一定要积极参与和大力支持。正是在这个过程中，必须务求开拓、创新、循规律、走正路，始终坚持精神效益与市场利益的统一、道德建设与商业运作的统一、政治方向与价值取向的统一。只有这样，我们的文化产业才能实现快速而健康的发展，也才能如愿以偿地达到预期的效果和目标。

第 4 章
文化的民族个性与产业化途径

文化的民族个性与文化的产业化途径,在本质上是一种因果关系。文化的民族个性越突出、越鲜明、越浓烈,其产品(作品)在市场竞争中胜出的机遇就越多,可能性就越大;文化实现产业化的途径也就越通畅、越广阔。

但是,在我们的文化创造与文艺创作中,却常常会出现一种悖论,即:一面在探寻和追索文化的产业化途径与市场份额,另一面却在淡化和否抑文化的乡土特色与民族个性,并因此而限制和壅蔽了文化实现产业化的通途和文化产品对市场的有效占领。

走产业化的道路,是文化实现持久、快速和良性发展的必由之路。那么,路在何方呢? 路,就在我们脚下这民族的丰厚历史、肥沃土壤、多彩生活和改革大潮之中。

一

在现代社会中,文化不仅是对民族精神、人生智慧和淳尚道德的驱动与提升,而且也是实现经济发展的一项必备内容和不可或缺的支撑力量,是综合国力的重要成因和显赫标志,是一个国家和一个民族的"软实力"的主要载体和具体体现,它同时也代表着这个国家和民族的文明程度、进取力量和在发展中所达到的水平与高度。在任何形式的社会进步中,文化都既是内驱力,又是外促力;既是鼓风的帆樯,又是搏动的马达;既是精神的家园,又是物质的构体。正因为如此,在任何情况下,文化都不容缺失。对于一个健康的、发展的、充满活力与自信的国家与民族来说,文化的任何缺失,都会带来严重的后果。特别是在市场经济条件下,文化在精神与经济中的双重效能,更是无以旁代、相依互动、缺一不可。

正是在这一社会背景下,文化一反往日只作为精神与教化的语义表达,而成为同时涵寓着精神内容与经济内容的意识联动体和社会驱动链,成为一种全方位和多形态的智慧果实与文明载体,成为一种具有广泛意义和多维功能的发展润滑剂与社会推动力。于此情况下,当我们在说着文化的时候,我们也就同时是在说着经济了。这是文化意蕴与文化产业所赋予现代文化的崭新含义,这同时也就要求我们在实现文化自身的繁荣与发展中,必须积极探索和努力营构出一种最能释放文化能量与最能发挥文化功力的科学机制,特别是要通过强化和显化文化的民族个性而不断勘正和开拓文化的产业化途径,使文化的精神效能和经济效能在相依互促、相得益彰中,实现快速增值与有效提升。

通过强化和显化文化的民族个性而不断勘正和开拓文化的产业化途径,既是一个文化的时代命题,同时又是我们在构建中国特色社会主义文化过程中所遇到的一个实际问题。只有对这个问题有了正确的认识和科学的实践,我们的文化产业才能在广阔的道路上得到长足的发展。因为这个问题的本质既反映了文化的内在规律性,又涉及文化的现实趋向性,直接关系着文化在实现产业化过程中的方法、方向和道路。所谓文化产业,就是按照经济的法则和方式而进行规模化和市场化的文化生产与营销,但由于文化自身所具有的不同于物质生产和物质产品的特点与效能,从而又使文化产业本能地与通常意义上的一般"产业"有所区别,这便造成了文化产业不同于其他产业的特殊性。任何文化产业的有效实现,都必然和必须是对产业的一般特征和文化自身的特殊性的有机结合与有效驱动,都必然和必须是在对产业规律和文化规律的正确认识、深刻理解的基础上所进行的规模化生产与创造性劳动。

只有在具备了这个前提的情况下,才谈得上对文化实现产业化所应当选择和提供什么样的文化产品,以及应当按照什么样的标准和采用什么样的方法来选择和提供这些文化产品。

正是在这个问题上,人们往往容易陷入误区,以至于在急切地将文化推向市场的过程中,却在认识和实践中频频遭遇盲点和惑点,乃至由于文化选择的失当而造成文化产业的败迹。这种盲点和惑点,概括起来,主要表现在以下六个方面:

一是从反文化中追求产业化。这主要表现在一些文化产品和文艺创作的低俗化、嬉谑化和过分的单纯的乃至消极的娱乐化,其结果不仅降低了文化的道德品位,而且也消解了文化的文明内涵,从而使文化的本质叛离了文化的形象,文化的

内核逃逸了文化的躯壳，文化的效能违逆了文化的旨归。

二是从反传统中追求产业化。这主要表现在一些文化产品和文艺创作对优秀民族传统、优秀文化遗存、优秀思想结晶、优秀伦理范式、优秀学术成果、优秀精神积累等，采取了误读和肢解、否抑和摈弃的态度，从而使我们的文化失去了历史的厚度和思想的深度，失去了精神的依托和心灵的归附，乃至变为无根的文化浮萍和离散的文化孤魂。读这些作品，不仅会让人有一种莫名其妙的飘忽感，而且还会令人产生一种无可奈何的离心力。

三是从自我异化中追求产业化。这主要表现在一些文化产品和文艺创作在多元文化架构和全球文化流动的快频转换与超常跨越中，由于意识眩晕而造成一时的迷失自我，面对诸象纷纭的文化生态，大有看不见路、找不到北的感觉，以致随波逐流、随遇而安、随意而取、随境而适，从而使我们的文化由于失却主体而变得个性消泯、特色散佚、光彩黯然，以至于成为似是而非的文化另类。

四是从盲目媚外中追求产业化。这主要表现在一些文化产品和文艺创作接受"全球文化同质化""全球文化漂移说"和混沌理论所炫示的"蝴蝶效应"，而把全球文化的交流与交融误读和误植为全球文化趋同化、西方文化主流化、民族文化消匿化和个性文化内敛化，并由此而产生了盲目媚外的文化匍匐主义，把后现代主义文化奉为当今世界文化的至高与至范，极力予以采集和效法，有的甚至到了唯西学所论是听，唯西人所言是信，唯西文所创是矩，仿佛只有西方文化才是当今世界文化的唯一领跑者和风向标，才是最值得中国文化倾力效颦的时尚与顶礼膜拜的偶像。否则，就会引致所谓的"文明之冲突"。

五是从解构民族精神中追求产业化。这主要表现在一些文化产品和文艺创作缺乏崇信和弘扬民族精神的自觉性与驭握力，常常流露出一种对民族精神的消解与鄙夷情绪，不是深刻地发掘和艺术地表现民族文化所秉有的深邃而丰博、崇高而宏伟的民族精神，以及涵注于这种民族精神之中的诸如"天人合一""天下为公""和而不同""仁者爱人""厚德载物""变法革新"等进步思想和爱国、恤民、自强、自励、坚韧、勤奋、俭朴、淳真等高尚品格，而是以不同的方式将这些民族精神肢解到以至变形，误诠到以至篡义，淡化到以至消失，并以演绎不完、戏说不尽的前廷秘史、后宫韵事、权力场上的勾心斗角、男欢女爱和充满工具实用性与欲望引逗力的所谓后现代解读而代之。

六是从销铄社会担当中追求产业化。这主要表现在一些文化产品和文艺创作在利益的驱动下，纯粹把精神产品和艺术创造当成了牟利的营生与手段，当成了赚钱的途径和工具。它们不是以积极的社会内容与优美的艺术形式启发和引导受众，使之为民族大义、百姓福祉和国家振兴而奋然前行、勇敢担当，而是用琐屑的饶舌和浑俚的油滑，为读者的心灵蒙上灰色的布幔；以卑庸的讪笑和无稽的调侃，使观众误入精神的黑洞；从对人生意义和生活本质的"柔性感应"中动摇人们的理想信念，稀释人们对国家、社会、民族和人民的使命感与责任心。

显然，以上旨在追求产业化的种种文化意识与文化行为、文化方法与文化手段、文化道路与文化途径，虽然各不相同，但其在总体趋向和终极效果上，则都是要通过淡化、消解和摈弃文化的民族个性而达到追求和实现文化产业化的目的。尽管这种愿望是好的，但结果却必然会是南辕北辙、事与愿违。何以然呢？就因为他们在走向目的地的方向和方法上，出了偏差。列宁说过，在一定条件下，形式和方法也是本质的。我们的一些文化创造和文艺创作，之所以在追求产业化的道路上屡遭蹉跎，并不是因其追求文化的产业化和追求文化的市场效益不对，而是因为在具体实现过程中的方向、方法和道路不对。其实，造成这种败迹的原因并不复杂，从根本上讲，就是没有认识到突出文化的乡土特征和民族个性对于实现文化的产业化所具有的特殊功能与巨大作用。

二

突出文化的民族个性和自身优势，之所以能够在发展文化产业中起到特殊而巨大的作用，这不仅是由文化的特性和优势使然，而且也是由文化自身的法则和规律使然。文化的真正价值与魅力，就在于它的个性化的创造精神和独诣佳境的创新成果。而文化的这种个性化的创造精神和创新成果的原始基础与元初胚胎，则就涵蕴于文化的民族个性之中。任何文化都不是空穴来风，都注定是要由特定民族的特定历史与特定生活所形成。正是在这个过程中，自然而又必然地塑造了不同民族之文化的鲜明个性与特征，并因此而使世界上的文化如此丰富多彩，同时也为文化在更大范围内和更高层次上实现创造与创新开辟了广阔的天地，提供了丰富的资源。在任何时候，实现文化的繁荣与发展的本质意义与实际内容，都是要锐意强化和大力提升文化的这种天然的历史的民族个性与优势特征，而绝不是也绝不能是淡化和消泯这种个性和特征。否则，就是对文化的本质特征和内在规律的违逆，就会是抱着播下龙种的宏愿而得到收获跳蚤的结果。不是么？那些旨在发展文化产业、决意胜出市场竞争的文化创造者们，不就是因为违逆了这一文化

的本质特征和内在规律而终于难得如愿以偿么！

特别是对于我们博大精深、源远流长的中华文化来说，这一本质特征和内在规律尤其不可违逆。因为我们的民族文化不仅是世界上最富厚的文化之一，而且也是世界上最优秀的文化之一。我们的民族文化就像一座储量极其丰富的金矿一样，有着永远也挖掘不尽的宝藏。只要我们努力挖，善于挖，挖得好，我们就一定能够获得预期的收获。这已经屡被不争的事实所证明。鲁迅、郭沫若、巴金、老舍、周立波、赵树理、徐悲鸿、冼星海、梅兰芳等文化领域中所有的卓然有成者，哪个不是由我们民族文化的乳汁所哺育和培埴。郭沫若仅在抗日战争的烽火岁月中，就通过挖掘民族文化宝藏而接连创作了《屈原》《虎符》《高渐离》《棠棣之花》《孔雀胆》《南冠草》等瑰丽篇章，既有力地配合了抗战，又为中国文化宝库平添了新的辉煌。周立波是两次荣获斯大林文艺奖的人民作家，而他的文化底蕴却是在龙洲书院、岳麓书院和上海的亭子间，由以湖湘文化和革命文化为主的民族文化积储历练而成的。赵树理作为中国民族民间文化的杰出代表，他对民族文化的承传、汲取与提升，几乎是无时无处不体现在他的作品里，不渗透在他的灵魂中。鲁迅、巴金、老舍等人，都是喝过洋墨水的文学大家，但他们的灵魂和心愫却始终是由最纯正的中国民族文化所砌筑和所涵育，并且经时愈酽，历久弥坚。在中国当代文学中，从《林海雪原》《创业史》《红旗谱》等，到《白鹿原》《国家干部》《人间正道》《英雄时代》《张居正》《历史的天空》《八月桂花香》《蛙》《一句顶一万句》等，举凡受到社会认同和读者喜爱的作品，无一不是中国民族文化在观照现实社会变革和钤印历史步痕的过程中所铸成的时代结晶与艺术宏构。

这种现象，并不是文化的个例，也不是文化的偶然，而是一个文化创造和文艺创作的法则与规律。既如此，它就具有超越时空和地域的广泛针对性和普遍指导意义。在这里，我们一定要厘清一个问题，切实使混沌变为澄清，那就是文化的全球化并不是文化的同质化，而恰恰倒是文化的异质交流与传播的广泛化。而文化的广泛交流与传播，也并不是主流文化与非主流文化、强势文化与弱势文化、时尚文化与传统文化、消费文化与人文文化等的对立与冲突，更不是相互倾轧和彼此吞噬。恰恰相反，它们倒是在相互汲取和不断丰富中各自实现着属于它们自己的提升与发展，共同达到互补与完备。由于文化不同于经济，精神不同于物质，所以，对于文化来说，越是全球化，就越要个性化；越是互融化，就越要民族化；越是优胜劣汰，就越要锐意创新；越是竞争激烈，就越要强化自身。那种面对时尚文化而亦步亦趋，面对强势文化而自惭形秽，面对流行文化而随波逐流，面对霸权文化而卑躬屈膝,并许诺要以软化和摈弃民族文化和先进文化为前提而相向之和相报之的意识与行为,不仅是不切实际的,而且也是不负责任的。

面对世界文化的激烈竞争与格局频变,我们对自己的民族文化当然要有一种自省,但首先和始终更应当要有一种自信。我们既要以远大的眼光和宽广的襟怀,积极审视、择漉和汲取世界上一切民族所创造的一切优秀文化,更要把这些所汲取来的域外优秀文化真正变为丰富和强化我们民族文化自身的水分与养料,从而达到有效发展和卓然提升我们民族文化的目的,而绝不是要被动地去充当他文化的仆从,更不是要被他文化所同化、吞噬和易质,以至于在眩惑自我和失去自我中将我们民族文化的个性、特点与优势涤荡殆尽,使我们在多元文化并存与竞争的世界文化格局中沦为一个无根的族群。

其实,就在我们的一些文化创造者和文艺创作者们鄙薄和摈弃民族文化,而对西方文化景仰有加、囫囵纳取、刻意摹袭的时候,西方世界却把关注和钦佩的目光投向了中国文化,并将蕴涵于其中的丰富内容、鲜明个性和强大优势视为可供无限采撷和再度创作的无限文化之源。在《花木兰》和《孙悟空》中的主人翁早已成为西方观众审美视野中的当红人物之后,《狄仁杰》《天仙配》《杨家将》《西游记》《孙子兵法》《成吉思汗》等中国传统文化精品与文学佳构,也将会被陆续贴上好莱坞的标签而风靡世界。好莱坞知名制片人彼得·罗昇信心十足地说,他们不但要从中国民族文化中掘"美",而且要从中国民族文化中掘"金",这些中国人耳熟能详的故事在被制成好莱坞大片之后,一定能够形成产业化的气势和规模。至于在东方汉语文化圈中,中国民族文化的辐射面和影响力就更是极为广泛和深刻了。特别是"韩流"的汹涌,可以说是把中国文化的内蕴精神表现到了极致。尽管韩剧中的故事情节和社会场景皆为韩国的和现代的,但融注于其中的思想观念、人情世理、生活习俗、道德准则、伦理矩制、思维范式等,则一应都是对中国民族传统文化的复制、延伸与创新,特别是通过对剧情的发展和人物形象的塑造,更是把儒家文化的精髓表现得出神入化、淋漓尽致。这就启示我们,中国的民族文化不但具有丰富的内蕴、恒久的价值、广泛的适用性和极强的再生能力,而且具有与西方现代工业文明和当代信息社会的高度契合性与强大亲和力。它同时也证明了这样一个事实:即在文化全球化的过程中,面对全球化与本土化的冲突,传统伦理与现代文明的冲突,东西方价值观与审美观的冲突,我们的民族文化不仅可以完全适应,而且还能够从协调互济中卓拔立世、脱颖而出、熠然闪光,铸成赋有强大艺术魅力和现代品格的文化精品。

西方和东方都能够利用中国极其丰富的民族文化资源,卓有成效地进行新的文化增值与艺术创造,以至于极为成功地把文化产业做强、做大,而作为中国民族文化之主人的我们,又为什么要对民族文化妄加"保守、陈旧、落后"的恶谥,而率然弃之,同时又把大兴文化产业的殷切期待,寄望于西方后现代主义文化呢?这的确是值得深长思之的,尤其值得进行深刻的反省,很有必要从我们的文化心态、文化坐标、文化旨向、文化追求、文化思维方式和文化价值观念上把把脉理,找找原因。

只要我们将脉理把准了,将原因找对了,我们就会调整心态,重新定位;振奋精神,淬冶精品;回归本源,更图创新。是的,我们一定能够从迷失中找到自我,从异化中归真返璞,从寻觅中勘正方向,从惶惑中坚定步伐,信心百倍而又绩效显赫地走向文化的新境界,真正以我们富有个性魅力和优势特点的民族文化,营构出同样真正属于我们自己的兴旺发达的全新的文化生态与文化产业。

第 *5* 章
文艺创作是文化产业的芯源与引擎

文艺创作是文化产业的芯源与引擎。所以,要正确认识和把控文化产业的现实业态与发展前景,就必须首先正确认识和科学评析文艺创作的主体形态与现实走向。

一

文化产业是一个泛概念,其核心意蕴是从产业视阈来认识和规范文化产品的创意、制作、营销、流通等一条龙链式生产与消费过程。而在这个过程中,文艺创作不仅是母体,而且是酵体。它往往有着很大的膨化与延伸空间,乃至进入产业链的绝大多数生产和消费项目,在本质上就都是文艺创作的孳生物与衍生品。

基于此,在文化产业中唱主角的电影、戏剧、电视剧、歌曲、唱片、图书、曲艺、绘画等,就都是以文艺创作作为蓝本与源流的。美国之所以是世界文化产业大国,其主要标志就是它不仅占取了全世界 56% 的广播和有线电视收入、85% 的收费电视收入、55% 的电视票房收入和 36% 的电影票房收入,而且仅在 2010 年一年之中就发行图书 31 亿册,发行唱片 17.3 亿张。所有这些,不就皆属于文艺创作的延伸产品和对文艺作品的深度开发么!作为亚洲文化产业大国的日本和韩国,其产业项目就更是以动漫和影视制作作为龙头和支柱了,以至形成令人刮目相看的“日风”劲吹与“韩流”飙起现象。

显然,在任何时候和任何情况下,文化产业的业态和走向就都是要以相应的文艺创作作为其赖以存世的主脉与发展动力的。

因此,要正确认识、准确把握和科学预测文化产业的现实状态与发展前景,就

首先必须把脉文艺创作。只有在全面把握、正确认知和辩证评骘了文艺创作的现实形态与质态及其潜能与走向之后，才有可能对文化产业的今天和今后获得一个全面的认识、科学的调控和正确的驱动。

正是在这个意义上，我们很有必要以文艺创作的现实状态作为切入点，层层深入地对之进行评析和论证，并通过这样的评析和论证从本质上进一步透视和展望我国文化产业发展的现状与前景。

二

文艺创作是对社会变革和时代发展的艺术反映。因此，什么样的生活和时代，就注定会产生什么样的文艺作品，亦即哲学意义上的存在决定意识。

我们既处于改革开放和跨越发展的大变革时代，那也就必定和必然会在文艺创作上迎来硕果累累的丰收季。因为大变革、大发展的时代不仅会为鸿篇巨制、精品佳作的产生提供条件和土壤，而且还会为作家艺术家们的创造性劳动输送养料和激发灵感，并在此基础上形成充沛的创作激情和旺盛的艺术生产力。

事实上，呈现在我们面前的文艺景象，不正是"姹紫嫣红看不尽，满目春色不胜收"么！

任何事物的有效构成，都是质与量的辩证统一。对于文艺创作来说，尤其如此。因为创作是一种复杂的艺术化的精神劳动，是一个对思想和生活不断体验、积累和磨砺的过程，实际上也就是由量的积累达到质的飞跃的过程。所以，以量臻优、量中求质，向来就是文艺创作走向繁荣与发展的普遍现象和基本规律，这同时也便决定了创作量的增加无疑是文艺繁荣的基础性标志。

而今，我国每年出版的图书都在 30 万种以上，正式出版的文艺类报刊则有上千种。每年创作和生产的电影有 400 多部；电视剧有 500 多部，长达 14000 余集；正式出版的长篇小说有 2000 多部；歌曲有 20000 多首。在诗歌创作方面数量更是惊人，大体上每年都有几百万首新作问世。至于通过网络发表的各类文学作品，那就数量更大了，动辄即以百万、千万计，其中光是网络长篇小说每年就有数万部，文字总量超过 60 亿。各种文艺演出的类别、数量、剧目和场次，也都在不断扩大，节节攀升。仅在北京一地，每年就有 300 多个小剧场剧目在上演。此外，戏曲、绘画、书法、曲艺、音乐、舞蹈、文博、会展等方面的创作与活动，也都呈现出空前的繁荣与兴盛，不仅新作层出不穷，而且精品频仍出现，大有"潮逐浪涌任翻跹"之势。

在创作量不断攀升的同时,文艺的辐射面和影响力也越来越广泛、越深刻。我国影视作品的观众量和收视率长期居于世界前列;文艺作品的发行量和翻译语种,也都在逐年增加和不断扩大。其中,仅欧洲各主要语种译介的中国当代文学作品,就已达500余种。而有作品被译成外文的中国当代作家早已超过了300名。特别是有不少长篇小说的发行量都在5万册以上,像以《狼图腾》为代表的一批纯文学作品的发行量,竟创下了突破百万册大关的新纪录。其他如《白鹿原》《古船》《笨花》《尘埃落定》《平凡的世界》《浮躁》《红高粱家族》等长篇小说,在发行量上也都创下了不俗的业绩。至于网络小说,其每一部点击率基本上都在200万次以上,有的甚至超过了1000万次。

正是在文艺创作的数量激增、辐射面和影响力日益扩大的背景下,精品佳作也如雨后春笋般蝉联亮相。文艺的各个方面和各种领域,都频有内容庄尚、思想厚重、意蕴丰赡的熠世之作走向社会,引起大众和学界的高度关注与好评。这些作品,均以其美好的意趣、正确的导向和精湛的艺术而赢得了受众的广泛接纳与一致认同。特别是其中一些领衔之作,更是秉具富于时代精神的生命活力与艺术魅力,非常自觉和自如地展现了深刻的生活体验与博大的思想情怀。其作者在世界文化理念和民族文化传统的交织与对接中,极具创新意识和个性特色地彰显了社会变革的轨迹与人性升跃的步幅,使受众从中既能准确地认识历史,又能客观地把握现实,并通过这些作品不断地增强民族自豪感和扩大对世界的包容性,从而起到为实现民族复兴而提振精神、熠燃热情和积蓄力量的积极作用。

文艺作品能够具有这样的品格和发挥这样的作用,足见其不仅实现了量的丰收,而且也达臻了质的上乘。对于此,新近备受瞩目的"第八届茅盾文学奖"和"第二十八届中国电视剧飞天奖"的入选作品,便是有力的佐证。

茅盾文学奖四年一届。这就意味着此次获奖的5部作品实际上是从近万部长篇小说中遴选出来的。尽管这5部长篇小说远不是四年来所产生的优秀作品的全部,但作为一种典范、一种标志和一种导向,这5部长篇小说无疑代表了这一时期诸多优秀作品的艺术旨趣、审美追求和精神灌注,是这一时期小说创作中具有典范意义的艺术集萃与思想结晶。而这些作品所突出表现的,则是精神境界的高远和思想阈限的开拓,是艺术触角的广涉和美学谱系的提升,是全球视野的淡定和民族意识的炽燃,是个人风格的成熟和文本意蕴的嬗变,特别是其对时代、社会、生活与人性的认知和把握都进一步具有了科学尺度与理性思维,并因此而得以游刃有余地赋予了这些作品以丰富的内涵和巨大的张力。

这便是新一届"茅盾文学奖"获奖作品的质量标识,而这质量标识所涵蕴和所凸显的,则是我国文学创作在总体形态上的新特点与大趋势。

回望改革开放 30 多年来的文学发展之路径,我们不能不认为它确是在一步步地走向成熟和淳雅,一步步地跨越裂谷和跻臻高峰。当那种初获解放的狂欢式的非理性生长和近乎原生态的叙事方式与文本摹袭同我们渐行渐远的时候,取而代之的则是一种具有时代禀赋和个性特色的文学的自觉与自信,其突出表现便是对生活的开掘越来越深,对时代的把握越来越准,对精神内蕴的认识越来越高。与此同时,作家个性化的叙事方式和艺术风格的渐趋娴稔,以及在表现生活和塑造人物时的手法多样与文笔老到、语境丰盈与神韵妙合、分寸恰切与表里照应、意趣盎然与情愫飞扬等,也都为文学精品的产生创设了极为有利的主体条件。如果说在新时期之初和之中曾经一度出现过粗放式的"井喷"现象、原汁原味式的"写实"现象、在每个作家甚至在每篇作品背后都晃动着一个西方现代主义作家的影子的现象,那么,现在我们则可以自豪地说:"这一切都已成为历史"。因为对于越来越走向成熟和具有自信的中国文学来说,其最大的特点和亮点,就是已经完成了并在更高层次上进一步完成着具有世界眼光和中国气派的独特的个性化的艺术创造。

毋庸置疑,新一届"茅盾文学奖"的闪亮登场,就正是对这种艺术创造的检阅与展示。

当然,与茅盾文学奖相偕并伍的第二十八届中国电视剧飞天奖的获奖作品,也同样是参加这一壮伟检阅和豪华展示的别一劲旅。与小说相比,电视剧的传播速度和辐射空间自然要快捷和宽广得多。也就是说,在文化积累和精神创造层面上,小说占据优势。而在快速占领社会文化视阈、即时传播时代精神图谱和灵活捕捉大众审美热点方面,则显然是电视剧得天独厚。本届飞天奖的参评剧目多达161 部,共 5655 集。这不仅比上一届增加了 500 多集,而且其中题材重大、制作精良的长篇电视剧占了很大比重。像以宏大叙事和壮伟气度着力再现历史事件与世纪伟人之本真性格和非凡业绩的《解放》《沂蒙》《毛岸英》《红色摇篮》《解放大西南》《五星红旗迎风飘扬》;以生动情节、精彩叙事、睿智决策和可人形象,近距离反映社会热点、家庭伦理和大众诉求的《老大的幸福》《我的青春谁做主》《媳妇的美好时代》;以穿越现实和感悟人生为特点,而开阔有度地表现生命之创痛与坚贞和心灵之隐忍与豁达的《兵峰》《我是特种兵》《一路格桑花》等,就都是思想内容和艺术气质俱佳的精致之作,不仅表现了电视剧创作的高水平,而且也代表了电视剧发展的新走向。

　　尽管任何评奖都会有遗珠之憾，但它毕竟是一次对精品创作的全方位选拔和集合性亮相。正是在这个意义上，我们从对获奖作品的审视与评析中所得到的总体印象和典型认知，就不仅是对中国文艺之现实形态和总体风貌的全面领略，而且更是对中国文艺之发展趋势和未来走向的准确把握。这也就是说，无论从"纵"的方面作线性比较，抑或从"横"的方向做扇式扫描，我们的文艺创作所呈现的，都是一种盛景；所达到的，都是一个峰值。

三

　　面对丰饶而富于创新性和成就感的时代文艺景观与现实文化生态，颔首认同者有之，拊掌称颂者有之，不置可否乃至不为所动和不予首肯者亦有之。为什么对于如此洞若观火的事实，人们却会有不尽相同甚至完全不同的反应和认识呢？这主要是由一些云翳遮蔽和认知误区造成的，当然也有视阈局限和观念差异的原因。尽管见仁见智历来就是文艺作品和文化状况评判中的一种常见现象，也是正常现象。但以解读和阐释的方式对之进行拨翳纠谬，以求返璞归真，也还是必要的和可行的。概括起来，大体有以下几种情形和原因：

　　一是"量、质对立"。

　　人们在评判文艺作品时，往往容易陷入一种习惯性思维，即把量与质对立起来看，下意识地认为量大必然质差。这其实是一个认识误区。文艺创作的量与质就像一座金字塔，注定是要下大上小的。因为只有在充分的量的基础上才能形成和托举辉煌的顶端，即精品佳作。否则，如果没有一定的量，优秀作品也就很难产生。因为一部优秀的作品，往往都是多年积累的成果和反复修改的产物，而决非天马行空，一挥而就。即如新近获得茅盾文学奖的 5 部长篇小说，就无一不是作者多年生活积累的结晶、长期思想认知的凝聚和丰富创作经验的体现。《天行者》是早年问世的《凤凰琴》的扩展与续写；《蛙》是作者所长期经营的高密系列乃至姑姑系列小说的深度发挥。至于《你在高原》《推拿》《一句顶一万句》，则无论在生活基础、美学文本和叙事方式上，都是作者此前一系列小说创作的美学提炼与思想荟萃。这说明，只有在长期历练和积累的过程中，才会为精品问世创设条件，也才会实现质的飞跃。有时候，甚至数量丰盈的本身就是优秀作品得以创造和存续的别一种机制与方式。所以，在文艺创作中，量与质不仅具有因果关系，而且更是一种高度的

辩证统一。这种现象,在先秦时期,在欧洲的文艺复兴时期,在中国的"五四"至20世纪30年代,都曾出现过。

二是"以偏概全"。

在现时代,不仅文艺的创作量越来越大,而且其体例、格制和表现形式也都越来越多。于此情况下,出现一些低俗作品和艺术粗劣、思想质量不高的精神疣物,在所难免。水至清,则无鱼嘛!但我们在认识和评判创作得失与文艺形势的时候,却绝不可以点代面,以偏概全,以一眚而掩大德。文艺创作不仅是一种个体化的艺术劳动,而且还是一种个性化的精神创造,其主体和客体都具有极大的差异性和自由度。这就决定了我们既不能用一把尺子去要求作者,又不宜用一个标准去衡量作品。因为文艺最忌讳模式化和单一化。创作繁荣与发展的一个重要标志和前提条件,就是思想解放、艺术自由,允许、支持和鼓励个性化与特色化的创作,并积极创造条件力促不同题材、不同形式、不同风格和不同艺术追求的各类作品都能够自由开放、相互竞争。只有这样,才是优秀作品得以产生的良好氛围和适宜环境。但也正是在这个过程中,往往会伴随着大量优秀作品的出现而偶生庸品与俗物。这不仅难以避免,而且也无伤大雅。从某种意义上说,它还能起到提醒和防疫的作用,全然与对文艺形势和创作质量的评价毫无干系,就像在当年的大革命时代,张资平用以示秽的"△"小说的出现,不仅不影响以鲁迅、郭沫若、茅盾为主将而掀起"为人生"之文学大潮的雄起,反而倒以别一种方式让人们保持警惕和清醒。特别是在尔后的历史沉淀中,其是非曲直不就愈来愈洞若观火、泾渭分明了么!

三是"坐标失当"。

鲁迅说过,"比较"是个"好方子"①。对任何事物的评判及其臧否,都是相比较而言的。既如此,就首先需要有一个坐标和参照系。那么,认识和评判当今文艺创作的坐标和参照系又是什么呢?恐怕许多人都是既明确,又模糊,始终影影绰绰的,只是在下意识和潜意识的作用下进行着概率式的对标活动。如此这般,当然就很难得出剀切的结论了。其实,若拿我们现今的文艺创作形势和成就与欧洲的文艺复兴时期比,与19至20世纪初叶的俄罗斯文学创作比,与20世纪30年代的上海滩文化圈比,应该说都是毫不逊色的,至少也是旗鼓相当,各有千秋。要知道,我们今天在巨大的创作量背后所涌动着的,不仅是高涨的创作激情,而且更有一

————————

① 鲁迅:《且介亭杂文·随便翻翻》,人民文学出版社1973年版,第111页。

支浩浩荡荡的创作大军。中国作家协会的会员人数已逾八千,加上各省(市)、区的作协会员,从事文学创作的骨干力量已有数十万之众。如果再加上各级文联的各种文艺协会的会员,显见从事艺术创作的骨干力量更为庞大。而但凡参加作协和文联各协会,都是有着对相应的创作能力和创作量的硬性要求的。这至少说明,我们今天所拥有的骨干创作力量乃是绝对空前的。仅以中国作家协会会员人数与30年前相比,就已增加了10倍还多。生产力是决定生产量和生产值的核心要素,这也便决定了我们今天文艺创作量的激增,实在是一种必然和自然。当然,最实质性的比较,还是作品的思想水平与艺术质量。对于此,我们可以毫无赧色地说,现今无论在文学或者艺术创作上所达到的标准与水平,都是深孚史望的。特别是在小说创作上更具实力,也更有精品。只是由于作品量大而导致阅读分散和焦点稀释,才使人们在短期内无法对所有作品做出中肯的质量判断。不过,这并不影响精品佳作的客观存在。应当相信,在岁月的磨砺与检验中,人们定将会逐步认识其价值,并将之与历代名著共添优列,同纳华堂。

四是"时空错位"。

生活是变化的,时代是发展的,社会是进步的。作为对生活、时代和社会进行典范缩微与审美再现的文艺创作,自然是要与之相契合、相印证的。这就要求我们在认识和评析文艺现象与文艺作品时,必须运用一种发展的眼光、动态的元素和趋新的意识,而不能把着眼点和评价尺度一成不变地定格在某个历史刻度上,以致造成"用老瓶子装新酒"的历史性误会。《文心雕龙》所讲的"诗文代变",就是针对这种情况而开出的有效"药方"。事实上,文艺形态和审美标准的流变,乃是亘古就有的不贰法则。所以,当我们审视和评判现今的文艺创作和文化现象时,一定要更新观念、变革尺度,突出当下性和在场性,既不能同历史上和世界上的某种文艺现象硬比,也不能用曾经流行过的某个观点或某种尺度硬套。因为无论是历史上的某一文艺盛世与盛典,抑或是曾经一度操控文艺潮流的某一观念与学说,都只是一个辉煌的历史存在,而并不完全适合甚至完全不适合用作认知和评价我们现今文艺创作与文艺现象的套路和绳墨。否则,就会落入时空错位的认识论陷阱。为了回归正确的认知与评判,我们必须面对现实,承认事实,求真务实,坚定地站在面向世界、面向未来、面向大众的中国特色社会主义文艺的立场上。只有这样,才能避免出现"不识庐山真面目,只缘身在此山中"的尴尬。

五是"浅尝辄止"。

在任何时候对任何事物仅凭感觉所下的结论,都是靠不住的。而人们对文艺

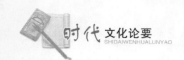

创作之形势与走向的认识和判断,则恰恰在许多时候都是靠感觉的。不是人们不认真对待,而是确因量大时少,实在难以顾及全面。于是,浅尝辄止就成了如今认识和评判文艺创作的一种虽不正常,但却常态化了的工作状貌。想想看,纯文学报刊有上千种,长篇小说每年的出版量有 2000 余部,加上网络创作的铺天盖地和影视作品的蜂拥而至,谁能有时间和精力对之一一过目、细细品读呢!更何况信息时代本来就视野宽、看点多,人们阅赏的对象和目标既庞大,又分散。在这种情况下,要求人们仔细阅读哪怕是出版物总量的十分之一,恐怕都是不可能做到的。所以,在认识和评判时下的文艺创作时,便只能是靠感觉、凭印象了,而感觉和印象的文本源头相对于全部作品本身来说,却是相当片面和狭窄的,这就难免要使其感觉和印象发生偏颇和误差。其实,这种情况在历史上也并不鲜见。每逢盛世,必有创作高峰期和爆发期的到来,作者和作品的大量涌现,委实令人难以卒读和细品,所以要对之全面认识和准确把握,就会有一定的难度。不过,这并不妨碍精品佳作的存世与价值。一待经过时间沉淀,便自会有精准的选择和中肯的评价。就像历史上的李白和杜甫一样,他们的诗在他们的当世并不被看好。公元 744 年所编选的历史上第一个唐诗权威选本《国秀集》,共辑诗 220 首,却连李、杜的一首诗也没有选入。直至到了清朝,李、杜的诗才逐渐受到推崇,并被荐入一流诗人的行列,其诗歌的创新价值和人民性也才被发掘出来,并得到广泛认同和高度评价。看来,岁月淘洗和历史沉淀确实是一个好法子,只要是金子,总会发光的。

六是"先入为主"。

多元化、多样化、信息对等交流和主体参与意识增强,是改革开放时代的一大特点。在这一时代背景下,对文艺作品和文化形态的认识与评析自然就会见解多、散点广、分歧大,这无疑是一种令人欣喜的好现象。因为它不仅显示出参与主体的自主意识增强了,而且标志着社会群体的审美标准和审美水平提高了。既有自主意识和独立见解,又能自觉而积极地参与到对文艺创作和文化形态的社会评析活动中去,这本身就是社会文化形态的一种进步标志和良性表现。所以,对于所出现的认识分歧和评价褊仄,都既无需感到诧异,更不必强求一致。不过,在另一意义上,我们也需要防止由于这种分歧和褊仄在特定情境中所形成的个人偏见,会以先入为主的方式进入到社会评价体系之中,以至影响正确结论和舆论的适时形成与正常传播。这便是事物的两面性。而我们的责任,则始终都是必须积极而主动地向着正确的一面实现归附和靠拢。

七是"评介缺如"。

文艺评论与文艺创作,从来都是促使文艺事业得以奋翮高翔的两翼。因为创作主要是对生活的切身感知和艺术表诸,而评论则是对作品的理性分析与能动引导。正是在这个意义上,任何创作都是须臾不可背离评论的伴随与辅佐的。然而,在我们的现实文艺生态环境中,创作与评论的失重和失衡,却是一个不争的事实。一方面是创作队伍和创作量的快速增长与超常发展,而另一方面却是评论队伍和评论效能的不济与乏力。这两个方面的不相匹配所造成的后果之一,就是不仅使创作在一定程度上处于荒芜状态,而且更造成了文艺创作尤其是精品力作在相当范围内与大众和社会的隔膜与疏远。当然,文艺评论的不济和乏力,绝不仅仅是队伍小和成果少,而是更在于其自身的深刻性和正确性的缺失。相对于队伍小和成果少而言,这种深刻性和正确性的缺失更为不利于发挥文艺评论的功能与效益。鲁迅说过,批评家必须"真懂得社会科学及其文艺理论"①、"必须坏处说坏,好处说好"②。应该说这是对文艺批评的基本要求,也是文艺批评之所以能够有为、有用、有益的起码素质与必备条件。但是,以我们现在的实际情况而言,显然是与这个基本要求有相当距离的。其中,取向多元、主义失真、见解偏畸、行文浅悖以及所谓的贵族评论、人情评论、有偿评论、非主流评论、实用主义评论等的流行,就显然是难以起到文艺评论所应起和能起的积极作用的。自然,其对有效地评介作品也就不会产生任何助力了。所以,加强文艺评论的关键,不仅在于要壮大队伍,增加产量,而且尤其在于要端正方向,提高质量。

　　八是"自信不足"。

　　自信,不仅是一个国家、民族和政党的文化内涵与文明素质,而且更是其承接历史、开启未来的精神资本与力量源泉。同样,在文化问题上,自信从来就是不可或缺的。我们要正确认识和评判文艺创作的形势与成就,就必须要具有高度的文化自觉和文化自信。而要具有高度的文化自觉与文化自信,则又笃定要在民族传统文化与世界优秀文化的交融和互补中创造出我们时代的先进文化。这些年来,我们的文艺创作就是这样一程一程地走过来的,所以它便本能地赋有了丰富、质朴、开放而灵睿的特点,其历史感与包容性、民族情与世界心、乡土味与舶来韵的有效对接和高度化合,已经结出了累累果实。创作的连年丰收,就正是这种果实的具体呈现。显然,中国文艺在探寻蹊径和回归本真的道路上,不仅找到了自我,而

---

① 鲁迅:《二心集·我们要批评家》,人民文学出版社 1973 年版,第 41 页。
② 鲁迅:《南腔北调集·我怎么做起小说来》,人民文学出版社 1973 年版,第 84 页。

且也走向了世界,并成为世界文艺的璀璨一页和重要构体。因此,我们应当自信,我们也有资格、有条件充满自信。作为世界文艺的中国谱系,我们已经做到的和正在做着的,就都是辉煌的集结与全新的创造。尽管在对创新的不懈追求中,我们要做的工作还很多,要走的路还很长,但毕竟我们在攀援中业已到达了一片开阔地、进入了一个新境界。在世界文艺的舞台上,我们一方面凭靠自己的实力和实绩而确立了既定的位置,另一方面则依恃足以令全球瞩目和赞赏的文化贡献而赢得了不容忽视的话语权。今天的中国文艺,比以往任何时候都更对大众有泽惠,更为世界所看重。

这,就是我们文化自信的力源和根据,这同时也是我们正确认识和评判文艺创作之形势与成就的心悸和底气。

四

对于文艺创作之现状和成就的正确认识与科学评析之所以重要,乃是因为它直接关系到能否对文化产业的现状和进向秉以科学的认知与精准的把握。而能否科学认知和精准把握文化产业的现实业态与发展前景,则又直接决定着对文化产业发展形势的准确判断与投资经营方略。

显然,这种认识和判断,是与投资和经营方略呈因果递进关系的。判断不准,即投资失误,经营失策;判断准确,则投资生效,经营向善。而正确认识和判断文化产业发展之现状与前景的关键,则在于要从对文艺创作和文艺作品的科学认知与辩证评析中得出既符合实际,又契合规律的结论来。因为只有从源头上看形势,才能知其底气足不足;只有从酵体上看发展,才能勘其潜力大不大。

在这个过程中,要着力解决的一个问题就是:我国文化产业究竟是处于外延扩大再生产的过程中呢,还是已开始进入内涵扩大再生产的新阶段?如果是前者,那就说明主要是通过直接和重复劳动而进行资本积累。这反映在文艺创作上,就是单纯的以作品数量取胜。如果是后者,那就说明我们的文化产业已开始进入以创造性劳动追求并实现了智力积累。这样两种生产和积累过程与方式,乃是具有本质区别的。以外延扩大再生产为特征的精神生产,就是一种摊大饼式的生产,无限铺陈、扩张,单纯追求"量"的增加。而以内涵扩大再生产为特征的精神生产,所追求和所呈现的则是金字塔式的生产,即循序渐进,层层积累,营构精品,跻臻高峰。着力于量中求质,以质取胜。

不言而喻,我们所追求和期待的,显然是后者,也只能是后者。然而,要实现这一追求和期待,则必须具有一定的条件,主要就是环境的优化、精神的成熟、智能的日渐趋高和创新能力的不断增强。而从我国当前的文艺创作——文化产业的实际情况看,应当说是正处于从外延扩大再生产向着内涵扩大再生产实现转型跨越发展的过程之中。这表现在文艺创作上,就是以量取胜,量中求质。在作品数量的强势增速中频现精品力作,屡有创新之举,偶呈鸿篇佳构。但却都远远不够。

转型,是为了跨越,而跨越之后便是实现新的发展。为了及时而准确地认识和把握文化产业的发展脉动,我们必须高度关注和科学评析文艺创作的现实形态与未来走向。只有这样,才能从源头上和根柢上驭动和促进文化产业的快速扩容与科学发展。

第 6 章
文化如何走向市场

民族化和个性化,是文化在长效发展中走向市场并胜出市场的必由之路。

在关于制定国民经济和社会发展规划的建议中,不但指出要:"积极发展文化事业和文化产业",而且要"完善文化产业政策,形成以公有制为主体、多种所有制共同发展的文化产业格局和民族文化为主体、吸收外来有益文化的文化市场格局"。这里有两个关注点,一是文化产业,另一是民族文化。这二者是紧密联系、相促互动、辩证发展的。

一

文化产业被称为 21 世纪的黄金产业,不仅发展势头迅猛,而且潜力巨大,越来越成为 GDP 的飙升热点和综合国力的构成要素,以致许多国家都把发展文化产业作为立国战略和强国要策提了出来,并给予高度重视和政策支持。自 20 世纪 90 年代以来,世界文化产业的强手主要是美国和欧洲,它们所占世界文化市场的份额竟高达 76.5%。其次是日本和韩国,它们也已进入世界文化产业大国的前五名。中国在世界文化产业市场中所占的份额虽然很小,但在未来发展中所拥有的文化产业市场空间却极其巨大,并因此而成为文化产业大国的觊觎对象。在这种情况下,我们该怎么办呢? 我们别无选择,只有开足马力,加大油门,跑步前进,快速发展。

然而,也正是在这种情况下,应该如何发展文化产业,如何正确认识和形成以民族文化为主体、吸收外来有益文化的文化市场格局,却成了我们关注的焦点和践行的难点,并时有认识上的缺位、理论上的歧义、行动上的惑乱和效能上的偏悖。所以，要积极而有效地发展文化产业，就首先必须科学而辩证地认识和处理发展文化产业与传承民族文化的关系，传承民族文化与吸收外来有益文化的关系，以及在这个过程中承传与创新的关系、创新与发展的关系等。这里的关键词是：文化产业—民族文化—承传与创新。显然，在这个因果感应的链式结构中，虽然前者是主旨，但后者却是根基。一旦后者缺失，前者也便自然不复存在或难以实现。

承传什么？自然是对独具资质、独烁异彩的民族文化进行科学的爬梳、承载、传续与弘扬。如何创新？笃定是要在扬励民族文化和吸收外来有益文化的基础上，紧密结合生活与时代的新变化和新要求，而满含激情地对文化产品和文艺创作的思想与艺术、内容与形式、观念与方法等，进行全新变革和越位提升。

这个过程，实际上是一个凸显和激扬民族文化个性的过程。因为在应对文化全球化的整个过程中，我们决胜的关键环节和重要目标始终都只有一个，那就是在自觉地不断地有效地强化市场意识、机遇意识、竞争意识、品牌意识和质量效率意识的同时，更进一步在高层次和高品位上提升和强化民族文化的个性特征与竞优势能，从而在文化的全球展示中做到"人无我有，人有我优，人优我特"。只有真正做到这一点，我们才能够从容面对文化的时代性挑战和全球性竞争，特别是面对强势文化和霸权文化对民族文化的倾轧与胁迫而处变不惊，胜券在握，总能以自身鲜明的民族徽征和强大的个性魅力而广获受众的青睐与阅赏。

这里有一个特别重要的问题，就是我们必须厘清文化全球化的概念、含义及其与文化走向市场和文化实现产业化的关系。文化全球化，主要是指文化传播的全球覆盖，文化交流的全球贯通，文化互渗的全球共振，文化影响的全球反馈，文化价值的全球测试，文化作用的全球效应，文化功能的全球认同，文化力量的全球驱动，文化产品的全球定位，文化市场的全球制衡，文化资源的全球配制和文化魅力的全球辐射等，而绝不是全球文化的单向度发展与一统化格局、主从型关系与取代式机制，当然就更不是强势文化和霸权文化对全球文化形态、文化资源、文化时空和文化市场的垄断与主宰。我们必须认识到，"文化的多样性"不仅是"文化全球化"的有效实践，而且也是"文化全球化"的必要前提。

正因为如此，我们就既没有可能，同时也没有必要对域外文化进行壁垒和排斥。我们只有也只能在竞争中求生存、求繁荣、求发展，并在实现繁荣与发展的过程中，充分发挥文化所特禀的淳化社会、教化人生、提升品位、占领市场的效能与作用。那么，我们应当怎样参与和进行这样的全球性文化竞争呢？尽管需要具备的因素和条件是多方面的，但最关键、最主要、最核心的因素和条件，则始终都是一

定要积极有效、坚持不懈地凸显和强化文化的民族个性,优化和淬炼文化的传统品质,构建和创新文化的社会格致,聚合和扬励文化的时代精神。只有这样的文化,才是有个性、有特点、有光彩、有魅力的文化。同时,也是最能形成产业和走俏市场的文化。它们的这种对市场的占领,不仅是强势的,而且是长效的;不仅是欣悦的,而且是益惠的。完全与那种由于以追时髦和骛俗趣、造噱头和媚世痼而博得一时商业浪头的低俗文化产品与文艺作品,不可同日而语。在这方面,我们确有许多原创性的产品和作品获得了成功,如何建明写梁雨润的报告文学《根本利益》,出版一年多发行 30 万册;张平写社会焦点和改革难点的长篇小说《国家干部》,出版一年多发行量已达 23 万册以上;姜戎写 20 世纪六七十年代内蒙古游牧民族与狼之间所发生的感人故事的《狼图腾》,出版一年多来在国内发行量超过 100 万册的同时,还成功地获得了在全球英语国家同步发行的特许资质。甚至,就连一些并不以文学性和艺术性取胜,但却鲜明地别具一格地突出了中国民族传统、民族风格和民族特色的文化制作与文艺创作,诸如《中国瑰宝》《长城》《神奇的新疆》《美丽的湘西》等,也都在全球化的民族特色风韵展示中深得好评,赢得了巨大的市场份额。其中《美丽的湘西》一书还获得了美国本杰明·富兰克林奖,被国外读者称为"用诗一样的语言描写中国文化"的纯正、雅致之作。其他像《历史的天空》《亮剑》《CA 俱乐部》《激情燃烧的岁月》等,从长篇小说到影视制作,都以其凸显民族个性为优势特征的深刻思想与完美艺术而赢得了广阔和耐久的市场认同。特别是一些纯粹属于改编型的作品,也由于其在锐意创新中赋予了民族个性以饱满的诗情与深邃的哲理,而同样获得了立"真艺术"和走"大市场"的美誉,如由吴峡作曲、彭丽媛演唱的《木兰诗篇》在赴美参加"2005 珍爱和平——联合国成立 60 周年庆典"活动中,一经亮相于林肯艺术中心,便以其震撼人心的力量而征服了美国观众和中国侨胞的心。为什么?除了因为编创者以全新的艺术语言和宏大的生活场景,细腻而生动地诠释了一个中国的传统故事——木兰女扮男装替父从军,并从中引申出对正义与和平的浓情祈颂之外,还因为整个作品的音乐、演唱和韵味,都在交响乐的现代形式之中出神入化地融会和吸纳了中国传统戏曲及清唱剧等民族艺术元素,从而产生了在凸显民族个性中征服世界的强烈艺术效果。

二

以上看似偶或的文化现象,其实是在创造和创作实践中施行和钤证了一个恒久的不容忤逆的文化规律与艺术法则,那就是在最纯粹的民族历史和最现实的时代变革中蕴涵着最本质、最丰富的文化资源与创新元素;在最淳朴的民族风习和最本质的大众生活中,最能爆发艺术的魅力和显示文化的个性。因为生产要素是任何生产活动所必备的条件。作为文化生产,其必不可少的生产要素之一,就是融历史、时代和现实社会生活于一体的民族的个性化的意识淘漉、精神闪光、审美追求与价值取向。只有在这个基础上,只有在获具了这个前提条件之后,文化创造和文艺创作才能从优渥而独特的思想资质和美学机杼中脱颖而出,显现出自身所特有的葳蕤而卓异的情采与魅力,既可使国人在歆悦中增长智慧、提升品位、焕发精神,又可使世人从惊异中受到感染、获得启迪、加强认同,从而在为世界文化增光添彩的同时,也为中国文化走向世界而疏浚了渠道,拓展了通衢。话剧《茶馆》、京剧《杨门女将》、钢琴协奏曲《黄河》、二胡独奏《二泉映月》、中国式的芭蕾舞剧《大红灯笼高高挂》等不同形式的艺术创造,之所以既能震撼国内观众的心灵,使他们得到亲切而纯正的艺术享受,同时又能与世界各地的观众实现零距离沟通,产生强烈的审美共鸣与心灵共振,并得到一致的赞赏与高度的评价。原因何在呢?就在于它们不仅把创作的根子深深地扎在了中华民族优秀传统文化和现实社会生活的土壤之中,而且有效地进行了富于世界眼光和时代特征的个性化的提升与创新。

毫无疑问,这是我们在全球文化的冲突、交融与竞争中得以立身和胜出的唯一科学方法和正确道路。冯友兰先生曾用"旧邦新命"四个字表达他的治学理念和文化追求,他说:"并世列强,虽今而不古,希腊、罗马,有古而无今。唯我国家,亘古亘今,亦新亦旧,斯所谓'国虽旧邦,其命维新'者也。"应当说,这既是一个极富创意的文化命题,又是对文化实现赓延与发展的规律性揭示。因为它把对文化的民族化个性化的继承与创新,铸入了一个统一的文化概念和文化机体之中,并以之规范和引导文化的健康有效发展。文化的健康有效发展之路,也就是文化事业和文化产业的健康有效发展之路。因为文化不论作为事业和产业,其核心内容都是要以其具有鲜明个性和强大魅力的产品充分吸引受众、感化受众、慰悦受众、提升受众和满足受众的审美需求、智能需要与精神期待,并在此基础上达到积极变革社会和广泛占领市场的目的。

实际上,业已赢得巨大市场份额的韩剧所走过的就正是这样一条路。自从1998 年韩国提出"文化立国"的发展战略之后,短短四五年间,其文化产业的市值就已逾 150 亿美元,不仅电视剧风靡世界,而且电影的出口量也增长了 50 倍以

上。到 2004 年年底,韩国的文化产业之值就已在世界市场总量中占据了 5% 的比例。仅以电视剧为例,其覆盖面已遍及欧美和亚洲的 18 个国家,仅在台湾一地就占据了 70% 的市场份额。由电视剧所赢得的产值更是节节攀升:2001 年其出口额为 1890 万美元,2002 年为 2880 万美元,2003 年为 4213 万美元,2004 年为 7146 万美元。这样的发展速度,不能说不是一个奇迹。那么,奇迹是怎样产生的呢? 奇迹就产生在韩国电视剧既生活化又艺术化地细腻描绘和深刻阐释了儒家文化的要义与真髓。它没有凶杀,没有暴力,没有俗媚,没有情溺,而有的则是贤淑的感情、进取的精神、纯真的心愫、质朴的友谊、智慧的光焰、理性的评析、高雅的格调、时尚的韵律、腾挪的事体、生动的演绎,并能在情节与场景的交替和转移中体现唯美旨向,从事件与性格的参差和冲突中诉诸爱国情怀。无论是历史题材的《明成皇后》《大长今》,还是现实题材的《人鱼小姐》《看了又看》;也无论是以爱情为主线的《冬日恋歌》《蓝色生死恋》,还是以亲情为底蕴的《澡堂老板家的男人们》《黄手帕》等,都具有这样的特色和亮色,都让人感到真实、亲切、文明、美奂,既能看到成长的艰辛与快乐、生活的苦涩与欣悦,又能体认励志的劳碌与豪迈、创业的慧能与方略。正是韩剧的这些特点和优势,才使其得以在世界文化市场的角逐中锋锐势雄、颖然胜出,而韩剧的这些特点和优势的核心与本质,则是成功地对儒家文化之真谛的赋有现代意义的具象演绎与生动阐释。这种演绎与阐释,不仅深入到了儒家文化的思想底层和精神内蕴,而且还常常表现在人物对话与细节描写之中。甚至就连儒家文化中的一些典故、箴言和警语,也被性格化情采化地加以巧妙的引证和诠述。像在《大长今》中,长今就背诵《孟子·梁惠王篇》,学习张仲景的《金匮要略》,即使是在主题曲《伊人何去》中,也颇有《诗经》的意境和韵味,如此等等。即使如此,韩国庆州大学的中文研究教授卞敬淑却说:韩剧不是为了出口而制作的,而是首先满足本土的收视趣味。而且正是这种立足本土的文化,才取得了辐射东亚文化圈的成功。这种民族文化自觉意识,对于我们是很有启示和可资借喻的。

当然,儒家文化迄今为止已经成为世界文化的一个重要组成部分,其影响力早已冲破时空的界限,而成为全世界的共同财富。但不论在任何时候,它都首先永远属于中国,永远是我们民族文化的源头和根祖,我们不但有责任对其加以承和弘扬,而且也最有条件对其加以承传和弘扬。对儒家文化的演绎和阐释,本来应当成为我们的文化产品和文艺创作的特点与优势,但却为何会花落他家呢? 这确实值得我们反省和深思,特别是在构建和谐社会已成为强国之方略和大众之夙愿的今天。因为儒家文化的精髓在于和谐与融通,在于仁礼与谦让,在于温良与恭俭,所谓"万物并育而不相害,道并行而不相悖"是也。一种文化能够冲破时空的限制而被世人广泛认同和接受,足以说明它具有毋庸置疑的正确性。儒家文化就是这样。至于历代统治者为了有利于自己的统治而对儒家文化横加肢解,肆意矫饰,乃至其本义枉曲、频生讹谬,则当另作别论。五四新文化运动对儒学的批判,实质上正是针对这种现象的。我们可不能干泼脏水连孩子也泼出去的傻事。我们必须明白:经济规律是铁的规律,市场的选择是严峻的,它并不屈从于人的主观意愿。当面对以儒家文化为其精神支点和人性内蕴的韩剧正在呈现市场强势和收视狂潮的时候,我们的确应该进行认真的反省和深思,认真想一想、看一看、比一比,我们的一些文化产品和文艺作品,究竟缺了什么?

当然,儒家文化只是我们民族传统文化的一个组成部分,只是我们民族精神的一个源流,只是我们民族个性的一个成因。我们的民族文化和民族精神是十分丰富、闳大而深邃的,并由此而铸就了我们民族文化个性的鲜明与突出。这正是我们创造优秀文化产品和发展文化产业的雄厚资本与天然优势。

只要我们真正认识到了这一点,并在实践中切实能够加以正确的施行和积极的创造,我们就一定能够尽早尽快地占领更新更大的文化市场,在当今世界文化的激烈竞争中不断地把文化产业做强、做大,真正利用我们的文化优势,在凸显个性和增强魅力中构筑文化的高地,创造文化的胜迹,形成文化的强势,铸冶文化的宏庑。

五、时代本质之文化体悟

——论文化价值

第 1 章

文化价值在于
通过精神力量促进社会发展

　　文化的价值主要体现在思想和精神领域,它通过对"人"的心灵浸润、智能提升、道德纯化和精神升华而形成社会文明,造就强大的社会创造力,从而推动经济发展和社会进步。所以,对一个民族和一个国家来说,文化既是其经济和精神的凝聚和升华,同时又对其经济和精神具有积极的推动作用,并由此而使文化成为社会进步的原动力。这里所说的文化,不仅包括本体意义上的文化,如科学、技术、教育、文艺和其他各种知识等,而且尤其包括人类学意义上的文化,即"大文化",亦即精神文明建设。何为"大文化"?人类学的先驱者 E.B.泰勒曾说过:"文化是一个复杂的总体,包括知识、信仰、艺术、道德、法律、风俗,以及人类在社会里所得一切的能力与习惯。"[①]

一

　　文化的具体指向和丰富内涵,决定了它与人类自身和人类社会经济发展的密切关系。人类学家向来认为,文化是人类特有的财产。人之所以为人者,就因为他有文化和创造文化的能力。正如马克思在《1844 年经济学哲学手稿》中所说,动物只是按照物种的尺度进行生产,而人则按照美的规律来创造。人类社会的文明进程,已经证明了整个世界的进化历史,不外乎是人通过人的创造性的、富有文化内涵的劳动而诞生和发展的过程。高尔基认为从第一自然到第二自然再到第三自然,既是人类社会发展的阶梯和标志,又是人类自身发展的阶梯和标志。第一自

　　① 〔美〕莱斯利·A.怀特:《文化学》(Culturology)。

然,是原始世界;第二自然,是人化世界;第三自然,是意识和审美世界。显然,人类社会和人类自身的进步,是既以文化作为一种力量,又以文化作为一种目标的。因为从主要包含物质基础的第一自然到主要包含社会劳动和社会生活的第二自然,再到以精神生活和审美评判为主体的第三自然,愈往前走,就愈有赖于文化的力量和愈具有文化的性质,愈趋于人类社会的完形和人类精神的富庶。

在中国历史上,不仅每一个社会经济发达的时代往往都伴随着文化高潮的到来,而且那个时代的人的文化造诣都普遍受到重视,社会的文化氛围,也都很浓郁,甚至就连那个时代的封建君主和朝臣战将,也都颇具文化风采,有的还取得了为后世所称道的文化业绩。比如唐代的开元之治、清代前期的康乾盛世等。

在当今世界上,没有一个经济发达的国家不重视文化的发展。经济与文化这二者就像鸟之双翼、鱼之两鳍一样,失去哪一边都不仅会影响另一边的存在和功用,而且会影响整体的存活与搏进。

许多国家都明确地意识到了这一点,并采取了相应的措施。日本政府认为,一旦放松文化建设,国民精神就会有崩溃之虞,特别是下一代人将会变成"精神空虚、道德沦丧而又贪婪的经济动物"。他们对借重中国传统文化所构建起来的民族文化,始终持积极进取的态度。韩国为了提高全民族的文化素质,紧紧咬住教育这个环节不放松,仅在从 1975 年到 1985 年的 10 年间,教育经费就提高了 16 倍。美国和加拿大在普及中等教育的基础上,已开始把 21 世纪普及大学教育作为奋斗目标。即使是像丹麦这样不惹人注意的欧洲小国,全国只有 500 多万人口,却有 200 家博物馆,有 125 万成年人坚持每天晚上读夜校,平均每人每天读一份报纸,每年有 250 万人去看戏,全国每年出书一万种,政府每年用 1000 多万美元买画装饰公共场所,仅"小文化"补贴费一项,每年就占全国财政预算的 5%。凡此种种,使丹麦不仅民情淳、风气好,而且人的素质优良、智商高超,成为欧洲最理想的人才荟萃之地。

文化这个东西,在形态上确实是"软"的,不如物质和经济那样实用,那样见效快。但是,在质态上,它却是"硬"的,来不得半点含糊和虚假。今天放松了,明天必然受损失;今天反悖了,明天必定遭惩罚。这种因果关系虽然直接可视性较差,周期较长,却是实实在在的,任何主观愿望和外在力量都不能改变它。西方经济发达国家在实现经济发展的过程中,已不同程度地吞过这样的苦果,大都是在吞苦果之后才觉悟起来的。它们所受损失的大小,取决于它们在这个问题上觉悟得迟早、采取对策的正谬与具体实施的快慢。在世界范围中,从资本主义的原始积累阶段所出现的人性与社会的野蛮与卑劣，到后现代主义文化主宰下的"西方世纪病"对某些经济发达国家的滋扰与滞蚀，其实质就正是文化的悖论所造成的社会负效应。鉴于此，一位西方学者曾不无见地地提出："中国在现代化起步时就应重视现代西方社会中的一些弊病，设法加以防止、克服。中国不必像美国、日本那样急功近利，应走自己的路。以个人为中心发展到极端化，就会破坏个人和社会的和谐平衡。物质生活富裕了，却暴殄天物，玩物丧志，精神生活空虚，不仅社会要受到自然的惩罚，就连人自身也会走向堕落和毁灭。中国现代化起步晚，但若以西方为鉴，防止弊端，完全可以后来居上。"①

是的，中国有五千年的文化积累，有灿烂的古代文明，又有优越的社会制度和传统文明。这是得天独厚的优势！在这样的生活土壤、时代背景、社会机体和文化氛围中从事现代化建设，我们必须积极主动地、始终如一地、坚定有力地同时煽动起经济和文化这两只翅膀，转动起经济和文化这两个轮子，旋动起经济和文化这两种韵律，切切实实把文化建设纳入现代化进程的创造机制和生命机体之中！

二

社会经济的发达与文化建设的发展并行不悖，是由文化的性质所决定的。

在人类社会的历史进程中，文化是随社会、社会生活和社会经济的形成与发展而发生和发展的。它产生并矗立于社会物质和经济之上，同时也是人的心灵、智慧、感情、经验、能力和理想，在社会实践中发生综合效应式的酝酿与升华的产物。其功能和任务始终是淳化人性、规范人的行为，发掘、创造和扬播生活与人性中的美，提高生活与人的质量。文化，不仅使人同动物分道扬镳，而且使人同理想连为一体；不仅使人类社会趋于制政化、有序化、庄尚化，而且使物质和经济的发展获得了源源不断的内驱力；不仅使人类用以开发和发展了自身，而且也使人类从中获得了创造生活、创造美的意识与能力。没有文化的社会，是混沌、野蛮、紊乱而愚昧的社会，而人类一旦失去或弱化了文化的支撑，便要回归于动物的群落，困滞于认知的沙漠，羁縻于智慧的涸泉！特别是在发展迅速、竞争激烈的现代社会中，不管标示发展的尺度是什么，在本质意义上，核心内容都是文化——从"小文化"到"大文化"。因为管理、体制、技术、人才，始终都是现代社会实现发展的关键和进行

---

① 〔葡〕宝娜：《在澳门对中国学者的谈话》。

竞争的契机,而管理、体制、技术、人才,又恰恰都是文化的产物。其中,人才是重点的重点。

在经济与文化之间,人是中介,人是契机,人是关键。不论经济对文化的作用,抑或文化对经济的作用,都主要是通过"人"这个中介环节、这个主体来实现的。文化使人秉具了良好的素质、高尚的道德、丰富的知识、博大的襟怀、高超的智慧、娴熟的技能、灵敏的思维、深哲的思想、旺盛的创造力、积极的人生态度、不懈的进取精神、正确的人生观和价值观,并对之构成强大的创造能力和人格力量,有效地作用于社会经济,促进社会经济的发展。欧洲的文艺复兴运动、18世纪末至19世纪初俄国的批判现实主义文学运动、20世纪初中国"五四"新文化运动等,都堪为这方面的典型例证。

在中国,结束两千多年封建历史的民族民主运动,正是在一代觉醒的知识分子,如马建忠、严复、何启、容闳、王韬、宋教仁、鲁迅等的文化功绩、思想与成果的启迪和策动下,逐步发生和发展起来,并最终改变了中国的历史命运。"五四"运动虽然只是一部分激进的知识分子和青年学生发动和参加的新文化运动,但对中国社会经济的转轨与发展却起了重大的作用。"五四"时期提出的欢迎"德先生""赛先生"和"模拉尔小姐"的口号,至今仍拨动着人们的心弦、契合着人们的渴望、传呼着人们的心声。对于改革开放的中国来说,"模拉尔小姐"所挟带的倡导高尚道德和健康情操、提高民族文化素质和加强个人道德自律的内涵精神,尚正是润禾的"雨"和行船的"风"呢!

三

在当今世界上,许多经济发达国家在经济发展过程中都是自觉而有效地借重了文化的力量。一位西方大国的文化部长就曾直率地说过:"今天的文化是明天的经济。"在福特模式被丰田模式击败之后,美国学者急切地提出了一个引人深思的问题:要发展社会经济,必须改革"人对人是狼"的关系,以便扫除心理障碍、感情障碍和精神制约因素。因此,要实现这一目标的唯一方略,便是辑构强大的文化——文化体制与机制,借助巨大的文化——文化绩效与力量。

在这方面,日本和亚洲四小龙是早已认识到并实践过了的。

有一种说法,认为日本人是"经济动物"。其实,并非如此。一个无法抹杀的事实是,日本的经济起飞恰恰是有效地运用了文化的力量。第二次世界大战结束时,日本是战败国，其社会经济状况几乎到了崩溃的程度，就像电影《绝唱》《啊，野麦岭》，电视连续剧《阿信》《生命》等所反映、所描绘的那样。但是，进入20世纪后半期以后，日本很快发展了，成为世界经济大国。究其原因，主要有两条：一是开放，积极引进和学习西方的先进技术、先进设备和先进管理；二是自觉地、不断地建设和强化自己的民族文化，并形成自己的特殊文化范式。实际上，自明治维新开始，日本社会虽然屡经变迁和变革，但加强文化建设则是其始终不渝的既定方针和战略目标。他们知道，只有在社会经济的舵轮和轴承上犒饱文化的汁液，才能确保真正正常运转和加速前进。因为丰富的文化营养的哺润，是使民族精神不泯、民族素质不跌的必要前提。特别是近年来，为了更有效地抵御随着引进西方先进技术而挟带的腐朽思想和消极生活方式的不良影响，日本政府已采取了增加教育投资、兴建文化设施、加强管理机制、淳化道德风尚、讲究礼义廉耻、推广"大众文化"、施行"文明生产"、加强国民教育和传统道德教育、采取积极措施柔化和协调人际关系、注重审美教育和劳动锻炼、加强纪律性和行为准则的规范化、激励爱国主义、集体主义和奋斗精神，崇尚道德修养和毅力锻炼，发挥人的精神因素和思想力度的作用等一系列措施。政府清醒地认识到，只有强化文化职能、抓紧思想教育、淳化国民意识、"恢复埋藏在繁华之中的人性"，才是日本的当务之急。

在超级大国苏联解体以前，作为濒海小国的新加坡的人均文化教育经费就已长期超过苏联。这就是新加坡经济快速发展的主要原因之一。在新加坡，华人约占全部人口的70%，这就决定了他们的文化也主要是华夏文化。新加坡不仅早已实行了开放，而且也早已变成国际化的地区和城市了。但是，西方文化始终未能撼动他们所紧紧拥抱着的华夏文化的根基。他们自觉地运用华夏文化的精髓，如谦让、礼貌、善良、助人、修身、自律、爱国、奋发、崇德、扬善、节俭、励志、修睦、好学、敬业、慎独、勤谨、务实等，成功地铸就新加坡精神文明的灵魂。他们这样做的目的和效能，正如一位著名新加坡学者所说的那样：经济与文化，是一个手心与手背的关系问题。①确乎如此。文化精神促使新加坡经济实现了发展。经济发展之后，强大的物质基础和优越的社会环境，又为文化的进一步发展提供了条件和动力。在这个基础上，高度发展的文化—文明—道德—精神，反过来更为经济的再进一步发展提供了必需的智力、社会秩序、奋斗精神、政治信任感和民族凝聚力。在这个过程中，政府不仅是策划者、倡导者，而且是强制实施者。他们很早就制定了经济发

---

① 〔新〕卢绍昌：《答〈光明日报〉记者问》。

展和精神文明发展计划，采取切实措施保证在每一个发展时期都不使精神文明建设被忽视、被空浮，而是必须真真正正见诸行动，落到实处，乃至随地吐一口痰就要罚款 200 新加坡元，随地丢一个烟头也要罚款 1000 新加坡元。1000 元? 这已相当于新加坡一般人的月收入了。与此同时，更是从多方加强"软"性感化和熏陶，加强文化和教育，使大学普及率达到 20% 以上，长此以往，便在新加坡人的精神世界中竖起了一个文化—文明的灵魂，重文化、讲文明、倡良善、崇道德，已成为新加坡人的一种内在需求、自觉意识和行为规范。

从"小文化"到"大文化"所涵载的都是精神文明的内容，这就决定了经济与文化的关系，实际上是经济与精神文明的关系，是社会经济发展与精神文明建设的相辅相成和互励互进的关系。注重文化建设的实质是注重精神文明建设。

在这方面，别国能够做到的，我们自然也应当做到，我们也一定能够做到，而且会做得更好、更全面和更有成效。因为我们正在集中精力抓经济发展和社会建设，亟须取得文化—文明力量的激励与推动，因为我们有着五千年灿烂的文化历史进程和丰富的精神财富的积累与激扬，更因为我们有着优越的社会制度和正确的发展方略！

第 2 章

为实现中华民族伟大复兴
而铸冶脊梁与灵魂

　　一个民族、一个国家、一个社会及其人民大众,必须不断地在奋斗中实现新的发展。而要实现新的发展,就必须要有脊梁,有灵魂,有精神支撑,有理想追求。这是什么呢? 这就是文化。因为一个民族,没有振奋的精神和高尚的品格,就不可能自立于世界民族之林。这就要求我们必须大力弘扬和培育民族精神,不断丰富人们的精神世界,增强人们的精神力量,使全体人民始终保持昂扬向上的精神状态。

　　正是在这个意义上,文化建设对于实现中华民族的伟大复兴来说,乃是至关重要的。文化所铸冶的是人们的世界观、人生观与价值观,是国家的生命力、创造力与凝聚力,是整个民族的灵魂、脊梁与精神支撑及其对崇高理想的锲而不舍的追求。

一

　　实现中华民族的伟大复兴,就是要以发展为龙头,以改革为动力,全方位地进行社会主义现代化建设,不断提高民族素质和增强综合国力,使中华民族以宏伟的气魄和强者的姿态不断地在改革发展中实现伟大的跨越,并以非凡的气势卓然屹立于世界民族之林。

　　这是一个时代的命题,这也是我们全体中国人民所肩负的伟大历史使命。在将近一个世纪的奋斗中,我们经历了不无艰险和曲折的革命、建设、改革与发展之路,我们一步步地赢得了胜利。但是,我们前面的路仍然很长,仍旧需要我们继续进行新的探求与创造,仍旧需要在不懈的奋斗中实现不断的飞跃与跨越,以实现中华民族的伟大复兴。在历史上,中华民族不仅是一个勤奋、勇敢而富于创造力与

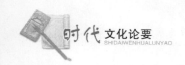
牺牲精神的民族，而且是一个创造了足以令世人瞩目的辉煌业绩的民族。我们有着不屈的奋斗精神，我们也有着灿烂的古代文明。从夏朝至今，我们这个民族已穿越了四千余年的历史长廊。正在发掘过程中的陶寺遗址，将以确凿的考古成果向全世界证明：中国有文明遗迹作证，而不是仅凭神话传说作证的历史已超过五千年，况且这五千年文明，决不像世界上其他古代文明那样或神秘消失，或早已中断，而是一直承传下来了，一直赓延至今。在穿越这漫长的时间隧道的过程中，特别是在汉、唐、元、明代和清代的中前期，我们不仅是世界上的文化大国，而且也是世界上的经济大国；不仅是世界上的人口大国，而且也是世界上的科技大国。汉朝人口近六千万，经济和文化都十分发达，是当时世界上第一强国和富国。在唐代从贞观之治到安史之乱这一相当长的时期内，长安不仅是世界第一文化大都会，而且唐朝的经济产出量和拥有量竟超过了当时全世界经济产出量和拥有量的总和。宋朝中前期人口逾亿，文化昌明，科技发达，拥有曾对世界文明产生过重大影响的三大发明（火药、指南针与活字印刷）。明代中前期，正是由于具有雄厚的经济和文化实力，才创下了郑和三下西洋的航海奇迹。现在，据英国学者和台湾地区学者的考证，人类第一次环球航行和第一次发现美洲大陆的不是欧洲人，而是中国人。在清代的"康乾盛世"，中国的经济总量一直在世界遥遥领先，对外贸易也长期出超，文化上则有《四库全书》熠然莅世。

正因为我们中华民族在世界上曾经有过这样的领先典范和辉煌胜迹，正因为我们中华民族具有如此不屈的奋斗精神和不懈的创新精神，正因为我们中华民族在长期的创造实践与文化积累中形成了极具活力与魅力的优良传统，所以我们才渴望和需要实现中华民族的伟大复兴，我们也有条件、有能力实现中华民族的伟大复兴。

当然，我们实现中华民族的伟大复兴，绝不是对古代文明的模仿和重复，也不是对我们曾经有过的辉煌胜迹的顾恋与追慕，而是与时俱进，立足现实，深化改革、促进发展，积极面向现代化、面向世界、而向未来，既着眼于世界经济、政治、文化发展的前沿，汲取全人类创造的优秀成果，又大力继承和发扬民族优秀传统，弘扬和振奋民族精神，运用新的观念和新的方法向着新的标准看齐，朝着新的高度攀登。使中华民族在新的历史条件和新的时代背景下实现新的腾飞，达臻新的境界，创造新的业绩，焕发新的光彩。为此，我们就必须在思想上不断有新解放，理论上不断有新发展，实践上不断有新创造，并在实践中将之体现在各个领域和各个方面，以使我们始终与时代发展同步伐，与人民群众共命运。

历史是不断发展的,社会是不断进步的,我们在实现中华民族伟大复兴的战略擘划与具体实践中,也一定要与时俱进,切实做到:既驾驭时代精神,又契合中国国情;既着眼于世界发展潮流,又发扬民族优秀传统;既广泛汲取各国人民在长期的斗争实践中所积累的智慧结晶,又着力于对我们在改革开放与现代化建设中所创造的新鲜经验的总结和概括。我们的事业是壮伟的、空前的,我们的历史是悠久的、灿烂的,我们的民族是勤奋的、勇敢的。实现中华民族的伟大复兴,就是要把我们历史的与民族的一切优良传统、精神粹质、丰富经验和光辉成就,统统熔铸在我们现实的改革与发展之中,统统吸纳到我们变革、创新与抬升的社会机制与精神熔炉之中,按照新的标准和新的需求,经过新的创造和新的奋斗,实现新的升华与新的跨越,创造新的成就与新的辉煌。

正是在这个过程中,文化的作用不仅是极其重要的,而且是无可旁代的。

二

从中华民族历史的发展进程中,我们可以发现一个规律,那就是文化—经济—军事—社会的相依与互济、相扶与互动、相熠与互激、相促与互进的辩证关系,文化不仅可以作为经济发展和社会进步的驱动力量,同时它还可以直接物化为经济和转化为精神。文化的这种特性和功能完全是由文化自身的基本属性所致,绝不是由外力所附加,也不是由外力所能附加得了的。马克思曾经提出过"人化自然"的概念,并将人化自然的过程和结果确认为是文化的实现与文化的功能。人类社会和人类文明的发展历史屡屡证明了这个真理。对于一个民族、一个国家、一个社会及其人民大众来说,有文化与没文化、文化高与文化低,其结果是大不一样的,这就是素质,这就是形象,这就是力量。不论是谁,也不论在什么时候,只有站在智慧的高峰和成为精神的强者与富者,乃至成为精神的巨人,才能真正有所作为。对于一个民族和一个国家来说,文化则永远是其得以健康演绎和强势发展的生命链与内驱力,是其得以独立生存和发展的脊梁与灵魂,是其得以产生亲和力、创造力与爆发力的精神元素,是其文明与智慧的集萃与象征,是其意志的淬炼与精神的激扬。对于这一点,不论有过何种经历和处于何种生存状态中的人们,是都应当从无数的事实质证中形成一个共同的认识的。一位西方大国的文化部长曾经深有感触地说:"今天的文化就是明天的经济。"而饱受战乱之苦的阿富汗人民则把自己的切身体验凝缩成 21 个字,以大幅横标的形式悬挂在国家博物馆的大

门顶上,即:"只有一个国家的历史和文化活着,这个国家才活着"。由此可见,文化的力量,是深深熔铸在民族的生命力、创造力和凝聚力之中的。

正因为这样,文化在实现中华民族的伟大复兴中就天然地具有了非同寻常的价值与意义。经济发达、政治清明、文化繁荣、社会和谐与生态优良,既是实现中华民族伟大复兴的五大要素,又是实现中华民族伟大复兴的五大标志。其中,文化不仅以独特的方式发挥着积极的作用,有力地推动着经济和政治的快速而健康的发展,而且以渗透和辐射的方式交融在经济与政治之中,潜移默化地规定和塑造着经济与政治的性质、品格、风貌与姿采,特别是在现代社会中,文化几乎是无孔不入、无所不能,其辐射面和影响力越来越大,不仅深刻地影响着人们的思想、道德、观念与精神,而且还常常直接地表现为经济和政治。文化产业已经成为一个世界性的经济增长点,恩格尔系数的不断下降必然要带来文化产业的蓬勃兴起,不愁衣食的人们越来越把对美好生活的期望寄托在对文化的憧憬与消费上,随着文化消费逐步成为人们的一种时尚追求和提高生活质量的标志,文化产业在 GDP 中所占的比例也必然会越来越大。据测算,在 21 世纪的前 10 年,文化产值将在世界经济总量中占到 5% 到 7% 的份额;而在未来的经济发展中,文化产业所拥有的发展空间及其所具有的增长潜力都远远超过了第一产业和第二产业。文化,正是从精神和物质两个方面对我们的经济发展、社会进步和民族复兴施驭着巨大的促进与驱动。

进入现代社会之后,不仅经济与文化的交融与渗透日见频密,而且政治与文化的融会也益趋明显。在和平与发展愈来愈成为世界主潮的大背景下,大规模的、炽热化的对立与冲突已不复存在,人们越来越期望在对话与沟通中加强理解与合作,在协同与发展中享受生活的温馨与时代的宁谧。于此情况下,政治便自觉地向文化靠拢,并在许多时候和许多情况下都以文化的形式出现,用文化包容政治和稀释政治,用文化为政治敷设微笑,以文化的方式实现政治的目的,使文化与经济和政治相互交融,在综合国力竞争中的地位和作用越来越突出。

正是从这个现实出发,我们必须给予文化以足够的重视和恰当的定位,一定要正确认识和掌握文化的性质、功能、特点与规律,一定要充分发挥文化在实现中华民族伟大复兴中的巨大作用。一定要牢牢把握先进文化的前进方向,并以文化的力量切实加强思想道德建设,大力发展教育和科学事业,积极弘扬和培育民族精神。

实现中华民族的伟大复兴,必须仰赖物质与精神这样两根支柱。其中,精神支柱的重要性是不言而喻的,它与物质支柱同样重要,同样不可或缺,在某种特定意义上,它比物质支柱更重要,也更难以建构。实际上,对于一个民族、一个国家和一个社会来说,在精神支柱没有建构起来之前,物质支柱也就很难真正建构起来,而一旦精神支柱发生摧折,物质支柱也必然会出现倾颓。那么,精神支柱是如何建构起来的呢?它永远都是文化的产物。只有依恃民族的、时代的、创新的优秀文化,只有真正地忠实地代表先进文化的前进方向,才能建构起强大的精神支柱。因为文化就是思想,就是智慧,就是道德,就是精神,就是不竭的创造力和永远的驱动力。当然,文化的巨大社会功能的实现,主要是以"人"为中介的。马克思恩格斯在考察过这种现象之后,曾提出躲在人们思想背后的"动因"问题,并从根源上揭示了社会历史发展的规律,即人在文化—思想—精神的支配和激励下所爆发出来的积极性与创造力,对经济发展和社会进步所产生的巨大推动作用。列宁把这一现象中所隐含的规律归纳为:思想关系—社会关系—生产关系—生产力的链式驱动。从这个链式驱动图式中,我们可以清楚地看出,从文化胎衣中所孕育出来的思想和精神,其最终还是转化成了生产力的。由此可见,文化实际上是社会生产力的另一种存在形式,就像冰是水的另一种存在形式一样。

文化的建构和实现,都是既以人为中介和动力,又以人为对象和目的的。文化一旦离开人,就不仅不会产生和发展,而且也失去了它存在的依托、价值和意义。人,特别是具有文明意识、智慧能力与创造性思维的人,始终都是文化的核心,都是文化的张力之翼与魅力之源。这就要求我们在文化建设中必须坚持以人为本,切实做到尊重人、理解人,最大限度地开发人的潜质,激扬人的精神,培养人的积极性,发挥人的创造力,真正以人为中介和载体而极为有效地将文化转化为时代文明与社会生产力。为此,我们就必须尊重劳动、尊重知识、尊重人才、尊重创造。在整个实践过程和全部社会进程中,始终坚持以人为本。世界上的任何事情都是人做出来的,世界上的一切奇迹都是人创造的。离开人,世界将会失去活力与魅力,世界将会与文明无缘。那么,以营造文明与智慧为旨向的文化建设又怎么能够须臾离开人呢? 毫无疑问,文化建设必须以人为本。

三

既然文化—文明在实现中华民族的伟大复兴中至关重要,是民族复兴的脊梁与灵魂。那么,我们就没有任何理由轻视文化建设,就应当和必须给予文化建设以

充分的重视，并以宏大而壮伟的擘划和具体而扎实的工作把文化建设落到实处，产生实效，发挥巨大的、积极的作用，既把它看成是实现中华民族伟大复兴的一个不可或缺的重要组成部分，又把它看成是实现中华民族伟大复兴的思想导向、精神支撑与驱动力量，坚定不移地始终秉持和恪守先进文化的前进方向，真正在继承、开拓与创新的基础上全方位地实现中华文化的伟大复兴，高度自觉、卓有成效地以中华文化的复兴支持和带动整个中华民族的伟大复兴。

实现中华文化的伟大复兴，要做的工作是很多的，但重中之重是始终必须紧紧抓住三个环节，即：继承、开拓与创新。

继承，是实现中华文化伟大复兴的前提与基础，也是进行文化建设和实现文化发展的前提与基础。没有继承，就没有发展。继承是为了更好的发展，而要发展就必须首先继承。中华民族有着五千年的文明史，正是在这个过程中创造了无比灿烂的古代文化，积累并形成了极其深厚的文化底蕴。中华民族的"根"，就是扎在这深厚的文化土壤之中并不断地焕发出新的光彩，不断地爆发出新的生命力的。在5000多年的发展中，中华民族形成了以爱国主义为核心的团结统一、爱好和平、勤劳勇敢、自强不息的伟大民族精神。我们的文化建设和文化复兴，从根本上讲，就是要积极弘扬和培育这种在长期的民族发展过程中所形成的民族精神。这种民族精神不仅蕴育在传统文化之中，而且也早已成为中华文化的血脉与灵魂，成为一种虽然无形但却强烈存在的集体无意识式的道德承载与思维范式，无时不在影响着我们的民族与社会的赓延与发展，并无可排除地表现在我们每一个人的思想与行为中，给我们提供一种内在的律动与驱动。

在5000年的文化积累中所形成的文化典籍，可以说是浩如烟海、汗牛充栋的，仅有价值的文物遗存就达40000多处。特别是其中一些典籍和文物所反映的社会生活，所表现的思想光耀，所承传的文明渊源，所涵载的学术思想，所弘励的精神粹质，所树立的道德榜样等，不仅具有重要的历史价值，而且具有重要的现实意义；不仅对中华民族的崛起与中兴起了巨大的作用，而且对全世界的文明进程也产生了积极的影响。像人们所熟知的中国古代科技的"四大发明"，像孔子的"仁"学与"尊重和平"思想，像郑和的"七下西洋"，像倡扬人与自然、个人与社会、外物与内心、情感与伦理等在"执两用中"过程中达到"中和美"的境界，像《诗经》中"民劳亦止，汔可小康"的思想，像《周易》中"穷则变，变则通，通则久"与《盐铁论》中"明者因时而变，知者随事而制"的思想，像"为天地立心，为生民立命，为往圣继绝学，为万世开太平"的奉献精神，像广泛而深刻地影响中华民族思想观念与价值取向的"和为贵"思想、"讲信修睦"思想、"克勤于国,克俭于家"思想、"民为贵,君为轻,社稷次之"思想、"富贵不能淫,贫贱不能移,威武不能屈"思想,像对世界文化发展产生过经久不衰之积极影响的《论语》《易经》《孙子兵法》、唐诗、宋词、明清小说等,就都是举世公认的思想文化瑰宝、道德品质典范、精神文明燧火,全世界的人们都在用"源远流长,博大精深"来评价和认同中华文化,都在从中华文化中汲取智慧营养,点燃精神火光,淬冶道德规范,激扬创新思想。不仅歌德、普希金、列夫·托尔斯泰等世界大文豪对中国古代文化情有独钟,备受泽惠,而且从亚太国家到西方国家,也都对中国古代文化景仰有加,身体力行。中国古代文化对日、韩、菲、新等亚太国家的深刻影响是尽人皆知的,而孔子在西方人的心目中则从来就是中国的象征。不仅《易经》《孙子兵法》成为美国最畅销的书,而且在法国的公民修身法典中竟然也引入了"己所不欲,勿施于人"这样的中国文化名言。在台湾学者达鉴三和卫聚贤分别于 20 世纪 60 年代和 80 年代论证了"法显高僧赴印度学佛,漂流至美洲墨西哥,比哥伦布发现美洲早 1080 年"之后,英国前海军军官加文·孟席斯(Gavin Menzies)又于 2002 年 3 月在翔实考证的基础上提出"郑和最早发现美洲"的观点。想一想,早在距今六个世纪之前,郑和就统领 3000 艘大船和 2.8 万名随行人员先后七次闯荡大海大洋,远及南洋、东非与美洲,这是对世界文化与文明的一种多么巨大的贡献啊!

进入现代社会以后,特别是在经历了两次世界大战以后,现代主义文化渐渐在西方占了上风。这种文化的本质特征是悲观、颓废和畸糜,正是在这种文化的影响下,理想泯灭,激情衰减,人们的精神状态陷于低迷与枯涩之中,这便更急切地把重塑道德形象与重焕精神风采的期望自然而然地寄托在了东方文明的中兴,特别是中华文化的复兴上。英国学者汤因比在其著作中就鲜明而强烈地阐发和表明了这种构想与期待。这就是说,实现中华文化的复兴,不仅是实现中华民族伟大复兴的需要,而且也是建构世界文化长廊与文明大厦的需要,是全世界的冀求与期待。我们必须坚定不移地做好这项事关振兴中华和惠及子孙的伟大工作,我们一定要尽快尽早尽善尽美地实现这一既定的宏伟目标。

当然,对传统文化的继承并非是对传统文化的被动接受和消极承袭,而是一种选择和升华,是一种铸冶和淬炼,是一种开拓和创新。正像《周易》中所说的"凡益之道,与时偕行""天地盈虚,与时消息",也正像《礼记·大学》中所说的"汤之盘铭曰:'苟日新,日日新,又日新'"。与时俱进和开拓创新,是我们继承传统文化、复兴中华文明与弘扬民族精神的基本理念、基本原则和基本方法,我们一定要在积

极的开拓和不断的创新中赋予中华文化以强烈的时代精神和昂扬的民族精神,使中华文化在对文明与道德、理想与憧憬、知识与智慧、精神与思想的涵载、培育和激扬中,真正成为促进实现中华民族伟大复兴的强大力量,成为参与和构成中华民族伟大复兴的基本的、重要的和必不可少的内容。

鲁迅说过,在文化建设中,尽管内容是丰富的,方法是多样的,途径是广阔的,但最终必须达到"外之既不后于世界之思潮,内之仍弗失固有之血脉"。这实际上就是民族性和世界性的结合与统一,也是先进文化所必须具有的素质与品格。为了达到这个目的,我们在建构先进文化的工作实践中,就一定要立足于民族文化的优秀传统之上,积极广泛地吸收世界上一切民族所创造的优秀文化成果,严格按照建构中国特色社会主义文化的标准和要求,牢牢把握先进文化的前进方向,努力实现中华文化的伟大复兴,并以文化复兴的丰硕成果有力地促进和带动中华民族的伟大复兴。

四

为了更具体地说明文化建设在实现中华民族伟大复兴中的地位和作用,我们且以山西为例来进行个案分析。因为在实现中华民族文化复兴的伟大时代工程中,山西不仅处于特殊的地位,而且也具有特殊的作用。"特殊"云者,至少有如下几层含义:一是文明历史久远,文化积淀深厚,文物遗存众多;二是变革精神激扬,进步思想蜂起,优秀人才荟萃;三是人文精神丰裕,政治意识高卓,法家思制滥觞。

正是由于这种"特殊"及其所造成的文化优势与文明资质,遂使山西在实现中华文化复兴中举足轻重、弗可旁代,这是山西的光荣,也是山西的使命。山西确实有义务、有责任通过发掘和升华,使中华古代灿烂文化与文明发扬光大、异彩纷呈,用加倍努力和创造性劳动再现昔日的光耀,铸冶今日的辉煌,展示明日的瑰丽。在中华民族文化与文明之光彩夺目的链环中,山西紧紧地扣着几个重要而关键的环节。这几个环节一旦散佚,整个中华文化与文明就会由长长的链条变为零落的碎片,并失去它应有的光彩。相反,如果我们能够将这几个关键性的链环拭擦得更明亮,淬炼得更精纯,连接得更紧密,那么,整个中华文化与文明的链条就会变成一条闪光的银河,就会照耀得大地生辉,星汉灿烂,万物烁彩。由此足见我们做好文化工作的重要价值和伟大意义。

实际情况确乎如此。从匼河文化、西侯度文化到丁村文化,从峙峪文化到尧文化和晋文化的相衔与绎变,足以证明山西古代文化的久远与宏博;从"汤始居""启以夏政"到"曲沃代翼"和"郭偃之法",从赵武灵王的"胡服骑射"到北魏冯太后与孝文帝的"均田制"和全面"汉化",足以证明山西古代文化中所灌注和激扬的变革精神十分强烈。从侯马铸铜遗址发现和侯马盟书出土,到晋侯墓和陶寺遗址的深度发掘及其所出土的大量珍贵文物,足以证明晋南地区作为华夏文明"金三角"的重要地位。从李悝、吴起、荀子、韩非子、范文子、尉缭子、苏秦、张仪、惠施、公孙龙、商鞅、范雎、吕不韦,到王通、孙复、司马光、薛文清、傅山、杨深秀等思想家、政治家、改革家的蝉联出现、矢志问鼎与锐意进取,足以证明山西古代文化中改革精神和进步思想的丰厚蕴存。从唐、五代、宋、辽、金等朝代在三晋大地上所留存的106处木构建筑,到中国最早的佛教石窟(云冈石窟)和中国最大的道教石窟(龙山石窟),以及以永乐宫壁画、广胜寺壁画、虞弘墓娄睿墓和徐显秀墓室壁画为代表的壁画艺术,以平遥古城、王家大院、李家大院和常家庄园为代表的城建园林民居艺术等,足以证明山西古代文化的底蕴极其丰赡而深厚。特别是在自"叔虞封唐"以来的近3000年中,频仍出现在三晋大地上的一批又一批、一茬又一茬的文臣武将、才士学人、诗苑慧杰、梨园名优、巾帼英爽、政坛俊要,更是以自己的才智和实绩为中华民族的崛立和发展作出了不可磨灭的杰出贡献。诸如卜子夏、李悝、吴起、荀子、韩非、商鞅、关羽、霍去病、郭璞、武则天、郭子仪、薛仁贵、王通、王勃、柳宗元、王之涣、狄仁杰、裴度、白居易、温庭筠、司空图、关汉卿、郑光祖、罗贯中、裴松之、傅山、薛文清、徐继畬、杨深秀、董寿平等。这些杰出人物的出现,是山西的骄傲,也是中华民族的骄傲。正是他们,铸就了山西文化与文明的辉煌,同时也确立了山西在实现中华文化复兴中的重要地位与重要作用。

山西在实现中华文化复兴中的重要地位与重要作用是多方面的。其中最重要的六个方面是:①对建设政治文明的示范作用。尧、舜时期,不仅实行的是禅让制,而且还树立了诽谤木,君王不仅深入实际,体察民情,而且身先士卒,躬耕田亩,完全与百姓平等,同大众甘苦与共。禅让,实际上就是选贤任能,而树立诽谤木则是一种广泛征集民意的政治体制与民主形式。尧要主动让位给舜,舜却隐姓埋名,躲进历山,一再推让。后来实在推让不了才接受,一旦接替了尧的位置,便吃苦耐劳,开拓进取,以至于在南巡的路上奋志以殁。这种精神状态,无疑对我们建设政治文明是极具启发意义和借鉴意义的。②对改革精神的激励作用。在山西的古代文化与文明中,始终贯穿着一种锐志改革的进取精神。像魏文侯、李悝、吴起、荀子、韩非、商鞅、赵武灵王、冯太后、孝文帝、柳宗元、司马光、薛文清、徐继畬、杨深秀等,

就都是中国历史上改革的先行者,都有显赫的政治擘划和改革实绩,并因此而对中国历史的发展产生了巨大的积极影响。这是一种极其宝贵的思想结晶、精神财富和实践经验,颇具现实意义。③对发展教育事业的启迪作用。在山西的古代文化与文明中,重教兴学是一个显著的特点,也是一种很有远见卓识的观念与行为。卜子夏是孔子的高足,李悝和吴起是卜子夏的学生,荀子是卜子夏、李悝与吴起的私淑,韩非子又是荀子的学生。这种师承关系对活跃学术、激扬教化、提升思想和促进变革都起到了十分积极的作用。其他像惠施、王通、司马光、薛瑄、傅山等,也都是名声远播、成绩斐然的大教育家,特别是王通,他的学生几乎个个都成为隋末唐初的栋梁之材,最具有代表性的莫过于为贞观之治立下汗马功劳的魏征。④对发展文化事业所具有的巨大的、多学科和全方位的借鉴作用。由于山西的古代文化积累十分丰富而又极其精粹,必然会对现在和今后的文化建设发挥昭示价值与借鉴作用。如大量的壁画艺术、石窟艺术和彩塑艺术,独炫异彩的古代建筑艺术、制陶艺术、雕刻艺术、绘画艺术、园林艺术等,都不仅具有观赏价值,而且具有借鉴意义,它们在实现中华文化复兴的时代工程中所起的积极作用,乃是不可估量的。⑤对文物存储和历史发展所具有的资证作用和实证作用。文物是不可再生的,历史是不能倒转的。所以,文物的资证和历史的实证极为重要。而恰恰是在这一点上,山西具有得天独厚的优势。对山西来说,157处旧石器早期遗址,60处古文化遗址,106座辽、金以前的木结构建筑,2500多公里长的自战国以来的古长城遗址,12712尊自唐朝以来的彩塑作品等,都是价值连城的稀世珍宝,而且它们的文物价值、考古价值、历史价值和社会价值,必定会随着时间的推移而越来越抬升,越来越巨大。⑥对人才培养、人才开发和人才使用的极其重要的启悟作用。在山西的文化与文明历史进程中,人才问题一直是一个十分突出的问题,并在兴衰臧否的实践中留下了许多发人深省的例证。当"楚才晋用"时,晋国兴盛了,楚国败落了,特别是经过晋楚城濮之战、邲之战与鄢陵之战,当范文子等一批贤能之士的谏言得到采纳之后,晋国一举成为春秋霸主。但当"晋才秦用"之后,在晋国的败落中,秦国却强盛起来了。像对秦国的强盛起过决定性作用的张仪、商鞅、范雎等人,其原本就都是晋国人。由此可见,人才问题确为国运所系。人才兴,国运兴;人才衰,国运衰。这是一个铁的规律。这个启迪,对于我们今天尤具现实意义,它敦促我们对山西人才严重外流的现象必须予以深刻反思,它也催促我们必须尽快改善和优化山西的人文环境,切实做到尊重劳动、尊重知识、尊重人才、尊重创造。

此外,由于山西是革命老区,革命文物的遗存十分丰富,像黄崖洞、八路军办事处旧址、平型关、百团大战纪念地、"临汾旅"发祥地等,所有这些,都是培育和弘扬民族精神的宝贵文化资源,也都是滋养和发扬中华文化的重要基地,其本身就是代表先进文化前进方向的,我们一定要高度自觉地对之加以珍视和利用,以便充分发挥其在实现中华文化复兴中的积极作用。

实现中华民族的伟大复兴,是我们所肩负的一项极其光荣而神圣的历史使命,而要完成这一使命,就必须实现中华文化的伟大复兴,并以文化之强力铸冶民族之魂魄,以文化之韵律奏响时代之强音,以文化之旗旌引领人民之步履,以文化之火炬炽燃大众之激情。正是在这个过程中,山西是肩负重任和大有可为的。因为山西拥有最丰富的文化资源和最淳厚的文明资质,因为山西的先人曾经创造过无比灿烂的古代文明,并以辉煌的文化业绩把山西定格在历史与时代的重要刻度之中,并使其责无旁代地要在实现中华文化的伟大复兴中施展自己的才智,作出突出的贡献,创造惊人的业绩!

第 3 章
文化创造的社会价值与道德定位

在任何时候、任何情况下,先进文化都应当是与先进生产力相匹配和相促进的。只有这样,文艺才能像鲁迅所说的那样,既"是国民精神所发的火光,同时也是引导国民精神的前途的灯火",才能真正体现自身的价值,发挥积极的作用,获得人民的赞许和社会的认同,乃至成为时代精神的花朵和历史进程的碑碣。

为此,文化就必须涵载和弘扬高尚的道德,必须具有强大的思想力量,必须体现文明的本质,必须从自身的特点和规律出发,将道德和文明形象化、艺术化,在生动活泼、多彩多姿的艺术表现中,既能给人以美感和愉悦,又能使人在潜移默化中得到文明的感化和道德的洗礼,实现心灵的净化和思想的升华。

这是历史和时代赋予文化的崇高使命,这同时也是文化自身在应对经济全球化、文化多样化、生活多元化和市场经济的挑战中,所必须举起的精神火炬和筑起的道德堤坝。

一

在当代中国,发展先进文化,就是发展有中国特色社会主义的文化,就是建设社会文明与精神文明,并由此而决定了加强思想道德建设,是发展先进文化的重要内容和中心环节。必须认识到,如果只讲物质利益,只讲金钱,不讲理想,不讲道德,人们就会失去共同的奋斗目标,失去行为的正确规范。因为精神文明、高尚道德、正确而积极的人生观和价值观,是先进文化的核心内容,它也理所当然地应该成为文化创造的思想基础和美学目标,并艺术地创造性地体现在文化产品与文艺作品的具体形式和具体内容之中,以美为中介而感动人、教育人、鼓励人、提高人。

举凡优秀的文化产品与文艺作品,其在本质上就都是对道德冲突和道德规范的艺术体现,都是对理想与文明的向往和追求。当然,这一切都是要通过艺术的形式加以实现的。文化不是哲学,不是政治学和伦理学,它只有通过艺术的途径才能实现建构文明和弘扬道德的目的,它必须首先是对美的认识和创造。在文化创造与文艺创作中,思想和道德只有借助美与艺术,才能展翅高翔,才能为大众和社会所接受。所以,成功的作家和艺术家向来都是把思想和艺术连为一个整体的,他们所创造和追求的,从来都是美与道德的合璧。鲁迅在强调文艺创作的思想内容和道德评判的极端重要性的同时,更谆谆告诫道:"万不要忘记它是艺术。"狄德罗则强调指出:"真理和美德是艺术的两个密友。"

这是文化与哲学、政治学和伦理学等的根本区别,这也是文化自身的基本规律。所有成功的文化创造与文艺创作,都是对这一区别和这一规律的实践验证。文化只有按照这一规律运作,才能更好地为社会服务,才能在建构和弘扬文明与道德中发挥积极的作用。道德的内容虽然十分广泛和丰富,但其中最本质的东西始终都是大公无私、忠诚仁义、贤良睿智、积极奋斗、为崇高的事业和人民的利益而不惜牺牲自己的一切。文化所艺术地展示的正是这种道德。它不是用道理说服人,而是用艺术感染人;不是用伦理规范直接进行逻辑评判,而是用典型形象和生动情节对道德具象地进行演绎和阐释;不是干巴巴的说教和硬邦邦的灌输,而是在以情感人与以美愉人的过程中让人欣然接受崇高道德和精神文明的浸润与洗礼。

这种传播文明和弘扬道德的方式是文化所特有的,同时也是最广泛、最有效和最为大众所乐于认同和接受的。这种效能,是其他任何形式的宣传都无法比拟和无法替代的。正是在这个意义上,我们应当充分认识和高度重视文化在建设新型道德和精神文明中巨大而积极的作用。

二

文化在建设道德与文明中所具有的积极而巨大的作用,完全是由文化与道德的内在关系和自身需要所形成、所决定的。道德,是人类社会得以平衡、稳定、健康、积极发展的意识支柱和精神导向。文明,是人类社会得以前进的精神动力和走向发达的意识标志。而文化的天职,则在于以艺术的形式反映和表现人类社会的文明进程和人类自身在改造客观世界过程中所实现的道德铸冶和精神升华。文化的使命,不仅在于表现社会生活中的真、善、美,而且在于以自己的特殊方式不

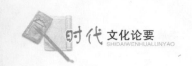

懈地追求真、善、美。文化,几乎是伴随着人类社会的诞生而诞生、发展而发展的,它的存在不仅是文明和道德的结晶,而且是文明进程和道德历史的见证。文化的本质是文明,文化的灵魂是道德。即使是在暴露性的作品中对丑恶的东西进行批判和鞭挞,其目的和功用也正是对良知、道德、文明与美的渴求与呼唤。批判现实主义作品的力量往往就是这样体现的。它暴露黑暗,实质上是向往光明;它鞭挞丑恶,实质上是缔造美奂;它谴责无道,实质上是建构德操;它叱詈野蛮,实质上是呼唤文明。至于反映社会现实生活和精神风貌的作品,表现改革开放和现代化建设的作品,描写和讴歌英雄时代和英雄人物的作品,那就更是对变革的生活与先进的人群及其所蕴涵的文明、道德、理想、智慧与美的直接而富于激情和魅力的艺术描绘了。

这是历史的决定,这是时代的赋予,这是人民的期待。我们的作家、艺术家一定要有这样的自觉意识,要有这样的激情和信念,要有这样的使命感和责任心。是的,我们的时代是开放的时代,我们的生活是多彩的生活,我们的文化是创新的文化。我们尽可以广撷博采,吸收一切对我们有益的域外文化成果,即使对西方现代主义和后现代主义文化我们也不应当一概排斥,而是要积极地择取,特别是其中的一些表现形式和艺术手法,只要我们选择得好,吸收得好,运用得好,也会对提高我们的创作水平发挥积极作用,尤其会对丰富我们的民族形式和传统手法发挥积极的作用。但是,无论采取怎样的形式和手法,无论表现怎样的题材和主题,无论描写怎样的生活和人物,都应当和必须强化作品的文明意识,加大作品的道德含量,增强作品的激励功能,使作品具有生活的亮色和时代的光彩,具有摇人心旌的思想力量和粹人心志的道德力量,具有活力与魅力、亲和力与感染力、升华力与激励力。

正是从这样的时代特点和时代要求出发,我们才把加强社会道德教育,提高全民族的思想道德素质和科学文化素质,努力在全社会形成共同理想和精神支柱,作为社会主义现代化建设的一个重要奋斗目标。特别是要自觉地加强以德治国。对一个国家的治理来说,法治与德治,从来都是相辅相成,相互促进的。二者缺一不可,也不可偏废。法治属于政治建设,属于政治文明;德治属于思想建设,属于精神文明。二者范畴不同,但其地位和功能都是非常重要的。一个民族、一个国家、一种事业,要不断地走向成功和发展,就必须有一个坚强的精神支柱,而道德就是构成这坚强的精神支柱最重要和最基本的原材料。在道德的实现过程中,文化则是最为重要的载体和介体之一。"文以载道",古已有之;"文以明道",心向往之。

"文"与"道""文"与"德",本来就是一个不可须臾分割的连骈体,它们互为依托,互相激励,文赋予德以形态;德赋予文以灵魂,在德与文的结合、凝聚与升华中,赋予人和社会以高尚与文明。

文化与道德的这种关系及其所具有的巨大社会功能,是由文化和道德各自的本质特征与特定功能所决定的。文化的天职是反映生活,表现"人",追求真、善、美,给人以愉悦、启迪、教育和鼓舞。而道德的职能则是对人及其所依存的社会关系的自觉反映,并通过教育、社会舆论和心理信念的力量,有效地调整人们之间以及人与社会之间的思想准则与行为规范。在西方伦理学著作中,"道德"一词是从拉丁文 mos 和 mores 演化而来的,其意为风尚、习俗、性格、法则、规范等。在中国古典文献中,"道"是指事物变化的规律、法则,以及认识和处理问题的道理与方法等,而"德"则是指人的素质、品行、思想水平与精神境界等。《大学》开宗明义便写道:"大学之道,在明明德,在亲民,在止于至善。"《四书集注》则把"道"解释为"人伦日用之间所当行者是也",把"德"诠解为"德者,得也,得其道于心而不失之谓也。得之于心而守之不失,则终始惟一,而有日新之功矣"。显然,一个具有道德的人,可以以先进的思想和高尚的精神按照事物发展变化的规律去认识世界和改造世界!

这应当说是人生的胜境,是人进入"自由王国"的一种表现,也是真、善、美在主观世界和客观世界的同一性体现。这正是文化创作所要追求和表现的生活与"人"的最本质和最合理的状态! 正是在这个意义上,文化与道德原本就是一体化的,文化是道德的载体,道德是文化的灵魂。特别是对于先进文化来说,对于真正归依于人民大众的文化来说,其与道德的关系就更为密切,其对道德的反映就更为具体,其所蕴涵的道德力量对社会和"人"所起的积极作用就更为深刻、更为巨大。因为支撑我们道德大厦的是人类历史上最为先进和崇高的社会主义道德和共产主义道德体系。共产主义道德是全人类统一的道德,社会主义道德是共产主义道德的过渡形式,也可以说是共产主义道德的初始阶段吧!社会主义道德的基本内容是:遵循集体主义原则,强调社会整体利益与个人利益的一致性,社会整体利益第一、个人利益第二,个人利益服从社会整体利益;注重顾全大局、遵守纪律、平等团结、互助友爱;坚持真理,实事求是,爱祖国,爱劳动,具有创新精神和奉献精神。社会主义道德的这些基本内容,也正是我们社会现实生活的基本内容,尤其是我们社会主义现实生活的导向和趋向。文化创造只要忠实于生活,既反映我们的现实,又反映我们的理想;既表现我们的建设,又表现我们的精神;既突出我们的

创造,又突出我们的信念;既描绘我们的激情,又描绘我们的业绩。其结果,也就自然而然地蕴涵和弘扬了社会主义道德。因为道德并不仅仅是一种理念,在本质上道德更是一种最能被社会认同和大众掌握的行为规范与社会实践。高尚的道德始终与积极的生活和多彩的人生同在。

<h1 style="text-align:center">三</h1>

文化与道德的血肉交融的关系,特别是文化以高度的自觉性对道德的涵载与弘扬,不只是道德得以传播和弘扬的需要,更主要的还在于文化自身的需要。任何文化产品,都希望能够广泛地被社会认同和接受,都期待着能有一个广大的读者群和观众群,都企盼能在历史的艺术画廊中闪烁光彩,成为永恒。那么,如何才能实现这个愿望呢? 关键就在于作品是不是具有充分的道德含量? 是不是在艺术化的富于魅力的炫示中充分展现了时代的道德准则与道德风貌?所谓文化产品的时代性、思想性和社会性,在本质上也就是文化产品的道德性。文化产品中的道德评价与道德展示,实际上就是分是非、鉴优劣、权得失、甄善恶、辨真伪、判赢输,就是以形象的力量和情韵的感染给人以愉悦、熏陶、启悟、教育、激励和鼓舞,就是在潜移默化中提高人的认识,净化人的心灵,淳炽人的情愫,升华人的思想,铸冶人的德操,点燃人的精神之火与理想之光,激发人的开拓勇气与进取精神。这一切,恰恰正是所有真正优秀的文化产品所必须具有的基本内容和基本功能,正是文化产品成功与失败的试金石与分水岭。

基于此,狄德罗明确地将艺术创作的使命归纳为:"使德行显得可爱,罪恶显得可恨……这就是一切拿笔杆、画笔或刻刀的诚实人的纲领。"[1]高尔基则认为:"艺术的目的是夸张美好的东西,使它更加美好;夸大坏的——仇视人和丑化人的东西,使它引起厌恶,激发人的决心,来消灭那庸俗贪婪的小市民习气所造成的生活中可耻的卑鄙龌龊。艺术的本质是赞成或反对的斗争,漠不关心的艺术是没有而且不可能有的,因为人不是照相机,他不是'摄照'现实,他或是确定现实,或是改变现实……"[2]至于别林斯基,则从批评者的视角出发,对文化与道德的关系就看得更宏观、更透彻了,他说:"艺术,和一切活的、绝对的事物一样,是从属于历史

① 狄德罗:《论画》第 5 章,《世界文学》1962 年第 1-2 期合刊。
② 高尔基:《论艺术》,《文学论文选》,人民文学出版社 1958 年版。

发展过程的;我们时代的艺术应该是在当代意识的优美的形象中,表现或体现当代对于生活的意义和目的,对于人类的前途、对于生存的永恒真理的见解。"①

这是什么呢? 这就是文化产品在明道、载道、弘德、崇德中的作用、功能和使命。古往今来,举凡优秀的文化产品,其在本质上都是具有这样的性质、特点和功能的。否则,它就不可能为大众所喜爱,更不可能流传下来,泽及后世,成为照亮人们灵智与良知的灯炬。巴尔扎克的《人间喜剧》与车尔尼雪夫斯基的《怎么办》不仅内容相去甚远,而且在思想属性和美学特征上也大相径庭。但是,它们在载道、明道、弘德、崇德上的作用却异曲同工。前者以 90 余部小说广泛地反映了 19 世纪上半期法国的社会生活,真切地描绘了这一时期法国资产阶级如何逐步占据统治地位,而贵族阶级却在资产阶级逼攻下日趋衰亡的历史过程。正是在这个过程中,作者淋漓尽致地揭露了资产阶级攫取不义之财的非道德行为,同时也肯定了人道主义、改良主义和个人主义在当时条件下的有限的合理性与积极的社会意义。很明显,小说所陈述和阐释的是道德与非道德的对峙与搏击,是正义与非正义的抗衡与倾轧,是真理与非真理的交锋与较量。2000 多个人物所作的五花八门的表演,实际上就表达了这样一个主题,它让人在明是非、辨真伪、识善恶、知得失的过程中进行道德评判,并由此而提高自身的道德自觉性与道德评判力。与《人间喜剧》不同,车尔尼雪夫斯基用 110 天时间在牢房中写成的哲理小说《怎么办》,则完全是用积极的道德内容,甚至是用革命的精神给人以警醒、提示、感悟和激励的。通过拉赫美托夫的思想与行为,生动地再现了俄国当时的革命形势,正确地回答了在严峻的考验与选择面前,俄国和俄国人民应当"怎么办"的问题。拉赫美托夫是一个具有很高领导艺术和非凡自制力的职业革命家,他几乎集革命者的优秀品质于一身,具有很强的示范性和感染力,对任何人都会产生一种强烈的道德征服力量,以至于普列汉诺夫说,最早的无产阶级革命家"都从这本书中吸取了道德力量和对美好未来的信心"。列宁更是深刻地指出:"在它的影响下,成千成百的人成了革命家。……它使我这整个的人来了一次深刻的转变。……这种作品能使人一辈子精神饱满。"

其实,这种情况对于文化创造来说,并不是个别现象,而是一个具有普遍性的规律。在本来意义上,真正优秀的文化产品,就应当具有这样的性质和功能。尽管

---

① 别林斯基:《关于批评的话……A.尼基金柯·第一篇》,《别林斯基论文学》,新文艺出版社1958 年版。

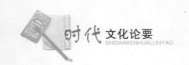

不同的作品在体现这种性质和实现这种功能的方法与途径上是不尽相同的,但在本质上它们却都必须和必然具有这样的性质和功能。彪炳于文学史和艺术史上的传世之作自不待说,就说我们现实的创作吧,只要是产生了双效益的作品,都是鲜明而突出地具有这样的性质和功能的,正因为这些作品具有这样的性质和功能,才得以获得良好的社会效益和经济效益。

但是,我们还应当看到,在市场经济条件下,在文化多样化和生活方式与生活内容多样化的情况下,文化创造所受到的挑战和考验也是严峻的。"身体写作""零度写作""私语化写作"的流行;"戏说风""豪华风""古装风"的骤起;着意摹袭西方后现代主义的创作思想和艺术套路;醉心于以冷漠无情的方式咀嚼颓唐和无聊的琐屑之事;甚至丧失对现实的热情,转移对改革的关注,一味追逐较少社会意义和时代价值的豪门恩怨和妻妾争宠;把放血、割肉、食人、玩尸和虐杀动物等反文化、反人性、反道德的恶作剧,尊为"行为艺术";公然用所谓的"红粉文学""白领文学""消费文学""宾馆文学"等,为一些道德低下、灵魂空虚、精神颓废者涂抹青春的气息和时尚的色调,并以之排斥和取代从改革大潮和现代化建设中涌现出来的时代英雄和社会新人;凡此种种,都是不符合文化的道德标准和道德要求的,也都是对文化的性质和功能的反叛和背弃。其结果,不仅造成了文化创造的易质和大众对文化的信任危机,而且也必然要对人们的道德提升和社会的精神文明建设产生负面影响。

文以载道,文以崇德,是人类历史上所有类型和性质的文化创造所共同具有的要求和特征,也是真正优秀的文化创造取得成功的奥秘所在。古今中外,一切优秀的文化产品最震撼人心的地方在哪里? 最激动人心的东西是什么?都是道德在人性和社会生活中的显映与弘扬,这些优秀作品的焦点和亮点,都是由崇高而巨大的道德光彩和道德力量所凝聚和所点燃的。失去道德蕴涵,这些作品就会失去精神支柱和思想力量,就再也难以在人们的心中掀起巨澜,当然也就不会对净化人的心灵和升华人的思想发挥积极的作用。而文化产品一旦失去给人美感、欣悦,使人懿德、向善,激人奋发、进取的功能,它自身的存在价值不也就令人怀疑了么?所以,文化与道德是永远一体化的,是永远不能二元相悖和分道扬镳的,任何作家、艺术家的任何形式和内容的创作,都必须高度自觉而艺术地向道德靠拢,从道德中点燃精神火光和淬炼思想力量,并以之作用于社会,作用于人,作用于人类的文明历史进程和我们欣欣向荣的现代化建设。

这是时代和人民的期待,这也是文化创造和文化产品自身的需求。

第 4 章
大众文化企盼人文提升

大众文化的勃兴，是时代发展的产物，是社会变革的必然。它不仅为促进文化生产与消费开拓了广阔的空间，而且也明显地丰富了文化景观，扩大了文化辐射，活跃了文化生活，实现了文化共享，极大地激发了大众对时代文化强烈的参与愿望和体验热情，使文化在市场化、生活化、产业化的发展道路上，最直接地切入了最大众化的社会生活，产生了空前的泛文化热点效应，使文化的生产和消费从少数人手中解放出来，在工业化精神、商业化意识和世俗化赏悦中获得飞跃的发展。

一

大众文化，是一个独立而特殊的文化概念，它从一开始诞生就有着自己特定的范畴与含义，它不仅是高雅文化、纯文化的悖论，而且也与群众文化、民间文化、现代文化等迥然不同。由于大众文化的形成与发展始终是与大众传媒携手共进的，所以，我们或可认为它是现代科技发展的产物。事实上，正是由于现代科技的发展，才使生产越来越规模化，人口潮水般地向大城市集中，并迅速被群体化的社会生活所整合，由大体相似的生活环境和生存状况逐渐形成了大体相似的文化形态与审美情趣，即世俗化和时尚化的文化赏悦需求，瞬间化与碎片化的文化消费形态，游戏化与释放化的文化参与冲动。这无疑为大众文化主体的形成和大众文化环境的营构起到了至关重要的作用。在这个过程中，现代科技的发展为大众文化的广泛、快速传播提供了极为快捷的工具和载体，从广播、电影、录音、录像、电视、传真、可视电话，到因特网、微电子技术、卫星传送技术、光纤通讯技术、光储存技术、激光照排技术、数码成像技术，不仅为大众文化的广泛快速传播提供了现代

化的工具,而且使大众文化产品实现大批量、产业化、规模化的复制、拷贝与流通成为可能,这岂不等于为大众文化插上了自由飞翔的翅膀么!

二

如何看待和评价大众文化呢?这是一个既亟待研究而又必须审慎回答的问题。

一切从实际出发,具体问题具体分析,是马克思主义的科学的世界观和方法论。对于大众文化,我们也必须持这样的态度,用这样的方法去观察、去分析、去评判,并得出正确的结论,施用于文化建设的实践之中。因为这是一个关乎民族精神的坐标与社会发展的导向问题,我们必须认真对待,审慎行事。

首先,我们应当认识到大众文化在中国的出现,是改革开放的产物,是思想解放的收获,是市场经济条件下的文化果实,也是科学技术和综合国力实现快速发展的文明结晶。从这个意义上说,它不仅是经济发展和社会进步的标志,而且是思想解放、精神提升和文化生活趋于丰富多彩的标志。正是由于大众文化的出现,才极大地改观了文化的封闭状态和单一格局,实现了文化的大众化与共享化,促进了文化市场的繁荣与文化产业的形成,扩大了文化的受众群落与传播空间,增强了文化对现代意识和时代精神的归依与追索,密切了文化与生产、与生活的关系,以及文化对普通人的心理与情感的切近和介入。毫无疑问,所有这些,对于我们建设面向现代化、面向世界、面向未来的有中国特色社会主义新型文化,都是必要的和有益的。

其次,大众文化的出现不仅适合我国现阶段的实际情况、实际需要和实际水平,而且也能够在深化改革、促进发展和建设物质文明、社会文明与精神文明中发挥积极作用。必须认识到,我国在现阶段,工业化的程度还不够高,生产力水平还相对比较落后,科学技术在总体上还不够发达,自然经济和半自然经济还占着相当大的比重,特别是以自然经济为特征的农业文明在长时间内所形成的封闭意识、小生产意识和非商品化意识,还在一定程度上妨碍着我们向市场经济和商品社会的快速迈进。于此情况下,我们最需要的是什么呢?是以大量的、广泛的、现代化的文化产品和文化效能,引导和帮助人们消除闭锁意识,增强市场意识;弱化传统意识,提升现代意识;克服保守意识,激扬开拓意识;摈弃农耕意识,树立现代工业文明意识和现代商品经济意识。只有在真正改变和提高了人们的思想意识和道德素质的情况下,加快实现现代化和走向高度文明、高度发达的社会,才能成为可能。而恰恰是在这方面,大众文化具有独到的功能和特殊的作用。因为它天生与现代科学技术为伴,它始终与大工业生产结缘,它在热情传播现代意识与市场意识的过程中,往往也能一定程度地赋予人们以开拓的勇气和进取的精神。

再次,大众文化在呈现人性嬗变的过程中,不但对张扬人性持肯定态度,而且从一定层面上为人性的充分发展提供了现代化的技术和物质手段。它以自身的开放性和宽容性一定程度地打破了中国传统文化意识的封闭性和狭隘性,并创造出一种可资大众实现文化共享的广阔空间。它又以自身的功利性特征和世俗化倾向,冲破文化特权和文化偶像的限制,使文化的发展从此转入多元化和民主化的轨道,并极大地改善和丰富了人们的生存状况,有效地实现了人性的自然性、社会性和实践性的结合与统一,这无疑对提高人的生活质量和实现人的全面发展具有积极意义。

另外,由于大众文化是以市场化和商业化为其生存和发展的支配力量,以大批量复制和拷贝作为其主要的生产方式,以高效、快捷、广泛的传播为其获得活力和产生效益的基本形式的,所以,大众文化的发展必然要刺激和带动文化产业的发展,从而在进行精神抚慰和满足感性欲望的同时,带来可观的经济效益。大众文化在生产和流通过程中所遵循的一个铁的定律,就是价值规律、商品逻辑和主体利益最大化,它向来不接受一个无销路的好东西。这就是大众文化在表面多元化的景象下所掩盖着的利益一元化的实质。从商业运作和经济学的意义上说,这显然是一个不容忽视的亮点。在现代社会中,大众文化与科学技术的结合,造就了文化工业;文化工业与市场经济的结合,形成了文化产业。一些经济发达国家,早已把大众文化产业当成新的经济增长点,并从中获得了巨大的经济效益。据预测,在21世纪初叶,文化产业的货值将占到世界经济总量的5.3%,高达1.4万亿美元以上。在综合国力的竞争中,文化产业越来越举足轻重。正是在这个意义上,我们对大众文化的认识和对文化产业的价值评估,就更应增加一个特殊的筹码。

大众文化所具有的这些特点和优势,只要我们对之加以正确的引导和利用,就会对经济和社会发展产生广泛效应。因此,我们完全有理由将之归入时代文化的行列之中。从一定意义上说,对大众文化只要引导得好,利用得好,是能够具有这样的功能和发挥这样的作用的。

大众文化是时代和社会发展的产物,是一种不可抑止也不应抑止的文化发展的大趋势,而大众文化自身又确实藏否互见、优劣并存,具有明显的矛盾性。尤其

是大众文化以其强势媒体和广泛、快捷、大量的生产方式与传播方式,对大众生活空间的强制性占有,所造成的对高雅文化和主流文化的排斥,以及在这个过程中所形成的新的文化霸权和精神控制力量,如不加以及时、合理、有力的调节与引导,乃是很容易造成社会文化素养的低俗化,并在客观上破坏文化生态的平衡和诱使人们审美情趣的畸化。这是必须予以高度警惕和极大关注的。

对于大众文化,我们的任务始终都应当是自觉地积极地扬优祛弊,有力而有效地转劣为优。此中,最核心和最关键的,就是必须坚持不懈地对大众文化施以人文关怀与人文提升,积极有效地赋予大众文化以尽可能多的精神价值、道德品位、文明素质与思想蕴涵,使大众文化在不断地汲取、扬弃与升华中走向完美与成熟。

第 *5* 章
文化的价值质点与精神效能

文化价值的质点,即文化的原生价值、本质价值、第一价值、主价值。在任何情况下,这种价值都是一切内容和形式的文化创造、文化产品、文化服务的生命之腱与活力之源。因为质点对于价值来说,不仅是文化主体劳动绩效的凸显,而且更是文化对人和社会产生并发挥积极作用的体现。文化,唯因其有价值而方生发绩效和意义,但价值则又唯赖于质点的驱动与支撑。特别是在价值量、价值形式、价值效能和价值取向均呈多元化格局的当今社会,情况尤为如此。

一

价值形式与价值取向的多元化,是时代发展的必然,也或可认为是文化的一种价值辐射与效能提升。在这种情况下,高度自觉而有效地显化和强化文化价值的质点,就显得尤为迫切和重要。否则,文化的本体价值和终极效能便必然会越来越多地受到消抑与耗散,以至于使文化发生易质,变成空壳,沦为物欲化的赢利疣体和浮靡化的精神尘器。

这并不是杞人忧天,而只是对某些"在场"文化现象的实景写真。文化价值质点的走形与变异,常常会使文化在本质上和效能上变得不再是文化,其精神价值与教化功能全然会被市场价值和俗娱作用所取代。

在对多元文化价值的设定与追求中,往往容易出现一种倾向掩盖另一种倾向的现象,并在这种掩盖与被掩盖中出现强势文化价值对弱势文化价值的倾轧和吞噬。比如,在以往的岁月中,文化的思想价值、精神价值、教化价值、心灵渲濡价值和社会公益价值处于强势地位,它就自然地构成了对文化的经济价值的藐视与排

斥。而在当今这急遽变革、快速发展的市场经济条件下，文化的经济价值、娱乐价值和社会利欲价值渐呈强势，也便越来越多地使文化的精神价值和教化功能陷于冷悖与逼仄。

这两种价值倾向，其实都是不正确和非正常的，特别是后一种价值倾向一旦处于强势地位，便为害尤烈。因为它对文化的基因进行了篡改，对文化的本质施行了阉割，与文化的效能发生了悖反，从而使文化价值的质点在变异和耗损中归于消弭与扭曲。对于文化来说，这无疑是致命的。而前一种倾向则只不过是以文化的本质价值一定程度地弱化或掩饰了文化的非本质价值。况且，这种情况也大多是在特定时代条件和社会环境中出现的。其对于文化主体价值的有效实现，不仅毫无妨碍，而且在许多时候还具有一定的现实观照性与历史合理性。因为只有秉具积极的精神价值和教化功能，才是文化之本质价值的本质体现，也才是文化价值的质点之所在。至于精神价值之外的其他价值，对于文化来说，那就都是在社会发展过程中逐步衍生出来的副价值了，它们既不体现文化的本质形态和主体功能，也构不成文化价值的熠点与质点，而顶多只是文化主体价值和本质价值的衍生物与附加值。如果不是这样，中国的五千年文明就笃定会是一张白纸、一片沙漠、一孔涸泉了。因为真正的文化创造者、文艺创作者、心灵宣慰者、精神提升者、智能开拓者和文明传播者，就从来不是以赚钱、牟利和娱乐为其目的的。他们的一切劳作和一切创造，只有一个终极目的，那就是开智、养心、励志、修德，那就是张扬正义、布达真理、激励人生、繁昌社会。如果老子、孔子、屈原、司马迁、曹雪芹们所追求的不是文化的本质价值，不是文化的精神救赎，不是文化的社会效能，而只是金钱、物益和娱乐，那就不会有我们今天所看到的《道德经》《论语》《诗经》《离骚》《史记》《红楼梦》了。道理很简单：精神是崇高的、恒久的、无价的，而经济则只是对"钱"与"物"的一时追求与实用消费，且必须和必然要以产出大于投入为前提。如果仅仅是为了个人攫物和牟利，那这些为中华民族铸冶灵魂的先贤宿圣们，就决然不会去以生命为代价而求取达博真理、书写人生了；如果仅仅是算经济账，那这些为中国历史宣纲立命的鸿儒巨擘们，就断不会自甘于以焚膏继晷的付出而换取名位的贬损与生存的维艰了。而事实却恰恰相反：几乎所有的宏大文化创举，都无不是在毫无经济回报情况下的殒命之作。文王拘而演《周易》；仲尼厄而作《春秋》；司马迁忍辱负重完成《史记》；司马光损体眇目编修《资治通鉴》。至于曹雪芹对《红楼梦》的撰著，那就更是历十年之辛苦而倾满腔之血泪了。在文学名著中，不仅有许多作品连作者的名字都没有留下来，而且即使是一些留下名字的作者，其生平身世也大都语焉不详,更何谈有什么物益上的回报了。凡此种种,古来由之。

这是中华民族的大幸。正是由于这些在文化上为国家和民族作出显赫成绩和重大贡献的圣哲们,从来就不是为个人牟利益,从来就不算经济账,更鲜有什么"娱乐"的心思和"玩玩"的追求,我们才会拥有灿烂的文明和精神的家园。否则,我们的国家和民族就会因为失去文化的滋养而变得形容枯槁、心灵干瘪、智能匮乏、精神萎靡。这并不是危言耸听!想想看,如果没有四书五经,没有《左传》《史记》《资治通鉴》,没有《三国演义》《永乐大典》《四库全书》,没有孔子、屈原、李白、杜甫、关汉卿、曹雪芹、鲁迅,中华民族还会是中华民族吗?中国人还会是中国人吗?我们又该到哪里去寻找自己的灵魂?我们今天高喊实现中华民族伟大复兴的历史坐标又在何处?

这便是文化价值的质点,也即文化价值的核心与本质所在。随着社会的进步和时代的发展,文化价值的衍生物固然越来越多、越来越杂,但文化价值的质点却永远不可改变,也永远不能改变。如果改变了,文化也就不是文化了,顶多只是一个空壳、一种虚骛,徒有文化名谓而已。这种不是文化的文化,历史上有,现实中也有。在喧嚣骚动、浮靡冶艳之文场中,所谓的"娱乐至死、利益至上",所谓的"风月笔墨""媚俗为尚",所谓的"收视率为王""宏大叙事无用""勇敢地表达对金钱的宠爱""唯有赚得真金白银才是硬道理"之类雷人之语、黑厚玄论、犬儒主义,就更是对文化价值质点的蚕食与掏拆了,其结果无非是除了使文化价值质点转轨,就是使文化价值质点易质。所产生的消极效应不仅是大幅面的,而且是深层次的,因为它所灼痛和戕伤的是国脉、世风与民魂;它所壅蔽和阻断的,是智慧之源、心灵之翼与精神之忱;它所浸渍和污染的,是人性的圣洁、理想的绮丽与道德的崇高。

很显然,文化价值的质点一旦被转轨和易质,其后果自当是不堪设想的。而造成文化价值转轨和易质的最重要和最直接原因,便是把文化当成了纯粹的赚钱工具,把赚钱当成了文化的唯一目的。这里的要害就在于"纯粹"和"唯一"。因为一旦在趋利捞钱上"纯粹"了、"唯一"了,也就必定要放弃文化对人和社会的引导与提升功能,必然要使文化陷入低俗、畸靡、褊悖、庸邪的渊薮。于是,"戏说""大话""水煮""逗谑"出来了,"时尚化""碎片化""肤浅化""欲望化"膨胀了,反权威、反崇高、反传统、反道义高涨了,情场猎艳、职场斗法、黑厚之学、权谋之术风行了。只要有市场、有卖点、能赚钱,就不惜以描摹乱象和暴露丑恶来诱发人性的窥劣和满足猎奇的心理。如此这般,又何谈文化价值的质点考量与文化效能的社会兑取呢?

二

任何事物,都只有在具有了价值之后才会有意义和有作用。但各种事物的价值形成、价值规律和价值质点却是不尽相同的,甚至是完全不同的。例如经济价值和文化价值就大相径庭。

在经济学中,价值主要体现在商品所涵蕴的社会必要劳动量和对物质资源的附有上。这种价值,不但可以量化,而且可以转换,尤其可以用货币来标示和置取。但文化却不行,文化价值的核心内容、终极效能和主要实现方式,始终都在于它所天然赋有并理应履施的社会性、公益性、思想导向、智能寄寓和精神内涵。文化不但要以真、善、美的方式来揭示和表现生活与人性中的真、善、美,而且要在不可逆和个性化的艺术创造中给生活增添亮色,使社会焕发光彩,让精神得以提升,促人性更臻完美。凡此种种,既是文化的社会担当,又是文化的效能旨归。任何内容和形式的文化创造、文化产品和文化服务,都只有在赋有了这样的性质和达臻了这样的效能之后,才可望实现质点的归复与效能的兑取。然而,这一切却又是不可量化和不能用金钱进行兑换与置取的。

正因为如此,文化价值的质点也便赋有了独具的重要性和特殊意义。所谓"质点",在物理学上是指物体处于运动状态时,不考虑物体的大小和形状,认为它只是具有质量的点,这个物体便叫做质点。显然,文化价值的质点,即是指在文化创造和文化服务过程中,不论其内容和形式如何,都应当和必须赋有和服膺于真、善、美的品格、性质、目标与效能,发挥思想引导和精神提升的积极作用,产生淳化社会风气和铸冶民族灵魂的巨大效能,并在这个过程中充分体现其主体价值与本质价值。

文化的这一价值质点,不仅是文化的审美场,而且也是文化的生命线。不论在任何时候、任何情况下,任何文化形态都决然不可吊诡,不能违逆。因为文化一旦离散了这个价值质点,其主体价值和终极效能便会随之而消失殆尽。文化的商品意义,永远都只能是和只配是文化主体价值和终极效能的延伸物与衍生品,就像在提炼石油时得到了沥青,但我们却永远也不能只为得到沥青而去提炼石油。当然,文化价值的意义与商品价值的意义绝不像石油和沥青的关系这样直观而简单,它是一种极为复杂的价值链接和极为深刻的社会命义,其核心元素因子始终都凝敛并活跃在社会生活的底蕴之中和人们的精神层面之上,自有其内在的法则与规律。

文化的价值规律和价值形式，乃是与经济的价值规律和价值方式迥然不同的。在经济活动中，商品生产和流通的基本规律是由社会必要劳动量及其涵附的物质资料所构成的价值量的等值交换。在这个过程中，货币不仅可以是价值量的标示，而且也可以充当实现交流的中介。对于文化创造、文化产品和文化服务来说，其价值的产生过程和实现方式可就都不是这样的了。首先，所有内容和一切形式的优秀文化，都是精神升华的产物，都是情感爆发的产物，也都是心灵省悟和道德弘升的产物，而绝非像物质生产那样仅仅凭靠一定的社会必要劳动量和相应的物质资料便可获得。其次，所有优秀文化，都必然和必定是先进思想、高尚道德、清淳人格和远大理想的艺术载体，都是对时代精神的积极扬励和对人生愿景的审美表达，而绝非像物质产品那样只是为了满足人们一时的物质需求。又次，文化的对象始终都是人，是通过作用于人的思想、心灵、意识和精神而艺术地潜默地使其发生变化和实现提升，而绝不像物质产品那样从来就没有特定的对象性。再次，举凡优秀的文化，其价值因子不仅不会由于时间的推移而褪色和衰减，而且其社会效能也不会因为长期施用和反复兑取而出现损毁与罄匮，绝不像物质产品那样越时即损、逾期即废。

所有这些极具个性的特点，不仅形成和铸就了文化价值的固有质点，而且也使文化赋有了只属于它自己的价值规律和价值形式。这就要求我们绝不能把文化价值等同于经济价值或物质价值，更不能把文化创造当做单纯食利的行为，把文化产品当成单纯赚钱的工具，把文化服务当做单纯敛财的形式，更不能趁产业化大潮而一味假文化之名捞黑钱。当然，这并不是说文化就完全没有物性价值，就完全不能以货币作为实现交流、传播和消费的中介，而只是说在任何情况下都必须高度自觉地守护文化价值的质点，把文化的审美价值、教化价值、启智价值、懿德价值、认知价值和励志价值放在首位，予以坚决的捍护和充分的实现。只有在这个前提下，才有资格和有条件发掘和启动文化的物性价值，使文化创造、文化产品和文化服务科学而有致地进入产业链和交易场，实现对文化衍生价值、延伸价值和副价值的合理开发与适当利用。

其实，文化的主体价值和精神效能，与文化的衍生价值和经济效能并不矛盾，更不对立，而是完全统一的，因为没有前者，就不会有后者，而且在通常情况下都是前者的价值越大，后者的价值也才会随之而越大，它们是一种水涨船高的关系。只有文化产品和文化服务的内容佳尚，形式优美，精神效能突出，社会影响巨大，

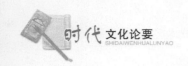
它才会在受众中有人气,在市场上增效益。这样的例证比比皆是。不过,文化毕竟是文化,既然它的主体价值和终极效能是体现在社会效益和精神层面上的,而社会效益和精神内蕴又是具有审美差异和意识臧否的,这就会使文化的主体价值和衍生价值在有的时候发生龃龉,产生逆差,出现二律背反。但这种情况往往都是发生在特定环境和特定时期中的,最终还是会实现统一的。如在 20 世纪 30 年代的上海滩,鲁迅的作品就不如一些轻俏文人的纨绔时文走红,但经过历史的沉淀和淘漉之后,未久便归真返璞,珠秕两分。马克思历 40 年之辛劳而完成的《资本论》,所赚稿费却不如当时德国一个工资最低的勤杂工多,但这绝不是《资本论》巨大精神价值的真正标志,历史也早已对此作出了极具说服力的评判。其实,许多厚重而丰赡的精神创造,不都有过这样的经历么!相反,一如某些市庸小说和低俗电视节目,虽然通过解构升职秘籍和晾露媚富心态而绑架了一些受众的窥私兴趣,并因此而赚得个钵满盆满,但这毕竟不过是文坛上骤起的一股龙卷风,待它刮过去之后,人们自会知其在赢得金钱大满贯的同时所产生的精神杀伤力。喧嚣之后,必将落寞。除了操持者的赚钱之外,不会在文坛上和心灵中留下任何痕迹。显然,这不应当是我们的文化追求,更不应该成为我们的文化生态。

这是一种吊诡,这是一个悖论。何以然呢?唯因它是对文化价值质点的消解与蜕异。在文化创造中,价值质点的任一销铄和枉曲,都会造成文化主体价值与次生价值的颠倒与混乱,都会使文化在本质上发生蜕化和变异,也都会让文化从崇高、淳雅、激奋、智慧的精神圣殿中沦为金钱的奴婢和玩娱的戏法。如此这般,文化还是文化吗?所以,构建和固守文化价值的质点,就不仅是我们繁荣和发展时代文化的必由之路,而且更是我们定当时刻铭记于心和认真见诸行动的崇高责任。

第 *6* 章
建设中华民族共有的精神家园

　　文化是观念、是意志,文化是生存方式和发展模式,文化也是精神架构与理想追求。对于一个国家、一个民族、一个时代和一个社会来说,文化就是一种巨大而强烈的集体无意识,就是每一个人都自觉认同、接受、慕求和实践的生活理念与价值尺度。正因为如此,弘扬中华文化,建设中华民族共有精神家园,就自然会成为我们的人生冀望与理想追求。

　　这,既是我们的使命和责任,又是我们的生产和生活之本与改革和发展之需。因为没有精神家园的人,就等于没有精神的皈依与祖源;而没有共同精神家园的国家和民族,则必定要散佚或失却趋同的向心力、强大的凝聚力和生机勃勃的创造力。

一

　　共同的精神家园,就是共同的精神、意志、谳识、才智、观念、理想、目标和追求,这对于国家、民族和每一个人来说,都是十分必要和极为重要的。世界是物质的,也是精神的。没有精神、只有物质的世界是不存在的,同时也是不可想象的。人是世界的核心和主宰,而人的本质则在于他有思想、有智慧、有精神,并以之而获具科学思维、文明意识和不竭的创造力与不懈的进取精神。人的精神愈丰富、愈纯粹、愈崇高,人所赋有的智能、思想、德操和创造力,也便愈发达、愈深邃、愈淳尚、愈强大,并因此而更有能力建设美好的社会和创造灿烂的生活。所以,对人而言,虽然物质和精神都是重要的和必不可少的,但物质永远都是精神的载体,都是精神的"形"与"壳"。只有精神,才是人作为人的本质体现。这不仅决定了人与动物的

| 199 |

区别，而且也决定了人与人的差异。有无精神和精神的高下优劣，永远都是衡量和鉴定人的最具普遍性的准绳与尺度。在物质意义上，人与人，甚至人与动物，是并没有什么本质区别的。只有精神，才使它们壁垒分明、优劣烛然。由此可见精神对于人的极端重要性。

精神对于人的重要性，也就是精神对经济、对生活、对社会、对创造的重要性。因为人是社会的主体，同时也是精神的介体和载体，精神对于人是重要的，但精神也只有通过人才能对社会起作用，才能体现自身的价值和发挥其特具的效能。正是这种作用和效能，方使经济不断地实现发展，社会不断地发生变革，生活不断地走向文明。人的精神是由许多本质要素组成的，诸如思想观念、政治觉悟、认识水平、思维方式、智慧程度、情愫意蕴、道德矩范、是非标准、知识学养、创新能力、价值取向、理想追求，以及性格、禀赋、才华、潜质等。所有这一切，通过交融、转换与综合、升华之后，便构成了人的本质，使人具有了认识世界和改造世界、创造财富和缔建文明的愿望与能力。

人类社会就是这样一程一程地走过来的。而人类社会的发展过程，质言之，也就是在人的群体性创造工作中不断地走向文明与进步的过程。正是在这个以能动性创造推进持续性发展的过程中，精神的作用不仅是最关键的，而且是最本质的。

然而，由于精神总是附丽于人的个体的，而任何个体的人又都总是不足以以巨大的力量推动社会的变革与历史的发展的，只有当众多个体的人凝聚起来，并形成人的群体之后，才能产生推动社会快速前进和持续发展的巨大力量。这就要求人们的充满个性化特点的精神不仅要具有时代感和先进性，要涵负科学精神，要蕴贮和扬励真、善、美，而且要具有大致相同的源流和大体一致的趋向。这是什么呢？这便是人们共有的精神家园。

一个民族、一个国家、一个社会、一个时代，只有在形成共有精神家园的情况下，才会具有向心力、凝聚力和创造力，才会不断地产生和强化民族自豪感与自信心，才会以趋同的方向和巨大的合力创造时代的辉煌与人间的奇迹。为什么在大革命的年代，人们会不论国籍、不论语言，不论在世界的任何地方，也不论是否曾经有过交往，只要一唱《国际歌》，便立即会高度认同、高度信任，完全步调一致地投入革命的洪流？原因就在于大家都有着一个共同的精神家园。这就是对马克思主义的崇高信仰和对共产主义理想的执著追求。为什么走遍世界各地，不论你来自何方、姓甚名谁，也不论彼此之间是谙熟的朋友还是陌生的路人，只要一敞九州情怀、一展炎黄姿采、一亮华夏根脉，便立即会被"中国心"凝为一体，会被"桑梓情"融为一怀？原因就在于大家都有着一个共同的精神家园。这就是绵绵而至、生生不息、魅力无限的中华文化。

无论是精神，抑或是精神家园，其表现形态虽然是"软"的，但其实际作用却是相当"硬"的，硬到了可以与历史同轨，与时代并驱，与国脉互动，与民生相洇。一个时代和社会的人们有没有健康向上、锐意进取的精神，将决定这个时代的性质和社会的走向；而一个国家和民族的人们有没有共同的精神家园，则会决定这个国家和民族的精神是否能有坚强的支撑与充沛的源流。任何一个国家和民族的消亡与销铄，都首先是从精神的没落和共有精神家园的毁毁开始的。反之，其走向繁荣和强盛，也必定是要借重于和得济于精神的昂扬、庄尚与共有精神家园的富赡和荣欣的。对于我们来说，可以笃定的是：精神要有，共同的精神家园更要有。我们不但肩负这样的使命，而且也具备这样的条件。因为要坚定不移地走中国特色社会主义道路，要如期实现全面建设小康社会的宏伟目标，要在面向世界、面向未来、面向现代化的伟大进军与激烈的国际竞争中昂首阔步、跨越发展，我们就一定要发挥自身的优势，以先进的思想导向和精神动力而极大地推动改革开放和有效地促进科学发展，并以成功地建设中华民族共有精神家园而源源不断地为民族精神和时代精神提供坚强的支撑力和巨大的驱动力，使之在有效提升和快速发展中更加趋于丰富、庄尚、刚健和昂扬。

我们有责任这样做，我们也有条件这样做。因为以深化改革和科学发展为中心内容的现代化建设最需要精神力量的支撑与驱动，而我们中华民族所具有的悠久历史和灿烂文明又为我们建设全民族共有精神家园提供了丰饶而优异的精神元素与文化构件。

二

中国是一个拥有 13 亿人口、56 个民族的发展中大国。特别是在改革开放的条件下，思想、观念、信仰、追求、是非标准、道德尺度、价值取向、审美情愫等的多样性，是自然的，也是必然的。但是，我们在承认和尊重这种差异性的同时，还必须高度自觉而有效地向一种精神凝结，向一个目标靠拢，在捍卫和发展国家利益与民族权益的趋同意向中达成共识，形成统一的意志、统一的理想、统一的目标和追求。只有这样，我们的国家和民族才会具有强大的凝聚力和向心力，也才会迸发出不竭的生命力和创造力。

这种全民族的精神凝聚与高度共识从何而来呢?来自共同的精神家园。对于我们来说,也就是来自中华民族共有的精神家园。

中华民族共有精神家园的基本构成要素主要有四个方面的内容,即历史文化、民族文化、革命文化和时代文化。这其中,历史文化与民族文化往往是共融的和同质的,而时代文化则基本上是先进文化在新的时代条件下进行延伸和实现外化的产物。文化是精神的载体,也是文明的源流。正因为如此,历史文化也便自然要成为中华民族共有精神家园的基础性要素和本质性力量。这一方面是因为民族文化、先进文化和时代文化都含有历史文化的因子,都是在历史文化的赓延与渗濡中形成和发展的。另一方面则是因为历史文化最具民族的传统性和文明的积累性,它不仅是中华民族在几千年历史进程中所创造的灿烂文化的集大成者,而且更是在长期的择漉和淬炼中所擢选出来的佳构与精品。同时,由于历史文化是在不同的和特有的历史环境中形成与发展的,这便使它本能地集中了更多的创造智慧和社会信息,蕴储了更广的认识空间和人生经验,传输了更大的思想爝火与精神能量,以至成为我们中华民族的文化根脉与文明画廊,成为中华民族赓延与发展的生存依托和生命元素,并因此而使中华文化理所当然地成为中华民族生生不息、团结奋进的不竭动力。像"道"与"器"的观念,"阴"与"阳"的辩证,"知"与"行"的统一,"仁"与"礼"的释义、"易"与"和"的诠辩,像"天人合一""修身克己""民为邦本""与时俱进""育人为先""有教无类"之类的卓理与灼论及其不绝如缕的衍生品和蘖生物,就都对中华民族的发展和中国社会的进步起到了思想劝诫、智能开发、意识诱导与精神激励的积极作用,并因此而理当成为中华民族共有精神家园的重要的和基本的建筑材质与思想魂魄。

历史文化虽为中华民族共有精神家园之重要的和基本的建筑材质,但它却绝不能等同于中华文化。因为在概念上,中华文化比历史文化博;在范畴上,中华文化比历史文化广;在形质上,中华文化比历史文化粹;在意蕴上,中华文化比历史文化新;在功能上,中华文化比历史文化大。历史文化亦即传统文化。而对于传统文化,我们既有一个接受和传承的问题,更有一个辨析、择取与创新的问题。只有在经过这个工序之后的传统文化才能进入中华文化的园苑,并成为建构中华文化的要素和基础。因为辨析、传承与创新的过程,在本质上就是"取其精华、去其糟粕,使之与当代社会相适应、与现代文明相协调",从而达到既"保持民族性",又"体现时代性"的过程。

这个过程极其必要和重要,它一方面可使传统文化变精、变粹、变新、变实,并赋予传统文化以时代精神和应用价值。另一方面它也可使传统文化与民族文化、先进文化、时代文化更相融、更匹配、更协调，从而在共同组成中华文化、共同构建中华民族共有精神家园的过程中，自然而和谐地融入赋有时代内涵的中华民族核心价值体系，不断培育和增殖先进文化、和谐文化与文明风尚的精神因素和社会元素，大力激发全民族的文化创造活力和有效提升国家的文化软实力，并在更好地保障人民基本文化权益和使社会文化生活更加丰富多彩、人民精神风貌更加昂扬向上、文化交流与文化创新更加卓有成效的基础上，进一步夯实中华民族共有精神家园的基础，丰富中华民族共有精神家园的内容、提升中华民族共有精神家园的品位、创新中华民族共有精神家园的范式、增强中华民族共有精神家园的能力、彰显中华民族共有精神家园的绩效与作用。

16世纪德国思想家、改革家马丁·路德说过："一个国家的前途，不取决于它的国库之殷实，不取决于它的城堡之坚固，也不取决于它的公共设施之华丽，而在于它的公民的文明素养，即人们所受的教育、人们的学识、开明和品格的高下。这才是利害攸关的力量所在。"而日本学者界屋太一在对历史和现实作过深层次的竖式比较研究之后所得出的结论则是：对于一个国家和民族来说，在更本质的层面上，显然是"文化比经济更重要"。这个结论，之所以能够与联合国提出"把文化置于发展的中心位置"和"社会发展的终极目标是文化的繁荣"的指导性意见不谋而合，正说明建设中华民族共有精神家园的迫切性与重要性。因为中华民族共有精神家园不仅是我们国家、民族、社会和人民之文化与文明的衍生源，而且是我们国家、民族、社会和人民之精神与智慧的孵化器。它在给我们的改革和发展以强大动力的同时，更能给我们的思想和精神以启迪、烛照、支撑与抚慰。

六、时代精神之文化扬励

——论先进文化

第 1 章
在积极探求中构建和发展先进文化

先进文化不仅是灿烂历史的荟萃和人类文明进步的结晶,而且是高尚道德的凝聚和时代精神的升华。对于一个国家、一个民族、一个社会、一个政党来说,先进文化就是灵魂,就是导向,就是旗帜。它在特定的经济、政治、社会基础上产生,同时又以其特殊的方式给予经济、政治、社会以巨大的影响和有力的促进。先进文化的这种性质和功能,决定了它必须具有不断探求和不断创新的时代品格,正像马克思所指出的那样,"正确的理论必须结合具体情况并根据现存条件加以阐明和发挥"。

一

文化是社会的灵魂,价值观是文化的核心。一个优秀的民族、一个发展的国家、一个代表先进生产力和广大人民根本利益的政党,必须拥有先进的文化和代表先进文化的前进方向。不如此,就不足以应对客观世界所提出的严峻挑战,就不可能站在历史的制高点来驾驭和领导时代潮流,也就不可能在解放和发展生产力方面有所作为,就像一只单翅的鸟不可能飞得很高、很远那样,文化对于经济、政治、社会来说,永远是互为依托的强有力的羽翼。

作为回应世纪挑战、解决世纪难题、创造世纪文明和促进世纪发展的先进文化,不仅具有同质性,而且具有历时性,它基本上是由民族文化、革命文化和世界文化实现交融、提炼、择漉、升华而成的。这个过程,就是变革、发展的过程,就是与时俱进的过程。在这个过程中,最需要的一种品格,就是积极地、不断地进行探求和创新。在本质上,任何先进文化都不是对前文化和他文化的简单继承与吸取。而

是在综合、汰选、融会、升华机制中所进行的一种全新的文化创造。马克思主义是先进文化所结出的理论硕果，但它绝不是对英国古典经济学、德国古典哲学和法国空想社会主义的简单继承和平面相加，而是在分析、批判、选择、改造的基础上所实现的一种全新的理论创造。在马克思主义理论中，亚当·斯密、大卫·李嘉图、黑格尔、费尔巴哈、圣西门、欧文和傅立叶等人的思想与理论，已经发生了质的飞跃，成为一种科学的、辩证的、全新的理论建构。马克思主义理论形成和发展的过程，实际上是一个不断探求和不断创新的过程。中国具有灿烂的古代文化，且已形成了尚仁义、重气节、讲德操、求事功、严克己、宽待人、仰贤明、崇师智、尊矩度、谏得失、倡自强、乐奉献的文化传统，形成了"先天下之忧而忧，后天下之乐而乐"的集体无意识，出现了在这种文化精神熏陶下成长起来的无数仁人志士和社会贤达。但即使这样，我们也不能仅仅只是对传统文化不加分析地被动接受和简单化地继承，而是必须施以新的探求和新的创造，认真地做到在分析中选择，在选择中继承，在继承中创新，在创新中发展。

自鸦片战争以来的中国历史已经证明了这一点。为什么康、梁等人的改良思想受到阻滞，孙中山主张的民主共和难以实现，而只有在"五四"新文化运动中发生的新民主主义革命才能在前仆后继、艰苦卓绝的斗争中，把苦难深重的中国从胜利不断地引向新的胜利呢？就因为新民主主义革命不是一味地固守传统文化，而是把合理地继承传统文化与积极地吸收域外先进文化相结合，并在此基础上根据中国的实际情况和实际需要进行了不懈的探求和创造，从而为中国的革命、建设、改革和发展铸冶了不屈的灵魂，确立了正确的导向，树立了鲜明的旗帜，使中国人民不仅有了崇高的理想和热烈的期待，而且有了精神的支柱和思想的火光。在这样的中国和中国人民面前，还有什么困难克服不了，还有什么奇迹创造不出来呢！

随着经济全球化的迅猛发展，随着金融、贸易和生产活动及经营与管理的越来越趋于国际化，特别是面对市场经济和知识经济大潮的冲击，各种文化的交流与碰撞日益激烈与频繁，这一方面为我们享用和利用世界优秀文化成果提供了方便，另一方面也必然会引发文化资源和文化吸引力配置的失衡，并由此而导致一些人的世界观的扭曲、变异和价值体系的解构与颠覆。在这种情况下，无论是对传统文化的继承，抑或是对域外文化的吸收，都相应地变得复杂起来，都需要运用马克思主义的立场、观点和方法予以恰当的定位和辩证的分析，并在这个基础上探索出一条建构和发展有中国特色社会主义文化的正确道路来，实现大格局、总趋势和全方位的文化创新。

这是一个非常现实、非常具体的问题,我们必须认真地做到、做好。因为传统文化是适应当时时代的历史和社会的需要并以当时的历史和社会作为培植基而形成的文化,域外文化则是为适应他国的人文经济状况和价值体系并以之作为源流而产生的文化。这样的文化,对于有中国特色社会主义文化来说,肯定有可取之处,但也肯定有不适应的地方,这就需要我们按照有中国特色社会主义文化的标准和要求,对之进行科学的、辩证的和紧密结合实际的分析、选择、加工和改造,使之在重酿过程中变为构建和发展有中国特色社会主义文化的有用资源,而绝不能用简单相加的办法使其成为构成有中国特色社会主义文化的不和谐的部件。比方说对于传统文化,我们就只能继承其中适应现时代发展需要的同质性部分,并加以发扬光大,而对于其中的历时性部分则需要加以清理和区别,并在这种富于时代精神的清理与区别中使之实现转化,焕发出新的时代价值和生命意义来。同样,对于主宰西方人文根基和价值体系的后现代主义文化,我们也是需要在严格的审视和选择中取其优而弃其弊、改其躯而铸其魂的,必须按照我们构建和发展有中国特色社会主义文化的标准和要求,对其加以淘漉与淬炼,实现新的同化和升华,使之成为我们构建和强化有中国特色的社会主义的人生观、价值观、道德观、审美观和生活方式与理想追求的"材料"之一种,而绝不是也不能以之取代我们的精神支柱和价值体系。这个淘漉和淬炼的过程,不仅需要审视和选择,而且尤其需要探求和创新。

二

我们的事业是前无古人的,我们没有现成的道路可走,一切都需要探求和创造。正是在这个意义上,我们不仅把创新看做是实现发展的巨大动力,而且把创新视为民族的灵魂之所在。对于构建和发展有中国特色社会主义文化来说,尤其如此。因为文化的本体是精神,而文化的灵魂则是文明与道德。先进文化的性质和功能,唯在于以先进的思想、高尚的道德、积极进取的精神和超常的知识与睿慧,源源不断地为改革开放和现代化建设提供巨大的精神动力与智力支持,唯在于通过对人的品格的提升和精神的铸炼而作用于经济发展和社会进步,唯在于通过文化自身的作用使人类社会不断地趋于健康、发达和文明。

文化的这种特殊性质和功能,本能地决定了它比"物"的东西对探求和创新具

有更大的依赖性和需求性。因为只有先进的文化,才是能够产生积极社会效能的文化,而只有具有探求和创新精神的机制和环境,才是培育和激扬先进文化的土壤与动力。质言之,先进文化就是探求的文化,就是创新的文化。毫无疑问,有中国特色社会主义文化既然是先进文化,它自然就应当和必须赋有探求和创新的时代品格,并以这种难能可贵的优秀品格,赢得自身不竭的活力与魅力。

因此,要发展社会主义文化,就必须继承和发扬一切优秀的文化,必须充分体现时代精神和创造精神,必须具有世界眼光,并不断增强文化的感召力。同时,还必须结合新的实践和时代的要求,结合人民群众精神文化生活的需要,积极进行文化创新,努力繁荣先进文化,把亿万人民紧紧吸引在有中国特色社会主义的伟大旗帜下。这就是我们在探求和创新中构建与发展先进文化的方向和目标、方法和战略、使命和责任。

根据新的生活内容、战略格局、时代特征和发展趋向,我们从先进文化的特定意义和特殊需要上进行探求和创新,其内容主要集中在以下几个方面:

一、面对"全球化"文化发展趋势,进行科学抉择,作出正确回答

文化"全球化"是一个很大的问题,也是一个很现实的问题。我们无法回避,也回避不了,我们只能积极地应对,主动地迎战。早在1848年,马克思和恩格斯就在《共产党宣言》中指出了业已出现的经济全球化现象对文化所产生的影响,这种影响必将空前地加大各民族文化间的"往来与依赖"。现在的事实越来越证明了这一点。全球文化并不都是先进文化,对于它们之间的"往来与依赖",如果引导好了,会产生积极的后果;如果疏于引导或引导得不好,则可能产生负面影响。这里有一个最关键的问题是,"全球化"究竟是各种先进文化交融互补、共同发展呢,还是让西方文化主宰世界文化、让世界人民接受西方文化所负载的价值观念和思想体系,并单向度地朝着西方文化的方向实现深化?显然,只能是前者而不能是后者。在全球化的形势下,各民族之间的文化依然是平等的、独立的和各具特色的,依然应当充分体现文化的本土性、多样性和不可逆性。"全球化"给各民族文化所提供的只是也只能是相互沟通、相互交融、相互提高和文化共享的便利条件,而绝不是也不能是强势文化吞噬弱势文化、西方文化主宰世界文化的借口和机遇。实际上,马克思和恩格斯所说的"世界文化",也是指在克服了"民族片面性和局限性"之后的人类文化的"公共财产",而绝非充满西方文化偏见和片面利益的殖民文化与霸权文化。任何文化都具有意识形态性,都是特定的思想观念、价值体系和审美取向的体现,所以衡量其先进与否,就既有共同的标准,又有不同的标准。西方认为是

先进的文化,东方也可能会不以为然。每一个国家和每一个民族都有自己生存发展的历史和精神演化的历史,这使他们对文化的认同常常会产生一定的距离。对于我们来说,即便是在文化全球化的浪潮中,也应当始终坚定不移地以有中国特色社会主义文化作为构建和发展先进文化的准则与目标。我们的一切探求和创新,就都是按照这个准则行事,朝着这个目标前进的。

二、继承与吸收的问题,是我们在构建和发展有中国特色社会主义文化中所遇到的一个非常具体、非常实际的问题

"中国特色",就是对中国风格、中国气派、中国历史、中国国情、中国传统、中国韵味、中国人文精神和中国改革、发展的伟大事业等的高度概括和综合体现。而"社会主义"则是指我们的社会制度、政治体制和经济体制以及与之相关的方针、政策、生产关系和意识形态等。既然我们构建和发展的是有中国特色的社会主义文化,我们在继承传统文化和吸收外来文化时,就应当坚持"中国特色"和"社会主义"的标准与要求,严格遵循这个原则,坚决恪守这个坐标,紧紧围绕这个定位做好具体而实际的工作。先进文化既要兼容并蓄,又要鉴别采纳;既要积极承传和吸收一切优秀的文化成果,又要坚决反对西方文化霸权主义和本国文化虚无主义;既要诉诸文化的科学性、现代性、新理性精神与人文精神,又要发掘民族文化传统中所积淀的精神力量与思想内曜。我们必须认识到,西方文化既有"相互砥砺,以胜为荣"的长处,又有消极迷惘、恣情颓宣的瑕疵,特别是西方后现代文化,在这方面的表现尤为明显。民族传统文化既闪耀着忧患意识、爱国主义、仁德智礼的光芒,又潜存着"防争泯乱""进治不足"的局限与缺憾。应当说,不论是民族传统文化,抑或是西方现代文化,对于我们构建和发展有中国特色社会主义文化来说,都必须经过一个探求和创新的过程,都必须对之加以选择和改造。

三、在现代社会中,科学技术与文化的交融与渗透日见广泛和深入,这给我们构建和发展有中国特色社会主义文化提出了一个新的课题,亟须我们在这方面加大探求和创新的力度

确乎,数字化、信息化、网络化的发展,使文化创造和文化产品中的科技含量空前地增大了,有时甚至模糊了文化与科技的界限、文化与知识的界限、文化与经济的界限。出现这种情况,无疑是一种趋势,也是一种进步,但我们在实践中还是有必要分清孰为科技?孰为文化?因为先进技术与先进文化是有本质区别的,其各自所具有的功能也大相径庭。科技不是文化,但可以作为文化的介体和载体,当这种介体和载体与先进文化的功能相一致时,科技便具有了文化的性质,反之则不

然。文化不是科技,但可以借科技之力加大和扩展自己的功能,发挥巨大而特殊的作用,诸如电视文化、网络文化等。电视和网络作为文化的介体和载体,虽然其本身不具有意识形态性和审美特征,但却能够有力地扩大和加强先进文化的传输功能,产生与先进文化相一致的巨大而积极的社会效应。不过,先进技术也有与先进文化功能相悖的时候,也有起消极作用的时候。每当此时,我们就不能再把它视为先进文化的组成部分,而必须把它与文化相分离,还其以科学技术的本来属性。总之,科技与文化的关系、属性和功能问题,是一个复杂而重要的新问题,尚有待于我们在构建和发展有中国特色社会主义文化的过程中,作进一步的探求和创新。我们的任务,不仅在于要正确认识和处理科学技术、知识经济与先进文化的关系,而且要探寻和驾驭它们实现结合和在结合中发挥积极作用的法则与规律。我们既要认识科技与文化的日趋紧密的联系,又要认识它们之间所存在的本质区别,特别是要认识到先进文化在许多情况下只有借重先进技术才能更充分地发挥其作用,但只拥有先进技术却决不等于就拥有了先进文化。因为先进文化的本质是精神文明,是人的心灵的净化、思想的升华和道德的提升,是理想、信念、意志、素质等的高度凝聚与典型体现。

四、在市场经济的条件下,文化走向市场和文化产品实现产业化,都是不可避免的

这可能会给文化带来巨大的活力和灿烂的发展前景,但也可能会使本来属于精神文明的东西陷于市场的漩涡,出现世俗化和庸俗化的倾向。

我们的任务,就是既要积极促进文化进入市场,实现产业化,又要保证文化的纯洁和本真,保证思想不被污染,道德不被消泯,精神不被溃蚀。这就需要探索,这就需要创新。举凡文化活动和文化产品,都同时具有精神价值和商品意义,并因此而铸就了它们所独具的特殊精神商品的性质。马克思在论及文化产品的性质与特征时曾经说过:"产品之所以是产品,不是它作为物化了的活动,而只是作为活动着的主体的对象。"这就是说,一切文化产品在本质上都是精神活动和审美活动的对象,并因此而要求它必须具有真、善、美的性质和功能。惟其如此,文化产品才有价值,才有意义。现在,我们遇到的问题是,在文化进入市场和实现产业化的过程中,商品性质对精神性质的倾轧和掩盖,蛮俗特性对文明特性的消解和易质,丑怪庸卑之效对审美教育功能的排斥与取代,甚至有的文化产品在利益的驱动下竟陷入了反文明、反文化、反人性、反道德、反法律的泥淖。例如,一个时期以来屡屡出现的以放血、割肉、食人、玩尸、人兽换皮、虐杀动物等为内容的所谓"行为艺术",

就是这方面的极致性表现。对于此,我们必须予以坚决制止和反对,因为它们是与先进文化的内涵和旨向完全相悖的。我们的任务是,既要支持文化走向市场,实现产业化,又要防止文化沦为金钱的奴隶和玩偶,防止文化产品的非个性化、非审美化、非文明化倾向;既要积极促进文化走向社会、走向大众、走向世界、走向未来的战略性结构调整,不断扩大文化的广泛观照性和参与性,又要防止文化的媚俗、审丑、猎奇和弩怪倾向,并为此而进行积极的探求与不断的创新。

三

在构建和发展有中国特色社会主义文化的过程中,我们所遇到的新情况和新问题,远远不止以上所述及的这些,而且随着经济全球化、政治多极化和文化多元化的发展趋势,许多当下潜在的问题,也会逐步地、不断地浮出水面,成为先进文化的新的背景材料和构成因素;它们对于先进文化的前进方向是驱动,还是阻滞?都均属未知。这就需要我们随时予以密切的关注,不断地进行探求和创新,最大限度地利用一切有利因素,最大限度地把一切不利因素转化为有利因素,最大限度地强化和纯化先进文化的优良性质,体现和发挥先进文化的积极作用。

文化,是一种精神,是一种文明,是一种道德,是一种智能。《易·贲卦》中的《象辞》有云:"文明以止,人文也……观乎人文,以化成天下。"这就是说,文化是要以文明和道德作用于人的,并通过作用于人而作用于社会。先进文化自然是要以高度的文明和崇高的道德构筑人的精神和升华人的思想,纯化人的心灵和鼓舞人的斗志,提高人的素质和淬炼人的意志。人是世间万物之灵,有了这样文明、高尚而智慧的人,还有什么困难能够阻挡我们的前进步伐,还有什么人间奇迹创造不出来呢!

正是在这个意义上,先进文化与先进生产力不仅是紧密联系、相互依存的,而且是彼此交融、双向互动的。先进生产力为创造和发展先进文化提供物质基础,先进文化为创造和发展先进生产力提供精神动力和智力支持。所以,先进生产力的发展要求和先进文化的前进方向,在本质上和效能上是完全一致的,其目的都是为了中国的繁荣与发展,都是为了替广大人民群众谋利益。事实上,也只有这样,才能真正代表中国最广大人民的根本利益。

因此,我们在建设和发展先进文化的过程中,必须高度自觉地与先进生产力和广大人民的利益相结合,真正做到:当我们以探求的勇气和创新的精神建设和

发展先进文化的时候，我们也就同时在建设和发展着先进生产力，代表着中国最广大人民的根本利益。我们必须认识到：在当代中国，发展先进文化，就是发展有中国特色社会主义的文化，就是建设社会主义精神文明，就是为我国经济发展和社会进步提供精神动力和智力支持。而先进文化要不断地实现发展，不断地发挥积极作用，则必须不断地从探求和创新中吸取源源而至的活力、魅力与定力！

第 *2* 章
在不断创新中丰富和提升先进文化

创新,是民族的灵魂,是时代的亮点。

实施文化创新,既是一个簇新的战略举措,又是一个重要的战略目标。采取这样的举措和确立这样的目标,其本身就是一项巨大的变革,就是为实现社会进步、民族复兴和可持续发展的一个极具前瞻性和全局性的战略步骤,同时又是现实的需要和历史的必然。因为整个世界都在怀着殷切的企盼和迈着急促的步伐快速走向全新的文化时代。与此同时,文化自身也在以前所未有的实力、活力与魅力吸引和感召着人们快速向它靠拢,向它集结,并以它为核心而形成足以创造光辉未来的时代的大潮流与创业的主力军。

一

如果说在 20 世纪初叶以前,人们主要是通过战争开拓疆土、兴殖农耕而实现发展的;在 20 世纪的中叶以后人们主要是通过采掘资源、经营工商而实现发展的,那么,从 20 世纪的末叶开始,乃至在整个 21 世纪及其之后的漫长岁月中,则主要应是以文化为动力而实现发展的,也只有通过文化才能真正实现发展。因为人类社会的发展是有其内在的和固有的逻辑性与规律性的,是分为不同的层次、品位和阶段的。人们只能认识它、顺应它、把握它、驭御它,而绝不能超越它和违拗它。否则,就不仅会欲速则不达,会事倍功半,会事与愿违,而且还难免要受到惩罚。我们必须认识这一点,并落实到工作实践中,这就叫实事求是,这就是与时俱进。

在现代社会和未来的时代中,文化何以会越来越成为求得发展和实现发展的

资源体和驱动力呢？这是由时代、社会和文化自身的性质、特征、功能与内在要求所决定的，是社会进步与生产力发展的必然趋势和必臻境界，它与人的精神和智能的完善与提升既是相匹配的，又是相促进的，当然它更是社会在文化的支配和驱使下不断走向智慧、文明与发达的历史刻度与时代标帜。

世界上的万事万物都是在不断的变化中实现着进步和发展的。变化是绝对的，运动是绝对的。但是，在物质世界中，任何运动和变化都是纯粹客观的和纯粹自然的，它属于物理现象。正因为这样，其运动和变化所产生的结果，也就未必一定是积极的和有效的。只有在文化的作用下，这种运动和变化才能向着正确的方向发展，并形成文明的丰硕成果和产生积极的社会效应。地球已经有 46 亿年的历史了，生命也已有 1 亿年以上的历史了。与此相比，人类的生存史和发展史显然是微不足道的，人类社会的形成史和发展史那显然就更微不足道了。但为什么相对而言在人类社会的并不太长的发展过程中，却能大大地改换并提升了地球在此之前的几十亿年的运动和变化所形成的自然状貌呢？就因为人是有文化的动物，社会是有文化的存在。人和社会都是在文化的泅渗与作用下而进行着劳动与创造，形成了意识与美感，产生了文明与智慧。显而易见，我们今天所拥有的一切，都是文化和文明的积累与结晶。没有文化的亲情眷顾和刻意雕琢，世界还会停留在洪荒时代。我们人类也还会是猴子，到现在仍旧照样四肢着地，与动物为伍。

人与人类社会正是在文化的伴随下，一步步地走向了文明与发达。在这个过程中，始终都是文化的性质与程度决定着人与人类社会的性质与程度。正是这由低级向高级发展的文化的历史，决定了人和人类社会由低级向高级发展的历史。这说明，即使是对于具有改换和提升人与社会的力量的文化来说，其自身也须不断地在探求中实现发展与提高。只有文化的不断发展与提高，才能使人与人类社会不断地实现相应的发展与提高。

这是什么呢？这就是文化创新。这也同时就是我们必须不断地进行文化创新的社会诉求与科学依据。

显然，人和人类社会是借重于文化才得以进步和发展的，而文化则是只有借重于不断的创新才能获得生机和力量。人类社会发展的历史实践早已证明：只有具有了充分的生机与活力的文化，才能更有力和更有效地推动人和人类社会走向文明与发达。

正是在这个意义上，马克思在论证人与人类社会的历史进程和发展动力时，才强调指出：人在有目的的"生产"中对"对象世界的改造"和"有意识的生命活动"

的极端重要性。马克思更进一步地深刻指出："人的万能正是表现在他把整个自然界——首先就它是人的直接的生活资料而言，其次就它是人的生命活动的材料、对象和工具而言——变成人的无机的身体。"事实正是这样。人类正是在充分拥有了迸发着创新的激情与活力的文化的情况下，才能展开对"对象世界的改造"和进行"有意识的生命活动"，也才能利用自身的智慧和文明从自然界中获取生存与发展的物质条件并有能力不断地丰富和改善这种物质条件。社会生产力的发展过程，实际上就是文化通过"人"或曰"人"通过文化而作用于自然界的过程。对于这一点，即使是古代的人们虽然不能从理论上进行阐释和构建，但却亦能在社会生产实践中明显地完成意识的形成。《旧约》中所讲的"创世纪"的故事，以及与此相关的"伊甸园"和"诺亚方舟"的故事等，就是这方面的例证。在这些故事中，上帝不但是至高无上的，而且是无所不能的。他居然能用六天的时间创造了一个丰富多彩的大千世界。即：第一天，上帝创造了天地，创造了昼夜；第二天，上帝创造了空气；第三天，上帝创造了海洋、陆地、花草树木；第四天，上帝创造了太阳、月亮和星辰；第五天，上帝创造了鱼类、鸟类和各种水生动物；第六天，上帝创造了牲畜、野兽、昆虫，又照着自己的形象创造了男人和女人，并赐福给他们，责成他们不断生养传世，认真管好大地，管好海中的鱼、空中的鸟和地上的万物；第七天，上帝的创世工作结束，便休息了，称为"安息日"。我们今天所过的星期天，即缘起于此。

创世纪的故事，实际上是以浪漫主义的手法揭示了文化作用于自然而形成社会文明的规律与奥秘，其中的"上帝"实际上就是文化，只不过这里的文化被包裹了一层"灵光"和一圈"圣晕"而已。事实上，人类社会正是这样在文化的扶掖和引导下一步一步地走过来的。有许多在今天看来很不起眼的东西，如：火、陶罐、粗糙的打磨石器等，都对人和人类社会的发展起到了划时代的至关重要的作用。有了火，人们由吃生肉变为吃熟肉，这对人的发育产生了质的飞跃；有了陶器，人们由火烤肉变为火煲肉，这对人的发育，特别是对人脑发育来说，又是一次质的飞跃。至于打磨石器，则标志着人的劳动从此由本能劳动变为智慧劳动，同时也空前地提高了生产力和生产率。我们现在所享受的现代文明生活，我们人类现在所具有的高度智慧和创造力，就是这样由低到高、由简单到复杂、由愚蛮到文明一步一步地发展起来的。鲁迅曾经说过，人类社会发展的历史就像一根长链子。这长链子中的每一个环节都是不可缺如的，都有着别无替代的价值、意义和功能。否则，虽缺其一环，全链即不复存在矣！而铸成这整个链条和全部链环的原料和精魂又是什么呢？是文化，始终和永远只能是具有创新理念、创新学养、创新机制、创新能力、

创新智慧和创新品格的新型文化。

经济学家马歇尔曾经说过："知识是生产中最有力的发动机。"而"里昂惕夫之谜"所揭示的人力资本效应法则，则进一步透彻地诠释了人力资本—经济发展—社会进步—文化创新的互动功能与辩证关系。

在现代社会中，这种互动功能和辩证关系要比以往任何时候都更加强烈、彰显与活跃。因为知识经济的时代已经到来了，我们只有走可持续发展的道路，才能实现快速而恒久的发展。在这种情况下，经济的发展和社会的进步就必将越来越有赖于文化的创新与发展。经济学在实践考察和理论探索的基础上已明白无误地向我们揭示了这样一条铁的定律：人均 GDP 的增值越大，经济对文化的依赖性也就越大。一般说来，当人均 GDP 在 8000 美元以下时，其生产主要依赖的是自然资源和物质资源，而当人均 GDP 超过 8000 美元时，其生产则主要依赖的是知识资源即文化资源。显然，前者是低级生产，后者是高级生产，而只有实现这种高级生产，才是人类社会实现快速发展和可持续发展的必由之路与必然结果。因为任何以自然资源和物质资源为代价所求得的发展，都必定是迟滞的、落后的和有限的，而只有以文化创新为资质和动力所实现的发展，才会是快速的、先进的和无限的。

二

文化，是现代社会实现快速和持续发展的重要内容和内在动力，现代社会的一切经济行为、政治行为、社会行为等，在本质上都是文化行为。文化，不仅是人的精神砥石和智慧之光，而且也是社会走向文明和发达的最基本和最重要的标帜与力源。文化要涵负这样的功能和承载这样的责任，它本身就必须不断地进行创新。只有在不断的创新中，文化才能保持活力和赋有粹质，才能从持续的汲取和广泛的吸纳中丰富自身、壮大自身和优化自身，才能从民族传统与时代精神的契合处找到坚实的支点和觅得不竭的动力。这就是说，文化的特殊性质和巨大功能的体现与发挥，并不只在于文化的本身，而更主要的还是在于文化创新的本身。只有不断地进行创新并真正实现了创新的文化，才是有价值、有意义、有魅力的文化，也才是能够真正体现和发挥文化的特殊性质和重要作用的文化。

文化是现代社会的亮点，创新是现代文化的基点，时代所赋予我们的使命，就是要以开拓性的探求和创造性的劳动，使这亮点成为燃点，使这基点成为质点，并高度自觉地运用文化的力量促进经济繁荣，推动社会进步，实现全面发展！

人类的文化有两个大类型：一是物质文化，二是精神文化；人类的文化有两个大特征：一是继承性，二是创造性；人类的文化有两个大功能：一是提升思想境界，二是淳化社会风尚；人类的文化有两个大作用：一是赐予人以聪明才智，二是驱动社会经济快速发展。我们的文化创新就是在这个基点上切入主题，展开工作，紧密结合实际而进行深入细致的社会调研，打造铭世骇俗的学术精品，造就卓然有成的人才梯队，构筑宏大坚实的理论基地，并以之呼应时代的召唤，促进经济的发展，高擎创新的旗旌，跻攀文化的高峰。

当年，恩格斯在评述欧洲的文艺复兴时，曾说：这"是一个需要巨人而且产生了巨人——在思维能力、激情和性格方面，在多才多艺和学识渊博方面的巨人的时代"。因为这个时代全然为世人"展示了一个新世界"。我们所身处的大变革与大发展的时代，同样也给我们提出了这样的期待和要求。我们有信心攀登文化创新的高峰，我们也一定能够攀上文化创新的高峰。且看"……旖旎风光处，五彩当空，飞虹无限，正待登临意。寻蹊踰极巇，抒尽天下韵，不言嵩莱苦，只为新开辟"！

第3章
生态文化的时代禀赋与先进内蕴

生态文明催生了生态文化,生态文化促进了生态文明,并于此基础上而使生态文化越来越秉有先进文化的品格、性质与功能。

一

马克思主义认为,只有"人类同自然的和解以及人类本身的和解",特别"是人和自然之间、人和人之间的矛盾的真正解决",才是实现共产主义的基本前提条件。这,就是以生态文明为其本质内容的社会理想形态。之所以如此,盖因生态文明的核心内容,就是人与自然的和谐相处,就是人、经济、社会与自然实现全面协调、绿色创新和可持续发展的现代文明,就是人在物质与精神、现实与理想、发展与条件、欲望与理智等方面的和谐与统一。正因为如此,便天然地决定了我们要实现理想,要以人为本,要和谐生活、幸福宜居、文明发展,其前提条件就必然是全面而有效地建设具有生态文明的社会形态以及与之相适应的生产生活方式。

如果说马克思当年把生态文明作为共产主义的社会元素而提出来,尚是具有一定预期性和理想色彩的话,那么,我们今天提出建设生态文明,可就是一个迫于睫眉的严峻而现实的问题了。人类社会在经过了原始文明—农耕文明—工业文明,特别是后工业文明之后,进入生态文明时代已是一种必然。否则,社会便会陷于停滞与衰退。从农耕文明的后期开始,人类的生产和生活就已经在对地球的生态进行着破坏了,而且是愈往后发展,这种对生态的破坏就愈强烈、愈巨大、愈严重,直至到了后工业时代,人类社会以消耗资源和污染环境为代价而求得一时发展的现实,已经与地球的生态发生了恶性对抗,形成了尖锐的几乎是不可调和的矛盾。仅在从 1900 年到 2000 年的 100 年中，人类就从对地球的索取中消耗石油 1420 亿吨、煤炭 2650 亿吨，铁 380 亿吨，铝 7.6 亿吨，铜 4.8 亿吨，加之对森林、草原、河湖、大气等的严重污染和破坏，已使我们人类的生存岌岌可危，越来越吃不上绿色的食品、喝不上干净的水、呼吸不上清新的空气、住不上具有原生态材质的房子了。在这种情况下，我们还何谈什么宜居，什么文明，什么发展呢！连健康和生存都受到了威胁，更遑论什么"以人为本"？

恩格斯曾经指出："我们不要过分陶醉于我们人类对自然界的胜利。对于每一次这样的胜利，自然界都对我们进行报复。每一次胜利，起初确实取得了我们预期的结果，但是往后或再往后却发生完全不同的出乎预料的影响，常常把最初的结果又消除了。"我们现在所遇到的问题，可不仅仅只是"把最初的结果又消除了"的问题，而是大自然正在以"倍数效应"和"指数效应"来惩罚我们。在这种形势之下，我们别无选择，我们只能走和必须走生态文明之路，只能在和必须在着力建设生态文明中实现循环经济和绿色发展，切实从地球生态圈大循环的整体和全局出发，把实现经济增量的途径、方式和速度等，都严格限制在环境容量和自然生态的承载力之内，真正把"以人为本，全面、协调、可持续发展"的时代使命落到实处、产生实效，从而实现人与自然的和谐、并进，发展与环境的同步、共赢，资源与效益的相促、互益。只有这样，经济发展、社会进步、精神提升与环境宜居等，才能进入良性循环与快速持续发展的轨道，并不断地迸发出创造和创新的激情与活力。因为生态文明的理念与方式所坚持和恪守的，始终都是以大自然生态圈整体运行规律为宏观视角而全面审视和驱动人类社会的健康发展，并通过在自然界大格局中对人类一切活动的科学考量而严格按照自然生态的规律行事的。

对于此，我们只有从文化的意义上作认识与解读，才能真正烛其内蕴和促其实现。

二

生态文明既然是一种文明，它就必然要以文化为其构体和酵体。在生态文明中，文化元素的嵌入形式和作用过程通常有两个层次，或可认为是两种基本形式，即整体高层嵌入和支体多层嵌入。文化对生态文明的整体高层嵌入比较容易认识和理解，因为生态文明整个命题的提出，在本质上就是一个文化命题。任何文明，都是由以"人"为主体的社会文化与环境时空所构成的各具特色和优势的自然—

社会—文化生态系统。在这个生态系统中，人类以文化为介体，通过饱含文明意识与生存欲望的自觉行为和创造性劳动，不断地适应、平衡、抬升和优化这一生态系统的时空状态和环境质量，从而实现文明与环境的叠合和统一、自然与社会的交融和交会、创新与发展的互促和互补。正是这一过程及其所产生的结果，才使生态文明得以形成和实现，并自然而然地赋予了生态文明以时代特征与文化内涵，使生态文明成为在新的时代条件下先进文化的典范表征和人们追求社会不断进化与完善的绿色循环过程和可持续发展过程。

由于在这个过程中，整个经济运行和社会发展的基本方式和基本趋向，都是由以"高投入、高消耗、高污染、低效益"为主要特征的传统工业结构，向着以"低投入、低消耗、低污染、高效益"为主要特征和具有丰富文化内涵与文明粹质的三产及现代服务业转变，所以整个转换的进行、实现和转换之后的健康运行与稳定发展，从根本上说，就都更需要依恃文化力量的激发和推动。此间，不仅信息技术、生物技术和层出不穷的新知识、新技术、新工艺、新材料会得到广泛的开发和利用，而且它还从根本上改变着人们的价值观念、思维定势、审美追求以及人们的生产生活方式。在这个过程中，支体文化也势必要在多个层面上以多种方式介入和溶入人们的意识、理念、精神、伦理、生产与生活，并越来越成为经济社会实现绿色创新和可持续发展的主芯片与原动力。这其中，特别是观念文化、伦理文化、精神文化、审美文化，以及知识、智能和技术文化，所处的地位和所起的作用尤为凸显。

"天人合一"思想，既是中国传统哲学的一个基本命题，又是对人与自然、社会与自然、发展与自然之关系的正确定位和科学揭示。《诗经》中所说的"周原朊朊，堇荼如饴。爰始爰谋，爰契我龟"，就是对民居生活中天人合一景象的生动写照。从孔子的"自然——天命不可抗拒"论，到老子的"回归自然"论；从庄子的"顺应自然"论，到孟子的"知性悉天"论；从荀子的"天人联系"论，到屈原在《天问》中对"天"的奥秘质询和对"人""天"关系的辩证考诘，就都是从不同角度以不同方式对人与自然、社会与自然、发展与自然的多重内在和外在关系的解析与阐释。这些解析与阐释尽管只是朴素的自然唯物论，但其所道破的却是一个亘古不变的真理。因为它所揭示的是一个"人"与"天"的基本法则及其运行的位向与规律。比如孔子提倡"天命"，老子主张"见素抱朴"，庄子认为"不以心损道，无以人灭天"，孟子则笃定"知其性则知天也"。他们的这些认识和思想，经过两千多年的社会渲濡，早已成为一种印入人们心中并指导人们行为的流行观念和普遍意识，成为一种崇尚生态文明的精神文化，其概括起来，就是"天人合一"。这种"天人合一"的认识和思想演化发展到今天,也就是"生态文明——人与自然的和谐相处"。当然,它的内涵肯定要比原本的意蕴更具科学性、指向性和鲜明的时代特征了。

"天人合一"的意识与精神文化,在生态文明建设的具体实施中,只有得到生态审美文化、生态伦理文化、生态消费文化等支体文化的多层次维护和补充,才能更充分地发挥作用。

大自然自有天籁之美。它既是一种美与善的主体,又是一种审美与扬善的对象。看似参差不齐、千形万态的自然界,其实是一个很有规律和充满生机的美善之域。大自然在承载和涵养生物、环境与人类的过程中,不仅具有显化的美善特质和潜在的审美性,而且还以超乎寻常的对称均衡美、节奏韵律美、协同进化美、多样统一美与自然变化美等,装点和修饰着人类的生产与生存环境,在给人以心志愉悦、精神陶冶的同时,还能赋予人以美的感悟、善的启迪和对美与善的欣赏与追求,使人在宜居环境的欣悦与激励下产生创造的欲望和进取的信心。这一点,对于现代人来说,尤为重要。因为创造美善、追求美善和消费美善,已经越来越成为现代人的时尚生活要素和宜居条件之一,同时也是现代人进行高品质创造活动所必备的外部条件与精神内需,而生态文明所提供给人们的,恰恰正是这样一个适应而不守成、拓进而不耗竭、和谐而不划一、循环而不回归的生存环境与良好心境。在任何时候,激发人对美善的创造欲望和创造能力,提升人的审美扬善欲求和审美扬善水平,都是提高人的生活质量与精神品位的重要条件和显著标志。因为人只有在受到美善文化的浸润,并真正树立了生态美善观,才能认识和感受大自然的美与善,并以美与善的态度和方式去亲近大自然、爱抚大自然、保护大自然。对于进入文化消费时代和生态文明时代的人们来说,理当尤为如此,因为文化消费与生态文明的源流和主体,始终都是人与自然的和谐共处,都是"循环、共生、稳定、互促"的社会文化链和生态产业圈。

与生态美善观紧密相连并具有相依互补关系的,是生态伦理和生态道德所产生的文化阈值。无论在理论上和实践中,生态伦理文化和生态道德建设,都是全面实现生态文明的必要前提和重要保证,同时也是我们亟须进一步完善、强化、普及、提高并在实践中使之尽快产生显著效能的重要方面之一。我国未来社会经济发展所遇到的最大制约,就是包括资源供给、环境容量和生态服务在内的自然资本的制约。而我国目前资源产出的效率却极低,以产出单位 GDP 所耗能源作比较,我国比日本高 10.5,比德国高 9,比美国高 8.83。这也就是说,1 单位(千克石油当量)能源消耗在我国仅能创造出不到 0.7 美元的 GDP,而世界的同比平均效能

则为 3.2 美元。其中，日本竟高达 10.5 美元。至于在环境方面，我们的历史欠账也相当严重。由于滥伐森林、过度放牧、超量垦荒和失度灌溉，已造成了严重的环境衰竭。据测算，仅在"十五"期间，我国的生态赤字就高达 5 万亿元之多。这种情况是怎样造成的呢? 生态伦理的缺位和生态道德的缺失，不能说不是一个重要原因。急功近利，竭泽而渔，不遵自然规律、不计资源成本、不管环境容量和生态阈值地单纯而片面地追求 GDP，以至把"先污染后治理、先规模后效益、先建设后规划、先经济后生态"奉为经济社会发展的诀要，其后果当然是不堪设想的。

在这种情况下，呼唤生态伦理和生态道德文化的介入和干预，就是十分必要和十分迫切的了。因为生态伦理和生态道德文化，可以通过唤起人们的生态良知、提升人们的生态素质和启发人们的生态自觉，而有效有力地赋予人们以生态正义和生态义务，使人们树立良好的消费观念和行施科学的消费方式，并在严格的生态伦理观照下和高尚的生态道德驱动下，正确认识、恰当对待和科学处置人与自然、自然与社会、物态与生态、生态与发展的关系，从而做到资源的循环利用、生态的良性运转、环境的有效修复和经济社会的持续繁荣、发展与进步。

其实，作为现代概念的生态文化，早在两千多年前的古代中国文化中，就已经萌生了极为丰富的意蕴，并形成了较为系统而成熟的文化理念。这其中，老庄哲学思想便是最为杰出的代表。特别是在中国文化发展过程中所形成的"天人合一"思想，更是赋予了生态文化丰富的社会内涵，使其得以成为中国人广泛接受、认同和实践的文化理念，以致产生了巨大的社会影响和深刻的思想变革。当生态文明亟待生态文化予以浸润和驱动之时，我们自然有责任和有能力捷足先登，勇于担当，为我们自己和整个人类作出应有和能有的贡献。不仅要以生态文化指导和驱动生态文明建设，而且更要高度自觉地在生态文明建设中不断丰富和发展生态文化，使其越来越具有实践性、先进性和时代性。

第 4 章

先进文化与民族的
生命力、创造力、凝聚力

文化的力量,深深熔铸在民族的生命力、创造力和凝聚力之中。正因为如此,文化创造者们便理所当然地被要求在自己的创造实践中高度自觉地赋予文化产品以民族的生命力、创造力和凝聚力。只有这样,文化才会是有激情、有力量的,才会真正符合先进文化的本质要求。

生命力、创造力和凝聚力,是一切民族得以自立于世界民族之林的基本素质和品格。对于一个民族来说,其生命力、创造力和凝聚力越强,这个民族的脊梁就越硬朗,气势就越宏伟,发展就越迅速。我们民族的这种生命力、创造力和凝聚力,不仅深深地熔铸在文化的力量之中,而且也必然和必须要借重文化的力量不断地加以深化和强化。中华民族是一个有着悠久历史和灿烂文明的民族,也是一个有着高度智慧和强大创造力的民族,而这一切都深深地凝聚和积淀在丰厚的文化蕴储之中,都是以文化为载体而加以赓延和传辐的。其中,文艺所担当的任务和所发挥的作用极其具体而重要。正像马克思所指出的那样,文艺是人对世界的艺术掌握。关于这一点,从《诗经》《离骚》、先秦散文、汉赋、唐诗、宋词、元曲、明清小说、"五四"新文学到新中国成立后以及新时期文学,到《大濩》《大夏》《大武》《韶》乐、埙乐、青铜编钟乐、拓枝舞、剑器舞、胡腾舞、霓裳羽衣舞、《洛神赋图》《龙凤人物图》《清明上河图》《虢国夫人游春图》《山谿待渡图》《富春山居图》等历代文艺作品中,我们都可以得到验证。

通过鲜明、生动、具有丰富社会内容和强烈艺术魅力的文化产品和文艺作品,人们可以感受到我们民族的生命力、创造力和凝聚力,这就是文化的作用。任何内容与形式的文化和文艺,只要是先进的、健康的、有益的,就都应当具有这样的功能和发挥这样的作用。唯其如此,才使文化在民族的嗣承中,在社会的发展中,具

有重要的、独特的和无可替代的价值和意义。在所有的文化门类中,文艺创作是最具活力和魅力,也最有大众性和广涵性,并因此而最容易深入人们的性格和灵魂之中,最容易被大众在审美陶醉中自觉地接受和喜爱的。因此,对于文艺的积极作用,我们决不能小觑,必须高度自觉地赋予其以健康的内容、高尚的道德、丰富的智慧和正确而积极的思想,使之不仅能够具有艺术的魅力,而且始终具有先进文化的优秀品质。

文化的力量既然是深深地熔铸在民族的生命力、创造力和凝聚力之中的,那就首先应当要求一切文化产品和文艺创作必须倾全力积极而有效地铸入文化的力量,使其成为现实的文化力量之源。

要使文艺作品具有力量,就不能玩文学、玩艺术,就不能单纯地写消极、写"自我",就不能远离生活主潮和涣散时代精神,就不能对现实的社会变革隔岸观火,对人民的休戚忧乐毫不挂心,对思潮的进退起落麻木不仁,对民族的兴衰荣辱漠然视之。因为文艺的力量来自于它的思想内曜和道德涵负,来自于它对生活的评判和对时代的激扬,来自于它所蕴寓的人民性、民族性、责任心和使命感,特别是来自于它所具有的时代精神、民族精神和奋发向上的进取精神。古往今来,凡是具有力量的文化、文学和艺术,在本质上都是秉承着这样的性质和特点的。在这些作品中,始终充满了强烈的时代精神和积极的进取精神,并因此而获得了巨大的力量。

生命力是一个民族得以存在和发展的基本活性因素和基本驱动力量。在民族的生命力中,精神因素和文化因素常常是起主导作用的。这也就是说,民族的生命力主要是涵蕴在文化中和表现在精神中的。许多优秀的文艺作品之所以长盛不衰,正是这样获得活力与魅力的。也正是在这个过程中,文化的力量才得以培孕并逐渐走向坚忍和强大。

二

在文化创造和文艺创作中表现文化的力量,并通过这种反映和描绘而有效地增强文化的力量与民族的生命力、创造力和凝聚力,既是历史的使命,又是时代的旨要,我们必须正确地认识,认真地对待,积极地实施。在新的历史条件下和新的时代变革中,文化所起的作用越来越广泛和巨大。与此同时,民族的生命力、创造力和凝聚力也比以往任何时候都更加举足轻重,它是改革和发展的驱动力,是兴旺和发达的助推器,是我们在激烈的综合国力竞争中得以稳操胜券的最基本和最重要的前提与基础。对于文化创造和文艺创作来说,必须聚焦于此,这是不应当和不允许有怀疑和有歧义的。我们的文化创造与文艺创作,要做到时尚而不媚俗,博闻而不泛取,开放而有维度,广撷而有择漉,写实而有提炼,迎合而有魂灵,要在谋篇立意上向民族的生命力、创造力和凝聚力靠拢,一定要使文化在营构民族的生命力、创造力和凝聚力方面发挥积极的和无以旁代的重要作用。

为此,就必须要解决"标准"问题。这是一个非常现实的问题,文化创造的优劣得失必须要有一个正确的、与时俱进的标准。没有标准,就没有臧否的尺度,就没有追求的目标。有一种观点认为,在当代文学创作中,已经丧失了思想导向、意识主体和审美准则,小说家已经变成一群在失重状态下四处乱飞的鸟,不知道该朝哪个方向飞,也不知道要飞向何处;诗歌已经变成了一艘没有舵手、航海仪和指南针的巨大航母,正漫无目的地驶向一个不可预知的远方;散文则变成了一个纯粹丧失标帜的领域,写散文成了一门手艺活儿,散文家则成了一群能工巧匠,既远离灵魂真实,又套牢现实功用。这些观点至少反映了大家能够约略感觉到的一种现象,那就是文艺创作的标准的丧失和方向的迷失。在这种情况下,提出以增强文化的力量和建构民族的生命力、创造力和凝聚力为目标的创作指向,其意义之大,当是不言而喻的。

此外,要实现文化创造对先进文化和民族的生命力、创造力、凝聚力的自觉归拢和能动反映,对于创作主体来说,自然还有一个生活感验和艺术表现的问题。这同样需要在探求和创新的意义上进行艰苦的切磋和获得全新的发现。只有当思想与艺术、内容与形式、题材与技巧达到完美结合的时候,才能圆满地实现我们所预期的创作目标,也才能真正按照先进文化的本质要求,把积极营构民族的生命力、创造力、凝聚力和不断增强文化的力量的任务落到实处,产生实效,发挥积极的作用,闪烁耀眼的光彩。

第 5 章

科学发展与以人为本
是先进文化的精神内曜

人与社会和自然的和谐相处,特别是人对社会和自然的科学认识、能动改造、积极构建与不断提升,始终都是先进文化的逻辑起点和本质要求。

一

文化,是社会变革和自然变绎的精神反映与智慧升华,是对物质世界的历史发展轨迹和现实进取趋向的艺术认识与审美概括。它既是人类在认识和改造物质世界中所形成的经验积累与精神结晶,同时也是人类实现进一步和更好地促进社会实现持续、健康、文明和快速发展的引导力与驱动力。正是在这个过程中,文化不仅全方位地切入了科学发展观的理论建构与实践进程,而且成为科学发展观的最基本的构成要素与最重要的活动因子。实际上,科学发展观本身就是一种文化效能与文化成就,就是一种文化的范式与规律,它深刻地反映了社会和自然在发展过程中所出现的矛盾,并为正确解决这些矛盾以求实现更大发展而提供思想的启迪、精神的鼓励和科学的思维与智慧。作为一种文化效能与文化成就,科学发展观自身也是在实践中不断地走向完备和成熟的。从以经济增长为核心的传统发展观,到以综合发展和可持续发展为核心的主流发展观;再到以"人类发展"为核心的现代发展观,不但鲜明地标志着科学发展观的外延在不断扩大,而且也同样鲜明地标志着科学发展观的内涵在不断趋于深邃和丰富。

科学发展观的这一发展过程,在本质上就是先进文化以社会实践为基础而进行升华和创新的过程。它的每一次发展,都是一次新的综合与新的发现,同时也都是对实现这种发展的已有的立论基础的科学扬弃与重新构建。这种不断的扬弃与构建,越来越使科学发展观具有科学的性质和闪烁出科学的光彩,也越来越使其更加符合实践的律动与发展的需求。因为综合发展观格外注重人与人、人与环境、人与社会、人与自然、人与资源等的关系的平衡与协调,而以"人类发展"为核心的现代发展观所强调的,则是以人为本和在以人为本的基础上所实现的循环发展、绿色发展与可持续发展。它把发展看作是以历史、文化、资源、环境等内在条件为基础所实现的经济增长、生态平衡、自然协调、社会转型、政治民主、精神解放、智能提升等各种因素在内的综合发展过程,并倡导和追求在人的幸福、自由、公正、安全、尊严等得到保证的前提下,充分挖掘人的自身内秉的各种潜在的本质力量,并使之获得表现与释放;自觉赋予人以文化素质和文化能力,全面发挥人的创造才能与激扬人的进取精神,在最大限度地实现人的全面发展的基础上,真正使人不但成为社会的支配杠杆与驱动力量,而且也成为自然界的自觉而有为的主人。

显然,这种以"人类发展"为核心的现代发展观,是对以追求单纯的经济发展为核心的传统发展观的变革、补充、丰富与提升,从而更具有科学的性质和更符合人与社会发展的实际情况和实际需要。早在 1848 年,马克思和恩格斯在《共产党宣言》中就已明确指出:共产主义将是这样一个联合体,在那里,每个人的自由发展是一切人的自由发展的条件。此后不久,马克思又在《资本论》中进一步阐释道:社会主义、共产主义是比资本主义"更高级的、以每个人的全面而自由的发展为基本原则的社会形式"。马克思主义与单纯的"经济人"论、"社会人"论和抽象的人本论的主要区别,就在于它从辩证的和发展的观点出发,把对"人"的认识锁定在了"一切社会关系的总和"这个基本点上,并强调指出,人的本质是人的自然属性与社会属性的统一、人的共性与个性的统一。这就警示我们,实现"以人为本"是树立和落实科学发展观的关键环节,而要实现"以人为本",则又必须在不断调整和把握社会关系的变绎中准确地把握人的本质,有效地实现人的全面发展。这种以人为本的全面发展观对实现发展的实践要求,始终都是以人的发展为核心内容和终极目标的,它既不认同单靠 GDP 指标增长便能反映出人类社会发展的真实状况,也不认同国民生产总值和国民收入的增长便必然能够给人们带来和谐、安谧与幸福。它认为,只有在经济增长的收益全方位转化为人们生活质量的提高时,才会真正促进和实现人类的发展与社会的进步。正是在这一转化过程中,先进文化不仅是催化剂,而且是合成素。人类的发展,只有在经济与文化实现互融并形成合力时,才能真正变为现实。人类发展的指数,是一个综合体系,并不仅仅是单向度的经济指标。在人类发展指数中,先进文化的作用极其重要。因为文化所涵蕴的政

治、法制、道德、文明、精神、意绪、智慧、技能、思想、情操、素质、品格等,始终都是人实现全面发展与高度发展的先决条件和必备要素。《周易》中早就有"观乎人文以化成天下"的认知,南朝萧统也提出过"文化内辑,武功外悠"的治国方略。英国人类学家E.B.泰勒给文化所下的经典性定义则是:"文化,就其在民族志中的广义而言,是个复合的整体,它包含知识、信仰、艺术、道德、法律、习俗和个人作为社会成员所必需的其他能力与习惯。"

不言而喻,在"以人为本"的科学发展观由观念付诸实践的过程及其所形成的事实中,文化的价值、功能和作用,乃是极其巨大和十分重要的。这在本质上就是对以人为本的科学发展观的生动而具体的诠释。因为对人的创造潜力的发掘和对人的创造才能的发挥,永远都是实现人的全面发展的最根本内容和最重要标志。人的活力,是一切活力的根源。只要人的活力被唤醒和激发起来,社会的活力、文化的活力、一切生产要素的活力与一切创造社会财富的活力,便都会竞相迸发,喷薄而起,充分涌流,出现森森之势,形成洋洋大观。

二

科学发展观的核心是以人为本,先进文化的核心也是以人为本。在任何时候,人都是文化的介体、载体、对象物和创造者。文化是人创造的,也只能服务于人和作用于人。因为只有人——企盼文明与实现文明的人,才会具有文化创造能力和文化审美需求。这就要求一切形式和内容的文化活动、文化创造与文化产品,都必须以人为对象,努力用艺术的形式和美学的方法,创造性地反映和描绘多彩多姿的历史变革与现实生活,特别是要反映和描绘那些处于历史演绎与现实变革之激流中的人们的创造性活动及其丰富的内心世界,着力以真诚的善意和艺术的灵智深层次地发掘他们的思想界域与感情境域,积极张扬和表现他们的创造能力与独特个性,充分展示他们追求自身发展和期待获得幸福的美好憧憬与热切愿望,激情勾勒他们在探寻人生道路与成就辉煌事业中所付出的艰辛劳动和所创造的惊世奇迹,并以文化的魅力与艺术的挚情给予他们以抚慰、赞美、启迪、引导、激励和鼓舞。

任何真正意义上的文化,都应当具有这样的功能和承载这样的责任,这既是文化的本能,也是文化的天职,以任何理由弱化这种功能和放弃这种责任,都是一种失职。特别是对于先进文化来说,尤其如此。因为只有文明的人,才能创造出文明的社会,赋予其以光彩、活力与动力,使之不断地从奋发进取中走向新的繁荣与发展。

在这个过程中,人,既是文化的起点,又是文化的终点。文化要发挥自身的作用和实现自身的价值,就必须具有刚健而充实的内容、丰富而积极的思想、新颖而活泼的形式、优美而旷达的方法,以此而使人乐于接受并从接受中获得欣悦、美感、启悟、教益、信念和力量。这是先进文化以及一切健康有益文化所必须要具有的资质与品格。文化只有具备了这样的资质与品格,才能对人发挥积极的作用,并达到愉悦人、满足人、提高人和发展人的目的。

这是一个规律,这是一个法则。古今中外所有优秀的文化产品与文艺作品,其在本质上都是具有这样的特点、性质和功能的。它们不但以人为对象和中心,而且高度自觉地满足人的需求,抒发人的感情,历练人的意志,振奋人的精神,提升人的素质与品位,使人在艺术中以美学的方式得到了充分而有效的舒怡与展示。画家陈逸飞之所以能够在事业上取得卓越的成就,一个重要的根本性原因,就在于他在艺术创造中始终坚持以人为本,以自己的全部热情运用艺术的火光把观众的心灵点亮,以自己天才的渲濡为观众营造真、善、美的精神家园,像《攻占总统府》《保卫黄河》《踱步》《故乡的回忆——双桥》等画作,就都典型地表达了这样的追求和信念。他说:"艺术家的根本是发现美、传递美","艺术的关键在于激起人们对生活的无限热爱的美,为'冷漠'两字注入最大的热情,这就是世界接纳艺术的根本"。赵树理是一位成就很大、享誉世界的作家,但他生活和写作的目的却始终都只有一个,那就是为最广大、最基层的人民群众创造和输送健康而饱满的精神食粮,以自己最真诚的付出促进和帮助他们走向文明、富裕、智慧和崇高。从这个目标出发,他即使是在批判生活中那些暂时还处于落后状态的人和事时,也充满了善意的微笑和真诚的期盼。赵树理所关心和所萦系的,始终都是人的命运、权益、生存与发展,这才是他在文学创作中之所以能够把人物写真、写深、写活、写淳的根本原因。

其实,这是文化创造与文艺创作中的一种普遍的规律性的现象。没有悖论,也不容许出现悖论。否则,就会有违于先进文化的原则与性质。山西是中华民族的主要发祥地之一,有着灿烂的古代文化与文明。从这些文化与文明的遗迹中我们不无惊奇地发现,即使是在尚未出现国家形态的酋邦时代,文化的创造就已经聚焦于对人的生存与发展状态的关注和诉求了。像尧帝时代创作的《击壤歌》,舜帝时代创作的《南风歌》,以及被孔子编入《诗经》的远古诗歌《伐檀》与《硕鼠》等,就都

生动地体现了这一点。在这些作品中，虽只寥寥数语，但却能让我们清晰地看到当时的社会生活画面，深刻地体味到人的情感世界与精神状态，以及他们评判是非的标准和追求幸福的方式。特别是在这些作品中，虽看似朴素而平实，但却包容着丰富的人性资质，寄寓着美好的理想追求，即使是以今天的眼光看，它们也仍不失为人性的范本和文学的佳构。

从《击壤歌》《南风歌》等最古的文化创造，到《历史的天空》《英雄时代》《蛙》《一句顶一万句》等获得茅盾文学奖的鸿篇巨制，所传达出的一个信息和所揭示出的一个规律，便是：举凡真正有价值、有教益、有效能、有创新的文化创造与文艺创作，其在内蕴上和质态上必定是以人为本的。不如此，便不足以成为文化精品与文学佳构。

正是从这个基本点出发，我们当然有理由不赞成那种世俗化的忽视文化本质和忘记文化责任的所谓文化创造与文艺创作，我们当然也不能对那些此起彼伏地雀跃于文坛的所谓"痞子写作""颓废写作""身体写作""低迷写作"和"私人化写作"等投赞成票。因为我们的有中国特色社会主义文化，不仅不能缺氧、缺钙，而且也不能没有坚挺的形象与高尚的灵魂。

第 *6* 章
从文化走向经济的发展趋势与实现方式

实现均衡发展,既是落实科学发展观的必然途径,又是建设创新型国家的重要战略。因为只有坚持均衡发展,才能从根本上改变以往我国作为一个劳动密集型、消耗资源型、环境污染严重、新产品附加值低和缺乏核心技术的加工制造业大国的形象,从而有效实现自主创新、重点跨越、支撑发展、引领未来的发展战略,真正掌握一批核心技术、拥有一批自主知识产权、造就一批具有国际竞争力的明星企业和知名品牌。

为此,我们必须自觉地置身于世界先进产业快速发展的前沿,鼎力把文化创意产业做足、做大、做强,积极促进文化资源向文化资本的提升与转换,切实加快"文化经济化"和"经济文化化"的步伐,真正做到能够从文化价值的凸显与增殖中走出一条属于我们自己的具有时代内涵和创新活力的个性化的发展之路。事实上,我们不仅赋有这样的条件,而且也具有这样的能力。关键在于:一定要从观念、机制和效能上,不断地有所创新和突破,必须坚持人才第一和创意为王,必须不断加大文化与经济的互融互换、相滋相长,并在赋予文化以经济形态和经济以文化内涵的过程中,全力培育新的增长点,积极引发大的产业群,全面实现产值与效益的增长和拓升。

一

文化创意产业之所以是落实科学发展观和实现均衡发展的具有前瞻性和战略意义的时代选择,全然是由其自身所具有的特点、优势和效能以及社会的实践要求与时代的发展趋向所决定的。

在现代社会中,面对激烈的国际竞争和人们对文化消费之需求的不断扩大与上升,一方面要求经济必须快速发展,另一方面也要求在经济快速发展的同时,还必须有效实现绿色发展和可持续发展。在这种情况下,若要按以往的发展模式来作要求和考量,那就很可能会出现一种二律背反的现象,因为二者几乎是不可能同时做到的。按照以往的发展模式,经济越是快速发展,就越是要更多更大更重地消耗资源和污染环境,而消耗资源和污染环境越是严重、越是厉害,也就越不可能实现绿色发展和可持续发展。我国现在每一万元工业产值所要消耗的标准煤最高已达到4.7吨,最低也有2.3吨,这个消耗量乃是远远高于经济发达国家的。其他像水、电、木材、石油等的工业产值与资源消耗量相比,也大体上都是这样的。至于一些工业生产对环境所造成的污染程度,那就更是为害尤烈、贻患尤甚了。如果这样下去,我们的经济快速发展究竟还能持续多久?委实令人大有不堪承载之虞,更遑论什么要实现绿色发展和可持续发展了。所以,我们别无选择,我们必须同时迈开两条腿,坚决走快速发展和均衡发展之路。只有这样,我们的发展才会是科学的和持久的,也才会是充满活力和具有后劲的。

正是在这种情况下,文化创意产业给我们带来了全新的理念,也为我们开辟了崭新的天地,它使我们终于觅得了一条两全其美的发展之路:既能实现经济快速发展,又能实现经济的绿色发展和可持续发展。这主要是由以下条件与原因所形成和决定的。

随着信息时代、高新科技时代和知识经济时代的到来,文化的渗透力、辐射面和效能性越来越强,越来越大,越来越显。因此,社会对文化的需求和人们对文化的热情也便随之而空前急迫和高涨起来。因为文化不仅是社会信息和高新科技的介体和载体,而且也是知识和经济的动力性要素与支配性力量。特别是在一些情况下,文化本身就是经济的组成部分和原发性因素。它既构成了经济本身,又推动着经济向前发展。与此同时,它还能极为有效地赋予经济以思想力量、精神火焰与人文内涵,从而使经济从单一的"物"逐渐内化为"物""意""美"的统一构体,并以几何级的方式增殖着经济的资本价值与社会效益,使原本只能诱发和膨胀人和社会之物欲与利欲的单纯经济形态,从此而变为以人为本、文明绎进、和谐发展的人本经济,最终实现文化力与经济力的相融、互渗和在文明环境与创新条件下的有机合成。这个合成的过程及其所形成的产品和所产生的效能,就是文化产业和由文化产业所孵化的文化创意产业。

显然,文化对经济的作用不是单向度的,而是全方位的。因为文化不仅涵寓着知识、技能、科学、伦理、道德与人文，而且也越来越主宰着经济的运行机制、作用于人们的生活方式和代表着社会的发展趋势。如果说在以往我们由于轻视文化对经济的作用而所造成的后果还不足以使经济跛脚乃至停滞的话，那么，在今天和今后，由于文化的匮乏和缺位所带给经济的影响可就是足以使经济窒息乃至于致命的了。因为以科学文化素质和思想道德素质为核心的人力资本，越来越决定着经济增长的速度和质量，而以信用文化、经济伦理和创新精神、管理效能为标志的企业形象，则越来越成为主体参与竞争的条件和决胜未来的保证。至于文化自身所秉具的那种与生俱有、与时俱增、与势俱厉的精神因素和智力因素，自然就更是构成经济竞争力和绿色 GDP 的基本素材与原始参数了。我们必须认同一个事实，那就是在这个由急遽的变革和快速的发展所淬炼而成的新时代中，文化产业、文化产品和文化服务，不仅越来越在经济要素的构成和实现经济均衡发展中居于主导地位，而且也越来越具有强势的经济功能和巨大的市场效益。当传统的农业经济、工业经济和常规性的服务经济渐渐失去发展的锐势并逐步退出时代产业的前沿之后，所代之而起并昂然崛立于我们面前的，便注定是这来势异常威猛的文化经济及其所形成的产业链和产品群。

这是时代的庄严选择和历史的必然走势，这更是经济发展和社会进步的趋向性钤印与典范化表征。在我们面前，蘖生于文化根系之中的那些层出不穷的经济新品类和新形态，已经几乎到了"乱花渐欲迷人眼"的地步，看上去全然是一派"大江东去"和"紫气东来"的景象与气势。在它们之中，既有引领新世纪的纳米文化、生物文化、信息文化和认知文化，又有主宰新生活的教育与智力产业、媒体与会展产业、技术与艺术产业、体育与健康产业；既有驱动新经济的 IT 经济、体验经济、眼球经济、注意力经济，又有创造新时尚的数字艺术、动漫艺术、服饰艺术、人体艺术；既有开拓新领域的内容产业、越界产业、创意产业、集成产业，又有掀起新浪潮的精神效益、心灵效益、高端效益、边际效益；既有彰显新时代的快乐经营、闲适经营、抚慰经营、审美经营，又有孵生新品类的中介服务、咨询服务、法律服务、信息服务，如此等等，不一而足。所有这一切，虽然名目繁杂、内容宏博，但若从本质上对之进行评析和考量，它们则均属于文化经济一类，都是充满生机的文化产业园中的衍生品与蘖生物。这就清楚地告诉我们，在今天、在未来，文化经济和文化产业势必要越来越占据经济发展的主体地位与前沿阵地，也定然要越来越成为社会进步的核心要素与前驱动力。谁不看到这种趋势，并自觉而有效地把握和驾驭这种趋势，谁就有可能会被时代的大潮所搁浅、所淹蔽，以至于被淘汰出局。

这就是历史的法则,这就是经济发展和社会进步的趋向与大势。

早在 1912 年,著名德国经济史及经济思想家熊彼特就明确指出:现代经济发展的根本动力主要不是资本和劳动力,而是创新。实现这种创新的关键,则在于知识和信息的生产、传播和使用,即文化的内濡与外渗。当时间过去了一个世纪之后,熊彼特当年所提出的创新概念,特别是被他率先使用过的三个关键词——"创新""创造性破坏""企业家精神"等,已毋庸置疑和无可替代地成为美国乃至全球主流经济评论与考量中的重要标准与核心概念,其对经济发展所起的引导和驱动作用,无与伦比,极其巨大。熊彼特的创新理论及其所倡导的"企业家精神",正是对文化的智能要素和人文内涵所作的经济学表达。因为创新的实现和企业家精神的构建,在本质上都是有恃于文化的培孕与涵养的,换言之,也就是说它们都是在有赖于以文化作为原发性因素和动力性要素的情况下才能够得以形成与发展的,它们都是文化之树的根须与枝丫在时代的土壤和大气中的潜长与延伸。

正在世界范围内蓬勃发展的文化创意产业,就是由文化之树的这种潜长与延伸所催生出来的代表性成果之一。它既是一个多维度的富于综合性与包容力的时代概念,又是一个有着巨大生成力和开放性的创新理念。如果我们把文化产业定义为"按照工业标准生产、再生产、储存以及分配文化产品和文化服务的一系列精神化、商业化、规范化活动"的话,那么,文化创意产业的最大特点,就在于它是在高度依赖文化创新的前提下,以精神升华、心灵抚慰、愿望满足和审美创造为主体的文化经济产业形态,其消费背景和服务对象主要是从时尚与文明的意义上最大限度地给予人们以审美体验、理想冀求、心理快感和精神满足。尽管文化创意产业在形态上往往呈现出一种偏重娱乐性、休闲性、体验性和关注性的特点,但其在本质和内涵上却是对时尚和文明的越界包容与审美升华,它更是一种对生活之美、时代之美的开放性创造和对人的心理状态与精神境界的理性化解读与提升。

由此可以认定,当代文化创意产业,是一种在全球化和现代化、信息化和科技化、人文化和知识化的创造与消费的社会背景下所建构起来的新理念和新产业,同时也是一种在文化与经济实现相融互渗的历史条件下所形成的新实践与新发现,它源于人本与人文对创意产业和创意经济的智能化切入与社会化产出,所以在本质上,它是一种注重人文、推崇创新、激扬个人创造力和强调文化对经济的渗透、驱动与支持的新型文化产业。但它显然又不同于传统意义与常规意义上的一般性的文化产业,而更多的是在人本与人文的基础上对以往文化产业的扩张和提升、增殖和发展、越界和融合。它以创新为灵魂、以广涵为特点、以擢升为手段、以增殖为目的,通过打破二、三产业的原有界限,为经济注入文化的内涵,对多种产业进行整合与提升,从而在二、三产业的衔接、融合、易质与再生中实现创意化、高端化和增值服务化,它以促进文化创新和经济发展为目的,并通过文化这个介质的特殊作用而在全社会推动精神与智能的发展,实现社会机理的创新与人力资本的升值。这就决定了文化创意产业必然是在现代社会中进行市场经济运行的高端方式,是创意社会的主旋律和大逻辑。因为它最能够适应社会和促进发展,最能够捕捉机会和放大效果,最能够整合资源和历练人才,也最能够设计市场、策划市场、涵养市场和激励市场。它正是在以不断地变动着的创意策划、创意设计、创意制造、创意营销和创意消费,把文化和科技的价值与特性发挥到了极致,并使之既内化为一种创新的精神,又物化为一种强大的经济,同时还不构成对资源的消耗和对环境的污染。

正因为如此,西方发达国家都已把发展文化创意产业列为强国要略和前沿经济。而今,文化创意产业在全世界每天的产值已高达 220 亿美元以上。其中,仅英国的文化创意产业年增加值就有 1125 亿英镑,它已成为全英第二大产业;美国所推行的"新经济"发展战略的核心内容,其实也就是以知识智能和文化创意为本的新型经济模式。为了适应这种需求,美国已有 540 所大学设立了文化创意及与之相关的专业。他们说:"资本的时代已经过去,创意的时代已经来临。"早在1995年,日本文化政策推进会议就提出了题为《新文化立国:关于振兴文化的几个重要策略》的报告,并由此而确立了日本在 21 世纪的文化立国战略。紧接着,韩国也提出:在未来的发展中,知识密集型和高附加值的文化产业,特别是文化创意产业,是最能代表未来发展方向和最为适合韩国国情的产业。以此为发端,韩国政府相继出台了一系列配套政策,采取了一系列切实可行的措施,成功地将文化产业、特别是将文化创意产业培育成为 21 世纪在韩国经济中居主体地位、起先导作用的国家基干产业。其博览会展业、游戏软件业、动漫衍生业、影视剧制作业等的迅速崛起,并逐步成为国民经济的支柱产业,就是在这一背景下所出现的经济奇迹。其他像荷兰、丹麦、澳大利亚、新加坡等国,也都把文化创意产业视为赢得未来和实现绿色 GDP 与可持续发展的主体产业与强大动力。对于此,香港的反应不仅十分灵敏,而且其行动也相当迅捷。早在 21 世纪之初,他们就已在特首施政报告中提出了重点发展文化创意产业的具体措施和战略目标。另外,像上海、北京、深圳等地,也都是"春江水暖鸭先知",早早儿就觉察到了发展文化创意产业的前瞻意义与潜在价值,并自觉地进行了经济政策的调整,率先建立了多种内容与形式的文

化创意产业园区,如"太康路视觉创意设计基地""昌平路新型广告动漫影视图片生产基地""杨浦区滨江创意产业园区"等。所有这些文化创意产业园区,虽说还只是处于初创阶段,但却已经凸现了良好的效益,呈现出光明的前景,迸发着无穷的潜力。

二

经济文化化、文化经济化——经济与文化的互促互换、共融共存、相携发展、同位提升,是现代文化的主要特征和基本走向。这就意味着 21 世纪的经济,必定是以文化经济为主体和先导的"技术知识型"与"精神审美型"经济。而 21 世纪的文化,也注定是以审美要素、精神要素、智能要素、科学要素、社会要素、经济要素等为构体与支撑的"综合型"与"创新型"文化。显然,在今天、在未来,不论是经济,抑或是文化,它们都在对自身所固有的构体和构式进行着变异和突破,彼此也都在越来越多地融入对方和依赖对方,高度自觉地在这种全方位和不间断的融入与依赖中实现着自身的丰富和发展,最终形成一种既富于时代特点,又适应社会需求,同时还具有文明素质和丰富内蕴的综合而强大的生产力,以推动时代和社会的不断进步与发展。

这个过程是必然的,但却不是自然的。它的实现,是需要有一个从文化资源向文化资本的转化与飞跃的过程的。因为文化虽然可以作为经济构成和发展中的不可或缺的要素,但在通常情况下文化自身也并不等于就是经济。文化走向经济的过程,实际上是一个文化资源通过相应的介体或载体而进行加工和实现转化的过程。没有这个过程,文化也就终究只能是文化,这种原生态的文化乃是既不能变为经济本身,又不能推动经济发展的。因此,我们在追求和实现文化经济的过程中,首先要解决的问题便是从文化资源向文化资本的有效提升与转换。

这是一个关键性的程序,这也是一项具体而重要的工作。但它对于我们来说,则更是一种严峻的挑战与严格的考验。因为这种转换与提升的成败,将直接关系着文化对经济的能否生成与促进。在以往的政治经济学理论中,劳动价值论始终都是价值理论的主体与核心。它的主要功能是探寻和把握劳动在生产资料向物质产品转换过程中如何发挥作用和如何产生价值的特点与规律的。这无疑是一个根本性的问题。在文化资源(原生态文化)向文化资本(社会化经济)实现转换与提升的过程中,同样也要受到这一特点与规律的驱使和驭制,其区别在于不仅文化资源与非文化资源有着形态与质态上的不同,而且由其生成物所产生的价值和所形成的资本,也存在着明显的差异。这些资源的不同和资本的差异以及劳动在其由资源向资本实现转换与提升过程中所具有的功能和所发挥的作用,自然也就会有所差异和区别了。以往的劳动价值论的局限性,正在于它无法更精确、更全面、更科学地认识和考量文化资源在向文化资本实现转换与提升过程中"资"与"值"的因果关系与转换规律,以及在这个过程中劳动作用与劳动价值的广泛辐射与横向延伸。这就要求我们在理论上和实践上都必须有所突破和创新。否则,我们就无法自觉、能动而有力有效地实现从文化资源向文化资本的转换与提升。

为了有效地实现这种转换与升华,我们就必须认识到,若以文化资源与物质资源相比,乃是有着完全不同的特点和属性的,文化资源自有其只属于它自己的天然禀赋与特殊优势。

首先,文化资源的本质是智慧与文明,是人类精神的升华和智慧的凝聚。

虽然各种文化资源的形态迥异,有的甚至是无形态、无构体、无物质的,但它们却有着一个共同的特点,那就是皆为知识的凝聚、文明的衍生、历史的积淀、智慧的结晶、道德的体悟、精神的翻升、传统的延濡、时代的意动,并由此而使文化资源获致了高智能、高品位的秉性与时代性强、历史感重的特征。虽然文化资源的范围很广,但若以其属性而论,却基本上可以归纳为以下 12 个大类,即:物质型、势态型、智慧型、管理型、精神型、审美型、知识型、服务型、技能型、情愫型、意象型、心理型等。这说明,文化资源不仅形态各异、分布广泛,而且物象驳杂、意蕴繁富,资本的潜力很大,经济的蘖生点极多。从各种历史典籍、人文造化、自然景观、文明遗存,到各种国家形态、社会体制、策要韬略、管理方式;从各种知识构体、施政能力、认知水平、创新精神,到各种艺术造型、形韵制作、业务培训、信息传输;从各种新闻出版、影视映播、体育会展、休闲娱乐,到各种中介服务、企划咨询、旅游考察、审美创意等。所有这些,都是文化资源之存量值的蕴储范畴和转换对象,同时也都是生成文化资本的价值元素与不竭源泉。

范畴的宽广与种类的繁多,以及时代性强与历史感重的特点,无疑为文化资源实现价值转换和资本生成提供了前置条件与衍生基础,但同时也为这种以文化资源为材质所进行的价值转换与资本生成设置了相当的高度与难度,以至于非具有相应文化素质和创新能力者,便万难攀取与克服。这就警示和要求我们在实现文化资源向文化资本转换与提升的过程中,一定要从内蕴上和本质上正确认识和把握文化资源与文化资本及其实现转换与升华的前提、要素、特点和规律,并为此

而积极营造良好的人文环境、建构完善的创新机制、培养优秀的从业人员,进而形成坚忍、协同和充满创造活力与进取精神的主旨意象与操作链环,不但要确保使文化资源向文化资本的转换与提升全程兑取、绩效凸显,而且还要不断地从中开拓新空间、总结新经验、创造新成果、探求新方法。

其次,文化资源既由"人"形成和创造,又以"人"为介体和对象。

任何形态和质态的文化资源的形成和产生、效能和功用,都是必然和必须要以"人"为载体、介体、本源与对象的。只有"人",才是本质意义上的文化资源的灵魂与依托。一旦离开"人",一切文化资源就不仅不会形成和产生,而且即使是形成了、产生了,也会变得毫无价值和意义。因为它既已失去了"人"这个使它发挥作用的对象,那么,它的职能和功用也就自然会随之而归于销铄。人们常说的"对牛弹琴"这句话,其所表达的就正是文化资源在失去"人"这个对象物之后所出现的尴尬。这就是说,一切文化资源都是历代有文化的人所创造的,而当文化资源一旦形成和产生之后,它又只能对"人",特别是对有文化的人发挥功能、产生作用。在这个过程中,文化资源形成、产生的"质"与"量"和发挥作用的"大"与"小",都完全是与"人"的文化素质和文化能力的高与低、强与弱、优与劣呈正比例递进关系的。

现代社会是以人为本的社会,而以人为本的核心便是最大限度地发挥人的创造才能和满足人的消费需求。创造才能的发挥靠什么?主要是靠文化。因为文化不仅包容着素质、情操与道德,而且还涵蕴着知识、智慧与技能;不但支撑着体制、机制和社会发展的精神格局,而且还驾驭着调控、管理与时代变迁的价值取向。它始终都是社会生产力与生产关系在矛盾的磨合中发挥增殖效应和产生综合效益的主要途径与典范体现,都是经济构体的要素和经济发展的动力,也都是以人为本的科学型制的轴心与精神智能的芯片。正因为这样,马克思才在其所阐明的人的本质力量的对象化的科学概念中,既以文化的方法作为实现的途径,又以文化的效能作为追求的目标。诚然,文化资源既是人的本质力量的构成要素,又是人的本质力量对象化的旨要目标。离开文化资源的引导、驱动和支撑,人的本质力量及其对象化的过程和目标也就会在不经意之中变为精神意识的雾界与冰山,以至于陷入无奈的迷茫与消融。

当然,作为文化资源,它相对于物质资源而言,其最大的资源优势,还在于它的耐久性、不消耗性、无污染性和可重复利用性。

大凡文化资源,不论其是物质状态的,还是精神状态的;也不论其是智能型的,还是情愫型的,它们都有一个特点,那就是不像物质资源那样易消耗和易污染。文化资源的这个优势和特点,无疑是最符合现代社会发展之要求的,这同时也就决定了它必然要越来越成为经济的核心和社会的新宠。随着高新科技时代的到来和创新型社会的构建,随着知识经济时代的莅临和信息化社会的实现,人类的社会生产力空前强大起来,这一方面为经济快速发展提供了动力,但另一方面也为物质资源的超量快速消耗设下了陷阱。因为在高新科技推动与支撑下形成的强大社会生产力所加工和转化的直接对象,就是物质资源,而地球上的物质资源又不仅是有限的,而且还大多都是不能再生和不可重复利用的。与此同时,在物质资源被现代化的强大生产力加工转化过程中还势必要对人类赖以生存的自然环境形成破坏和污染,并由此而妨碍人类的生存和发展。在这种情况下,文化资源的价值和意义便自会愈益膨大和凸显。因为文化资源不仅蕴寓的信息面广、知识量大、精神内涵丰富,而且在其被加工和转化为文化资本和经济价值的过程中还既不消耗本体,又不污染环境;既有高衍生量和高附加值,又有大适应性和大辐射力。同时,它在满足现代人越来越迫切而时尚的消费需求的过程中,还能极为有效地提升人们的认知能力和精神境界。真是举而不失、一举多得。

从以上所论述的文化资源的优势与特征中,我们完全可以认定:在现代社会中,文化已经成为人类社会发展的核心构体和重要动力,也已经成为人类走向文明与富裕之未来的引导性标帜和支配性要素。不仅文化对社会发展的影响力和渗透力越来越强,而且社会生产力也越来越需要借重于文化的力量而实现自身的质的提升与量的扩展。文化不仅已深深地融入经济发展和社会进步的全过程中,而且也正在改变着整个社会的经济面貌与产业结构。文化不仅为高新科技和现代信息搭建了互动交流和发挥作用的桥梁与平台,而且也为经济发展和社会进步提供了强大的动力和不竭的源泉。这就要求我们,不仅要着力把文化资源转换和提升为文化资本与经济价值,而且要科学地实现这个过程和有效地达臻预期的目标。只有这样,文化经济才能具有活力与张力;也只有这样,文化资源才能真正从文化走向经济,并成为构成经济本体的核心要素和推动经济循环发展的基本动力。

这个转换与提升的过程非常重要。没有这种转化和提升,文化资源就不会变为资本和产生价值。而要实现这种转换与升华,则必须首先正确认识和科学把握文化资源自身所秉具的优势和特征,并在这个基础上遵循特定的法则和规律,而高度个性化创造性地实施之,实现之。

在这个过程中,最重要的就是自始至终都必须突出科学性和创造性,切实做到正确认识和准确把握各种文化资源的性质与特征,严格按照其自身的内在规律

性和特有的美学品格,合理而有序地进行保护和利用、开发和创造、维葺和弘扬、展示和发展。在这方面,我们是既有成功的范例,又有失败的个案的。在物质型的文化资源方面,像敦煌、故宫、长城、平遥、丽江、芙蓉园、华侨城、苏州园林、乔家大院等,就都是成功地实现了从资源向资本的价值转换与提升的。比如敦煌,作为文化资源,本来是只具有文物价值和观赏价值,而不具有资本性质和经济价值的。但在经过科学的转换和有效的提升之后,便源源不断地派生出了巨大的资本价值和经济效益。它不仅衍生出了敦煌学术、敦煌旅游、敦煌考古、敦煌艺术,而且还衍生出了舞剧《丝路花雨》《千手观音》,电视连续剧《大敦煌》以及张大千、徐悲鸿、常书鸿等人的书画艺术。敦煌的资本价值和经济效益,就正是从这个衍生过程中产生和增殖的。乔家大院原本也只是一个历史所形成的文化遗存,但一经价值开发,它便产生了巨大的经济效能,特别是当由它所衍生出来的电视连续剧《乔家大院》播映之后,到乔家大院参观的人数便骤然激增,经济效益也随之而大幅度上升,从而成功地实现了从资源向资本的价值转换与提升。其他像精神审美型的文化资源,诸如中国古典文学、古代科学、民族文化、传统艺术等,其在从资源向资本的转换与提升中,那就空间更大、域值更广了。从《论语》《周易》《孙子兵法》《史记》《离骚》《三国演义》,到《韶乐》《霓裳羽衣舞》《清明上河图》《花木兰》《西游记》《杨家将》《齐民要术》《九章算术》《红楼梦》《梁祝》《小二黑结婚》等,都在不断地实现着从资源向资本的转换与提升。关键在于实现这种转换与提升的途径、方法、内容与形式是否科学,是否先进,是否具有创造性?在这个问题上,其所产生的资本价值与经济效益,乃是完全与主体所具有的文化素质和创新能力的大小、强弱与优劣呈正比例关系的。这也就是说,实现者的文化素质越高,创新能力越强,其在实现中所达到的程度也就越高,所提升的价值也就越大,所收撷的效益也就越好。为什么迪斯尼能够利用花木兰这一中国传统文化资源创造出巨大的经济效益,而其他人就不能呢?为什么吴文俊能从《九章算术》中悟出数学机械化的原理,进而成功地将电脑中国化,产生了巨大的经济效益,而其他人就不能呢?原因正在于此。其实,易中天通过品三国,之所以能够品出巨大的经济效益,并使《三国演义》这一文化资源又一次成功地实现了从资源向资本的价值转换,也是完全取决于易中天个人的文化悟性和创新之举的。

凡此种种,都说明一个道理,即:从文化走向经济,是一个时代的大趋势和社会的大走向。而在具体实施和实现过程中,通过文化与经济的交融和以"人"为中介而实现对经济的有效促进与驱动,是一条路;通过构建文化产业和发展文化创意产业而直接实现文化经济化和经济文化化,则是另一条路。这两条路就像是人的两条腿一样,是必须同时并举、同频并行的。在任何时候,它们都不可缺失,都不能跛足。然而,要使这两条路——两条腿的功能和作用得到正常发挥和快速发展,则唯在于必须要不断地提高全民族的文化素质和创新能力,特别是要不断地造就和壮大作为文化促进经济发展之介体的"人"和在文化资源向文化资本实现转换与提升过程中作为实现主体的"人"的文化素质与创新能力。因为知识、智能、道德和不竭的创新精神与强韧的创造能力,永远都是先进文化和健康有益文化的主要内涵和基本属性,承载并运用这一文化之内涵与属性而使经济文化化和使文化经济化的"人",则毋庸置疑地当为在现代社会中从文化走向经济的实现者与原动力。所以我们的结论只能是:人才第一与创意为王。

七、时代风采之文化展示

——论文化惠民

第 1 章

文化惠民的效能体现与社会认知

文化惠民,是文化创造、文化生产、文化消费、文化服务的终端效应,也是文化价值和文化功能的本质体现。在任何时候,一切形式和内容的文化产品与文化服务,都只有在对社会和人民有用与有益的情况下才会产生价值,并由此而天然地决定了:文化惠民,永远都是文化创造和文化消费的目的与本质。

一

所谓文化惠民,就是运用积极的先进的优良的文化产品和文化服务,对广大人民群众的生活和工作进行全方位覆盖和深层次浸润,并使之在这个过程中通过文化的作用而获得精神愉悦、智能增殖与道德提升,获得创造的激情、开拓的勇气和前进的力量,获得优秀的品格、良好的素质和丰富的思想内蕴。

显然,人既是文化的对象,又是文化对社会发挥作用的中介。文化,只有通过优化和提升人,才能优化和提升社会。正因为如此,文化惠民的实质也就是施惠于整个社会。而在这个过程中,人既是社会的构成主体,又是推动社会前进的本质力量。所以,文化对人的作用最终都是要表现在人对社会的能动改造与积极推动上的。没有人,社会就会停滞。而没有文化,则人就会委顿。

这,便是文化与人和社会的统一性与辩证法。

由此可见,文化惠民绝不仅仅是文化对人的眷顾,更主要的还在于它是文化体现其本质价值和发挥终极作用的必经路径。否则,文化的价值就无法体现,文化的作用就难以兑取,文化的本质也就会随之而发生变异或出现流失,以致使文化在事实上成为徒有其名的智慧秕谷与精神空壳。

毛泽东为什么要在 1949 年的下半年特别关注文化问题呢？就因为战火将弭，开国在即，这是从革命向建设实现转轨的一个关津。新政权的发轫，不能不同时顾及经济与文化的协调发展与二轮驱动。因为广大人民和整个社会对文化的需求同对物质的需求一样，均具有时不我待的迫切性。毛泽东在这一年的 7 月 1 日说："在革命胜利以后，我们的任务主要地就是发展生产和发展文化教育。"①在这一年的 9 月 21 日说："随着经济建设的高潮的到来，不可避免地将要出现一个文化建设的高潮。中国人被人认为不文明的时代已经过去了。我们将以一个具有高度文化的民族出现于世界。"②在这一年的 9 月 30 日又说："领导全国人民克服一切困难，进行大规模的经济建设和文化建设，扫除旧中国所留下来的贫困和愚昧，逐步地改善人民的物质生活和提高人民的文化生活。"③

从这些论述中可以清楚地看出，开国领袖不仅把文化建设提高到国家发展的战略层面来认识和对待，而且明确地赋予了文化以文明的宏旨，并将之作为扫除愚昧的基本方略与有力抓手。正是在这个过程中，毛泽东始终都把文化的对象和效能牢牢地锁定在"人民"这个基点上。质言之，这也就是宏观意义上的文化惠民。其所体现的，正是文化的效能本质与社会遵从。

由此可见，文化惠民绝不仅仅局限于其作用对象的表层和局部，而是必须全方位地实行本质介入和实现效能的全覆盖。当年还没有文化产业这个概念，所以对文化建设也就没有市场运用和资本介入的经济要求。举凡文化者，皆以惠民为其全部追求和唯一宗旨。但就是在这一时代背景下，国家也对经济和文化给予了同等的重视和同样的践行，并明确地针对性地以发展经济来治疗贫穷，用发展文化来治疗愚昧，高度自觉地通过经济建设和文化建设来创造国家的富裕与实现社会的文明，积极地逐步地改善人民的物质生活条件和提高人民的文化生活水平。

惠，在字义上是指给予的或受到的好处。从国家层面和社会意义上说，文化向来就是用于惠民的。它是国家和社会的一种使命与责任，更是国家和社会的一种职能与义务。因为任何国家和社会都赋有治责，都必须履行管理职能。而治世必先"治"民，则又是一个基本的政治法则与社会规约。那么，该如何施"治"于民呢？其最基本、最重要和最有效的方法与途径，就是授之以文化，并能真正做到以文"化"

---

①《毛泽东文艺论集》，中央文献出版社 2002 年版，第 129~130 页。
②《毛泽东文集》第五卷，人民出版社 1996 年版，第 345 页。
③《毛泽东文集》第五卷，人民出版社 1996 年版，第 348 页。

人,以文醒世;以文布道,以文尚德;以文开智,以文养心;以文铸魂,以文励志;以文启仁,以文弘义。

果能如此,也就体现了文化的价值和发挥了文化的作用。而这,又恰恰正是文化惠民的真义和至要所在。

只有从这个意义上认识和解读文化惠民的真谛与本质,才能不断提高文化惠民的自觉性和有效提升文化惠民的实践力。

二

文化惠民的社会遵从与价值指向,从来都是作为国治的一项重要内容而通过顶层设计予以部署和践行的。在任何情况下,它都以通过文化的意蕴浸润而达臻构建文明、升华精神、开发智力和张扬道义为目的。

正因为如此,国家对文化建设的投入就不仅下注极大、极丰,而且也从无经济回报之期许。它就是一项治国方略,它就是一种公益事业。能以之而有效地提升国民素质和营造社会文明,就是全部投入的终极目的与最大回报。作为一个国家、一个社会、一个民族,还有什么比其国民贤睿与社会文明更重要呢!它之所以重要,不仅因为只要拥有了贤睿的人民和文明的社会便可以创造经济奇迹,而且更因为只有拥有了这样的人民和社会,才能氤氲出无价可沽的进步、发展、和谐与幸福。富裕、和谐、幸福,乃人生之大歆;进步、发展、强盛,乃社会之至境。而对此,却唯有施以文化之力方能获致。这虽为治国驭世之真谛,但却并非人人都能真正懂得,更遑论认真实行了。于是,便出现了刘邦和项羽的差异、唐太宗与秦始皇的区别。历史上,但凡明君与盛世的出现,无一不是文化投入战略所敛结出来的丰硕果实。就连驭政于战国时期的魏文侯,也不仅一向崇文尚德、求贤若渴,而且当他欲求贤者段干木为其弼辅朝政而终不可得时,竟发自肺腑地感叹道:“段干木,贤者也……干木先乎德,寡人先乎势。干木富乎义,寡人富乎财。势不若德贵,财不若义高。”

那么,作为贤者之所赋有的识、智、德、义,又源于何物,来自何隅呢?答案永远都只有一个,那就是唯文化为其不竭之源与长青之树。也正是在这个意义上,当郭沫若以“凡事有经有权”来评点《在延安文艺座谈会上的讲话》时,毛泽东不仅深为折服,而且以此论为真诠,引郭老为知己。

故此,不论在历史上,抑或在世界上,举凡发达、强盛、富裕、安欣的国家、社会与民族,无一不与高度重视和真切实行文化惠民有关。比如只有 1.4 亿人口的俄

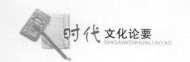

罗斯,竟有 1700 多个博物馆、50000 多个图书馆,全国私人藏书多达 200 亿册,平均每个家庭藏书 300 册左右。又如以色列,虽然国不大,人不多,自然条件极差,但相对说来,却是人才大国和科技强国。何以然?就因为其整个国家和民族始终都把文化惠民置于发展战略之首与强国富民之先。这使以色列不仅成为世界上人均年度读书最多的国家(64.6 本),而且举国上下所形成的最大共识,就是"智慧是我们唯一的财富"。在犹太社会中,几乎每个人都认为学者远比国王更伟大,更值得尊重。而父母教育孩子时最经典的说法,就是:如若遇到危难而不得不变卖物品时,那你就应该先卖金子、宝石、房子和土地,直到最后一刻也仍然不可出售任何书籍。至于曾经孕育了欧洲文明的那些国家,其与文化的情缘和对文化的惠施,当然就更为密昵与广博了,其公共文化设施和给予民众的文化福利,都相当优渥而丰润。美国只是一个仅有 236 年历史的移民国家,根本谈不上文化传统和文化积淀,但却仍高度重视文化惠民。仅在纽约市一地就拥有 400 多座博物馆。华盛顿市几个著名广场的周围,也大都被博物馆、展览馆之类建筑所占据。更匪夷所思的是在旧金山机场大厅那寸土寸金的地方,所张挂着的却并不是广告牌,而是整齐地安放着装有来自世界各地之古代文物的玻璃橱窗。

这些鳞鳞爪爪的例证,或可从一个侧面说明文化惠民在国家层面和社会协同中的规约性与普遍性。而这种规约性和普遍性所体现的,则既是文化惠民与生俱有的公益性质与社会遵从,又是广大人民群众对本应享有的文化权益的实践验证和有效兑取。

文化的大众性、公益性和社会服务性,永远都是文化惠民的基本内容与主要方式。因为只有这样,文化才能在更大的范畴与更深的层次上浸润人心和滋养社会,并以其所特秉的智慧元素与道德蕴涵而极为有效地给予人和社会以教化与提升,使之不断地趋于文明、睿智、和谐与崇高。

这个目标的实现,固然是文化惠民所结出的果实,但又何尝不是国家行为和社会管理的企盼与责任!因为不论何时,国家和社会都只有在文明、智慧、和谐、高尚的创造机制与精神环境中,才能实现真正的快速而科学的提升与发展,并使事业得到进步,人民获得幸福。而最能担当此任的,便是文化惠民。民为生之灵、事之本、国之魂,文化惠及人民,也就是惠及国家、惠及社会,惠及我们所为之奋斗的绮丽理想与壮伟事业。

因此,在对文化惠民的认识和实践上,我们必须具有高度的自觉性和强烈的责任心。特别是在市场经济条件下和对产业化的追逐中,绝不能失当地将文化惠民纳入经济指标与产业机制中去对待、去衡度、去评析、去撷取，而是一定要从大视阈、大责任、大投入、大回报的维度上，进行具有战略意义的部署与操作；一定要意识到这是弗可缺如的国家行动与公益事业。是"宏"，而不是"微"；是"道"，而不是"易"；是"经"，而不是"权"。

三

产业化是文化发展的一种形式、一条渠道，但产业化在任何时候都不能对冲和替代文化惠民。

作为市场化的产物，文化产业所体现的只是文化生产与文化消费的商业过程。如若单纯从消费的意义上说，当然也可以把它理解为是另一种形式的惠民。因为它在满足民众消费需求的过程中似乎也含嵌着"惠"的意味。但从本质上作考量，却显然难以将之归入惠民的范畴。因为任何文化产业都是工业式生产，都有资本介入，都实行商业运作，都以赢利为目的。也正是在这个过程中，消费者不仅要付出代价，而且要付出比其消费品实际成本更大的代价。其生产者和经营者也正是出于赚取利润的目的，才向消费者提供量值对等的文化产品与文化服务。既然如此，当然就不能算做惠民了。惠，是给予或受到好处的意思。这里有两个主体，一为给方，一为受方。只有当这两个主体发生并实现了有效衔接和因果感应之后，才能形成并完成"惠"所含寓的特有命义。由此看来，文化上的有偿消费，显然是不能纳入文化惠民的范围之中的。更何况在这个过程中由于利润的驱动，还常常会出现一些浅悖与低俗的东西。

正是由于这个原因，当文化产业逐渐呈现飙升之势时，我们就必须认真检点文化惠民是否具有充分的政策支撑和措施保障？各项惠民政策和措施是否能够落到实处和产生实效？广大人民群众究竟能够从文化惠民中得到多少感同身受的好处与益处？

检点这些问题的过程，实际上也是检点正确处理和践行文化事业与文化产业之关系的过程。检点的目的，不仅在于查办和督促，而且更在于从不断的实践和总结中，不断地发现问题和完善政策，不断地创新机制和充实内容，不断地提升水平和放大效益。

也正是为了这个目的，国家在政策导向上从来都是文化事业与文化产业并重，既凸显文化产业的经营性，又强调文化事业的公益性，并要求二者必须在互济

互补之中产生双效和实现双赢。在《国家"十二五"时期文化改革发展规划纲要》中，更是明确提出了文化建设的九大工程 50 余个重点项目。其中，在构建公共文化服务体系和保证人民群众基本文化权益方面，尤为亮点频出。既有公共文化设施的"硬件"，又有公共文化产品和服务的"软件"，特别是首次将发展公益文化列入了"民生"范畴，成为必须予以认真践行的常态化和保障性的社会内容。对于此，在国家文化政策的指导与先进典型的引领下，各地都把文化惠民提上了议事日程，并着力进行制度创新和项目扩容，从而程度不同地强化和完善了公共文化服务体系，使人民群众越来越体验到共享文化成果的欣悦与便捷，也越来越感受到公益性文化发展和文化浸润的广度与深度。如由全国文化文物部门归口管理的博物馆、纪念馆、爱国主义教育基地以及美术馆、图书馆、文化馆和文化站等，就都已实行了免费开放。由国家投资数十亿元在全国建设 2.67 万个综合文化站，并因此而使"乡乡有文化站"的国家目标已从蓝图变为实景。仅 2011 年，国家就投资 390.07 亿元进行公共文化设施建设，从而使在建和竣工的文化基建项目达到 11983 个。这其中，除了国家美术馆、中国工艺美术馆、国家图书馆、中央歌剧院剧场等一批国家重点文化设施的新建、扩建和改建工程外，各省（市、区）也都在文化基础工程建设上频出新规划，屡现大动作。像上海当代艺术博物馆、天津文化中心、山西大剧院和山西图书馆、甘肃大剧院、太原博物馆和太原美术馆等，就是其中具有代表性的公益文化工程。与此同时，公共文化服务制度体系建设、公共数字文化服务体系建设、全国文化信息资源共享工程建设和"春雨"工程、送戏下乡、网上文化、走途展演等活动，也都相继展开，并使人民群众从中获益受惠，愉情养心，开智励志，懿德灼理，渐渐凝结成核心价值观念，营构起共有精神家园。

然而，也正是在这一过程中所出现的一些问题，同样需要给予重视和予以纠正。一如产业化大潮和市场化运作对公益性文化的非理性排斥与挤压，甚至在一些地方明显地出现了文化建设的 GDP 崇拜和收费为王、赢利至上的现象，全然是用发展经济的传统思维来指导公益性文化建设事业。又如对公益性文化事业和经营性文化产业的区别与联系认识不清、指向不明，以至于导致在实际操作中常常出现一些虚脱和悖论，从而造成事业与产业之关系的颠倒和紊乱，遂使文化惠民难以真正落到实处和产生实效。再如在文化惠民的实践性操作中，许多地方都出现了重视形象、凸出硬件、亮化表层，而轻视内蕴、忽略软件、消解实质的现象，甚至全然把文化惠民弄成了形象工程、面子工程和靓化工程。只在设施、项目、场景、台面上大投入，而不在人才、环境、机制、效能上下工夫，乃至"庙大神不灵，形华质不至"的现象屡有所见。特别是一些地方对文化遗迹热衷于拆旧,醉心于炫新,动辄即"打造"这,"打造"那,从而断了文脉,阻了地气,使文化成为假圣贤和新古董。在文化功能上则过分忘情于娱乐而消解了精神,遂使文化只能愉身而难以悟心,更难以起到悦人醒世、寓教于乐的作用。

文化的核心在于"化",惠民的重点在于"惠"。文化惠民之效能本质与社会遵从的节点与灵魂,始终都在于必须真正将之聚集和凝结到这个"化"字与"惠"字上。因为只有"化"了,人民才易于接受,只有"惠"了,人民才可以得到。而怎样才能实现"化"和做到"惠"呢?这便是我们工作的价值、意义和全部过程与终极目标。在任何时候,我们都应当把效能体现与社会认知作为文化惠民的本质要求与实施方略。

第 2 章
文化消费中的服务与引导

文化消费,是社会消费的主要内容之一。然而,任何形式和内容的文化消费都会与物质消费具有不同的质。因为文化消费的直接对象和效能目标,始终都是人,特别是人的思想、情操和心灵,始终都必然会和必定要聚焦于人的智能内蕴与精神层面,始终都要为善于人的欣悦、美好、积极、向上。

正因为如此,在文化消费中便自然会存在一个迎合与引导的问题,即在迎合中引导,在引导中迎合;以迎合为引导做铺垫,以引导使迎合得提升,在迎合与引导的辩证转换中不断地实现文化消费的效能化和有益化。如果不是这样,那就会造成反式,出现逆差,形成悖论。

一

现代社会是一个以消费拉动生产,又以生产促进发展的传输型社会,一环与一环的链接十分紧密。从这个意义上说,只有不断扩大消费,才是实现持续发展的原始动力。这其中,文化消费不仅是整个消费的主体内容之一,而且也肯定会随着恩格尔系数的不断下降而越来越趋于炽化和膨胀。人们在衣食无忧之后,自然会把消费的俏点和重点转向文化,以求在文化消费中愉悦心情、启悟心智、丰饶心愫、颐养心性、康洁心理、淳尚心境、抚慰心灵、淬冶心志,从而实现谭慧的优沛、德操的良善和精神的向上。

这,无疑应当是文化消费的效能目标。很显然,这个效能目标的内涵和旨向,始终都是对着人心的,始终都执著于要给人以温暖、滋养、美怡和力量。这就是说,任何内容和形式的文化消费,都只有在挟其德操、智慧和力量而深深地"化"入消费者的心旌之后，才可望完成其所身负的消费使命和实现其所预设的效能目标。

这，便是文化的本质，同时也是文化创造和文化存续的价值与意义。任何文化消费，都必定和必然要在这个基柢上生发、展开与进行。尽管时代是前进的，生活是变化的，文化的具体内容和形式也在不断地更新着与嬗易着，但这一亘古就已核定的本质、目标与旨向却永远也不会变和不能变。为什么即使是在今天这充斥着星巴克和麦当劳、嚣行着摇滚乐和桑巴舞、激荡着纳米梦与"云计算"的时代里，产生于公元前五百年"轴心时代"的文化，依然会迸发出蓬勃的生命力？为什么已经相当高龄的《诗经》《离骚》《易经》《庄子》《孙子兵法》《史记》乃至《西厢记》和《红楼梦》，仍旧会在我们的现实生活中显现出永不衰老的年轻态？为什么业已成为历史的鲁迅及其著作，虽屡遭恣妄贬詈而仍能始终昂首昊天、大节不夺呢？其根本原因就在这里。是的，不论在什么时代，不论在什么地方，也不论以什么形式出现，文化都只有在以其新颖、刚健、真切、美好的内容，自觉而自然地赋予人以欣悦、庄尚、激奋和力量时，才是其本质的体现和效能的实现，也才会具有真正的价值和意义。

文化的这种本质和效能，在体现和实现过程中并不是一条坦直的路，而是时时都有转圜和曲折的。这种转圜和曲折往往就表现为其在实现方式和达标路程上所必然要采施的迎合与引导。当然，在具体实现过程中，迎合与引导并不是两个截然分开的步骤和互不搭界的段落，而是一个参差互换、同频共振的机体，是一种相互交替、高度协同的辩证，是一次你中有我、我中有你的互融与互济。只有这样，迎合与引导才能够笃实而有效地发挥作用，并确保文化本质和文化效能的充分体现与强力实现。因为文化是精神产品，是要作用于人心的，这就需要同受众首先取得精神上的契合与心灵上的沟通。只有在有了这个前提和基础之后，才谈得上文化对人的引导、激励和提升。由于不同的受众具有不同的认知能力、精神域值和心灵取向，所以，实施迎合与引导的频率、程度和幅面也就自然会有所区别。但无论如何，迎合与引导这两个基本要素在任何时候都是不可或缺的。这也就是说，文化对任何人的传达与渗濡，在本质上就都是一个迎合与引导交互发挥作用的过程。任何文化产品和文化服务，都首先要让人爱看、喜欢看，并使受众由此而产生一种自觉接受和自愿触摸的冀求与愿望。这就需要迎合。但迎合并不是文化体现其本质和实现其效能的全部内容，尤其不是其最高意旨和终极目标的体现与实现。因为文化的真正价值所在，永远都是能够给人以启迪、智慧、激勖与力量，能够发挥弘道、开智、奋志、净心的功能，能够起到明理、达德、扬善、懿美的作用，这就需要引

导。而要引导，文化就必须具有更高的旨向、更淳的境界、更明达的思绪、更宏富的意蕴、更绮丽的理想、更强烈的追求、更先进的"主义"、更文明的心愫、更确当的判断、更精睿的论辩。不如此，便不足以起到引导的作用，而失却引导功能的文化，则注定永远都是低层次和无效益的文化。对于一个伟大的变革的时代和伟大的向上的民族来说，低层次文化的社会功能只能是除了没作用，便是坏作用，连发挥无益无害作用的时空平台也极为逼仄，正如歌德所言："一个时代如果伟大，它就必然走前进上升的路，第一流以下的作品就不会起什么作用"[1]。我们的时代无疑是一个伟大的时代，这个时代所走的路也笃定是前进上升的路。面对这样的时代，我们只有用第一流的文化创造来应对、来建设，才会是合拍的和匹配的，也才能真正体现文化的本质和发挥文化的效能。作为第一流文化创造的最大标识之一，就是它不但同时具有迎合与引导的功能元素，而且能够在互融互济中自然而和谐地实现二者的完美结合、辩证衔接与有机转换。这应该是一切优秀文化、先进文化、创新文化和有益文化的基本属性和共性特征。对于此，古往今来所有得以传世和能够馨人的文化精品佳构，就无一不可援为例证。历史是最精准的过滤器和最权威的见证者，在它的筛选和督察之下所淘漉出来的文化遗存，无一不是在迎合与引导的双重效能作用下而逐渐成为民族的精神徽记、人们的心灵依凭和国家创造力的智慧源流。这种徽记、依凭和源流在与历史时空和生活实践的融合与淬炼中，早已变成了中华民族和中国人的秉性、魅力与集体无意识，变成了强大的精神支撑和执著的理想追求，并在社会性认知中享有天然的权威性和不贰的合理性。中国之所以是中国，中国人之所以是中国人，完全是由这种文化所淬炼和塑造出来的，而这种文化的效能元素与效能目标，则始终都是在迎合与引导的叠加中既坚定不移，又坚持不断地涵醇着、聚蓄着和达臻着。

正是在这个意义上，我们完全有理由认定：如果没有同时具有迎合与引导效能的中华优秀文化所进行的精神耕耘、智慧开发和道德铸炼，那就不会有今天这足以炫世熠邦的中华民族的民族魂和中国人无比刚强而坚忍的自信心。

二

任何时候，物质都只是生命躯体藉以存续的客观条件，而唯有文化才永远都

---

① 《歌德谈话录》第 86 页。

是精神的母乳和智慧的源泉。没有物质的供养,生命固然难以存活;但如若没有精神和慧心赋予人以灵智与创能,那么,存活的生命躯体又会有何种价值与意义呢?

正因为如此,才凸显了文化对于人和人类社会的极端重要性,也正因为这种极端重要性,才决定了效能元素和效能目标在文化对社会和人发挥作用中的重要地位与特殊意义。

文化对于人和人类社会的生存和发展虽然具有十分重要和不可取代的特殊价值、作用与意义,但较之对于维系生命躯体所需要的物质来说,它又是高层次的和形而上的。这便决定了对文化之需求与汲取的自觉性常常不是原始的、本能的和下意识的生理冲动,而大都是在一定的诱掖和启发下才得以形成和出现的精神意念与理性欲求。正是为了适应这种情况和符合这种需要,在通常情况下,为了刺激和引发人们的文化消费欲望,文化产品和文化服务就首先必须迎合人们的消费心理和精神欲念,并以此而一定程度地满足消费者的精神需要。但这只是文化效能的初级兑取。在更本质的意义上,或可认为这只是打通文化传输渠道、开启受众心理门扉的方法与手段,其主要意图和最终目的还在于要以文化所涵负的劭智与懿德而给予受众以有益的渲濡和积极的引导,以使其在潜移默化中不断地走向睿智、高尚、奋发与良善。

在文化效能元素与效能目标实现融合、叠加的有机链接中,为什么只能相洽、并举和互动,而不可缺如与割裂呢?这是因为一旦舍弃了"迎合",对于多数文化产品和文化服务来说,就很可能会一定程度地对其潜在的消费者们失去吸引力和闭锁赏享欲。而如果一旦放逐了"引导",其文化产品和文化服务则又极有可能会陷于泛低俗化和纯利欲化的精神泥淖。由于各个受众主体的文化层次、赏析水平、审美能力、价值取向、心理冀求与艺术情趣,及其所处文化环境、文化背景和所持文化见解、文化尺度的差异,所以便决定了只有"迎合"效能而没有"引导"效能的文化,往往就会在信马由缰中被文化的消费惰性所驱遣、所左右,以至诱其误入消费的雾界与黑洞,从而造成文化消费的反效能和负效能。

这种情况,在我们的现实文化行状中并不鲜见。诸如文化与商业的畸形结盟,"眼球经济"对文化的暗箱操控,谑虐与噱头在文化场所的肆意泛滥,权谋与恶搞对文化芯片的悄然蛀蚀,色情网站对各类荧屏的公开占取,低俗作品在消费市场的频仍出现。特别是正当玄幻类、灵异类、穿越类、仙侠类、悬恐类、惊悚类、修真类和接龙类题材的作品在文坛上衔枚而至、层出不穷之际,更有今天"北大才女"宣称要"革金庸的命";"国学辣妹"声言要"勾孔子的情";明天"学术明星"发现大禹

三过家门而不入的原委是因其有了"婚外恋","文学新锐"爆料"关大圣竟然也是个'多情种'"。凡此种种,无奇不有,盖为单纯的消极的迎合所敛结出来的文化涩果。当然,这种现象或许只是文化生产在单纯迎合低俗消费心理和畸变市场取向中所出现的极端例证,但它却似乎更能从一个凸透面上印证一旦舍弃了积极、正确的引导,只剩下单纯的迎合和消极的迎合时,究竟会在文化创造和文化消费中产生怎样足以使文化效能受到贬损与发生易质的严重后果。

文化消费与物质消费的最大不同,就在于前者所填充和满足的是人的"心",而后者所填充和满足的则是人的身。人的身体对物质之需要所采纳的质量标准和效能目标大体上是一致的,而人的心灵、思想和精神世界对文化之需要所采纳的质量标准与效能目标却千差万别、大相径庭,更何况人在审美过程中由于文化素质的差异和好奇心的驱使,常常会伴有一种意识惰性和欲望畸变现象的产生,并由此而滋衍出窥"艳"与骛"俗"的心理冀求。这种情况一旦发展到极致,审美就会变为审丑、向善就会变为向恶、欣雅就会变为欣俗、赏菁就会变为赏芜。因此,文化的迎合在客观需求上是没有尺度、没有底线的,再粗俗的述意也会找到接受主体,再不堪入目的绘形也会有人青睐。这便是扫黄打非何以总也没完没了,色情网站何以总也屡禁不止,学术上的邪说谬论、文学上的乖情恶俗和艺术上的争奇骛怪何以总也会像割韭菜一样刈了一茬又长一茬的内在原因。特别是当这种文化上的低俗迎合在与商业结盟、与市场挂钩,并形成环环相扣的利益链条之后,那就更会是助纣为虐、火上浇油,产生恶性循环的不堪后果。

《易经》有言:"观乎人文,以化成天下。"这说明早在2000多年前,我们的先人们就已经洞悉并掌控了文化的基本属性与主体功能,即励人心和治天下。文化怎样才能励人心和治天下呢?这首先就需要以文化的特殊效能和巨大力量而使人得以从中获养、获悦、获化,并在这个基础上实现向劭、向上、向善和达优、达懿、达贤。人只有获具了这样的心境、心愿和心志,才会有资质和有条件完成"治天下"的崇高使命。因为天下之治,唯人可为;人之能治者,唯才德使然。人怎样才能有贤德和禀才智呢? 只有从文化中方可获致。这便是文化为什么在作用于人和社会时必须同时发挥既迎合、又引导之双重效能的原始动因。

正是由于文化只有通过赋予人以贤德和卓智才能完成其"化成天下"的任务,所以文化的直接效能对象也就始终都是修德、赋才、养心、励志,并在这个过程中不断地使人得到优化和提升,不懈地驱人走向睿善与崇高。如果不是这样,就是文化的易质和失职;而如果要是这样,文化就必须首先找到以使人欣悦而致人采纳的有效途径，即“迎合”，在迎合中使文化产生吸引力和亲和力，使受众自觉而欣然地认同它和接纳它。只有在此基础上，文化的引导功能才会得到有效的实施和强力的凸显，文化的效能元素才能充分地释放，文化的效能目标才会圆满地兑取。

显然，在文化元素的配置和文化效能的兑取中，迎合与引导不仅是一种链接，而且是一个胼体。二者虽然在功能上有所差异，但在总体效能上却是一种分工与合作的高度辩证统一。既你是你，我是我，又你中有我，我中有你；既你先发挥作用，我后发挥作用，又你我同时发挥作用；既你做铺垫，我做提升，又你我在联袂铺垫与提升中共同完成任务。

在任何时候，迎合与引导都是文化效能构建中所不可或缺的必备元素。同样，在任何时候，迎合都只是引导的方式和路径，而只有积极的正确的趋美的和向善的引导，才是文化本质的最高体现和文化效能的最大兑取。因此，对于文化生产和文化服务来说，那种以乖谬颠覆本真、以低俗猎取舆情、以畸变冒充创新、以迎合代替引导的所谓市场意识与营销方略，其在本质上和效能上都无异于是对文化的亵渎和对受众的欺妄。这不仅与文化的本性和职能相悖逆，而且也很会使社会蒙翳、精神壅蔽和心灵受伤，是任何文化从业者都所决然不宜为和不能为的。

文化贵于多彩，文化冀于创新，文化的多彩与创新皆能够在恰切的迎合与积极的引导中更多更快更好地给予时代、社会和人民以奋发的激情、创造的灵智和前进的动力，能够让人感到温暖与欣悦，使人获得激情与鼓舞，为人赋以理性与灵智。

这，便是结论，也便是在文化消费中践行迎合与引导之辩证施治的本义与主旨。

第 3 章
文化的技术表达与人文涵负

在现代社会中,文化创造越来越趋向于技术表达,并通过这种表达使文化的传输更迅速,文化的形态更多样,文化的色彩更丰富,文化的效能更显赫。

这是文化发展的大趋势,我们定当积极追蹑;但这同时也引发了一些新问题,我们必须予以正视。

一

所谓文化的技术表达,也就是不断地采用新的科技成果,对文化创造和文化产品进行艺术包装和美学整饬,并藉此而加强文化创造和文化产品的时尚性与表现力,以使文化创造和文化产品与时代脉动和社会潮流实现零距离契合与全方位对接,从而达到更快地传辐文化的思想内容和更好地适应受众的审美心态的目的。通过技术而表达文化的现象,尽管自古即有,但却今尤甚之。这既是时代发展与科技发达的必然,同时也从一个侧面显示了社会审美情趣与审美方式的悄然变化,其所引发的心理骚动和精神涟漪,已经深刻地影响到文化的创新路径与发展趋向。在某种特定意义上,或可认为这便是文化创造孕育和实现重大突破的新契机与新曙光。

事实上,在文化的发展历程中,向来就亦步亦趋地伴随着科技的进步,并借重这种进步而不断地实现着文化自身的丰富与发展。纸、笔、墨、砚、印刷术、活字排版,直至王选将汉字输入电脑。这每一次科技上的进步,都无异于为文化的传播与表达修筑了升级的台阶和插上了飞翔的翅膀,使文化的创造和传播在便捷化、快速化、广普化和科学化的道路上,不断地实现着新的变革与提升。特别是当历史跨入现代社会以后,随着科技的迅猛发展,文化的变革和进步也越来越趋向于跨入新领域和达臻深层次,其表现形式和传辐渠道几乎是在日新月异地变化着,并频频呈现出新奇、亮丽、宽辐、广域、迅捷、倏变的多元与多样景象。这不仅加强和增殖了文化的表现力,而且也培育和提升了受众的审美力,从而使文化的精神渗濡作用和社会覆盖面皆得到了空前的强化与拓展。

人,既是文化创造的主体,又是文化创造的对象。这就使任何文化创造都必然和必须同时坚守既令人乐于接受,又对人有用有益的原则与宏旨。换言之,也就是说令人喜爱和对人有益,永远都是一切文化创造的出发点和落脚点。而在这个过程中,创造主体首先必须做到的,便是令人喜爱。因为任何文化创造和文化产品,都只有在让人喜爱了之后,才有可能和有条件被人欣赏,被人接受,被人认同。也只有在这种情况下,才谈得上文化的有用和有益。那么,文化怎样才能令人喜爱呢?这就需要文化创造及其产品和服务均须具有新而美、真而淳、庄而善、华而实的形式与内容。就中,内容虽然是本质的,但受众却只有通过恰当的和具有魅力的形式之引掖,才能接触并达臻其内容之本质。否则,再好的内容,也会由于形式的不济而导致受众从甫一开始便停止了审美的脚步,更遑论什么作进一步的玩索与探究。由此可见,好的形式对于表现好的内容的不可或缺性。

正是在这个意义上,鲁迅才教诲青年作家:"万不要忘记它是艺术。"而但凡艺术者,就必须要求其形式和内容实现有机的结合和达臻完美的统一。而今,不断出现的新兴科技对于实现文化创新所具有的重要意义,正在于它能够不失时机地为之提供全新的表现形式与灵异的艺术技巧,并极大地加速和拓展文化的传播频率与社会覆盖面。

对于此,人们不仅见解一致,而且也皆感同身受,均有着最确切的认知和最实际的体验。不是么!仅仅在20世纪中叶以前,戏剧舞台上的所谓布景、道具、灯光之类,也无非就是一张桌子,两把椅子,一个门帘,两盏汽灯而已。那时候,如果是戏剧,就凭"把式"硬演;如果是歌曲,就靠歌手硬唱。即使是像《白毛女》《血泪仇》《逼上梁山》那样的多幕大戏,也几乎全然没有什么音响和布景。而在如今的戏剧舞台上,则早已是绮景变幻、光霓流溢、音律交互、裙裳烁艳了。两相对比,完全不可同日而语。

科技对文化的贡献,更在于它能够使文化不断地突破传统和蕴孕新质。百多年前电影的发明,是文化发展的一个里程碑;数十年前电视的莅世,又是文化发展的一个里程碑。迄今,我们仍可以从《公民凯恩》《波坦金战舰》《爱情的力量》《卡萨

布兰卡》《魂断蓝桥》《猎鹿人》《现代启示录》等经典电影中察识科技在文化发展历程中所钤印下来的楚楚履迹。以至出现在 1977 年的《星球大战》，出现在 2009 年的《阿凡达》和出现在 2010 至 2011 年的《雨果》《龙门飞甲》《机器人瓦力》等，都明确地记录了科技对文化的巨大贡献。正是由于科技在文化创造中的广泛运用，才使文化创造和文化产品得以魅力更大，活力更强，传播更快，辐射更广，从而大大增强了文化的表现力、冲击力、穿透力和观赏性，使文化创造和文化产品在不断实现增量与扩容的同时，也不断地趋于高端化和精品化。现在，我国每年的文化创造量和成品贡献率，大体上都超过了前 100 年的总和。即使是在同样属于高速跃升的近几年中，其增量也是年年都有新的突破和大的升幅。以电影产量而论，就从 2003 年的不到 100 部上升到了 2010 年的 526 部。至于电视剧的摄制，那就更是增速尤快、增量尤多和增质尤佳了。我国的电影产量已经跃居世界第三位，电子出版物也已高居世界第二位。其他像广播、动漫、音像制品、数字创意和网络原创等，也都在快速发展中领跑文化创造和艺术创新。所有这些，都是现代科技加盟文化创造所结出的丰硕成果。

对于此，我们必须要有一种高度的认知，并由高度的认知而激发出高度的自觉，以便更好地适应由时代发展所提出的创新要求，在积极引进和大力借重科技之力促进文化不断实现提升与发展的开拓创新过程中，及时而有效地增强文化扩容能力，加大文化传辐力度，催生新的文化业态，形成美的文化视界。

二

人类社会，从狩猎文明、农耕文明到工业文明，是一个大的跨越；从工业文明到以工业化、信息化高度发展为特征的后工业文明，又是一个更大的跨越。正是在这种不断跻臻新的技术高峰的跃升与跨越过程中，一方面推动了社会的文明与进步，另一方面也引发了文化自身的深刻变革。

任何变革所造成的客观结果，都必定是催生大的突破和实现新的发展。由技术进步所引发的文化变革，在实现突破和发展上所结出的累累硕果，就更是韶华灼艳、厚泽隆被，广泛地惠及了整个人类社会。

对于此，我们既要充分开发利用，又不能无限地移植和依赖，更不能在文化创造中以科学代替人文，以技术冲淡思想，以形式掩盖内容，以工具消解精神。我们必须认识到，文化创造和文化产品在本质上永远都是以人和人类社会为源流和对象的思想升华与精神凝结。一旦离开以思想、精神、情愫、道德为核心内容的人和人的社会生活，那么，文化也就在事实上不复存在了。《易经》之所以说："观乎人文，以化成天下。"也就是这个意思。更何况技术在促进文化发展的同时，其自身也有一定的局限性，甚至是副作用。就拿世纪新宠 3D 技术来说吧，便常常会因豪华的技术铺排而使电影的人文内容受到销铄。更有甚者，由于 3D 电影的原理是两个镜头从不同方向拍摄影像，制成胶片。放映时用两个放映机将两组胶片同时放映，使略有差别的两幅图像重叠在银幕上。这时，如果直接观看，便会有重影出现。只有戴上 3D 眼镜后，由双眼将左、右的影像重叠在眼底上，才能通过大脑产生三维立体的视觉效果。但这对脑神经和视神经都有强烈的刺激作用，其对青少年为害尤大。显然不宜过分提倡和过多观看。

正是由于文化在本质上是"心"的升华、"情"的宣泄、"理"的辨析和"意"的张扬，所以，不论在任何时候和任何情况下，文化都必须赋有闪光的思想内曜和丰富的精神内蕴。而在这一宏旨的实现过程中，任何形式的科技表达都只能是一种外在的显示方式与传输途径，其虽然具有提升和丰富文化表现力的功能，但却绝不是文化的主体与灵魂，更不能以之而掩盖和取代文化的思想内容与精神光彩，以至出现"形"胜于"质"的头足颠倒现象。这种关系和这一定位，自然决定了在文化创造和文艺创作中，内容与形式的完美结合和高度统一，艺术与技术的恰切融会和相得益彰，永远都是作品的至佳境界与作者的至高追求。因为只有这样，才能实现形与质的融贯和表与里的契合，从而让受众得以在愉悦的欣赏和快乐的接受中获致思想光芒的烛照与精神力量的鼓舞，并在这个过程中使文化创造和文化产品由于功能的充分释放和价值的有效体现而得到社会的广泛认同与欣然汲取。

显然，对于任何文化创造和文化产品来说，思想内容和精神内蕴始终都是其主体和本质，都是其功能和价值的"矢"与"源"。而一切形式和技术的运用，则都是为了更恰当、更充分地传输和表达这"矢"与"源"所蕴存的精神光彩与社会内涵。正因为如此，形式对于内容而言，技术对于艺术而言，永远都只能处于从属地位。其唯一的任务，就是如何才能更完美、更精彩地对文化创造和文化产品的过程和内容加以充分地表达与艺术地阐释。

不论到了什么时候，内容与形式、艺术与技术的这种主从关系，都是不能颠倒的。否则，便会造成"形"大于"质"和"技"制于"艺"的扭曲现象，遂使文化创造和文化产品不同程度地异化为思想的晕圈与蜕变为精神的空壳，乃至完全失去它应起的作用和能负的责任。

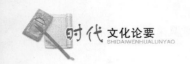

毋庸讳言,这种现象在我们的文化创造和文化产品中不仅时有出现,而且尚呈现出一种炙热与蔓延之势。尤其是随着高新科技的日渐发达和广泛应用,出现此种现象的频率和程度也越来越密集,越来越普遍,以至于有的文化产品和文化活动竟在刻意追求技术表达和形式至上的过程中,于凸显"新""炫""怪""异"的同时,却大量耗散了思想光彩、肆意放逐了精神灵智、率性舍弃了社会内蕴、悄然消解了人文情怀,遂使其产品和活动本身除了徒具形式、徒炫技术之外,再也难觅真正意义上的时代精神与文化核质。

为什么随着文化的繁荣,人们对文化的不满也在与日俱增?为什么随着作品数量的潮涨式增加,而真正的读者和观众却在相对地减少?为什么一些投入巨资倾力打造的"拳头"产品,往往不像预期的那样受到应有的青睐?为什么一些被创作主体和新闻媒体大造舆论声势的作品,所招来的往往却是诟病与不齿?诸如对"春晚"的评议,对翻拍经典的评议,对续写名著的评议,对热炒旧作的评议,对再造新宠的评议,对时尚展演的评议等,人们最趋于一致的说词,往往就是形式唬人、技术炫人、语言雷人,而内容空虚、思想苍白、人文匮厄。四大名著已经拍过多少次了,而每一次翻拍,其操作者都总是说有解构、有创新、有突破,但每一次的结果却又都无一例外地会让观众感到失望。至于社会对此类文化产品所作出的结论性评议词语,又每一次都出奇地相似,无非是什么形式新了,技术精了,服装艳了,演员靓了。但却主题太走神,思想太溺靡,人物太变形,情节太乖戾。张艺谋是大手笔,他的每一部电影几乎都总是瞄准"大片"去做的,其目标除了金狮、金熊、金棕榈,就是奥斯卡金像奖,但其弊病却也恰恰正在于技精形炫而内容空洞、单薄、偏执,更几乎谈不上什么思想性和人文价值。这才是其至今仍未能拿到期待已久的小金人的真正原因。至于一个时期以来所出现的"宫戏"连连说雍正,"西游"翻拍却拍翻,动漫争相玩花样,儿童节目也发酸的现象,从根本上讲,就都是在没思想、没精神、没生活、没内涵的窘境中徒然玩弄形式与技巧所结出的苦果。

这种重形式而轻内容,重技术而轻精神,重浮艳而轻本质,重外表而轻人文的现象,已成为一种带有普遍性和倾向性的传染源,在文化创造和文艺创作、文化活动和文化服务的各个方面,都有所体现,区别只在于表现形式和程度有所不同而已。毫无疑问,这不但应当引起我们的警觉和防范,而且更应当在文化观念和文化实践中予以及时而切实、有力而有效的纠正与革除,以便使越来越发达的现代新兴科技成果能够真正助推文化创造和文艺创作的繁荣与发展。

为此,我们就必须跻身时代大潮,深入生活底层,加强人文修养,提升思想水平，始终坚持为表现充实的生活内容和闪光的时代精神而不断地淘炼和选取恰当的形式与精彩的技术，而决不能徒然追求缺乏思想、缺乏内涵、缺乏精神铀质和时代光彩的唯形式与唯技术。我们在任何时候都应当清醒、应当明白：在文化创造中，有形式而不见形式的形式，才是最好的形式；有技术而不露技术的艺术，才是最佳的艺术。形式永远都是为内容服务的，而技术则必须从属于艺术。只有充实而先进的思想内容与新颖而精致的表现形式的完美结合和高度统一，才是一切文化创造和文化产品的上乘与至境。

新技术时代的到来，无疑会为文化的繁荣与发展创造优越的条件和开辟广阔的道路，特别是光纤通讯、激光照排、数字影像、声光多媒体、LED 显示、数字三维虚拟展示以及 CD、VCD、DVD 等技术和诸多新材料、新光源的广泛应用，都必将会不断丰富和拓展文化的传播力、表现力和影响力。这是科技益世的大幸，更是文化发展的良机。我们的任务，不仅在于要提高运用新兴技术的自觉性与能动性，而且更在于要提升应用新兴技术的精准度和艺术性，务求切实做到文化创造与新兴科技的有机融合与恰切匹配，真正使二者的主从关系和因果效应自然而欣然地从文化创造的丰富实践中显现出来，发展起来，并不断地得到强化和放大。

第 4 章
彰显中国力量　扬励民族精神

殷忧启圣，多难兴邦。在灾难面前常常能够显示出文化和精神的奇异功能与巨大力量。

在历史上，在世界上，由于无力抵御突发灾难的袭击而造成国运式微、族群孱衰，以至最终走向灭亡的例证，并不鲜见。像古罗马帝国的覆亡、玛雅文明的消失、两河流域从繁盛走向凋敝等，就都是。

然而，中国不会这样，中华民族不会这样。因为我们向来就有灾难凝聚人心、痛苦激扬斗志的传统，向来就有越是磨难越励人、愈是艰险愈向前的精神，向来就有"明知山有虎，偏向虎山行""疾风知劲草，烈火炼真金"的生命准则与价值取向，并由此而升华出了一个被人们广泛认同和挚诚接受的生活哲理——殷忧启圣，多难兴邦。

汶川大地震，又一次检验和确证了这一精神原则与人生哲理。

一

8.0 级浅源烈性大地震发生在以汶川为震中的川西北 20 多个市、县，给灾区人民的生命财产造成了极为惨痛的损失，这无疑是我们中华民族所遭受的一次巨大灾难。2008 年 5 月 12 日 14 点 28 分，将作为一个黑色的国殇日而成为中华民族精神深处的永恒的痛和永远不能忘却的记忆。据 6 月 12 日——大地震过后整整一个月的权威统计，这次大地震共有 69159 人遇难，17469 人失踪，374141 人受伤，上千万人无家可归。至于屋舍垮塌和财产损失，那就更是多到了令人一时根本无法准确统计的程度。浩劫啊，真是一场国家和民族的大浩劫！

面对这样的大浩劫，却有另一组数字足以让人从痛苦中超拔，从无奈中感奋，从失落中竦起。同样是从大地震发生整一个月后的权威统计中我们获知：累计解救和转移灾民 1400052 人；共计救治伤病员 1419542 人次；总计向灾区捐款 448.51 亿元；向灾区提供帐篷 110.98 万顶，被子 477.20 万床，衣物 1400.95 万件，燃油 94.77 万吨，煤炭 202.46 万吨。此外，不仅各级政府所投入的抗震救灾资金已达到 236.07 亿元，而且由中组部转交灾区的"特殊党费"也已多达 69.83 亿元。地震过去仅仅一个月时间，受灾地区就已修复受损水厂 6033 个，修复受损供水管道 40154.3 公里，修通受损公路 46068 公里，为堰塞湖排险 11 处。与此同时，5501 家规模以上企业已恢复生产，20051 家商业网点也已恢复经营，许多灾民都在政府和志愿者的支持与帮助下紧张而有序地投入了重建家园和发展生产的热潮之中。

这是统计，这也是哲理；这是数字，这更是诗呀！

因为哲理所揭示的，是历史的规律与生活的法则；而诗所描摹的，则是精神的升华与心灵的轨迹。正是在这"国"字号的统计数字之中，不仅深深地蕴藏着强大的中国力量，而且激越地爆发着不屈的民族精神。对于这些数字的读写，也许是再简单不过的事情了，但这每一个数字的表意和内蕴却是深如沧溟大如天啊！面对这些数字，任何一个中国人都会结结实实地感到：我有一个强大的祖国。而全世界则会明明确确地烛见：顽强而古老的东方巨龙正在迎着新世纪的曙光腾空而起。就连那最具狭隘意识和民族偏见，并习惯于用有色眼镜看中国的某些西方人士，也不得不对崛起的中国刮目相看，他们惊呼："中国改变了！中国强大了！"是啊，而今的中国，开明与文明已经成为它的主旋律，团结与奋斗已经成为它的最强音，和谐与发展已经成为它的大目标。仅从抗震救灾一个月以来的一连串统计数字中，便足以让人们对这个国家和这个民族报以由衷的敬意和崇高的礼赞。因为它在抗震救灾中所展示出的强大力量和美伟形象，已深深地震撼了全世界。

数字的震撼力不仅来自数字本身，而且更来自数字的底层与背后。那神奇数字所标示着的，是事实，是奇迹。但这些作为中国力量和民族精神之凝结与缩写的数字，其底层和背后所潜在和隐藏着的，才是中国的本质与真谛，才是中国人的时代风采与精神内蕴。因为那每一个统计数字，都是千百万人用心血和汗水、用智慧和劳碌、用拼搏和奉献，甚至是用生命和鲜血换来的。那一个个统计数字虽然是哲理，但却只有哲理的明快，而绝无哲理的深奥；虽然是诗歌，但却只有诗歌的懿范，而绝无诗歌的浪漫。要知道，在这些数字的底层，有党、政府、军队和 13 亿人民作砥石；在这些数字的背后，有全国军民在气壮山河的抗震救灾斗争中所表现出来

的万众一心、众志成城、迎难而上、百折不挠、顽强拼搏、无私奉献;有国家领导人的亲自指挥和现场督察;有各级政府的周密安排与紧急部署;有13.7万名解放军指战员快速和全面投入抗震救灾斗争;有广大干部舍小家为大家,在第一时间及时组织群众开展自救互救;有无数人民教师为了学生的安危而不惜献出自己的生命;有来自全国各地的大量白衣战士冒着余震的危险和环境的惨烈而救死扶伤;有无数志愿者从全国各地奔赴灾区自觉承担各种急、难、险、重的救灾任务;更有不计其数的灾区群众强忍着失去亲人和家园的悲痛,不顾一切地投入抗震救灾。甚至,在抗震救灾的队伍中还出现了一大群7至14岁的少年儿童,他们不顾伤痛、不怕危险,一次次地冲向瓦砾堆扒砖石、救伙伴,虽然小小年纪,但却表现出了履险如夷、大义凛然的英雄气概,像王博、王彬、王樊、刘潮、张强、宋雪、康洁、黄霖、马健、林浩、许中政、杨琳、邓清清、何亚军、阳玉洁、张兴成、何翠青、郑小鹏、莘长林等,就是他们之中的杰出代表。

所有这一切隐藏在统计数字后面的人和事、痛与奋、抗争和拼搏、抢通与开进、驰援和急救、劳瘁与捐助,都是中国力量与民族精神的生动体现和具体实现。这种体现和实现,绝不是凭空就能产生,更不是臆想便可得来,而是在长期积累和严酷淬炼中所形成的国脉与民魂的赓延和抬升。当然了,激活和起爆这国脉与民魂的直接原因,无疑是汶川大地震,但如果在民族基因和历史传统中原本就没有形成以坚忍、团结、奋发、奉献为核心内容的国脉与民魂,那就无论是在怎样的大变革、大事件和大灾难面前,也不会激发和迸射出强大的国家力量与宏硕的民族精神,自然就更不可能使国脉和民魂实现赓延与抬升了。

正是在这个意义上,中国人有了"置之死地而后生""多难以固其国"的观念,并高度自觉地将励志、担当、奋敢、奉献作为绝处逢生、掞危为安、克难兴业的转折点与转换器,从而实现即使遭遇再重大的历史灾难,最终也都要以历史的更大进步为补偿;即使面对再巨大的社会灾害,最后也都要以社会的更快发展为回报。

这,对于具有丰厚精神资源和优良道德传统的中华民族来说,不啻是一个历史发展的恒定规律和社会进步的辩证法则。

二

是什么力量能够激发、促使和保证中华民族的优良传统、坚忍性格和不屈精神在大事变、大灾难、大转捩中发生起爆、激扬和提升呢? 最重要的就是一种涵融于民族性格内蕴中的自审、自省、自觉、自励和自强精神。没有这种精神,民族传统中的优良基因和积极元素就无法被赓延、被激活、被提升、被放大,而有了这种精神,则积淀和存储于民族性格内蕴中的一切优良传统和积极因素,便都会在重大突发事件面前立即产生强大的抗体、非凡的增殖能力和坚忍顽强、压倒一切的战斗力。在此次汶川大地震之后所进行的抗震救灾斗争中,这一点就表现得尤为鲜明而突出。

当5月12日14时28分地震发生后仅几分钟时间,武警四川总队就迅速成立抗震救灾指挥部,火速调集万余名官兵分四路向灾区挺进。震后仅20分钟,政委王信少将就已出现在都江堰灾区,亲临一线,勘察灾情、部署和指挥救灾。震后仅40分钟,王佐民少将就已指挥3000余名官兵深入灾区开展救援工作,他们在不到5个小时的紧张救援中就从倒塌的废墟下救出2000余名被压、被困的群众。地震发生后还不到一个小时,总书记就作出重要指示,要求尽快抢救伤员,保障人民生命安全。地震刚刚过去4小时又42分钟,总理的专机就已飞抵成都太平寺机场,并从此而开始了他连续72小时的灾区勘察和指挥救灾。就在地震当天深夜的11点40分钟,由总理主持召开的抗震救灾总指挥部会议便在都江堰街边临时搭起的一顶透风漏雨的帐篷里紧张召开。

会后,总理日夜兼程地赶向绵阳,走进北川,飞抵震中映秀镇,又乘冲锋舟赶到青川县,一路察看灾情、抚慰伤员、现场指挥救援工作,及时而反复地发出指示:快速发现生命信息,抓紧抢救每一个生命,只要有一丝希望,就要尽百分之百的努力。这之后,中央连续召开常委会议听取灾情汇报,指挥救灾工作,号召全国紧急支援灾区。

就这样,一场围绕抗震救灾而展开的紧张、繁忙、壮伟、浩大的人民战争打响了。于是,一列列满载救灾物资的各色车辆,从全国各地奔往灾区;一队队自带医疗器械和药品的白衣天使,从全国各地赶赴灾区;不计其数的志愿者们风雨无阻地从四面八方向灾区汇集;负重奔突的解放军和公安武警指战员,日夜兼程地向灾区开进。一时间,在全国各地,人民排着长队为灾区捐款,排着长队为灾民献血,排着长队报名赴灾区效力,排着长队请求收养和助养灾区的孤儿、孤残和孤老,排着长队要求用自己的专业特长为灾区施行防疫、救护和心理诊护……这不绝如缕的"排着长队"包含着什么,又显示了什么呢?它包含和显示的,正是中华民族优良传统和坚忍性格中的活性元素——始终不泯、永远不屈的自审、自省、自觉、自励和自强的民族品格,并由之而不断实现聚敛、凝积、强化和升华的中国力量与民族

精神。

自审，就是不断地进行反思和总结，并且敢于解剖自己的灵魂，勇于揭"短"和晾"丑"，切实找出自己的真症候，毫不留情、毫无苦遮地对自己进行拷问和审判，其目的在于揭露矛盾，找出差距，进而达到转化矛盾和欻平差距。这一点，对于一个国家和民族来说，乃是非常重要的。诚如鲁迅所说："中国人是并非'没有自知'之明的，缺点只在有些人安于'自欺'，由此并想'欺人'。譬如病人，患着浮肿，而讳疾忌医，但愿别人糊涂，误认他为肥胖。"我们所言自审，就是不讳疾忌医，不自欺欺人，而是敢于和勇于在不断的总结和反思中及时而准确地找出自己的缺陷和"病症"，并加以有效弥补和治疗。这种自审的结果，必然是自省。因为自省只能是在自审的基础上进行和实现。没有自审，自省也就失去了前提。不论在形式逻辑还是在辩证逻辑的意义上，自审和自省都是主从关系和因果关系。自审为了什么？就是为了自省。一个国家、一个民族，只有在真正具有自审和自省的觉悟、欲求与能力的时候，它才会是充满活力和不断进步的。简而言之，自省就是自觉地进行反省。反省什么呢？当然是反省自己以往所说的话和所做的事，看看其中什么是对的、好的，什么是错误的和不好的。以便在今后的实际行动中能够十分清醒、十分自觉地坚持对的，发扬好的，纠正错的，杜绝坏的。这样一来，就自会在今天和今后的实践行动中把事情做得更周全、更有效、更切实、更完美。

汶川大地震后，出现了一系列撼人事件和动人景象，并因此而大大改变和提升了中国的国际形象，大大凝聚和激发了全国人民的奋发精神、救助精神、奉献精神和爱国热忱，这实际上就是我们进行民族自审和自省所结出的丰硕果实。想想36年前的唐山大地震，再想想一百多年前的南京大地震，同样是发生了大地震，可政府和国民对待地震的态度、采取的措施，以及由此所产生的后果，却迥然不同。唐山大地震死了20多万人，整个唐山城被夷为平地，但抗震救灾却是在对国内外保密的情况下进行的，《人民日报》没有派出记者，只采用新华社通稿文不对题、轻描淡写地报道："河北省唐山、丰南一带发生强烈地震，灾区人民在毛主席革命路线指引下发扬人定胜天的革命精神抗震救灾""震中地区遭到不同程度的损失"。至于地震的破坏程度和伤亡人数等，均属"国家机密"，不能泄露。一百多年前，当太平天国刚刚建都南京不久，南京就发生了地震。为了隐瞒事态、稳定人心，天王洪秀全不是用科学精神和求实态度坦陈真相，而是神秘莫测地发了一道《地震诏》，声言什么"地转实为新地兆，天旋永立新天朝"。这真是莫名其妙！

对照历史，看看今天，确实让人感慨良多。汶川大地震发生后仅18分钟，新华社就向全世界发布了地震消息。地震过后仅 32 分钟,中央电视台在 15 点整点新闻中就以"头条"要闻播报了汶川大地震消息。地震过后仅仅 52 分钟,中央电视台就停止新闻频道各栏目的正常播出和各时段的广告播出,并全方位、多维度、大幅面推出突发事件现场直播节目。从这一时刻开始,全国各新闻媒体就都全力投入了关于汶川大地震和抗震救灾情况的现场采访与报道。应该说,这种现象在中国历史上还是从未有过的。但也正因为如此而使整个抗震救灾过程变得极为真实而透明,从而博得了全世界的高度评价和热烈赞赏。同时,由于对抗震救灾情况的全程和全面追踪报道,而使许多艰苦卓绝、悲恸惨烈、真实感人的场景直现于世人的面前,从而大大激发了人们的同情心、奉献心和切盼救助受灾群众的强烈欲求与热切愿望。在这个过程中,由于每个人都是第一知情者,所以每个人便都被举国强力救灾的壮伟场景和英雄行为所震撼、所感动。他们在了解真实情况的同时,也自然而然地经历了一次情感的燃烧和心灵的洗礼,并在情操和道德层面上得到了净化和升华。而当这种净化和升华在人们的思想和行为中产生效应之时,其所彰显和激扬的便是中华民族的国家力量与民族精神。像抗震救灾中从人们心底里所喊出的"抗震救灾,众志成城""一方有难,八方支援""四川雄起,中国加油""危急时刻,不能怕死""灾情就是命令,时间就是生命""把人民的利益高高举过头顶"等,就是这种强韧的国家力量和不屈的民族精神的高度浓缩与典型体现。

对于一个有活力、负责任、敢创新、能进取的国家和民族来说,其认真进行自审和自省的结果,必然是自觉、自励和自强。自觉,是在慎独情况下所出现的一种精神驱动与行为驱动,是一种对崇高愿望和正确目标的内在慕求与执著追索。自觉的最大特点,是不受外力作用和没有个人功利目的,其动因和指向唯在于对良知的认同和对理想的渴慕。在此次抗震救灾过程中,可以说中华民族的凝聚力和自觉性不仅得到了高度的发挥,而且得到了极大的激扬。许许多多催人泪下、摇人心旌的事件,许许多多感天动地、匪夷所思的行为,竟都是人们的一种自觉和自愿,竟都是理智、良知和慈善所绽放出的灿烂精神花朵。像千千万万奔赴灾区主动承当各种急、难、险、重任务的志愿者们,就是这样。谁也没有组织他们,谁也没有动员他们,谁也不给他们付出任何报酬。但即使这样,他们也仍旧要自带行囊、自付路费、自解食宿,日夜兼程地奔赴灾区,任由调遣,只要是灾区和灾民之所需,在哪儿干都行,干什么都行,吃苦受累全然不在话下,只求和只图快快救人、快快救灾!

这是什么呢? 这就是一个民族极可宝贵的自觉性。像千千万万个向地震灾区

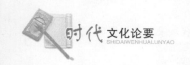

捐款捐物的善良的人,就是这样。在既没有人强求,又没有任何功利可图的情况下,捐款捐物者却如潮水般从全国各地漫向地震灾区,特别是一些孤残者、低保户、小学生,甚至就连那生计极为艰涩的乞丐们,也都争相向灾区伸出了援助之手。唐山地震孤儿张祥青,一次就向灾区捐款1亿元。绍兴柯岩农民祁友富在地震发生的第二天,就用10万元作为"特殊党费"支援救灾,并由此而成为全国交纳"特殊党费"的第一人。在中央电视台以"爱的奉献"为主题所举办的抗震救灾募捐活动中,还不到两个小时的时间,就募集救灾善款多达数十亿元。不仅企业家们有捐一亿两亿的,艺术家们有捐百万千万的,而且就连海外侨胞,港、澳、台同胞,乃至世界上凡是有华人的地方,都迅速募集到了巨额救灾资金,台湾同胞更是边捐款、边呼喊:"血,都是红的;心,都是热的!"委实令人感动。四川省红十字会的财务人员只有一名会计和一名出纳,但他们每天收到的汇款单却要重达几百公斤,这还不算10余万笔银行转账和排成长蛇阵的现场捐款人。这是什么呢?这就是一个民族极为宝贵的自觉性。

其他像涌动于全国的青年献血者,自告奋勇以其专业知识实施抗震救灾的献技者,深谋远虑用科学精神和哲学思想为灾区重建而竭诚效力的献策者,用诗歌和书画等艺术形式为抗震救灾和灾区重建加油助力者等等、等等。举凡这些志愿者们,都有一颗火热的心,都有着对国家和民族的高度责任感,都把建立和维护社会公平正义、造福社会公益事业,看成是自己应尽的一份社会责任,看成是自己对国家和民族的应有担当。所以,他们不仅志愿把自己的智慧和力量毫无保留地融入这场惊心动魄的抗震救灾斗争之中,而且还赋予自己的思想和行为以高度的自觉性。这就使得他们为抗震救灾所做的任何事情都不是被动的"要我做",而是完全自觉的"我要做"。

"要我做"和"我要做",虽然只是两个字的换位,但却有着本质上的不同。前者是被动地接受,后者是自觉地承担;前者的实行需要有一定的附加条件和外力作用,后者的兑取则完全是在内驱力的促使之下而毫无个人功利目的的自觉意识与自愿行为;前者是在"社会劳动价值论"的固有框架内所进行的契约型或祈使型的常规性劳动,而后者则是在自觉意欲和自愿行事的精神基底上有效实践和充分实现着对人间真情的表达、对社会温暖的辐聚、对时代进步的确证和对民族精神的提升。

自觉性,是抗震救灾中每一个志愿者所必备的道德素质和精神内核。只有秉具高尚、笃爱、仁和、无私之心愫与情怀的人,才能成为一名真正的志愿者。因为志愿精神是一种可贵的公民意识,是超越商品交换原则和体现"人性善"的崇高社会人格范式,其在本质上是由社会责任感、国家自豪感、民族自信心和人类同情心等基本精神要素所凝聚和升华而成的思想晶体与道德粹质。所以,这种志愿者的大量出现, 笃定是中国社会在开明和文明的轨道上日渐走向成熟与发达的标志,它同时也在一个新起点和高层次上展现了中华民族的强大国家力量与崇高民族精神。因为公民在道德和精神层面上的高度自觉,必然要给国家和民族带来永不停歇、永不消弭的自励与自强,而这种自励与自强又必然要把国家和民族不断地引向繁荣、昌盛、兴旺和发达。

这,就是社会发展的运行法则,就是历史演绎和时代进步的辩证法。

三

汶川大地震发生后,我们整个国家和民族以及每一个中国人,都被历史地推向了对痛苦与抗争、绝望与希望、无奈与有为、失落与奋发的选择与认知之中。实践已经证明:我们坚定不移地选择了后者。

虽然我们也有过痛苦和绝望,有过无奈和失落,但那只不过是在大灾难袭来之际的瞬间感情闪回与心理激应,绝非是我们的意识原点与精神常态。很快地,甚至还在痛苦和悲伤包围着我们的时候,坚忍的抗争精神和豪迈的奋发行为就已经在我们的身上爆发出了奇异的力量,重建的蓝图和新生的希望也已经在我们的意念和行动中凸显和萌生。几乎是在大地震发生的同一时间,群众自发的自救和互救就已经在灾区紧张而有序地展开了。幸免于难的人们并没有被震懵,他们从瓦砾堆中站起来之后的第一意识,就是:救人,赶快救人。不管自己的家在哪里,也不管自己的亲人是否蒙难、受伤,他们一个个都是就地救人,见人就救。北川中学校长刘亚春,在震后第一时间,便立即组织力量对全校被压、被埋、被砸的师生实施紧急抢救。大水村村支书唐祖华,从震波中踉踉跄跄爬起来之后,在大声喊人、救人的同时,他竟用捡起来的一台 SONY190 机器记录了地震发生时的惨痛实况,从而为我们留下了珍贵的影像资料。平武县石坎小学的小学生张春玲竟然冒着余震的危险三次闯入废墟中抢救被压埋的同学。绵竹市东汽中学普通教师谭千秋,在地震来临时他竟本能地用自己的身体顶住垮塌的楼板而保护了自己的四名学生。北川县擂鼓镇普通民警李林国,在同时面对自己孩子的呼救声和别的孩子的哭喊声时,他竟毅然选择了先救别的孩子。当他硬是用手刨砾石救出了 100 多个孩子

时,自己那年仅 15 岁的孩子却永远地失去了生命。像他这样在地震袭来时不顾自己的家人和亲人,而义无反顾地先救他人、先救大家的人,在地震灾区又何止万千!是的,他们都是普通的人,但他们却都有着泰山一样伟岸的脊梁和天使一样圣洁的心。正是千千万万个他们,才使中华民族的英伟形象得以永远地崛起并岿立于世人的心中,成为最具魅力的时代丰碑。

此次汶川大地震,先后造成 585 名基层干部遇难,31 名县级干部重伤。在北川羌族自治县,竟有四分之一的机关干部、职工死亡或失踪。就是在这种情况下,我们的基层干部仍旧一面为罹难的亲人痛哭不已,一面毫不懈怠地投入了紧张的救灾工作,他们在救灾中形成了一套临时干部机制,即"一把手"伤亡的,"二把手"顶上去;"二把手"伤亡的,"三把手"顶上去;"三把手"伤亡的,则由单位内有威望的干部临时负责。总之,一个原则,就是不论有多难,救灾都一刻不能停缓。特别是在灾后一个星期至十天内,那可是在与死神抢救生命啊!每快一分钟和每早一分钟,就有可能从劫难中多挽回一个鲜活的生命。

极端珍爱生命,把人看得高于一切——这又是此次抗震救灾中彰显中国力量和扬励民族精神的一个时代亮点。从总理在安抚刚被从瓦砾堆中救出的孩子"不哭,不哭"时,他自己的双眼却噙满了泪水的深情中,我们应当确信,"生命高于一切""人的价值和尊严高于一切",这已经成为我们国家从政府到百姓的一种共同价值观念和至高的社会理念。"以人为本"绝不只是政治文本和学术论辩中的空洞术语,而是一个实实在在的治国纲领和行为准则了。在汶川大地震之后的救灾工作中,其核心和重点始终都是围绕着人和人的生命与尊严而展开的。为什么总书记和总理一再强调:要不惜一切代价先救人、快救人、多救人;只要还有一线希望,就要付出百倍努力。特别是在"黄金救援"时间内,救人压倒一切,救人重于一切,救人大于一切。中央要求必须争分夺秒地对灾区进行拉网式搜救,必须尽一切可能千方百计抢救一切幸存者。为此,部队在道路还未抢通之前,便急行军向汶川徒步开进;医疗队冒着滚石、滑坡、泥石流和余震的危险,直奔映秀镇。对于一时实在无法到达的偏僻乡镇,便不惜动用空军力量实施紧急空投和空降。公安部组织"橙色风暴",深入到灾区上千处抢救生命现场,转移、解救被困群众 51730 人,抢救被埋压人员 8100 人。在灾区救人现场,即使是过了"黄金救援"时段,仍旧毫不松懈地组织力量对所有灾区反复进行地毯式的搜索,全方位使用生命探测仪、搜救警犬和卫星网络等一切现代化手段,寻找任何可能存在的生命痕迹。为了救人,简直像在打仗一样,不仅震后三天就在灾区集结了 10 余万解放军和武警部队,而且还即时出动了航空兵、舟桥部队、海军陆战队、摩托化部队、工程兵等特殊兵种。硬是从瓦砾和废墟中搜救出了 8.4 万余名幸存者。为了表达对生命的崇敬和珍爱,国务院果断决定把震后一星期的 5 月 19 日至 21 日,定为全国哀悼日,从而首开以国家名义为普通百姓的死表达哀思之先河,庄严的五星红旗第一次为共和国的罹难子民们徐徐降下,13 亿人都在同一时刻为国殇而悲戚,为难胞而潸然。

这是对生命的崇高礼赞,这尤其是对人本精神的激扬与升华。"以人为本"的理念,就是这样以悼念汶川大地震的数万名遇难者实践的方式融入了社会主义核心价值观,并凝铸为体现国力与民魂的时代刻度与精神永恒。

《周易》中有云:"天行健,君子以自强不息。地势坤,君子以厚德载物。"汶川大地震是一次灾难,但同时也是对国力和民魂的淬冶与激励。正是在这种不期而遇的淬冶与激励中,不仅晾出了我们国家与民族的本色,而且也提升了我们国家与民族的品位,并在彰显中国力量和扬励民族精神的同时,更为我们铺设了前进的道路和展现了光明的前景。

汶川大地震的救助过程,充分展示了精神和道义的力量,而文化则是这力量的胚基与源泉。精神是物质的内化,物质是精神的外化,而文化在任何时候都能从这种内化与外化的交替转换中释放出巨大的能量和爆发出无穷的力量。正是在这个意义上,不仅体现了文化惠民的内涵本质,而且展示了文化熠世的时代风采。

第 5 章

人民性是文化惠民的
重要标志和实现路径

要实现文化惠民,就首先应当解决好为什么人服务和如何服务的问题,切实在题材风格、思想内容、艺术方法和表现形式诸方面,处理好坚持与发展、继承与创新、吸收与同化、内容与形式等关系,真正赢得广大人民群众的认同、接受和喜爱,真正起到审美、教化、感悟、熏陶、激励和鼓舞的作用,真正以文化的特殊方式和巨大魅力积极促进精神文明建设、经济发展和社会进步。

为此,我们的文化就一定要定位在有中国特色社会主义的基点上,我们的文化创造者们就一定要以巨大的热情和无限的真诚投身于改革与发展的时代生活之中,投身于广大人民群众的开拓性探求和创造性劳动之中,并高度艺术化地反映和表现时代的巨大变革和人民的丰功伟绩,不断地为之提供健康的审美消费和丰富的精神营养。

一

文化的最重要、最本质的特征,就是能够准确地反映社会变革的历史进程并预示历史发展的大方向和大趋势,从而引导和鼓舞人民开拓前进;就是能够积极而有效地维护、捍卫和代表广大人民群众的最根本利益,并将这种利益具体化、形象化、精神化、高尚化,从而达到升华崇高思想的目的,为人们营构出一种清淳绮丽的文化氛围和生机勃勃的文明机制。这就决定了文化必须归依人民,归依时代,归依生活,必须找准自己的服务对象并真诚地满腔热情地为之服务。

对于我们来说,文化的服务对象只有一个,那就是人民。文化的服务方式和服务目标也只有一个,那就是让人民喜闻乐见,能够给人民以美感和力量,能够促进经济发展、社会进步和精神文明建设。

对于这个问题，马克思主义经典作家们是早就作过科学论证和明确回答的。他们的回答至今仍闪耀着历史唯物主义的光芒，永远炳辉于真理的苍穹。我们在文化实践中必须予以遵从，以使我们的文化永远与人民群众保持血肉联系，永远感应时代的脉搏，抒发人民的感情，描绘人民的生活，呼喊人民的心音，代表人民的利益。只有这样，才是我们的文化永远秉有生机与活力的根本所在，也才有可能造成培孕大师与史诗的土壤和条件。是的，人民需要艺术，但艺术更需要人民，因为人民的生活、人民的感情、人民的开拓进取精神和创造性劳动，永远都是文化创造的不竭的源泉。正是在这个意义上，列宁指出："艺术是属于人民的。它必须在广大劳动群众的底层有其最深厚的根基。它必须为这些群众所了解和爱好，它必须结合这些群众的感情、思想和意志，并提高他们。它必须在群众中间唤起艺术家，并使他们得到发展。"①

这就是说，文化创造与文艺创作，首先应当做到的一点，就是取悦于广大人民群众，施惠于广大人民群众，真正让广大人民群众自觉地接受，由衷地喜爱，并从中吸取美感、睿智、激情、良知与力量，不断地增长其文明意识、道德意识、时代精神与奉献精神，不断地提升其欣赏水平、思想觉悟、感情层次与精神境界，不断地培养其审美能力、感悟能力、认知能力与创新能力，切实起到升华人的思想、解放人的精神、开拓人的襟怀与塑造人的灵魂的作用。因为文化的本质是文明。文化创造只有在文明的层次上产生效应和发挥作用，才能确证自身的功能与价值，才能真正具有时代风采与先进性。历来优秀的、为人民群众所称道和赞赏的作家、艺术家及其作品，就都无一例外地赋有这样的功能与特点。新的时代文化尤应如此。因为时代文化本能地具有先进文化的属性与品格，它的发端和归宿唯在于"人民"二字，就像鱼与水的关系一样，时代文化须臾不可脱离人民和违逆人民。它的根深深地扎在人民之中，一旦离开，顷刻萎黄。人民赋予文化以源源不断的营养和水分，文化则回报给人民以源源不断的激情与力量。真正属于人民的文化，永远是生机盎然、青春如火的文化。自五四以来，鲁迅、郭沫若、茅盾、巴金、老舍、曹禺、梅兰芳、冼星海、田汉、聂耳、徐悲鸿、张大千等及其作品，即属此类。以赵树理、马烽等为主干的"山药蛋派"作家群及其作品，亦属此类。在中国当代文艺的灿烂画廊中，从《青春之歌》《林海雪原》《创业史》《红岩》《三里湾》《野火春风斗古城》《李自成》

---

① 蔡特金：《回忆列宁》，《列宁论文学与艺术》（二），人民文学出版社 1960 年版第 912 页。

《将军吟》《东方》《白鹿原》《抉择》《茶人三部曲》《至高利益》《英雄时代》《东方神话》，到《梁祝》《二泉映月》《黄河大合唱》《周恩来》《巍巍昆仑》《鸦片战争》《生死抉择》《长征》《日出东方》《鹰击长空》《今天是个好日子》《光辉的路程》《盛世华章》《走出西柏坡》《毛泽东与斯诺》《戈壁母亲》等，之所以能够博得人民的喜爱，就因为其不仅以人民的生活、感性和事业作为创作的根基，而且以取悦人民、施惠人民、服膺人民和振奋人民作为创作的目的。它们成功了。人民接受并喜爱了它们，把它们与丰富的精神和壮伟的事业结合成了一个整体，深深地钤印在了改革的浪潮之中和时代的丰碑之上，鲜明地定格在振兴中华的绮丽画卷与高亢旋律之中。文化与人民和时代完全融会在了一起，成为理想、良知、文明与力量的源泉与象征，成为广大群众的情愫与心曲，成为改革时代的花环与标帜。

二

在改革开放的时代大潮中，随着人们的生活、观念和审美情趣的变化，文化也必然要发生变化。不仅内容要变，形式要变，就连语境也要变。只有在这种顺应时代大潮而动的大变化中，才能实现文化的丰富、发展和创新，才能更充分地反映生活本质和时代光彩。但是，在这个过程中，文化的人民性却不仅不能有丝毫的动摇和削弱，而且还必须不断地予以显化和强化。在这一点上，我们一定要清醒，一定要具有高度的自觉性和主动性，一定要做到在坚持中发展，在继承中创新，在选择中吸收，在升华中丰富。

坚持是为了发展。只有坚持，才能发展；继承是为了创新。只有继承，才能创新。在坚持和发展中不管有多少内容，人民性都是首当其冲和一以贯之的；在继承和创新中，不管发生什么情况，都不能动摇人民性在文化创造中的龙头与核心地位。一旦动摇，就无异于掏空了文化创造赖以安身立命的根基。新时期文化在这方面乃是既有经验，又有教训的。可以说，我们有成功的典范，也有失败的例证。许多优秀作品皆宛若狂飙烈火一样掀动过广大群众的感情，猛烈地摇撼过广大群众的心，使他们欣怡、激动和振奋。与此同时，一个毋庸讳言的事实是，我们也确有相当数量的作品是疏离了时代、生活和人民大众的，他们刻意地、徒然地追求"先锋""前卫""另类""新新人类"的写作套式，着意于"写'自我'"、写"变态"、写"污卑"、写"性"，强调"躲避崇高""背靠现实""远离时代""绕开主潮"，不顾典型性、民族性、社会性、教化性，片面地炫示自然主义、唯美主义、形式主义、写实主义，在创作实践中排斥传统，排斥理性，排斥思想，排斥形象，排斥辩证唯物论和历史唯物论的指导地位，无选择、无节制地摹袭西方现代主义和后现代主义思潮与技法，不适当地追慕豪华风、滥情风、戏说风，致使一些作品在失去民族脊梁和时代魂魄的同时，却又显露出一派雕琢面孔和卑陋神态，显露出种种怪异状和"西崽相"。这样的作品，不仅使广大群众感到陌生、怀疑，而且还深为嫌恶。因为它不仅违背了生活真实与时代精神，而且也违背了广大群众所特有的民族审美习惯和艺术情趣，违背了文化创造与文艺创作的客观规律。到任何时候，个别性和多样性、特殊性和独创性，都是文化创造与文艺创作的一个不可改易的原则，而实现这种个别性和独创性的前提和基础，则永远都是民族性和时代性。正如鲁迅所讲过的那样："愈是民族的，便愈是世界的。"所以，我们的文化创造与文艺创作，在任何时候都不能离开我们的民族、时代和人民。只有它们，才是文化实现创新和突破的最可靠的前提与最坚实的基础，才是造就大师和史诗的最肥沃的土壤。

在这个问题上，我们的一些文化创造者显然蹈入了认识误区。总以为新的比旧的好，"洋"的比"土"的好，外国的比中国的好，现代主义的比现实主义的好，甚至认为萨特、柏格森、詹姆斯·乔伊斯、加西亚·马尔克斯比鲁迅更伟大，如此等等。其实，哪里是这么回事呢？

新与旧，只是事物的时序概念，同这个事物的品质和功能的好与坏并无必然联系。对于具有同一性质和功能的事物来说，新的自然比旧的好。但在广泛的规律性的意义上则不能这样认为。事实是，新出现的事物也可能是不好的，如艾滋病。旧的事物也可能是好的，如希腊古代艺术。列宁说过，在现代派艺术面前，他甘当"野蛮人"。其实际意思是说新出现的所谓现代派艺术在许多地方都是违反美学规律的，人们根本看不懂，更不会接受和喜爱。相反，马克思却说希腊古代艺术永远不会过时，永远是年轻的。在对文化的认识和评价上，我们不应以其问世的时间早晚为标准，而应当以其实际内容的优劣和实际价值的大小为依据。《离骚》《史记》《三国演义》《清明上河图》《西厢记》《窦娥冤》《牡丹亭》《桃花扇》这些千百年前产生的作品，能说不如现在产生的一些作品好吗？不能。所以，笼统地用"新"与"旧"作为评价文化产品优与劣的标准，不仅是不科学的，而且也最容易产生历史虚无主义和民族虚无主义。对于文化产品，我们绝不能简单地认为凡是新的一切都好；凡是旧的一切都不好。我们一定要在辩证唯物论和历史唯物论的指导下对具体作品进行具体分析和具体评价，以求得出科学的、正确的、符合实际的结论。

"土"与"洋"同样不是好与坏的标准。"土"的未必不好，"洋"的也未必就好，特

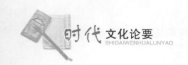

别是对于文艺创作来说,民族的、传统的东西永远都是我们实现发展和创新的基点和起点。没有这个基点和起点,我们就是无根的飘零者,就等于是在沙上建塔,无论多么的高耸和辉煌,也会顷刻倒塌。对于"洋"的东西,我们不能无视,更不能拒绝,我们必须积极地吸纳。海不拒细流,故能成其大;山不拒抔土,故能成其高。这是一个简单的道理。我们必须以博大的襟怀和宏远的眼光看待和吸收世界上一切优秀的文化遗产,但这并不意味着全盘吸收和囫囵吞枣,更不意味着用舶来文化吞噬和取代我们自己的民族的时代的文艺和文化。我们必须选择,选择那些优秀的和对我们有益的东西,真正将之变成能够强化自己的营养品,而绝不能形成梗阻我们发展的痞块。真正起到强化、丰富和发展我们时代文化的作用,而绝不能成为泯灭我们民族传统特点和时代性质的销蚀剂。我们必须在坚持中发展,在发展中坚持;在继承中创新,在创新中继承。只有在"纵"的继承和"横"的吸收中,只有在时代精神和现实生活的感召下,只有得到人民群众的认同和接受,我们才能有效地建构和有力地发展中国式的新型时代文化,我们的文化也才能具有时代文化的性质和   先进文化的品格。

现代主义与现实主义在各自的意义上,都是有价值的。但对于有中国特色社会主义文化来说,则显然更适合也更应归依于现实主义。因为中国文化向来是有现实主义传统的,现实主义早已在中国文化的历史进程中扎下了深深的根,深深地融入了我们文化生存和发展的全部机制与全部过程之中,没有什么力量能够把它剥离开来。当然更主要的还在于现实主义的认识基础是唯物论、典型论与理想论的完美结合,具有丰富而强烈的表现力,它在本质上是与新时代的现实生活相一致的,也是与新的社会机制与体制相匹配的。迄今为止,我们所有的彪炳史册的文艺作品,所有产生过巨大和积极影响的文化产品,就都是现实主义的产物。对于现代主义和后现代主义,采取一概排斥的态度是不对的,但采取全部包容的态度同样也是不对的。我们只能有选择有改造地吸收其中一部分对我们有用和有益的东西,主要是表现形式和艺术技巧方面的一些有借鉴价值的东西。因为现代主义是第一次世界大战的产物,后现代主义是第二次世界大战的产物,它们在本质上是适应西方世界的一种精神文化产物,是对迷惘和颓废、失望和悲观的艺术反映。这与有中国特色的新时代文化在总体上和本质上是不相契合的。所以,我们对之只能是有选择、有限度的借鉴,而绝不能是全方位的委身和依托,更不能以现代主义排斥和取代现实主义。

有中国特色的新时代文化之所以能够具有先进文化的美学品格,就因为它在坚持中实现了发展,在继承中实现了创新,在选择和改造中实现了广泛的吸收和高度的同化,并以此而铸就了自身的优良素质与绰约姿彩,赢得了广大人民群众的接受和喜爱,获得了巨大的人民性,从而在时代发展和社会进步中发挥了不可替代的积极作用。

三

进入新时期以来,我们的文化在实现思想解放和广泛吸收的过程中不仅越来越趋于多样化和丰富化,而且也确实得到了长足的发展,大批优秀的人才和作品频频出现,称得上是姹紫嫣红满园春了。特别是作品的数量激增,仅一年的长篇小说创作量,就远远超过从 1949 年到 1966 年十七年中长篇小说创作量的总和。诗更是这样,有一种调侃的说法称,现在写诗的人比读诗的人还多。调侃归调侃,不过,一个不争的事实是:确实文艺作品的创作量很大,也确实阅读文艺作品的人很少。大量的作品的发行量都在几百册到几千册之间徘徊,能印行几千册就相当不错了。特别是一些在圈内叫得很响的作品,甚至得了什么什么大奖的作品,如张行健的《灵山》,如在西方电影节上获奖的某些电影,照样无人问津,群众照样不知道其为何物。于是,一个奇怪的现象出现了:一面是作家庆祝创作丰收,另一面却是群众在精神饥渴中嗷嗷待哺。这种奇怪现象的原因也许可以说出许多,但最重要、最根本的原因只有一个,那就是一些作家和作品离生活、离时代、离人民越来越远了。他们冷漠了群众,群众也就冷漠了他们。不过,首先是他们冷漠了群众。他们的作品从题材到形式,从内容到场景,从人物到情节,从情感到气氛,都已经与老百姓没有什么关系了,陌路相逢两无涉呀!

的确,这是一个大问题。我们必须正视,必须关注,必须予以解决。

群众与文化的隔膜,直接原因是作家、艺术家与群众的隔膜,而作家、艺术家与群众的隔膜则源于在一些基本问题上所出现的认识误区与导向偏差。如,"到处是生活"呀,表现"自我"呀,开发"内宇宙"呀,追浪头、赶时髦、慕西潮呀,等等。既然到处是生活,那当然就不存在再到广大人民群众中深入生活的问题了;既然文艺的任务是"表现'自我'",那当然就不存在再去关注自我以外的世界上其他人的问题了;既然创作旨在开发内宇宙,那当然就只需想到哪儿写到哪儿,想到什么就写什么便得了;既然要追浪头、赶时髦、慕西潮,那当然就必须抛弃民族传统、民族形式和民族审美习惯,而一味地炒现代派的冷饭,步达达派的后尘,学野兽派的招

数了。这样写出的作品，即使在圈子里互相跷起大拇指吹到了天上，群众也照样是不会买账的。老百姓自有老百姓的艺术情趣和审美选择，正像鲁迅所说过的那样，"乡民的本领并不亚于大文豪"。

尽管此种作为常常是被作为者自己冠以"探索""突破""先锋""前卫"，乃至"新潮""新写实""新人类""新新人类""私人化写作""用身体写作"之类的时髦称谓，在云山雾罩中把老百姓弄得晕头转向，但其实质却是浅薄、盲目和浮躁。说是这"新"那"新"，其实哪里有什么"新"呢？从思潮到技法都是西方现代派早已淘汰了的陈谷子烂芝麻，而且是当年鲁迅、郭沫若、茅盾、叶圣陶、巴金等人经过实践之后，认为不行而早已丢弃的陈谷子烂芝麻，把这些东西捡起来唬人，可真是应了"无知者无畏"这句话了。真要说新，那也只有从现实生活中产生的现实主义才是新的。它不仅思想新、方法新、精神新、形式新，而且其形成和发展的时间也在现代主义之后。再拿被自认为"新潮"者奉为至尊的萨特、弗洛伊德、乔伊斯和马尔克斯来说吧，也根本不是他们所认识和所理解的那样。萨特的哲学思想中有积极的东西，也有消极的东西，我们对"存在主义"不能全盘端来，更不能只接受其中的消极成分。其实，那些言必称萨特的人并没有读懂萨特，读懂了就不会是现在这样了。真正读懂了是会被萨特的精神和人格所震撼的。萨特其实是同情社会主义，拥护十月革命的，还曾上过中国的天安门观礼台。瑞典皇家科学院授予萨特诺贝尔文学奖，萨特不仅事前声明不要，事后也一直未去领奖。这与我们现在的许多作者还未动笔就眼睁睁地盯着斯德哥尔摩和奥斯卡的领奖台，却偏偏忘了十三亿中国人的实际需要的情形，形成了多么鲜明的对照啊！弗洛伊德是个伟大的精神病理学家，他的精神分析学说同样也存着积极和消极的两种成分。但弗洛伊德非常清醒，科学的东西并不全都适用于文化创造与文艺创作。所以他说绝不能把科学意义上的"伊德""里比德""俄狄浦斯情结"作为泛性论应用于文艺创作之中，特别是当这些东西与道德、法律、伦理、文明等发生冲突的时候，更必须采取抑制、转移、化解、升华的措施，加以适当的处理。因为科学与艺术是不同的。而我们的一些创作者却恰恰把弗洛伊德学说当作了泛性论的根据，在创作中掀起性大潮。这说明他们根本就没有读懂弗洛伊德。不错，詹姆斯·乔伊斯确实是现代派的旗手，但他对现代派的定义和实践并不像我们的一些效法者所理解的那样，他不仅不使现代主义与现实主义相对立，而且在现代主义中融入了现实主义的精神和手法，甚至他还是以现实主义作为根基来发展现代主义的。这一点，在其长篇小说代表作《都柏林人》中看得尤为明显。加西亚·马尔克斯作为诺贝尔文学奖的获得者，他的成功在于他将欧洲超现实主义与本地区、本民族的历史与现实特点有机地结合在一起，从而创造出一种独特的文本和语境，创造出了独特的精神和气质。但我们的一些模仿者却东施效颦，从中学到的则是写怪异，写乱伦，写本民族的污秽、落后与野蛮。这不是学歪了么！其实中国有几千年的文明史，有灿烂的古代文化，又有辩证唯物论和历史唯物论的世界观和方法论，完全可以从《百年孤独》中得到启发，写出弘扬中华文明的鸿篇巨著来，写出属于我们自己民族和时代的扛鼎之作与时代史诗来。

这一点，已经被创作实践所证明。举凡真诚地对待人民，真诚地深入生活，真诚地站在时代变革的前列和置身于现代化建设热潮之中的作家、艺术家，真正在"纵"的继承和"横"的吸收中不断进行创新，大力弘扬时代精神和民族精神的作家、艺术家，切实把创作的基点定位在有中国特色社会主义的亮丽风景线上，积极地创造性地在坚持中发展、在继承中创新、在选择中吸收、在开拓中提高的作家、艺术家们，就都在创作中取得了丰硕的、为广大群众所欣然接受并从中受到激励和鼓舞的优秀成果，体现了鲜明的人民性和时代性。这些作品不仅浓缩了大变革大发展时代的绮丽景观，而且以人民喜爱的方式艺术地表达了人民的情怀与期冀，它们的根扎在生活中，扎在时代中，扎在人民中，并因此而获得永不枯竭的旺盛生命力。在这些作品中，尽展民族和革命历史的灿烂，精绘改革开放和现代化建设的奋发精神与丰功伟绩，大抒广大人民群众的豪迈之情与创新之志，而绝无自我的喧嚣与哀婉的恋愁，无名的幽怨与苍白的诉说。这些作品所给予人们的是美感，是歆悦，是颖悟，是力量，而绝无丝毫的空虚、悲观和颓丧。

这是什么？这就是文化的人民性、民族性和时代性，这就是文化惠民的鲜明标志。

第 6 章
切实保障人民群众的文化权益

　　保障和实现广大人民群众的文化权益,是促进社会和谐发展的重要举措。而积极构建公共文化服务体系,则是实现人民群众文化权益的一个重要方面。因为文化权益是公民的基本权益之一,而文化权益的彰显与实现既是社会走向文明的必然过程和必由之路,又是社会实现和谐发展的基本动力与重要标志。在每个人和整个社会的正常生活与发展中,文化权益始终都是其必须倚靠的智能源流和精神资源,而公共文化服务体系则是在形态上和质态上都最能引导这种源流和增殖这种资源的社会机制与服务介体。

　　正是在这个意义上,我们既可把公共文化服务体系看做是保障和实现公民文化权益的前提与基础,又可将保障和实现公民文化权益视为建立公共文化服务体系的目标与效能。这二者完全是在因果感应和绩效流转中各自发挥着各自的作用。它们既是相互倚靠、彼此转换的,同时又是不可或缺和不能替代的。

一

　　在我国经济社会的持续快速发展中,人民群众日益增长的物质文化需求同相对落后的社会生产力之间的矛盾必然要显现出来,这就需要我们在物质生产和精神生产这两个方面都不断地实现大繁荣和大发展。此中,对于文化的价值和作用,我们一定要有更充分、更全面、更深刻的体悟和认识。因为在现代社会中,文化效能的增值与提升,乃是比以往任何时候都更加迅猛和突出的。它不仅是经济社会发展的支撑力与驱动力,而且是综合国力的基本构成元素和重要组成部分;不仅是社会文明、社会和谐的成因与标志,而且是民族之生命力、创造力和凝聚力的基因与酵体;不仅是营造良好社会环境、人文环境和自然环境的精神软件与道德元素,而且是培养、造就最能适应人类"第七次产业革命"①之需的"大成智慧"人才的智能之源与情愫构体。文化的这些价值和作用,大都涵寓和体现在社会公共文化服务体系之中,同时它也正是人民群众文化权益的主要指向与基本范畴。

面对当今世界各种思想文化相互激荡的大潮,面对国家发展和人民生活改善对文化发展的要求,面对社会文化生活趋于多样与活跃的态势,如何找准我国文化发展的方位,创造民族文化的新辉煌,增强我国文化的国际竞争力,提升国家文化软实力,是摆在我们面前的一个重大现实课题。繁荣先进文化,建设和谐文化,为构建社会主义和谐社会作出贡献,是现阶段我国文化工作的主题。此二"题"不仅是对公民文化权益之价值和意义的高度概括,而且也是对建立和完善公共文化服务体系的战略擘划与具体指导,我们正是要按照这一要求并在此立论基础上通过建立覆盖全社会的比较完备的公共文化服务体系,而对广大人民群众的文化权益予以全面体现和充分保障。

文化权益不仅外延极其宽广,而且其内涵也十分丰富。在文化创造、文化生产和文化消费的几乎所有方面,都是文化权益所能瞩及的界域和所要采纳的范畴。具体说来,就是既要保证人民群众有充分享受社会文化成果的权利,又要保证人民群众有自由参与社会文化活动的权利;既要保证人民群众在文化创造上有展示和发挥个人才能的权利,又要保证人民群众在进行文化创造与文化活动中所形成和产生的各种内容与形式的文化成果不受损蚀与侵害。虽说这些文化权益也涉及了知识产权的保护和创造才能的发挥,但对于最广大的人民群众来说,最普遍和最主要的还是对文化成果的享受权和对文化活动的参与权。而这两种文化权力的实现与兑取则又主要集中体现在公共文化服务体系的全覆盖建立、全功能完善与全方位施行上,这就要求我们在深化文化体制改革和实现文化创造的全面繁荣与发展中,一定要不断开阔发展思路,拓宽发展途径,坚定不移地进行"两手抓",即:一手抓公益性文化事业,一手抓经营性文化产业。

从文化价值与效能的意义上说,文化事业与文化产业都是同样重要和同样不可缺如的,只不过它们的价值与效能各具特质和各有侧重罢了。但从保障和实现广大人民群众文化权益的意义上说,则显然公益性的文化事业更直接、更普遍、更重要。大凡公益性文化事业,都是以国家为主体而面对全社会所发动的文化义举、

---

①《钱学森书信》第 10 卷第 166 页。

所组织的文化活动、所敷设的文化器物、所建造的文化场所、所开办的文化馆室、所连通的文化传播、所进行的文化竞习以及所实施的文化优惠政策与文化社会救助等。所有这一切，不仅每一个公民都可以自由参与和自主享受，而且一切内容和形式的参与和享受都必然和必须是无偿的和有益的。公益性文化事业与经营性文化产业的最大区别，也就在于前者不以营利为目的，而后者则要按照市场规律追求经济利益的最大化。"不以营利为目的"的目的，就在于要保障和实现广大人民群众的文化权益，并使之能够在自由享受国家所提供的文化成果、文化设施和文化服务的过程中，得到教化和欣悦，实现净化和升华，达到舒怡和发展。其在深层次上的效果则是全民素质的提高与人民生活的幸福。这不也正是国家管理职能所要追求的愿景和所欲达到的目标么！

正因为保障和实现广大人民群众的文化权益能够有效地达臻国家的管理目标和实现民族振兴的美好愿景，所以它也就自然而然地成为社会主义制度的应有之义和改革与发展时代的目标追求。就像马克思所指出的那样："支配着物质生产资料的阶级，同时也支配着精神生产资料。"①在社会主义制度下，人民群众所享有的文化权益愈丰富、愈雅致、愈充分，那么社会主义制度的优越性和潜在力也就会随之而显示和发挥得愈丰富、愈雅致、愈充分，它们完全是一种呈正比例提升与递进的关系。这就要求我们在改革和发展的时代大潮中，一定要不断地提高保障和实现广大人民群众文化权益的自觉性和主动性，并在实践中积极予以有效而有序的履施与兑取。

二

发展公益性文化事业和建立健全文化立法的机制与程序，是保障和实现广大人民群众文化权益的物质基础与法理前提。作为人民群众的一种基本权利，文化权利与政治权利、经济权利、社会权利是一个平等的概念，它们在公民权利中也处于同等重要的地位，所不同的只是文化权利较之其他各项权利而言，它显然更多的是涵负、培孕、标示和体现着一种社会的文明、进步，以及人之智慧的富厚与道德的崇高。

正因为如此，文化权益对于广大人民群众的迫切性和重要性便益见彰明与凸

---

① 《马克思恩格斯选集》第一卷第 59 页。

显。因为人类社会在经过了农耕时代、工业时代和后工业时代之后，已经进入了一个以人脑加电脑为枢机而产出超常生产力的信息时代。在这个"人的思维以扩展为人·机(计算机)结合的信息体系"①中，不仅人与文化的关系越来越紧密，人和文化的对接越来越直接，而且人对文化的需求、依赖和倚重也比以往任何时候都更加鲜明而突出。钱学森说："贝多芬用音乐迎接了人类社会的第二个时代。我们现在不该开创新音乐和新文艺来迎接人类社会的第三个时代吗？"②

是的，我们必须用全新的文化理念和文化构体来迎接这人类社会的第三个时代。因为这"第三个时代"的本身，就是以面向世界、面向未来、面向现代化的文化材质与科学元素所共同凝铸、升华而成的。在这样的时代中，文化不仅越来越成为社会生产与消费的主体，而且也注定要越来越成为经济和社会实现持续快速发展的智能动力与精神砥石。

面对这样的时代背景和生存环境，谁还敢小觑文化的地位、价值和作用呢？也正是在这样的时代背景和生存环境中，才使保障和实现广大人民群众的文化权益理所当然地成为一个不容绕过也不能绕过的重大时代命题。因为在本质上文化就是生产力，就是创造力，就是智慧力，就是道德力，就是最能提高人的全面素质和促进社会走向和谐发展的引擎与旗帜。只有广大人民群众的文化权益得到切实的保障和充分的实现，马克思和恩格斯所期待的那种"每个人的自由发展，是一切人的自由发展的条件"③的理想境界，才能由美好的愿望变为宏大的现实。这是我们所热切期待的，这也是我们所执意追求的。

保障和实现人民群众的文化权益不仅是社会文明与发展的标志，而且也是先进文化的精神旨要和形质构件。因此，在保障和实现广大人民群众文化权益的过程中，一定要突出先进文化和健康有益文化的性质、特征、功能与风采；一定要正确认识和处理好公益性文化事业与经营性文化产业的关系；一定要自觉而有效地把构建和谐社会、实现和谐发展的目标与方略，真正落实和体现在建立健全公共文化服务体系与全面实现公民文化权益的整个过程之中，并务求收到实际效果，真正使广大人民群众从中康体怡情、获益受惠、长智增识、明德积善，继而上升至一种全新的人生高度，进入到一种纯尚的精神境界，创造出一种和谐的社会生活。

由于保障和实现广大人民群众的文化权益在本质上是要以文化为大众服务，

---

① 《钱学森书信》第 10 卷第 151 页。
② 《钱学森书信》第 10 卷第 166 页。
③ 《马克思恩格斯选集》第一卷第 272 页。

用文化使大众提升，将文化变为人民大众的智慧泉源和精神家园，并在此基础上赋予文化以广阔的覆盖面和强大的辐射力，使广大人民群众在满含欣悦与快意的自觉中接受文化的熏陶、感染和渲濡。所以，我们在建立健全公共文化服务体系中就一定要坚持以先进文化和健康有益文化作为一心不贰的指导理念与行为准则，真正用科学、文明、健康、有益的文化元素和文化构体为公共文化设施、活动和服务立肢体、注血液、筑灵魂，确保广大人民群众能够从自由的文化创造和自主的文化享受中获得先进思想、汲取奋进力量、熠燃创新激情、坚定理想信念，而绝不能是相反，也绝不允许相反。因为一旦走向相反，就会导致公民文化权益在性质和效能上出现悖论。

尽管公益性文化事业与经营性文化产业同属于文化整体结构中的两种不同文化形态，但由于二者的价值取向、实现方式和社会功能的不同，所以便导致了它们在广大人民群众彰明与兑取文化权益过程中所处地位和所起作用的悬殊与差异。公益性文化事业，是以无偿满足并不断丰富和提升社会性文化需求与发展为其旨向与目标的，而经营性文化产业则是以工业化的生产和市场规律作为其生产与营销的主要方式和基本原则，并在对人和社会健康有益的前提下把产生经济效益和追索社会利润作为其价值的取向与经营的目标。显然，这二者是既有同质又呈异象的。其同质是作为文化生产、文化活动和文化服务，都必须是对人和社会具有科学、文明、健康、有益之性能与作用的，而其异象则是前者的建造、生产、发动、组织和行施与管理的主体是国家、是政府，后者的主体是社会上各种具有不同性质与不同类别的生产者和经营者；前者是以保障、实现广大人民群众文化权益、不断丰富和满足广大人民群众文化需求为天职，后者是以在市场需求和价值规律驱动下开展对象性生产和进行营利性销售为目的。正是由于它们的这种区别，才使我们在保障和实现公民文化权益中必须警惕和防止单纯营利性管理行为的渗进与嵌入，而主要还应当是借重于社会公共文化服务体系的尽快建立与健全和不断丰富与发展。

这就要求我们，在认识和处理文化建设与构建和谐社会、实现和谐发展的关系时，必须把注意力和着眼点更多地集中在尽快建立、健全和不断丰富、发展公益性公共文化服务体系上，并力求通过这一战略性举措而使广大人民群众在以文化为介体和载体的社会生活实践中，充分享受改革开放与社会发展的丰硕成果，通过切身体验而深层次地感悟社会主义制度的优越性，加深对中华民族的自豪感与自信心，不断增强人际交往与社会生活的尚善意识与凝聚力，从而在和谐的环境与欣悦的氛围中激扬出更高的劳动热情、爆发出更大的创新精神、滋衍出更多的社会财富。

文化与和谐、文化与丰富、文化与提升、文化与进取的关系,就是这样直接而辩证;保障和实现广大人民群众的文化权益与构建和谐社会、实现科学发展的关系,就是这样彰显而笃重。正因为如此,我们就必须更加自觉、更加主动地推动文化的不断发展与繁荣,更好地保障人民群众文化权益的有效实现与全面兑取。

八、时代内蕴之文化弘耀

——论文化之用

第 1 章

文化之用善莫大

人的一切意志、思想和言行的形成与实践，从根本上说，最终都是要落实到一个"用"字的，在笃重物质的消费时代，尤其如此。那么，文化究竟有何用呢？

一

这样提出问题，虽看似有点小儿科，其实却正是萦绕在许多人心中的疑团与困惑。他们暗自思忖：文化不能吃，不能喝，也不能用于购房和买车，要它何用？至少也是有它没它，无关紧要吧！特别是对于主政一方的有些官员来说，在谋求快出政绩的焦虑与忐忑之中，常常会于有意无意间把文化仅仅当成一种虚饰和摆设，以至出现"说起来重要，做起来次要，忙起来不要"的现象。因为在他们看来，文化不仅很难同 GDP 直接挂钩，而且相对于盖大楼、修公路、上项目、搞开发而言，其对政绩的贡献率也显然要差多了。

毋庸讳言，这种认识和做法的本身，就是没有文化的表现，其恰恰反证了文化对于人和社会的极端重要性。因为物质、政绩、GDP 之类一旦失去文化的引领、驱动、支配和调控，那就只能在本质上将人变为动物，使社会在金钱万能和物欲横流中陷于窳陋、紊乱与低俗。这样的社会景况，不仅在历史上屡有所现，而且从某种特定意义上作考量，我们不也正在自食其果么！正因为如此，社会上才产生了加强文化建设的强烈吁求，中央才作出了建设文化强国的战略决策。这是历史的必然，这更是实现科学发展和包容性增长的题中之义与核心内容。因为文化的本质是文明。而在任何时候，文明都是经济发展的内在动力与社会祥和的必备要素。特别是对于人来说，文明和智慧，就更是其作为人而存在与发展的最重要的条件和最本

质的内容了。否则,如若只剩下物质意义上的人,那还能算做是真正的人吗?

人和人类社会的构成、提升与发展,向来所依恃的就是精神与物质的二元一体。这二者相依相偎、互济互补,不仅缺一不可,而且它们始终都处于密不可分的胶着状态。而文化,则既是精神的源头,又是物质的动力,并由此而天然地决定了文化对于人和社会的作用不仅是独特的,而且是巨大的;不仅是广泛的,而且是深蕴的;不仅是强烈的,而且是恒久的。

文化之用,用于精神构建。

精神,是社会的中枢,是人的灵魂,是思想、理想、志气、勇气、信念、追求等的培植基与提升器。人之所以能够在生活和工作中不断地创造奇迹,社会之所以能够在探求和开拓中不断地发展进步,就因为有一种精神在驱动,在支撑,在鼓舞。一如红军长征、大庆创业、航天人对飞天梦的不断追索、汶川人在地震后的强韧重生……就无一不是精神的力量在起作用。没有精神,思想就会禁锢,志气就会消泯,信念就会动摇,追求就会停顿。而精神则是文化的衍生品与升华物。没有文化的氤氲,何来精神的迸发与飞扬?所以毛泽东说:人,总是要有点精神的!而实际上,我们对社会主义核心价值体系的建设,对中华民族共有精神家园的建设等,就无一不有恃于文化的强力淬冶和殷切渗濡。

文化之用,用于智能开发。

智能,亦即智慧、智商、智力,是人所必须具有的一种判断力和创造力,也是人与动物最本质的区别之一。动物的一切行为都是本能的,而人的一切行为都是在智能支配下的合理设计与科学擘划。惟其如此,人才具有了创造美好生活乃至创造整个世界的技法与能力。然而,人的智能不仅高低有别、优劣各异,而且随着时代的发展和社会的进步,知识与智慧均无时不处于急遽膨胀和快速增长之中。于此情况下,为了在竞争中能够立于不败之地,为了在博弈中始终胜券在握,人就必须不断地占有知识、更新知识和提升知识,自然而自觉地将知识转化为智能,并在强大智能的武装与簇拥下,从事最具挑战性和创造性的智慧劳动与高端创新。这是社会发展的需要,这更是时代前进的要求。而文化,则恰恰正是知识和智慧的元素与源泉。我们要实现人才强国,就首先必须做到文化强国。因为只有在以文"化"人、以文"励"才的情况下,才会实现智能超常爆发,才能达到俊彦接踵而至。

文化之用,用于文明营造。

"文明"一词的内涵丰富、寓意宏博,但其要点则始终都集中在诚信、高尚、和悦、达理、雅致、有序等节点上。一个人只要具备了这样的素质和品格,就称得上是一个文明的人；一个社会只要秉有了这样的体制与风气，也就可以认为是达到了文明的程度。很显然，无论对于人和社会来说，营造文明始终都是其至高无上的目标和锲而不舍的追求。人的进化和人类社会的发展，正是在对文明的不断营造中才得以一步步地实现的。文明的脚步，不仅伴随着人的提升和社会的进步，而且也自然和必然要成为所有人和所有社会的挚求与至爱，但事实却是由于人性中的惰性因素和社会选择中的路径歧化而常常会导致出现文明与不文明的对立与冲突，乃至要达到文明的至境，便必须进行永不停歇的奋争。在这个过程中，文化不仅为营造文明提供了源源不断的思想粹质和永不枯竭的精神动力，而且文化也是最能有效敷平真、善、美与假、丑、恶之对立和冲突的正谏与良药。

文化之用，用于经济发展。

文化不仅是经济发展和社会进步的精神动力，而且文化也越来越成为经济发展的直接参与者和有力支撑者。文化对于经济的作用，一方面是以"人"为中介而推动经济发展，另一方面则是通过产业化的形式而提升经济增量。前者虽是传统的、一贯的，但却是本质的；后者虽是新兴的、初现的，但却是强势的。因为经济的快速与良性发展，从根本上说，都是因文化而赋有了精神、智能和文明素质的人在起作用。而在现代社会中，由于恩格尔系数的下降和文化产业的勃兴，则使文化得以在工业化构制体系中通过生产和消费的绩效循环与积累而直接变为经济本身。特别是从我国的实际情况来看，不仅发展文化产业的资源极其丰富，而且实现资源向资本转换与提升的市场空间也极其广阔。在可以预见的未来，文化必将成为实现经济快速发展的强势产业与前沿项目。

凡此种种，都在说明"文化之用善莫大"的同时，也彰显了文化的社会功能与本质力量，并提醒和敦促我们必须不断提高文化的自觉性与自信心，一定要在建设文化强国的伟大征程中做强者，做勇者，做智者！

二

自从约瑟夫·奈提出"软实力"概念之后，文化便自然归于其中，并理所当然地成为软实力的典范代表，以致任何关于对软实力的解读与诠释，都一概离开文化而不可言喻。

其实，软实力对于文化来说，仅只是一个概念的变绎而已，并无实质性的内容扩张与含义提升。因为关于"软实力"的全部意蕴，都早已在"文化"这一概念中得

以悉数囊括与包容了。甚至，在"大文化"概念中所界定的范畴，显然还要比"软实力"更宽泛。按照约瑟夫·奈对"软实力"所下的定义，那就是运用吸引力和说服力，而不是运用武力或金钱就能达到目的的能力。而"大文化"则几乎包含了世界上所有的一切能够体现人类智慧的创造物，亦即马克思所说的"人化的自然"。

正是在这个意义上，我们完全可以将"软实力"理解为文化力，并以此为基点而认识、评析和论骘软实力的形态与质态、意蕴与作用、外延与内涵、表象与功能。在这个过程中，最核心的问题就是要充分认识文化的形表与本质，即软实力之"软"形态与"硬"作用的辩证关系。

"软"只是文化的形态和外部表现，而绝非是文化的本质体现。世界上的万事万物，往往都是依凭其本质才得以体现其实际价值与作用的。而文化的本质，则从来就是励志、布道、尚德、升智，怡情、养心、明理、崇义，并在这个过程中持续而有效地构建社会文明和提升人的自觉性与创造力，进而通过"人"这个中介以促进经济发展和社会进步。

这样的作用，无疑是"硬"的。因为无论是"人"，抑或是社会，一旦失去了或弱化了这样的作用，就必然会陷入愚钝、野蛮、落后与紊乱之中，更遑论什么进步与发展、文明与创新！而文化，从其诞生之日起，就已注定是要把道德、文明、智慧和创造力带给人及人类社会的。汉字的构成向来讲究形意结合，而"文"的上半部，是喻义太阳从地平线上升起，使世界从黑暗走向光明；下半部则是指通过治理而使社会和谐，天下安宁。"化"，是一个意象符号，表示只有在人执掌器物并发挥能力的情况下，方可进行对社会的有效治理与变革。所以，由这两个字连缀起来所组成的"文化"一词，其寓意亦即理当是指：一种光芒普照的思想与智慧，乃即人类用以提升自身和治理世界的有力武器。故而，《易·象》有云："文明以止，人文也……观乎天文，以察时变；观乎人文，以化成天下。"

事实上，人类社会的进步与发展以及人类自身的睿智与贤达，就正是在文化的浸润、扶掖、引导与驱动之下，才得以一步步地迈向文明的进程和实现发展的理想的。任何历史的激变与兴替，在本质上首先和主要是文化的变革与文化力量的凸显。只是由于文化的形态是"柔"性的，文化的作用过程是隐伏的，文化的价值功能是潜在的，所以便往往容易被一些人所忽略，甚至在潜意识中认为文化建设"莫须有"，抓不抓文化"无所谓"。其实，这种认识和作为的本身就是没有文化的表现，亦即愚钝和陋蛮的表现，其不仅不可能真正做好工作，而且在人格、眼界、胸襟和智能上，也肯定要造成弊嫌与残缺，以致出现经济与精神的二律背反、主观与客观的功能错位、动机与效果的恶性循环。其结果,不但贻误了工作和衰减了效益,而且也矮化了自身和丧失了机宜。

显然,文化的形态虽然是"软"的,但它既然是一种实力,其功能和作用就必然和必定是"硬"的。一方面它在"器"的层面上体现着自身所生成的直接效益;另一方面它更在"气"的层面上充分反映着人类自我实现的绝对价值。在文化这两个方面的效能中,当以后者尤为最。因为在实践中,只有通过后者,才能实现前者。亦即由"心"能而产生"物"能。诚然,文化最突出和最特殊的功力,正在于它对人的精神世界的有效干预和能动指导,并在这个过程中为人塑造灵魂和输注智慧,使人在本质上与动物实现区别,特别是使人得以运用文化所赋予的能动性和创造力而一程接一程地营构社会文明与萃聚精神优渥,进而使世界不断地走向发达和发展。正因为人是社会的主宰,而文化则又是人的主宰,并通过"人"而作用于"物"。所以,马克思认为:文化"是一本打开的关于人的本质力量的书"。而恩格斯则指出:"文化上的每一个进步,都是迈向自由的一步。"

事实上,不论对于人,还是对于物,文化的价值和作用都是特殊的和巨大的。它既不可替代,又不能弱化。特别是在现代社会中,文化价值的辐射空间越来越广阔,文化功能的延伸路径愈来愈旷远,并在不断地突破常规,走向新路,其覆盖面和干预力都在以超强的速度和能力而实现着延宕与增殖。政治、外交、军事、经济、社会建设、民生改善、以人为本等,都越来越需要借重文化的力量而加以完美的实现。因为在许多时候和许多情况下,政治乱局与外交僵局、军事对抗与社会对立、经济困难与民生困厄,都需要通过文化来加以斡旋和滋润,方能得以转圜与消解,而那种至今仍然停留在冷战思维上的硬碰硬的做法,已不仅不合时宜,而且也实难奏效。须知现代社会中的许多冲突,在本质上就都是文化的冲突,这就使传统意义上的政治、外交、军事手段,在面对现实的复杂局面时,常常会显得功效不济或无能为力,而必须向文化靠拢和恃文化之助。尤其是随着恩格尔系数的不断下降,社会生产与社会消费的重点皆越来越转向文化,这就使文化在经济发展和社会进步中日益成为不可或缺的劲旅与主角。实际上,英、美、德、法、日、韩等国,均早已在文化创意产业上捷足先登,并先后成为文化产业的大国与强国,其文化产值大都超过了其国内生产总值的15%以上,并在继续快速攀升。特别是随着文化产业的扩张,也有效地增强了这些国家的竞争力和输出了这些国家的价值观。

于此情况下,我们必须对文化刮目相看。特别是在审视和认知文化所特秉的性质与作用时,一定要凸显它的精神价值、时代意义、社会功能及其对经济发展和

社会进步所具有的全方位辐射与大功率促动的极端重要性，并切切实实、认认真真地从根柢上和本质上确证"软"实力所具有的"硬"作用。

三

文化与文明的关系至为密切，也至为重要。前者是后者的土壤，后者是前者的果实。正是由于这种因果关系的存在，才自然天成地决定了文化对于文明的极端重要性，特别是在现代社会中尤为如此。随着国家对文明建设的不断升温与扩容，文化的重要性也愈益抬升和凸显。

在这种情况下，我们就尤须厘清文化与文明的关系，真正把文化置于文明之源流、内蕴、基因和本质的地位，着力从对文化的深度开掘与高度升华中架构文明建设的平台，营造文明建设的氛围，创立文明建设的范本，铸冶文明建设的精魂，确使文化成为物质文明建设、精神文明建设、生态文明建设、社会文明建设等的引领者与内驱力。

为此，我们就必须高度重视文化建设，全方位实现文化的繁荣与发展。只有将文化打造成宏伟的精神航母，文明建设才会有坚实的落脚点和强大的支撑力。因为文化的本质是文明，这就要求我们必须认识到：只有以文化作为出发地和原动力，人和人类社会才能最终到达文明的彼岸。

正是在这个意义上，荷兰哲学家冯·皮尔森指出："文化"不仅是一个名词，而且是一个动词。它不仅具有动态性，而且更注意未来取向。一个国家和民族，什么能够使它真正的强盛？或者说它用什么能战胜别人？是经济发展么？是科技进步么？有可能的，但最终能够战胜别人的，则只有文化。

何以如此？唯因文化既是文明的起点，又是文明的终点。而文明则永远都是蕴育和生成强大力量的不竭源泉。

这，不仅已是一个被历史反复证明了的至理，而且也早已成为人们在变革现实的实践中所形成的情感逻辑与行动准则。是呀，在人类几十万年的历史进程中，为什么原始时代会那么漫长。而一当进入被称为"轴心时代"的文明世纪之后，发展的频率和前进的脚步便大大提速，以至于在两千多年的时间里竟创造了无数个屡屡改变世界面貌的巨大奇迹，个中原因就在于由文化所生成的文明成果发挥了既不可替代，又无与伦比的引领与驱动作用。正如雅斯贝尔斯在考察了文明演进后所得出的结论："人类一直靠轴心时代所产生的思考和创造的一切而生存，每一次新的飞跃都回顾这一时期,并被它重新燃起火焰。"轴心时代正值中国的春秋战国时期,而春秋战国时期既是中国文化的草创期,又是中国文化的鼎盛期。事实是,在这一时期所产生的"六艺",即《诗》《书》《礼》《乐》《易》和《春秋》,不仅营构了"国学"的基本内容,奠立了治世做人的精神纲领,而且在此之后的岁月磨砺与实践检验中,它竟被认为是教人安身立命和促成文治武功的"六经"圣典,其义理在不断被引深和阐发的过程中,也逐渐成为中华民族的基本价值与治世方略。迄今,在我们每个人所经历的中国式人生中,仍旧绕不开它的覆盖与浸润。事实上,它已经作为一种观念形态和一种集体无意识而深深地渗濡到了我们的生活、意识和行为范式之中,且成为我们的一种自觉的遵从与恪守。

当然了,《六经》价值和作用的体现与发挥,更在于后世以它为蓝本和酵体所不断进行的解读与阐释,并由此而出现了"我注六经"与"六经注我"的热闹景象。也正是在这个过程中,使文化对文明的生成与扩展益臻精纯和深邃,愈趋普遍和强烈,并造成了如缕而至的诸多楷模性人物、代表性著作和典范性成果,从而使中华文明在文化母体的孵化中不断地得到增殖与放大,并实现了深厚的文化积累,形成了丰懋的精神积淀,源源不断地生发和敛结着文明的果实。

是呀,在我们无比瑰丽多姿的文化长廊中,如果没有《论语》《离骚》《史记》《红楼梦》《三国志》《资治通鉴》《梦溪笔谈》以及唐诗、宋词、元曲和明清小说;如果没有孔、孟、老、庄和先秦诸子百家以及司马迁、张衡、祖冲之、王羲之、李白、杜甫、吴道子、朱熹、辛弃疾、郭守敬、黄遵宪、顾炎武、王国维、齐白石、鲁迅;如果没有长城、故宫、青铜器、都江堰、兵马俑、方块字、茶叶、丝绸、瓷器、宣纸、京剧、二胡等,那还会有中华文明吗?那还会有精神家园吗?那还会有民族智慧、社会伦理、家国情怀与核心价值吗?答案自然是否定的。事实上,在我们迄今为止的所有文明成果中,就无一不能从文化的存在中找到基因和根据。甚或,就连那些自诩为"新锐""先锋""前卫"的行止与言动,也随处都钤印着传统文化的徽记和盈荡着民族精神的韵律。由于文化是通过作用于"人"而作用于社会、历史和时代的,而文化本身又是人类所创造的一切物质与精神成果的总和,所以文化对文明的影响就不仅是全方位、深层次的,而且也永远都是这样的普遍、强烈而深刻。

由此足见,文化是根,它能够长出文明之树;文化是蕾,它能够开出文明之花;文化是醅,它能够酿出文明之酒;文化是虹,它能够升起文明之霞。文化之对于文明,就像"源"对于"流""器"对于"气""资"对于"质"一样,既是存在与扩升的关系,又是生成与发展的关系。所以,只有文化强大了、繁荣了、丰富了,文明才会更普

及、更坚实、更有效。

　　这就要求我们在文明建设中一定要找源头,抓根本,夯基石,下内功,切实做到以构建文明为旨向,以发展文化为抓手,实现文化—文明双丰收。

第 2 章
文化之"小"与"大"的辩证法

　　文化在发挥作用的过程中，往往是效果凸显而踪迹难觅，此中充满了"小"与"大""近"与"益"的辩证法。

一

　　文化的"小"与"大"，一般有两种情形。一种是指学科分类上的差异，一种是指社会功能上的不同。对于前者，大家的认识比较一致，而对于后者，人们的见解却各擅其殊。

　　此中，一种最常见的现象，就是只看到小文化的小作用，而忽略了大文化的大功能，并因此而将文化仅仅缩微为出几本书，演几场戏，放几部电影，办几次展览等。更有甚者，竟认为：所谓的文化，不就是那些跳跳唱唱、写写画画的事么！由此而笃定：文化者，乃小事一桩。在这里，一个"小"字，便极尽了对文化的轻薄与藐视，并因之而顺理成章地将文化边缘化，甚至索性来个"去文化"。

　　在实际生活和工作中，持这种认识和做法的人并不鲜见。而由这种认识所引申出来的一种现象，便是文化的浅悖化与褊仄化；从这种认识所衍生出来的一种结果，便是生活中缺少了文化的情趣，工作中放逐了文化的自觉，社会上断绝了文化的滋养，发展中抑制了文化的驱动。而生活、工作和整个社会一旦将文化稀释和与文化疏远，就必然会由于缺血缺氧而陷于精神的萎靡、智能的困厄、风气的溺化与良知的泯灭。因为没有文化的生活，肯定会是粗俗和愚蠢的；缺少文化的社会，必然要走向混沌与紊乱；而在工作中一旦放逐了文化，则注定既难以做到全面创新，又无法实现科学发展。因为文化不仅是一种道德品格、素质素养，是一种情愫

理念、知识智能；而且更是一种精神、一种文明、一种永不枯竭的进取力和创造力。所以，对于人和社会来说，文化就像水、阳光与空气一样，看似可有可无，实际上却须臾不能疏离。

正是在这个意义上，我们必须充分理解和深刻认识文化之"小"与"大"的辩证关系，并真正做到以小看大、以小向大、以小求大，高度自觉地在文化之小与大的不断转化和双向辐射中，及时而有效地汲取道德元素和提升知识素养，增强爱国主义和培育民族情怀，浇灌思想花朵和淬炼人格魅力，砥砺创业意志和激扬创新精神。只有这样，才能在本质上体现文化的效能和发挥文化的作用。而要这样，就必须实现文化由小向大的转化与升华。因为文化之小与大，就像物质之原料与产品一样，尽管产品是由原料制成的，但原料本身却永远不能代替产品，也无以具有产品的性质和发挥产品的作用。

那么，何为文化的"小"与"大"呢？一般来说，文化的存在和作用往往表现为形态与意态两种类型。形态，是具体的、实际的，具有知识特点和学科性质，如文学、艺术、哲学、伦理、政治学、经济学、社会学、法学等；又如小说、诗歌、广播、影视、音乐、美术等。举凡此类，均可被看做是"小文化"。而作为意态的思想、精神、道德、品格、智能、知性、世界观、价值观、意志力、创造力以及马克思所说的"人化的自然"等，均可从意义、价值、功能和作用上，将之概括为"大文化"。

显然，"小文化"是大文化得以形成的主要理论源头与知识基础，但"大文化"却是小文化得以产生价值和发挥作用的终极形式与有效途径。从文化之"小"与"大"所具有的这种因果、源流和形意转换与递进关系中，不仅可以看出它们各自的定位与功能和相互的联系与转换，而且更可以看出文化在整体价值与功能上对于人和社会的极端重要性。因为不论是人，抑或是社会，都只有在文化的支撑与滋养、鼓动与驱动、激励与引领之下，才能实现持久而有效的提升、进步和发展。

这里的关键在于，我们必须正确认识文化之"小"与"大"的因果转换关系和效力递增功能。既不可囿于文化之"小"而却步不前，停止了对其的归纳、转换与升华，又不能舍弃文化之"小"而徒求空穴来风式的意念与品格、精神与理想、智能与心愫、情韵与魅力。而只能是以小求大，以大见小；以小放大，以大彰小；既把"小"做精，又把"大"做实；高度自觉地在由小与大相互转换所形成的合力中，开展全方位、深层次和高水平的文化建设。

在这个过程中，首先必须克服对文化的轻薄与藐视。绝不能把文化仅仅看做是跳跳唱唱、写写画画的小事情，更不能把对文化的理解和实行仅仅止于跳跳唱唱和写写画画。尽管跳跳唱唱、写写画画之类的事确属文化之列,但却远不是文化的全部和重要内容,更不是文化的主体形态与本质作用。毋庸讳言,那种以"跳跳唱唱、写写画画"概括文化的认识和做法,除了对文化的不理解,便是对文化的不重视。其次,更要高度自觉地跳出文化之"小"的圈子,切实以更宏阔的眼光、更宽广的胸怀、更科学的方法和更雄伟的气魄,不断地将文化之"小"推向文化之"大",真正在先进思想、崇高品格、硕大智能和强烈魅力的精神层面构建中华民族共有的精神家园和社会主义核心价值体系,以使文化在成为人民群众丰富而健康的精神滋养与生活韵律的同时,更成为时代精神的鲜明徽志和社会进步的强大动力。

从文化之小与大的关系中,我们得到的启示和感悟应该是多种多样的。一如,文化之小与大是辩证的、互济的、递进的。没有小,就形不成大;没有形,就产生不了意;没有知,就升华不成理。所以,在文化建设中我们绝不能因小而不为,更不能因小而俗为、虚为和乱为。又如,文化之小与大,只是一种旨在区别其形态与意态、知性与理性、价值与功能的相对而言,其间决无轻重之分和褒贬之意。它们各自在各自的位置上都是重要的和不可缺如的。故此,在文化建设中我们必须认真从小文化做起,切切实实地出好每一本书,拍好每一部电影,写好每一篇文章,办好每一场展览,唱好每一首歌曲,做好每一项课题,如此等等。因为只有把这些文化之"小"做实了、做好了,才可望形成文化的大气候,实现文化的大目标,产生文化的大效能。再如,在任何时候和任何情况下,都不能因为文化之小而报以轻薄和藐视,更不能将之鄙夷为"跳跳唱唱、写写画画"而率性弃置,使之虚化和俗化。须知,正是这诸多文化之小所产生的合力,在塑造着人们的心灵世界和构建着时代的精神大厦。

天下大事,莫不起于毫末,成于精砺,功在千秋,利在万庶。

文化的由小而大,不仅是一种由知性向理性的转化与升华,而且更是一种由形态向意态的变革与超越。尽管这个过程是看不见、摸不着的,但它却是实际的、强烈的、巨大的。社会主义核心价值体系和中华民族共有的精神家园,乃至每个人的灵魂和全社会的文明,就正是在这个过程中以这种方式而积累和建构起来的。所以,我们必须志存高远、目骛鸿太,要有一种高度的自觉、自省和自励精神,始终坚持以积极的态度和有效的方式促进文化之小向着文化之大的转化与提升,即通过具体的文化活动与文化建设,而将宏大的文化擘划和科学的文化战略落到实处,产生实效,从而一步一个脚印地走向建设文化强国的宏伟目标。

二

在现代社会,文化的地位和作用越来越重要。大力发展中国特色社会主义文化,积极发展壮大文化事业和文化产业,是我们所面临的重要任务。在这个过程中,我们必须坚持贴近实际、贴近生活、贴近群众,坚持社会效益和经济效益的有机统一,实现文明与创新的有效达臻。

文化建设同经济社会的发展进步紧密相连,同时又有其独特的内容和要求,有其自身的特点和规律。对于这一点,我们的认识已越来越深刻、越来越丰富了。坚持什么样的文化方向,推动建设什么样的文化,不仅是一个时代在思想上精神上的旗帜,而且更是一个社会如何走向繁荣与发展的方向。正是时代和社会的这种实际需求,才促使我们在前进的道路上一定要立足于改革开放和现代化建设的实践,着眼于世界文化发展的前沿,发扬民族文化的优秀传统,汲取世界各民族的长处,在内容和形式上积极创新,不断增强中国特色社会主义文化的吸引力和感召力。这就要求我们,既要从实现中华民族伟大复兴的高度深刻认识加强文化建设的战略意义,又要适应国内外形势发展的要求,在推进社会主义物质文明和政治文明建设的同时,更加自觉地推进社会主义精神文明建设。

在文化建设中,坚持"三贴近"和"双效益",是两个重要问题。前者是途径,后者是目的。文化建设只有努力做到"三贴近",才能真正实现"双效益"。文化是智慧的结晶、思想的火光、精神的花朵,它既源于实际、源于生活、源于群众,又以自身特殊的形式和功能作用于实际、作用于生活、作用于群众。实际、生活、群众,永远是文化的活力与魅力的源泉,也永远是文化的价值和意义的所在,文化一旦离开实际、离开生活、离开群众,就会像鱼儿离开水一样,失去维系其生命的环境和养料;就会像演员离开舞台和观众一样,失去其发挥价值的依托和基础。文化的"双效益",只能在"三贴近"中实现。无论获得社会效益还是获得经济效益,都有赖于文化产品能够真实而艺术地反映生活、表现生活,有赖于文化产品以自身的创造性、艺术性和感染力吸引、愉悦和征服受众,并给予受众以美感与激情、力量与信念。

文化的功能和价值、特点和规律,决定了文化建设必须把社会效益放在第一位。当然,在市场经济条件下,在当今更加开放的环境中,发展壮大文化事业和文化产业也有一个经济效益的问题。但必须看到,社会效益和经济效益并不是截然对立的,而是紧密联系在一起的。"三贴近"正是把二者紧密联系、有机统一起来的桥梁和纽带,生活的本质,就是人类的社会实践活动,就是人类认识世界和改造世界的艰辛而壮丽的历程,作为观念形态的文化,它来自实际、来自生活、来自群众,自然必须真诚而紧密地贴近实际、贴近生活、贴近群众。从孔子编定"诗"三百,强调诗歌的"兴观群怨",到梁启超断言"欲新一国之民必先新一国之小说";从鲁迅指出"创作是有社会性的",到郭沫若企盼并呼唤苦难的中国赶快来一次"凤凰涅槃",都从不同角度印证了文化与实际、与生活、与群众的内在联系。只有坚持"三贴近"的文化产品,才具有长久的生命力,才能产生良好的社会效益;只有具有良好社会效益的文化产品,才会获得受众的青睐,开拓广阔的市场,实现良好的经济效益。

"三近"和"双效益"是统一的、辩证的。"三贴近"是实现"双效益"的通行证,而"双效益"则是检验"三贴近"的试金石。因此,在指导思想上,我们必须坚持二者的有机统一;在具体实践中,我们定当实现二者的紧密结合。只有这样,才能积极而有效地推动文化事业和文化产业的全面提升与快速发展。

第 *3* 章
文化的吸引力与感召力

优秀的文化不论以什么形式出现,都总是具有吸引力和感召力的,而这种吸引力和感召力则主要源于文化的鲜明个性与本质特色。

一

经济、政治与文化是构成综合国力的三大基本要素,但它们在发挥自身的作用时,却有着各自的特殊实现方式。就文化而言,不论其表现的内容是什么,也不论其采用的形式是什么,要发挥作用就必须具有吸引力和感召力。而要具有吸引力和感召力,则又必须内容健康向上,形式新颖活泼,能够给人以美感、激情与力量。这是因为文化所作用的对象是人,是人的思想、心灵、情感,所以就首先必须让人愿意和乐于接受。

先进文化的作用,就在于它能够不断开拓和丰富人们的精神世界,增强和提升人们的精神力量。因此,我们必须把弘扬和培育民族精神作为文化建设极为重要的任务,使全体人民始终保持昂扬向上的精神状态。毫无疑问,这个任务是光荣的、崇高的、重要的。正因为文化具有升华思想、激扬精神、淳化道德、陶冶灵魂的特殊功能,而其功能的实现方式又总是以新的思想与美的形象为中介,多样化、个性化地反映时代的进步与社会的变革,表现多彩的生活与清纯的人性,彰显高尚的道德与丰赡的情愫,展现远大的理想与绮丽的憧憬。所以,要发挥文化的作用,就必须遵循文化的规律。文化消费的增长往往是与恩格尔系数的下降成正比的。人们对文化的需求,主要是一种对素质、道德、智慧和精神的需求,是走向文明的一个标志。

人们的文化需求对提高民族素质和激发创新精神至关重要,但同时又需要文化的接受主体具有高度的自觉性。而接受主体具有这种高度自觉性并在文化消费中得到审美激情与思想教益的前提条件,则是文化自身必须具有吸引力和感召力。这种吸引力和感召力越强烈、越巨大、越持久,文化的冲击力、震撼力和渗透力也就越强烈、越巨大、越持久。否则,无论文化创造者的主观愿望多么美好,最终都是无法达到预期效果的。在实际生活中,人们大都有这样的体验:常常有那么一些文化产品,由于缺乏吸引力和感召力而被人们拒绝接受,难以发挥其应有的作用。只有健康而积极的内容与新颖而独特的形式达到完美结合并由此产生强烈吸引力和巨大感召力的文化产品,才能在大众欣然接受的过程中起到传播先进思想和进行审美熏陶的积极作用。

具有吸引力和感召力的文化产品,不仅能让人愿意接受和乐于接受,而且能使人从中受到教育和激励,并在因文化感应而实现思想升华与心灵震撼的过程中得到启迪与提高。文化的吸引力和感召力,主要来自文化产品自身所蕴含的时代精神、思想内涵、道德情操与精神光彩,以及新鲜而美妙的方法、技巧与形式等。其中,最重要的是牢牢把握时代文化的先进性和前进方向,切实做到面向现代化、面向世界、面向未来,积极创造民族的、科学的、大众的,足以警世、醒世、传世的优秀文化产品,并赋予这些产品以纯情与激情、活力与魅力。只有这样,文化才能真正发挥其自身所特有的功能和优势,为建设物质文明、政治文明和精神文明,为增强综合国力和培育民族精神,发挥积极作用,作出巨大贡献。

二

任何社会都是经济、政治、文化的有机统一体。作为人类在社会历史发展过程中创造的精神财富,文化不仅具有不同于物质产品的特质,而且反映着不同国家和民族的风貌与品格。一种文化要生存和发展,要获得生机与活力,就离不开特定民族和时代的土壤,就不能没有特色和风格。在当代中国,要建设先进文化当然也需要凸显其特色,也就是人们通常所说的具有中国风格和中国气派。

世界是丰富多彩的,各国文明的多样性是人类社会的基本特征,也是人类文明发展的动力,而文化则是文明的集中体现。然而,文化自身又具有鲜明的民族性、阶级性和时代性。所以,坚持什么样的文化方向,推动建设什么样的文化,便显得极其重要。对于我们来说,建设和发展有中国特色的社会主义文化,就必须赋予

文化以鲜明的中国风格与中国气派。只有这样,我们的文化才能保持正确的方向,获取丰富的滋养,发挥积极的作用。这种文化是健康向上的,而不是庸俗颓废的;是丰富多彩的,而不是单调乏味的。它须臾不可脱离我们的民族、历史、时代和人民,必须始终着眼于满足人民群众的精神需求,深深植根于中华民族五千年的历史传统和人民群众无限生动的实践,为推动改革开放和现代化建设的伟大事业服务,为实现中华民族的伟大复兴服务。这是我们强调文化应当具有中国风格、中国气派的根本原因之所在。倘若背离了这样的性质和宗旨,文化不仅不能健康发展,而且必然会失去其存在的意义。

文化之具有中国风格与中国气派,也是其自身发展的需要。由于文化作为一定的经济、政治在观念形态上的反映,其既抽象又具体,既无形又有形,看似可有可无,其实极其重要。它往往表现为精神和意识、观念和理论,知识和素质、情操和品格,是精神风貌与精神内蕴、美学情趣与美学追求、价值尺度与价值取向的高度凝聚。正因为这样,民族性和时代性对于文化来说,就不是可有可无的。没有民族性和时代性的文化,肯定没有个性和特色;而没有个性和特色的文化,则肯定没有吸引力和感召力。文化的个性和特色是文化得以存在、发展的生命线,而文化的个性和特色的最大根基,就在于它的民族性和时代性。任何内容和形式的文化创造与文化产品,一旦离开了民族性和时代性的支撑,便会失去其魅力与定力。

文化的中国风格和中国气派从哪里来?它不会凭空产生,也不会自然形成,而是从历史和实践中生长而成的。要使我们的文化真正具有中国风格和中国气派,成为推动经济发展和社会进步的不可替代的强大力量,唯一的途径就是从中国的实际出发,继承优秀传统,激扬时代精神,贴近现实生活,大胆进行创新,积极从改革开放和现代化建设的实践中汲取养分,赋予其以鲜明的民族特征和时代精神,努力以丰富多彩的内容和生动活泼的形式为时代立丰碑,为人民诉真情,为生活唱赞歌。

当然,我们强调文化必须具有中国风格和中国气派,并不意味着对外来文化的拒绝和排斥。恰恰相反,我们深知广纳博采、有容乃大的道理,对于世界上一切民族和国家的优秀文化成果,我们都应当积极地加以学习和借鉴。但是,这种学习和借鉴并不是以外来文化取代或削弱我们的民族文化,而是为了使我们的民族文化得到更大更快更好的丰富和发展,尤其是要使其更具有鲜明的中国风格与中国气派。

第 4 章

城市文脉与文化旅游

在现代社会中，文化旅游越来越趋于繁盛，而作为文化旅游目的地的城市却都在所谓"现代化"进程中越来越趋于同质化，不仅城市的面貌几于雷同，而且城市的文脉与史迹都在快速断裂和消亡，从而使文化旅游不断地在失去文化依托中陷于窘迫。

一

城市的文化根脉，是城市的气质与魂魄之所在。它镶嵌在城市的街廛间，融贯在城市的韵律中，渗濡在城市的生活里，于不知不觉间无声无息地塑造着城市的形象，禀赋着城市的性格，抟铸着城市的灵魂，并在这个过程中营构和展示着每个城市所特有的人文气质与精神风貌。

这是一种历史的积淀，这是一种文化的浸润，这更是一种精神的凝聚与意态的升华。得之不易，失之难觅。我们必须悉心呵护，倍加珍爱，以敬畏和眷恋的情愫留住城市的文化根脉与历史记忆。

而今，在"现代化城市"建设中，到处都呈现出一派大拆大建的景象，立项、开发、打造之类词语已热得发烫，大批历史文物、文化遗存、名人故居，在被开发的名义下轰然消失。而与此同时，历史根脉却在断裂，文化遗存却在瓒弃，传统记忆却在衰减，人文精神却在销铄。大片大片水泥森林的接踵而起，不可逆转地倾轧和挤兑了城市的历史空间、文化空间与心灵空间，使人们的审美视阈越来越狭小，精神天地越来越逼仄。

这种精神文化之殇，乃是新建多少长街广厦也无法替代和补偿的。

人之所以能够超越动物群落而成为一个独立与独特的生命单元,就因为人具有文化背景,并因此而使人赋有了思想、智慧、道德、情操和丰赡而绚丽的精神生活。但由于文化既主要是以融会的形式而存在于生存空间与社会环境之中,又主要是用渗濡的方式而作用于人的心灵之廓与精神之域,所以环境对文化所具有的承载与传辐作用,便显得尤为重要。

文化何有?思想何在?精神何存?我们当然可以用书籍、用学校之类来指证。但对于最广大的人民群众和最普遍的日常生活而言,能够不间断和全覆盖地向其进行自觉而绵长的精神熏陶与文化渗濡的,则永远都是其具体而实际的生活空间和社会环境。橘生淮南则为橘,生于淮北则为枳,就是这个道理。雷州半岛和海南岛虽然都生长着成片的椰林,但一道并不算宽的琼州海峡,却使雷州半岛的椰林与海南岛的椰林在果实敛结上大不一样。何以然?唯为环境所影响、所造成。

自然界尚且如此,对于具有高度智慧能力和自觉意识的人类来说,当然就更是如此了。大诗人歌德在探究年仅20多岁便峥嵘于法国文坛的文学史家约翰·雅克·昂贝尔的成才原因时,就深有感触地说:"请您设想一下,巴黎这样一座城市:……世界上自然和艺术的各个领域里的精华都成天在那里供人公开观赏;还试想一想在这样一个世界首都里,每走过一座桥或一个广场,就令人回想起过去的伟大事件,甚至每一条街的拐角都与某一历史事件有联系……这样一想,您就会明白,像昂贝尔这样的人才,在这样充满着聪明智慧的环境里成长起来,24岁的年纪是能够有所作为的。"

昂贝尔确不失为环境造就人才的典范。但环境对于人的极其广泛而深刻的影响却远未止于此。它的作用是潜在的,却也是显赫的;是抽象的,却也是具体的;是细微的,却也是巨大的;是应时的,却也是恒久的。而环境之所以能够对人产生如此之影响的基本原因,则唯在于它所赋有的文化蕴涵。环境的文化蕴涵越丰富,它对人们的心灵、精神、智能、德操、气质、素养等的氤氲、渗濡、优化与提升,就自然会越有力和越有效。并因之而使国家人力资源的总体素质得以不断提升,现实社会生活的文明程度得以持续走高,人们的精神面貌和创造能力更得以高品位激扬与深层次开发,从而为实现跨越发展和科学发展营造出利好的环境、和谐的氛围和优渥的条件。

荀子说:"君子居必择乡,游必就士,所以防邪僻而近中正也。"为什么"择优"而居和选贤共处能够使人祛邪妄而向善正呢?原因就在于环境的濡染常常能够在不知不觉之中给人以巨大而深刻的影响,乃至足以驭动人的精神,铸冶人的灵魂,淬炼人的志向,塑造人的性格。特别是对正处于思想灌浆期和精神哺乳期的青少年来说,其影响则尤甚、尤显、尤深,完全可以在他们的心灵底板上投射下终生都难以褪去的浓重印迹。

此种情况,既非个例,又非异象,而是文化对人和社会发挥其固有作用和本质作用的惯例与常态,只是由于其形之遁与功之隐的缘故,才往往被人们所鲜见,所忽视。

这其实也正是文化之个性与特点的本能体现与自然呈露。但我们却决不能因为文化及其发挥作用之过程的非物化、非显化和非量化,而率然予以漠视与否认。

不可逆,是文化的基本特点;同质化,是文化的最大忌讳。而在利益驱使和政绩焦虑之下所进行的大拆大建与野蛮开发,则恰恰正是对文化这一基本特性的违逆和对文化这一最大忌讳的膨化。同质化已成为城市现代化过程中的败笔与痼疾,而大片水泥森林的崛起则是以无数文化遗存、历史街区、人文故地、名人旧居的黯然消失为代价。这不仅使中国所有的城市都越来越呈现出一副坯子,变成了一个模样,而且也注定要使由其所斫断的文脉和湮灭的文魂万劫不复、永失华颜。对于此,乃是无论开发多少新景区、打造多少伪文化、抟捏多少假古董,都无法弥补和不可替代的。

现代化城市的道路我们当然要走,城市的拆旧布新也不无不可。但究竟如何走,怎样拆?却迷津重重、惑点多多。其中最大的"迷"与"惑",就在于以"立项、开发、打造"之名而不断祭起的政绩焦虑症和商业利益链。

这,才是真正的祸之"源"与治之"本"。

二

旅游,是时代的新宠。文化,是旅游的灵魂。任何有质量、上档次、展风采、绽魅力的旅游,其在本质上都必然和必须涵赋人文要素,闪耀精神光彩,具有耐人观瞻和动人心旌的文化韵致。

因此,旅游一旦插上文化的翅膀,便自会奋翩而起、振羽而翔,呈现出旺盛的活力与强烈的魅力。像欧洲的佛罗伦萨、卢浮宫、萨尔茨堡、巴黎圣母院等,就都是。在国内,大理的蝴蝶泉、湖南的芙蓉镇、哈尔滨的太阳岛、河南的少林寺、山西的晋商大院等,不也都是借重于一首歌、一场剧或一部电影的炫荐而声名鹊起、人气骤旺的么!

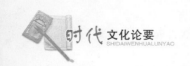
这是正常的现象,也是必然的结果。因为旅游本身就是一种通过观赏和体验而追求心情愉悦和精神升华的文化行为与文明之举。只有当观赏的对象和体验的过程具有精神之蕴、文化之韵与形质之美时,置身其中,才能真正达到旅游的目的并实现对旅游的心仪与期许。否则,仅把旅游局限在白天看庙,晚上睡觉;玩山戏水,不明就里;那就未免太浅层次,甚至太小儿科了。

然而,要发掘并赋予旅游胜地以人文精神与文化内涵,并将之准确而艺术地传达给旅游者,使其得以通过对形表的踏勘和观赏而达臻对内蕴的体悟与理解,却并不是一件容易的事。这需要管理者和从业者均具有相应的知识储备与文化修养。像敦煌、故宫、长城、云冈、平遥、丽江、五台山、武侯祠、都江堰、山海关、塔尔寺、龙门石窟、李家大院等顶级旅游胜地,就都有着很深厚的历史根脉与极丰赡的文化内蕴。如果仅从物象的表层看,那它们不过就是一些老城、老街、老房子、老洞窟而已。只有透过物象表层而察识其文化行藏与精神涵赋,才能领略其作为旅游胜地的真正价值与深邃意义。

因此,如何营构和解读旅游文化,就自然成为发展旅游产业和提升旅游质量的关键与旨要。而也正是在这个过程中,常常会频现误读和屡遭尴尬。一如某地赫然将日军侵华时所建造的专门用于关押和虐杀中国人的处所开辟为旅游景点,挂牌招揽游客,并声称这是利用旧资源,打造新产业。又如对于本属子虚乌有的西门庆其人,也居然有多个地方争相施宠,并拟耗费巨资开发所谓的"西门庆故里"和"王婆茶馆"。再如由于有一部电视剧名叫《乌龙山剿匪记》,于是湘西某一本无名头的山谷便兀然挂出了"乌龙山大峡谷"的牌子,就连电视剧主角申军谊在拍电视时住过一宿的招待所,也高悬起了"钻山豹旧居"的匾额。然而,电视剧的创作者水运宪却说:剧中的地名、故事和人物,全然是他在创作过程中按照"形象思维"逻辑所虚构出来的,真实的人名、地名根本不存在。

特别是自从美国大片《阿凡达》播映以来,张家界就借风扬沙,硬是将许多著名景点都差强人意地套入了这部电影的形名之中。不仅一度有拖着袋鼠尾巴的外星人和扇着绿色翅膀的怪鸟出没于景区,猛乍间令游客莫名惊诧,失之噤然,而且就连黄石寨那独秀其间的峭峰倩岩也竟然被更名为"哈利路亚"了。导游振振有词地讲解道:"哈利路"是希伯来语"赞美"之意,而"亚"则是耶和华的简称。所以,"哈利路亚"的完整意思,就是你们要赞美耶和华。

景区的这种因袭趋附式的更名,导游的这种无厘头的解说,不仅让中国游客如坠雾中、如鲠在喉,而且也使外国游客大跌眼镜、啼笑皆非。他们奇怪,不远万里来到中国旅游,自然是想要观赏中国风景、体验中国文化,却怎么会在这原本风景如画的三湘大地遭遇不伦不类的哈利路亚呢?早知如此,我们还不如去耶路撒冷呢!

但愿这种对文化的误读早日反正,尤企此类旅游中的尴尬不再发生。须知:旅游胜地的活力与魅力,永远都在于其真实自然的天赋神韵、纯正质朴的个性特色、鲜明强烈的历史脉动、丰厚深刻的人文内涵。

只有这,才是旅游的灵魂,也才是发展旅游的要件。

三

随着恩格尔系数的不断下降,文化消费越来越成为消费的炽点和支点。而在文化消费中,一种最普遍、最常见的现象,就是人们对旅游的钟情与眷顾。

据测算,2011 年我国居民以旅游为主体的消费规模大致在 28568 亿元,相当于 GDP 的 6.05%。特别惹眼的是,这一规模和数字还正在急遽膨胀和快速增长,以至于经济学家不得不把旅游核定为风头正劲、风光无限的朝阳产业。

有一种俏皮的说法,认为所谓的旅游,其实就是从自己待腻了的地方跑到别人待腻了的地方去走走、去看看。这话虽不无道理,但却并不全面,特别是没有揭示出旅游的本质和内涵。从现象上看,旅游确实是一种异地观光,但这种异地观光却绝非仅仅是为了图新鲜、赶时尚、猎猎奇、开开眼。在内蕴上,它其实是一种社会体验,是一种动态学习,是一种心志的历练和情韵的释怀,更是一个认知实现扩大与提升的过程和对社会对人生的个性化体察与流动式感悟。特别是在增长知识、升华心愫、陶冶性情和开阔视阈上,旅游尤具优势和魅力。所以,古人不仅把行万里路和读万卷书相提并论,而且俨然将二者视同完善人格和达臻进取的必由之路。先秦诸子如此,从司马迁到顾炎武的所有思想锋锐与精神巨擘亦如此。至于徐霞客、郦道元等人,那就更不待说了。

其实,对于普通人来说,这同样不失为一条走向丰赡与贤达的人生路径。而今,旅游不仅将这条人生路径拓宽了、延长了,而且更赋予了其以新的社会内涵和新的时代精神,并通过各种方式而使其越来越社会化、大众化、产业化、时尚化。

越是在这种情况下,我们就越需要发掘和发扬旅游的文化内涵与人文精神,在力促旅游回归文化、承载文化、凸显文化的同时,更应激扬旅游自身所潜在的文化元素与文明粹质,切实使旅游能够秉有促学、博识、明理、悟道的功能,让人们通过异地参观和切身体验而既享受闲适、愉悦心旌,又汲取知识、感悟人生;既丰富阅历、

开阔视野,又陶冶性情、旷达胸襟;既偎依山水、鉴证史迹,又升华思想、振奋精神。

而要做到这些,则必须在旅游中注入文化元素,使文化滋养和精神浸润越来越成为旅游的符志与灵魂。唯其如此,才笃定了越是文化资源丰富的地方,便越具有发展旅游产业的潜力和魅力;越能给人以智慧启迪和精神省悟的景点,便越能吸引人、感动人、丰富人和提升人。

这是自然的,也是必然的。其所质证的就正是一个潜在的法则,即文化与旅游之间的"形""神"之契与"灵""肉"之合。这同时也反证了一个事实,即旅游一旦散佚或背离了文化,便极易陷于庸俗和浅薄。而任何庸俗和浅薄,都会对旅游的发展形成阻滞与障碍。故此,中国向来就有"仁者乐山,智者乐水"的传统,古人更有寄情于春华秋月,奋志于山川形胜的夙愿与襟怀。人们不仅通过旅游而从丰富的历史文化遗存中吸取知识、感悟人生、开阔眼界、丰富阅历,而且即使是在纯乎对大自然的体验与欣赏中,也足以得到人格的淬炼与精神的升华,并收获"仁"与"智"的超常惠顾和"情"与"志"的额外增殖。因为环境造就人,氛围陶冶人,物象渲濡人。而在旅游过程中,不论观风物、览景致,抑或察史实、鉴胜迹,其在本质上就都是以富有典范意义的文化环境而对沉浸于其中的人们施以自觉而积极的心灵抚慰与精神洗礼,使之在视觉艳羡和志趣昂扬中得到欣悦、丰赡、充实与提升。

文化之所以是旅游之"芯",其意蕴正在于此。

然而,就现实情况而论,显然离这个"芯"还有相当大的距离。最突出的表现,就是旅游中文化元素的缺失和文化含量的稀释。在许多旅游城市和旅游景点,都存在着过度商业化和市廛化的现象,叫卖声和嘈杂声响成一片,难得让人体悟景致中的文化韵味和聆听古建中的历史回响。更有甚者,在一些地方,历史和自然的遗迹越来越少,而人工"打造"的伪景致、假古董却越来越多,由于利益和政绩的驱使而刻意"开发"的痕迹越来越重,这不仅会使人无缘识得经典景致的真实面目,而且还会受到假信息和伪史迹的污染与误导。特别是在一些热点地区,旅游俚俗化、娱乐化、嬉谑化的现象相当普遍,加上导游素质不高和主体要求不当,遂使整个旅游中的文化形质荡然无存,而所凸显的只是浅悖、媚俗与逐利。显然,这样的旅游,并不是旅游的主旨和本义,因为它未能给人们以欣悦与提升。而造成这种现象的主要原因,则在于旅游中文化的缺位与精神的歧化。

因此,只有找回文化的精魂,才是发展旅游的内在动力。这同时也是营造精神家园与构建社会文明的有效途径和有力抓手。

第 5 章

以读书方式切入文化对文明的构建

书是文化的重要载体与源流,而读书则既是汲取文化营养的主要方式,又是发挥文化功能的基本途径。在一定意义上,书,就是文化的外化形态与物化存续。所以,在很多时候,人们正是通过读书而使文化切入了对文明的构建。

读书,是阅世的妙诀,也是人生的乐事,因为"博览群籍经纶至,常诵诗书气自华"。书,既是人类智慧的凝聚,又是社会实践经验的总结。正因为如此,人们要纵观历史、洞察社会、开发智能、创造佳绩,就必须通过读书来实现。

——

历史的本质,永远都是文明在演化和发展中所留下的痕迹。对于中国来说,5000 年的文明史给我们留下了什么呢?除了书籍之外,可以说是别无他物。想想看,曾经不可一世的秦皇汉武还在吗?曾经气宇轩昂的阿房宫、大明宫还在吗?曾经风光无限的唐都长安、宋都汴梁还在吗?都不在了!这些由历代豪杰通过文治武功所创造出来的辉煌基业,统统都在岁月的消逝中无声无息地化作了雾霭与尘埃,而唯独作为记录人类生产经验、生活体认、智慧结晶和创造成果的书籍,却留下来了。

所谓 5000 年文明,实际上都是涵盖于这些得以传世的书籍之中的。书,就是历史的脚印和文明的结晶。从《诗经》《论语》《易经》《道德经》《庄子》《离骚》,到《春秋》《左传》《中庸》《大学》《尚书》,再到《史记》《汉书》《资治通鉴》《全唐诗》《宋词全编》《元杂剧合集》《红楼梦》《三国演义》《西游记》《水浒传》,直至《昭明文选》《古文观止》《永乐大典》《四库全书》等,这汗牛充栋的典籍,不仅承载了中华民族的

5000年文明,而且也为我们开启和铺设了创造灿烂未来的门户与路径。因为由这些书籍记录下来的经验和智慧所提供给我们的,既是打开历史之门的精神钥匙,又是开辟未来世界的思想斧钺。正如西方学者汤因比和托夫勒所说:"在近6000年的人类历史上,出现过26个文明形态,只有中国的文化体系有古有今,长期延续而未中断过。""哪里有文化,哪里早晚就会出现经济繁荣;而哪里出现经济繁荣,文化就更快地向哪里转移。"

书,便是历史的见证、文化的载体、智慧的结晶、道德的升华和创造力的源泉。正是在这个意义上,才铸就了读书对于一个民族、一个国家、一个时代、一个社会的高度紧迫性与极端重要性。这种对于民族、国家、时代和社会的紧迫性与重要性,最终还是要落实在属于这个民族、国家、时代和社会的每一个人的身上,特别是要通过每一个人的自觉读书、认真读书和有效读书来实现。因为人既是民族、国家、时代和社会的构成主体,同时又是生产力和创造力中最基本、最活跃、最具有自觉性和能动性的核心要素。只有这个国家的人民重视读书、热爱读书,并从读书中提升了德行,发掘了智慧,激发了创造力,这个国家才会在理论引导、精神支撑与智力驱动下,实现全面进步和科学发展。

因此,对于读书的喜与厌、多与少、好与坏、勤与懒,绝不仅仅是个人的私事,它所关涉的既是人民的学养与素质,又是国家的前途和命运。正因为这样,才有了"世界读书日"的出现。世界读书日的宗旨,就是提倡和鼓励全世界的人们都要多读书、读好书,源源不断地从书中汲取精神营养,吸收知识智慧,提升道德品格,激发创新能力。

二

在中国,迄今已有400多个城市举办过各种形式的读书活动。其中,发动最早、坚持最好、效果最佳的是深圳。这个城市曾被一些人认为是"文化沙漠",但自从2000年启动"读书月"活动以来,城市风貌便彻底发生了改变,从过去的"只知赚钱"变为现在的"又读书,又赚钱"。许多深圳人随身携带的两件"宝贝":除了银行卡,就是读书卡。他们发自内心地说:"我读书,我长进;我读书,我快乐!"在寸土寸金的深圳,居然能在黄金地段建起全球单体面积最大的书店和现代化的公共图书馆。过去是深圳人均收入全国第一,现在又加了一个"深圳人均购书量也位居全国榜首"。在深圳,每月用于购书超过100元的市民高达61%,而每天读书超过1

小时以上的市民则占到 75%。读书热潮在给深圳市民带来精神营养的同时，也为深圳的快速发展和文明发展注入了充沛的激情与活力。

但是总体来看，我国的读书状况并不令人乐观。民众的购书费，跟手机短信费基本持平，这是一个巨大的文化讽刺，嘲笑了中国人精神缺失的现状。据统计，在 2009 年，我国人均每天读书时长为 14.70 分钟，人均每天读报时长为 21.02 分钟，人均每天读杂志时长为 15.40 分钟，人均通过手机阅读的时长为 6.06 分钟。而实际上，真正用于读书的时间，是少之又少的。因此，2009 年 2 月 28 日，国务院总理在中国政府网与网友在线交流时，曾充满期待地说："我愿意看到人们……手里都拿上一本书，因为我一直认为，知识不仅给人力量，还给人安全、给人幸福。多读书吧，这就是我的希望。"温总理关于读书的希望，实际上也就是对民族和国家的希望。因为读书不仅可以启智、明德、弘绩、创优，而且尤其可以增强和提升人们的品位、风度和素质，使人眼界开阔、心胸豁达、见识广博、品格高尚。国家的强盛和事业的发达，有赖于全体人民的综合素质和创新能力的不断增强与提升，而全体人民综合素质和创新能力的不断增强与提升，又在很大程度上有赖于认真读书和有效读书。这便是自古以来人们就把读书看做是治世和做人的基本途径与根本方法的重要原因。高尔基说："读书，这个我们习以为常的过程，实际上是人的心灵和上下古今一切民族的伟大智慧相结合的过程。"培根认为，"读书足以怡情，足以博采，足以长才。"孟德斯鸠从自己的切身体会出发，所得出的结论则是："喜欢读书，就等于把生活中寂寞的辰光换成巨大的精神享受的时刻。"北宋黄庭坚更有关于读书的惊人之语："三日不读书，便觉语言无味，面目可憎。"至于清人萧抡谓，则把读书视为广聚智慧力量和激溅思想火花的最佳选择，他说："一日不读书，胸臆无佳想；一月不读书，耳目失清爽。"所有这些关于读书的体会和感悟，实际上都是对人生和事业走向辉煌与成功的体会和总结，其中无不闪耀着真理的光辉，也无不凝结着实践的经验。

实际上，古往今来，又有哪一个卓有建树的成功者，不是在始终都坚持孜孜矻矻、刻苦读书的呢？马克思主义经典作家，就无一不是读书的先导和模范，更无一不是多读书、读好书、活读书的楷模与样板。毛泽东说："我一生最大的爱好是读书，饭可以一日不吃，觉可以一日不睡，书不可一日不读。"事实正是如此，毛泽东终生以书为伴，苦读不辍，甚至就连骑马、如厕、卧床，也手不释卷。其实，不仅历代文人皓首穷经、嗜书如命，历代驰骋疆场的武将帝胄也同样以读书为政、为雅、为乐，像刘邦、刘恒、刘彻、曹操、曹丕、李世民、赵匡胤、朱元璋、康熙、乾隆等，均是读

书成癖,吟诵成习,并屡有诗词文章称著于世。就连一生都在马背上援弓悬剑、打拼江山的北魏开国皇帝拓跋珪,也不无郑重地叩问群臣:"天下何物最益人智?"答曰:"其惟书乎!"于是,拓跋珪下令,求书于天下,读书于马上。

三

当历史进入现代社会,特别是在历史面对现实和走向未来的当今,读书对于每一个国家和每一个人来说,就更显得尤为迫切和重要了。因为我们所处的既是一个知识爆炸的时代,又是一个创新争锋的时代。在这个时代中,不但知识更新的速度极快,而且创新和发展对知识的依赖与需求也十分旺盛和急切。一个人如果没有充足的知识储备和全面的素质,那将会在现代社会中寸步难行,更遑论什么创业、创绩、创新和创优了。因为在知识经济时代,社会的前进和发展,人们的生产与生活,当然都要以知识为先、为重、为枢、为要了。

现在,我们所面临的实际问题:一是购书量少,读书时间短;二是碎片化、快餐化和功利化的阅读越来越突出;三是聊天、社交、炒股、玩乐越来越成为读书的内容和追求。如此这般,如何了得!如果对读书要么弃置一旁;要么浮光掠影;要么仅为逗乐玩耍、开心一笑;要么汲汲于"经世致用",那就会造成一个极大的悖论。这个悖论,足以使读书的本义和本能发生稀释、扭曲与变态。

回来吧!赶快回到读书的本义和正途上来吧!我们必须对时代有所担当,对国家有所回馈,对民族有所贡献,而这一切都需要我们首先从认真读书和有效读书做起。所谓认真读书和有效读书,就是要在多读、精读、深读、实读的基础上,切实做到以书开智、以书弘德、以书激志、以书养心,正像卡耐基在其座右铭中所写的那样:"人活着不只需要面包。我亲眼看见有些百万富翁因缺乏人文精神的滋养而面临人性的饥饿;相反,有些穷人却在精神上十分富有,远非百万富翁所及——是一个人的精神令他的身体富有。"精神的富有和头脑的睿智、道德的高尚和心态的从容、胸怀的博大和志趣的昂奋、知识的丰赡和人格的完美——这,便是读书所赋予我们的恩赐和回报。这,同时也是我们走向文明和实现发展的阶梯与路径。

第 *6* 章
文化乃艺术创造的生命契机

　　任何艺术创造,都是文化内蕴力量的具体实现,并因此而使文化天然地成为一切艺术创造的生命契机。

　　艺术的生命契机,唯在于从不断的文化创新中实现不断的文化新突破与新发展。

　　列夫·托尔斯泰在分析读者对艺术作品的鉴赏心理的要求时, 曾经说过这样的话:"实际上,当我们阅读或者思考一个新作家的一部艺术作品的时候,在我们心里产生的一个主要问题经常是这样的:'喂,你是什么样的人呀? 你在哪一点上跟所有我认识的人有所区别? 关于应当怎样看待我们的生活这一点,你能够给我说出什么新鲜的东西来呢? '……如果这是一位已经熟知的老作家,那么,问题就不在于你是什么样的人,而是:'喂,你还能够对我说出什么新鲜的东西来呢? 你现在是从哪一方面向我阐明生活的呢? '"

　　在这里,老托尔斯泰所提出的问题,实际上是一个艺术创作中的重大课题。由于长期而丰富的创作生涯为老托尔斯泰提供了充分的事实根据,所以他对读者鉴赏心理之要求的分析,是敏感而准确的。读者在鉴赏心理上的要求,实际上也就是艺术家在创作中的艺术追求。只有当这种"要求"和这种"追求"高度和谐地统一于由"创新"二字所凝成的艺术晶体时,艺术家的劳动才会是有意义的,其作品也才能于读者有益、有识、有审美价值。这就要求,任何一个艺术家在进行创作的时候,在把一部作品交付社会,行将变成大家共有的精神财富的时候,都必须扪心自问:我究竟要传达给人们一些什么样的新东西呢?我们的创作是不是属于真正的艺术创造呢?

一

是的,艺术创作贵乎创新。在创作上因循守旧、封闭自恃、"炒冷饭"和"走老路",是永远不会赢得读者和有益于社会的。所以,老托尔斯泰指出:"艺术作品只有当它把新的感情带到人类日常生活中去时才能算是真正的艺术作品。"左拉在《论小说》中也专门针对小说创作中常见的弊端而发过深深的感慨,他说:"我认识一些小说家,他们写得干净利落……他们的不幸在于没有个性表现,这便足以使他们永远落于平庸。他们白费力气写了卷帙浩繁的作品,他们写得非常流利、光滑,使人不会获得任何强烈的印象……他们虽然没有剽窃,但却没有创造的脑袋……没有任何东西可以代替真实感和个性表现。如果作家缺少了这两种物质,那么与其写小说还不如去卖蜡烛。"这话虽然说得有些尖刻,但却很剀切,是真谛。一个艺术家在其创作道路上有没有创新精神? 能不能写出具有独特性的作品? 确实是决定他和他的作品的艺术生命力的契机所在,谓予不信,且看这样一些事实:

清代乾隆皇帝所写的《乾隆御制诗》共 5 集,454 卷,竟有 42640 首之多,几乎与《全唐诗》所收的诗歌总数差不多。然而《全唐诗》却是唐朝289 年间 2200 余诗人所创作的诗歌总集呀! 大诗人李白和杜甫的诗加在一起,在《全唐诗》中也不过3000 首;白居易是唐朝写诗最多的人了,收入《全唐诗》中的也只有 2000 多首。由此足见,从作诗的数量上说,在中国古代写诗的人当中,乾隆皇帝乃是无疑堪当冠军的了。可是却从来没有人称他为诗人,文学史上也从来没有他的一席之地。同是清代的一个女作家,名叫李桂玉,曾写过一部长达 360 卷,合 500 万字的弹词《榴花梦》,从篇幅看,工程够浩大的了,简直要比印度最长的史诗《摩诃婆罗多》(又译《马哈帕拉达》)还要长。可是竟然至今仍旧一次都未有刊印过,任其湮没于民间,只有"好事者"的手抄本存世。当然,也从来没有什么人称李桂玉为艺术家或词人。与此相反,唐代的金昌绪,终生留下来的诗只有一首,共 20 个字,叫《春怨》:"打起黄莺儿,莫教枝上啼,啼时惊妾梦,不得到辽西。"千百年来却在文学史上放射着熠熠光彩,几乎各种唐诗的选本都选了它,金昌绪也因之而跻身诗人之林。类似这样的例子,当然还可以举出好多。

这究竟是为什么呢? 道理很简单:前者写得虽多,而流于因袭;后者写得虽少,却锐意创新。因为只有独创的东西,才新颖卓拔,感人至深,具有鲜活而永恒的生命力。反之,陈陈相因,重蹈窠臼写出来的东西,即使艳词珠联,浑然无痕,终究也只能像纸扎的花、蜡制的鱼一样，徒具其"形"而唯无其"神"，令人吟之乏味，望而生厌。

诗如是，其他形式的艺术创作亦然。姜白石说："人所易言，我寡言之；人所难言，我易言之。"薛雪也说："……余则不然，稿成读之，觉似古人，即焚去。"李笠翁在论及戏剧创作时，更是把独特的创造奉为艺术的上乘，他说："若人人如是，事事皆然，则彼未演出而我先知之，忧者不觉其可忧，苦者不觉其为苦，即能令人发笑，亦笑其雷同他剧，不出范围，非有新奇莫测之可喜也。扫除恶习，拔去眼钉，亦为人造福之一事耳。"李笠翁把一出戏尚未演出或刚刚演了个开头，人们便可推知下文如何如何的现象，不仅斥为"恶习"，而且视为"眼钉"，必须"扫除""拔去"，才能为读者和观众造福。基于这个认识，他在《意取尖新》篇中进一步提出"自有尖新之文，文有尖新之句，句有尖新之字，则列之案头，不观则已，观则欲罢不能；奏之场上，不听则已，听则求归不得"。所谓"尖新"，就是冒尖的新，就是特别的新，就是苦心孤诣、卓尔不群的新，就是言人之所未言、至人之所未至的新。只有这样，才能使人"观则欲罢不能"，"听则求归不得"，产生强烈的艺术感染力。

在这里，"尖新"二字虽然寥落寻常，但它却从内涵意义上揭示了一条艺术规律、一个创作真谛，即：艺术贵在创造。艺术作品的感染力和生命力的源头之一，就在于彻底脱套，努力创新。

那么，怎样才能创造出"尖新"的作品来呢？这就要求艺术家们在创作实践中不断地探求新的语言、新的形象和新的表现形式，恰当而巧妙地表达他们自己对生活的新的发现、体会、理解和评论。要真正做到这一点，艺术家就必须打开慧眼的窗子，伸出心灵的触角，探索世界的奥秘，开掘生活的底蕴；就必须阐发人生的哲理，升华生活的诗意，捕捉闪光的"浪花"，觅取绚丽的"贝壳"；就必须勇敢地、不懈地在生活的海洋里探寻和积累，在艺术的蹊径上开拓和攀登；就必须切忌雪地追踪、亦步亦趋，尤讳鹦鹉学舌、人云亦云。在任何时候、任何情况下，都不嚼别人嚼过的馍，都不走别人走过的路。

这是一条艺术创作的特殊规律，同时也是长期以来许多艺术家在创作上获得成功的"妙谛"所在。唐朝著名诗人白居易、李贺，在诗坛崭露头角时，就是以其"野火烧不尽，春风吹又生""黑云压城城欲摧，甲光向日金鳞开"这样如出水芙蓉一般新鲜、峭拔的诗句，使人们为之惊叹和倾倒的。美国诗人惠特曼第一次创造了诗的自由体的形式，这在当时真是一件破天荒的大事，以至《草叶集》自费出版后，竟有人在大街上斥骂作者是"狂人"，叫嚷要把诗人送进疯人院用鞭子去对付。可是，在

诗歌形式上的大胆创造,终于使惠特曼和他的《草叶集》在时间和实践的严峻考验中,获得了永不凋谢的艺术生命力。徐悲鸿的"马"之所以画得好,就因为他有创造性。开初,他因袭丹青画法,囿于"形似",画面显得拮据而机械。后来,他赴法留学,又耽溺于西洋画技,滞于"神似",画面显得涣散而飘离。在这个基础上,徐悲鸿决心摒弃因袭之弊,大开创新之路,遂取二者之长融于笔端,每每作画,力求将工笔与写意结合起来,遂使他的笔下"马"或立或奔于"似与不似之间",完全创造了一种属于他自己的现代中国画的新语言。梅兰芳幼年学戏,姑母曾说他"貌不惊人,语不压众",言其学戏很难出脱。但是,事实是梅兰芳不但出脱了,而且出脱得很新、很高,这原因就在于:他既用心学习了父亲的全部"戏艺",但又不被父亲的戏艺所束缚、所羁縻,而是不断探索,努力创造,"百尺竿头,更进一步",终于跳出旧辙,突破藩篱,跃入了一个纯粹属于他自己的、空前娴熟与醇美的艺术境界。美国有一个著名电影导演,名叫西席·地米尔。他在导演一部电影时,为了增加密探爬过帷幕时的神秘气氛,便只照亮这个密探的半边脸,另外半边脸让它黑着;这在当时,实在是电影导演艺术上的一个大胆创造,地米尔自己认为其艺术效果极佳,甚著。可是发行公司的经理却不无吃惊地向他责问道:"你疯了吗?难道你以为一部影片只拍出了半个人还能卖全价?"就这样,影片被发行公司拒绝了。地米尔无奈,索性假一位大艺术家之手写信吓唬经理,说此举是利用伦勃朗的明暗对照法进行拍摄的,云云。后来,当影片刚一公映,便立即得了广大观众的热烈喝彩,人们深为其大胆的创新所倾倒。

这些名家的艺术创作实践,十分生动而真切地向我们表达了这样一个真理:艺术家在其创作过程中,一定要像打仗一样——战术上,有古人、有外国、有名家、有老师;战略上无古人、无外国、无名家、无老师。这就是说,既要虚心、认真地学习古人、外国、名家、老师的好东西和好经验,又要跳出古人、外国、名家、老师的艺术成就和创作经验,而锐意潜心、不拘一格地进行自己的独特创造。只有通过艺术的蹊径创造出"尖新"的作品,才能给人以美感、启迪和教益;只有内容的充实、思想的刚健和艺术表现方法、表现形式的新颖美奂的天然融合与高度统一,才是艺术创造的目的和佳境。

任何真正的艺术,其生命的契机都在于创新——创时代之新、创民族之新、创社会之新!

二

真正的艺术创作,乃是必须具有生命的活力与魅力的。获得这种活力与魅力的契机何在? 就在于创作主体所进行的具有卓拔见解和富于艺术个性的独立创造,即独创性。

独创性对于艺术家和艺术品来说,乃是无异于生命的筋腱和魂魄的。有了它,艺术家的创造活动便如鱼得水、似鸟翔天,充满了活性与力度,其作品也每每情盎意沛、呈佳臻盛,显示出巨大的生命爆发力。否则,便如枯藤老树、干河涸溪,是一点儿活气也不会有的。因此,鲁迅在论及艺术创作时就非常明确地告诉人们:"依傍和模仿,决不能产生真艺术。"①他还说:"文化的改革如长江大河的流行,无法遏止,假使能够遏止,那就成为死水,纵不干涸,也必腐败的。"②

质言之,艺术创作是要通过文化感应而最终实现广泛的社会效应并引发人们的心灵震动的。那么,艺术作品何以才能打动人的心灵? 何以才能萦系人的感情? 并在这个基础上产生广泛的、强烈的、积极的社会效应? 其中最直接、最关键的一个环节,就在于创作主体必须立足于独创,真正地实现独创,使作品呈现出独特的创造性,呈现出全新的思想风貌和艺术风格。举凡艺术创造,总是寓意于艺、寓情于形、寓教于乐的,如果艺不新、形不美、乐不生,那又何以能谈得上什么创意、融情、施教呢? 人们在艺术欣赏中,所追求和所冀望的目的只有一个,就是求新颖、求美奂、求独特、求个性。艺术作品只有在具备了这样的基本条件之后,才有能力、有可能为欣赏者创造并提供过程和机遇、欲望与机缘,否则,陈词陋形,觑则生厌,孰愿睹之!

所以,不管一个艺术家的创作愿望如何,而要实现这种愿望,就首先必须使自己的作品达到"新""美""真",使自己的作品具有无与伦比的独创性,使自己的作品属于自己的个性化的艺术创造。

在艺术创造过程中,只要是独创性的,就必然是一次性的。无论创作主体易人与否,这"一次性"都是绝对需要的。所以,既要独创,就不能模仿。再新再美的东西,对首创者来说,是独创;而对模仿者来说,便属于因袭了。唐代传奇中始以"沉

---

① 鲁迅:《且介亭杂文末编·记苏联版画展览会》,《鲁迅全集》第 6 卷第 391 页。

② 鲁迅:《且介亭杂文二集·从"别"字说开去》,《鲁迅全集》第 6 卷第 224 页。

鱼落雁""闭月羞花"写美人之美情与美态,无疑是一种创造,也确实独特新颖,出语不凡。但一当后人对之屡加效法,便不仅失去了新意,而且简直让人感到是陈词滥调了。其他如宋玉写"东家之子"的美丽时云:"增之一分则太长,减之一分则太短,著粉则太白,施朱则太赤。"《陌上桑》中写秦罗敷时云:"行者见罗敷,下担捋髭须;少年见罗敷,脱帽著帩头;耕者忘其犁,锄者忘其锄。来归相怨怒,但坐观罗敷。"本来都是很有独创性的名篇佳作,但后起的效法者一多,便一下子变了味道。基于此,在艺术创造中,人们把独创者称作"天才",把模仿者称作"奴才",把因袭者称作"蠢材",虽然用语有些尖刻,但也确实不无道理。

真正具有独创性的艺术品,其生命力是永远不会衰竭的,也不会因为"逝者如斯"而褪去光彩。屠格涅夫的《木木》,惠特曼的《草叶集》,鲁迅的《狂人日记》,泰戈尔的《飞鸟集》,马雅可夫斯基的《列宁》《好!》,以及当代诗人中艾青、贺敬之、郭小川、闻捷等的诗歌创作,就都因其所秉具的独创性而已经和必将永驻史册,成为艺术创造的典范之作。木木,是一个哑巴,一篇小说选择一个不会说话的哑巴做主人翁,那该是一个多么难做的题目啊!狂人,是一个神志不清、思绪混乱的人,一篇小说安排这样一个人物做主角,那又该是怎样的艺术效果啊!其结果,正像我们所知道的那样,它们都是奇特而独诣的艺术创造,它们也都产生了巨大的艺术效果和强烈的社会效应。这是一般的创作者所绝对不敢想象,绝对无能为之的。这就是独创性。

其实,真正成功的艺术家们,又有哪个不是这样呢?

《柳堡的故事》是人们早已熟悉的一部电影。人们之所以对这部电影耳熟能详,在很大程度上是因电影中的插曲所起的特殊作用。是啊,"九九那个艳阳天来哟,十八岁的哥哥呀坐在河边……"有谁不知道呢,又有谁不会哼唱呢?大家都觉得这歌儿情韵悠长、意味深隽,是首好歌。之所以"好",也就是说它是具有独创性的。事实也确乎如此。作曲家高如星曾说,他创作这首歌曲时,先是摹"西曲"作谱,谱成听之,太"洋";后又到故事的发生地深入生活,熟悉了当地的土俗民情、乡音乡调,便循土曲而作谱,谱成听之,太俗。最后只好大破音乐上的清规戒律,弃"洋"去"土",独辟蹊径,完全走自己的路,才使曲子雅而不洋,朴而不俗,完全创出了新境界、新语言、新韵律!

梅兰芳幼年学戏,在学完学通父亲的戏艺之后,他既不满足,又不自固,而是在此基础上努力创造自己的戏剧语言、戏剧程式和戏剧美学,进而跃入空间醇美的艺术境界。这种法师而破师、承前不囿前的精神,其实正是艺术创造的一个法则、一条规律。盖叫天、周信芳、齐白石、张大千等，也都是这样的。关于这一点，唐代阎立本学画的"三步曲"，便是一个典型的例证。阎立本学画第一天，临摹原画而不像原画；学画第二天，临摹原画酷肖原画；学画第三天，临摹原画而又不像原画。这第三步"又不像原画"，才是进入艺术创造境界的开始，才是走上了属于自己的艺术创造之路。

当然，在作品产量的多少与作品是否具有独创性之间并没有什么比例关系，二者也不是冲突的、矛盾的。对于产量虽多而缺乏独创性的作者来说，我们期望其宁可作品少一点也要赋予作品以个性和创造性。但对于产量高独创性又强的作者来说，我们则只能说多多益善了。像莎士比亚、普希金、列夫·托尔斯泰，像鲁迅、郭沫若、曹禺，像老舍、马健翎、陈白尘，像徐悲鸿、张大千、刘海粟，像梅兰芳、盖叫天、周信芳等，就是作品既多独创性又强的典范。

这，才是艺术创造的巨匠、大擘；这，也才是艺术创造的高峰、佳境！

九、时代创意之文化驱动

——论文化与文艺

第 *1* 章
对文艺创作的文化观照

　　作为文化的一个主要分支与主体类别，文艺创作不仅最能体现文化风貌和发挥文化功能，而且也时时受到文化的熠映与观照。

一

　　一切文化创造与艺术创作，在本质意义上都应当是对美的探寻和发现，都应当成为对生活与时代、历史与现实、人性与世态的形象化的艺术记录，都应当赋有一种无以旁代的美学价值与社会价值，并因此而成为历史发展和社会进步的不可或缺的驱动力量。

　　正是在这个意义上，当我们审视文化创造与艺术创作的现实历程与实践表现时，我们便不能不一则以喜，一则以忧。因为在我们繁荣、旺相的文化艺术景观中，缺乏美感与质感、支点与亮点、思想与理想、张力与魅力的作品，也参差其中，形成了明显的不和谐与夹生态，这是应当引起足够重视的，特别是要在创作实践中予以艺术化的克服。

　　文化创造和艺术创作是一个广阔的天地，属于它的题材、形式、方法与风格等，是十分丰富、十分具有挑战性和创新空间的，创作主体完全可以自由选择，纵横驰骋，充分施展自己的创作才能和发挥自己的艺术个性。但是，也恰恰是在这个过程中，无时不在对创作主体实施着残酷的选拔和严峻的考验。如何审视生活和把握时代，如何选择题材和驾驭题材，如何提炼主题和塑造人物，如何设置场景和展绽情节，如何描述事态和呈露情态，如何布饰环境和披沥心境？这一切，看似可以任由创作主体恣肆挥毫，实际上却是有着铁定的规律和严格的限制的。创作者

虽有广阔的选择空间和无限的创造余地,但绝不能超出美与丑的临界点。一旦超出这个临界点,文化创造和艺术创作的性质就变了,就有可能由创造美和审视美变为暴露丑和欣赏丑,就会出现悖论。

这种情况,在我们的文化创造和艺术创作中并不鲜见,其主要表现就是作品浅薄而平庸,呈现出一派灰色的调子和凋敝的景象,没有思想,没有理想,没有情愫,没有美感。只有琐屑的描绘和卑微的感情,窳陋的画面和颓败的场景,阴私的心境和膨胀的物欲,奢靡的生活和贪婪的攫取。这一类作品,也许形式很机巧,也许辞藻很华丽,也许打着"前卫"的旗号,也许挂着"新锐"的标签,但终究仍是花衫衫苫不住丑丫丫,无法激扬出美学的活力与艺术的魅力,更难以焕跃出生活的亮色与时代的姿彩。像一个时期以来所流行的"零度写作""另类写作""私语化写作""红粉文学""妓女文学""下半身文学"等,其中就有不少作品是缺乏思想力量和审美理想、违拗生活法则与艺术规律、有悖伦理道德和社会文明的。

这样的作品,究竟具有什么样的价值和功能,它又能给读者和社会带来什么样的感应和影响呢? 确乎是一个颇值得认真勘察和深入思考的问题。

有一种观点认为,市场化的生活决定了无英雄的时代,而无英雄的时代则决定了非史诗的文学。既然如此,表现芸芸众生,描绘凡人琐事,展示腐庸伪劣,暴露黑黄丑怪,就应当成为文化创造与艺术创作的内容和对象。只有这样,文化才能适应市场的需要,也才称得上是文化的市场化动作。为什么?因为有读者,有观众,而只有拥有了广大的读者和观众,才会有同样广大的市场并带来相应的利润和效益。市场经济讲的不就是价值规律、交换法则和主体利益最大化么?

显然,这种观点是站不住脚的,甚至是荒诞不经的。它用形式逻辑的推导代替了客观事物的内在特征和本质真实,所以便得出了与事实不符的甚至是完全背离事实的结论。首先,文化产品虽然具有商品的属性,但它同时更具有精神的性质,而且其商品属性是由其精神性质所设计和规定的, 是精神性质的派生物和附载物。一切真正意义上的文化产品的价值构成和价值定位,都首先和始终取决于它的精神价值和思想内涵。对于我们来说,就是只有涵载先进文化内容的文化产品,才是有价值和有意义的,也才能真正赋予其作为"物"的部分以价值和意义。电影《周恩来》《生死抉择》《辛亥革命》,都创造了同期最高票房价值,并不是因为拷贝和创造拷贝的技术与工料本身,而主要是因为影片所涵载的具有积极社会意义和巨大精神力量的思想内容。这是显而易见的道理和事实。其次,我们的当代生活并非是无英雄的时代,而恰恰相反,真正是一个英雄辈出、奇迹迭现、壮举频频、伟业煌煌的时代。经济快速发展,社会持续进步,改革开放不断深化和扩大,综合国力大大提高和加强。这个举世公认的事实难道是西北风吹出来的吗?不是,是人干出来的。那么,在干出如此惊天动地煌绩伟业的人们当中,难道会没有英雄吗?难道会只是一群猥琐平庸的芸芸众生吗?事实显然不是这样。关键在于创作主体具不具有发现英雄的眼光和讴歌英雄的热情,而绝不是我们的时代没有英雄。再次,在任何时候,任何形式和内容的文化创造与艺术创作,都必须采取个性化的方式和典型化的方法,对生活和时代加以准确的把握,并在这个基础上进行具有全局性和前瞻性的艺术概括,以赋有活力与魅力的、能够形象化地反映生活本质与宣示时代趋势的优秀作品感染读者,启悟观众,引导人们在审美过程中获得对生活的激情与信念,积极地创造现实和坚定地走向未来,而绝不是也绝不能以迎合和屈从于少数人的低级趣味为代价,而换取一时的和不正当的经济效益。像以披露隐私和渲染艳情为能事的《乌鸦》《漂泊女人》《新加坡情人》《水中的处女》等作品,像一些以反腐败之名而行展览腐败之实的作品,所具有的性质和所起的作用,就是这样的。应当说,对于本来意义上的文化创造和艺术创作而言,这无疑是一种悖论。因为文化创造与艺术创作的旨向和追求,从来就是营构文明和激扬美奂,从来就是纯化社会和锻冶精神,从来就是提升思想和坚定信念。

文化和艺术只有以美的形态和质态切入社会,切入时代,切入人生,并能以"润物细无声"的方式源源不断地给予社会、时代和人生以力量、智慧、文明与美,才能在确证自身价值的同时也赢得人们的亲和与钟爱。否则,它便只能被放逐于寂寞的荒原。而文化创造和艺术创作既要赢得人们的亲和与钟爱,就不能仅仅止于自然主义地摹写生活和罗列事实,更不能一味消极地晾露丑庸和展览腐朽,而是必须赋有生活的激情与理想,必须能够给予人们信念和力量,必须能够使人在艺术的欣悦和美的享受中得到激励和鼓舞。

二

在文化创造和艺术创作中,排斥思想,放逐理想,散佚文明,淡化社会性与时代感的倾向,的确不是一种好兆头,它所造成的负面影响是不可低估的,也已深为大众所诟病。在这方面,对罗兰·巴特、海德格尔、巴赫金和本雅明等人的理论的引进与崇尚,无疑更加助长了不良倾向的滋延与潮涨。这是我们应当引以为戒的。

诚然,文化、文学和艺术应当是开放的、丰富的、多样的,作家、艺术家们的创

作应当是自由的、恣肆的和个性化的。也正因为这样，创作者们在创作实践中才应更加严格和更加谨慎。因为广阔而自由的创作空间既给你提供了坦途，也给你提供了歧路，关键在于你选择什么，欣赏什么，依恋什么，追求什么？这才是问题的要害。在你面前，郁金香和罂粟花同样灼艳可人，同样具有召唤性和诱惑力，你采摘什么呢？这不啻是一种考验。当然，能够胜出于这种考验者，必当具有敏锐的眼光、卓越的才智和极强的辨识力，而获致这种非凡的眼光、才智与辨识力的条件与基础，则是其水平、品格、责任心和使命感的高淳与强烈，尤其是其对人民的挚爱，对时代的切入和对先进文化的认同与归依。

其实，赋予文化创造和艺术创作以富于美学意义和时代精神的思想与理想、质感与美感、张力与魅力，并不是对文化创造与艺术创作的额外苛求，而完全是本来意义上的文化创造与艺术创作的题中之义。只是由于这一"题中之义"在创作实践中被一种不正常的倾向所掩盖，所佚散，所泯灭，才不得不对其施以格外的救正与强调，并从理论与实践相结合的层次上予以阐发和建构。

马克思指出："五官感觉的形成是以往全部世界史的产物。囿于粗陋的实际需要的感觉只具有有限的意义。"这就是说，文化产品和艺术作品的价值和作用，并不只局限于仅仅满足一些人的卑陋的实际需要的感觉，而主要还在于积极引导和提升他们的精神境界、思想感情、道德情操和审美趣味，使之实现升华和飞跃，不断地跻于更高的层次。世界就是这样发展起来的，人就是这样发展起来的。如果我们的文化产品和艺术作品仅仅只限于满足和适应一些人的粗陋的实际需要，那么，世界和人自身在一定意义上将会停止发展，至少会造成思想、道德、精神、趣味方面的凝固，乃至沦落。这或许是创作者们所始料未及或不愿看到的，但却是事实。在社会生活中，我们并非没有这样的感觉和体验。因此，马克思说："一方面为了使人之感觉变成人的感觉，而另一方面为了创造与人的本质和自然本质的全部丰富性相适应的人的感觉。无论从理论方面来说还是从实践方面来说，人的本质的对象化都是必要的。"

我们强调要为文化创造和艺术创作灌注饱满的思想与执著的理想，使其得以反映生活和时代的本质，具有尽可能大的思想张力与尽可能多的艺术魅力，正是基于这一原因的。因为马克思所诉诸我们的，是一个屡经实践检验的真理。为了恪守这个真理并使之在我们的文化创造与艺术创作实践中焕发活力和产生效力，我们就必须对海德格尔、巴赫金、本雅明和罗兰·巴特的理论说"不"。因为海德格尔不仅将诗与现实相割离，而且将诗视为梦幻，视为纯粹的词语游戏。巴赫金不仅将文学与他所谓的"官方文化"相对立,而且断言文学的魅力来自与生活主潮和时代精神的"游离"和对之的叛逆与颠覆。本雅明则更为直率,干脆将文化创造者比喻为"拾垃圾者"。至于罗兰·巴特的零度写作理论,更是完全将文化创造与艺术创作拉入创作主体毫不动情、毫不介入的直陈式与新闻式写作的陷阱。显然,这些理论都是我们所不能认同和接受的,因为我们所要建构的是隶属于先进文化旗帜下的具有创新精神和时代风采的新型文化与艺术。这样的文化与艺术,必须秉有文明的本质和思想的力量,必须能够给人以激情与美感,并鼓舞人们为追求理想而奋斗!

帕斯卡尔曾经说过,人是一根脆弱的苇草,他的全部尊严就在思想。因为只有思想才是区别人与地球上其他动物的一星永不熄灭的火花。想想看,摒除了思想与理想、质感与美感、张力与魅力的文化产品与艺术作品,它还剩下了什么呢?无非是浑噩与庸陋、无序与紊乱、贫乏与愚赢,如此而已。这岂不与先进文化的涵义和人类文明的进程背道而驰了么,所以,我们必须为那些失血的文化创造和艺术创作唤回思想与理想,注入质感与美感,赋予张力与魅力,使之从此变得有脊梁,有灵魂,有活力,有光彩,成为无愧于我们改革时代和先进文化的思想结晶与艺术碑碣。

第 2 章
写出"中国作风和中国气派"来

　　文化对文艺的浸润与观照,是全方位和深层次的,并因此而决定了举凡优秀的文艺创作,必然会秉有文化的气质和品格。

　　在改革开放的时代,文艺尤其如此。因为时代会使文艺具有海纳百川、广撷博采的意识、气度和魄力,自觉地在深化改革和扩大开放中不断地实现自身的丰富与发展,并以独特的方式和巨大的力量积极为改革开放和现代化建设服务。这是什么? 这便是鲜明而强烈的"中国作风和中国气派"①,这便是纯正的民族特色和昂扬的时代精神! 我们的文艺,正是以这种刚健有力的内容与新鲜活泼的形式而深为广大群众所接受和所喜爱。因为个性、独特性和创造性,是文艺的最大天性,而其个性、独特性和创造性的源泉与底蕴,则是特定的地方色彩、民族特征和时代精神。正是在这个意义上,毛泽东指出:"我们的文化是革命的民族文化。"②而鲁迅则说:"现在的文学也一样,有地方色彩的,倒容易成为世界的,即为别国所注意。"③

　　　　　　　　　　　　　　　一

　　文艺创作所要体现的"中国作风和中国气派",实际上就是蕴涵着民族优秀传统、现实生活内容和大变革时代的时代风貌与时代精神的"中国特色"。对于文艺创作来说,这是至关重要的。它不仅能够赋予文艺作品以鲜明的个性化的形态和

---

① 毛泽东:《中国共产党在民族战争中的地位》,《毛泽东选集》第 2 卷第 500 页。
② 毛泽东:《新民主主义论》,《毛泽东选集》第 2 卷第 667 页。
③ 鲁迅:《致陈烟桥》(1934 年 4 月 19 日),《鲁迅全集》第 10 卷第 206 页。

质态，而且能够为作品铸炼脊梁和魂魄。举凡优秀的作品，在本质上就都是具有这个特点的。任何一个民族、国度和时代的作家、艺术家，只要他是忠实于生活和人民的，只要他是遵循艺术规律和美学法则的，他的作品就毋庸置疑地要打上他所属的那个民族、国家和时代的烙印，并以此为基础而形成自己的创作特点和艺术风格。这种特点和风格愈鲜明、愈强烈、愈民族化和个性化、愈具有生活根基和时代精神，其创作也就愈成功，其作品也就愈受群众欢迎。歌德、普希金、乔伊斯、福克纳、凡·高、邓肯、帕瓦罗蒂等，就都是这样走向成功的。普希金离开这个世界已经 170 多年了，但是俄罗斯人民不会忘记他，始终把他看成是"俄罗斯的大阳""俄罗斯的良心""俄罗斯文学精神的最高代表"。鲁迅离开我们也已快 80 年了，但鲁迅的精神却始终照耀着我们民族的心路历程，滋养着我们一代又一代的作家、艺术家，人们在心底里都把他和他的作品看成是我们中华民族的"民族魂"。这样的结论并不是任何人外加的，而是从他的作品中得出来的。鲁迅是学贯中西的大学者、大作家，但他的作品却浸透了中国特色，字字句句都盈荡着中华民族的气质和精神，都与中华民族的历史和现实息息相关，都向人们昭示着走向未来的路。

作家、艺术家及其创作就应当是这样的。但是，一个时期以来，文艺界有一种倾向，至少也是一种现象，那就是在自觉不自觉地抛弃或者淡化"中国作风和中国气派"的同时，却缺乏严格选择和合理融会地模仿西方后现代主义文艺，过分地追求形式和技巧的花哨与怪异，过分地趋从于市场选择和利益诱惑，过分地对大变革的生活和时代报以浮躁与冷漠，过分地轻视文艺创作的思想力量、精神境界和大气磅礴、蕴储宏厚、意存高远的民族之气与传统之根，以至于有些作品似乎从思想到语境都一定程度地失去了坚实的民族根柢和生活依托，变得有些苍白、媚俗和缥缈了。这不仅削弱了作品的深刻性和感召力，而且也不可避免地降低了作品的可读性和可视性。有一种观点认为，在经济越来越走向全球化的当今世界，文艺的全球化也势在必行。其实，文艺的全球化只是指载体涵负的更加广泛，媒体传播的更加快捷，艺术交流的更加频繁，审美选择的更加严格，欣赏趣味的更加趋同、互补性融会与个性化创造的更加普遍，而绝非是要消泯文艺作品的地方性、民族性、时代性和艺术个性。相反，越是在全球化的背景下，就越要求文艺作品具有鲜明的民族特色、时代精神和艺术个性，具有特定的生活情境和特殊的艺术创造，具有独炫异彩的不可替代的传统基因与美学气质。不这样，就不足以获取存在价值，当然就更无法发挥积极作用了。因为在全球化的背景下，人们最容易对文艺作品进行直接的比较和选择，而进行这种比较和选择的重要尺度和标准之一，就是是

否具有鲜明的民族特点、传统基因、生活形态、时代精神和充满独特创造性的艺术个性。想想看,人们在集中的平面比较中,发现来自中国的作品没有中国的特色,没有"中国作风和中国气派",而有的却是东施效颦、不伦不类、似是而非的美国味、英国味、法国味、哥伦比亚味,就像演戏似的涂脂抹粉、乔装打扮,掩盖了自身的原质和本色。那将会是一种什么感觉呢? 又将会如何对之进行评价和选择呢?

这种评价和选择是直接的,也是严峻的。文艺作品一旦在这种评价和选择中被淘汰出局,失去其应有的地位和尊严,那么,所谓的全球化,所谓的走向世界,也就只能仅仅是一种不切实际的愿望了,也就只能事与愿违。

是的,我们一定要走出这个认识误区,一定要把我们创作的根基牢牢地扎在中国大地上,扎在民族传统的深厚土壤中,扎在改革开放和现代化建设的宏伟现实中,扎在坚实的汉语语境、淳真的民俗乡情和昂扬的时代精神中。

这是我们唯一正确的选择。因为我们是处于大变革、大发展时代的中国人,我们是对时代、生活、历史和人民负有责任的作家、艺术家,我们的血脉不但是从黄帝轩辕氏那儿流来的,而且还要流向更久远更光辉的未来,我们一定要用自己的作品艺术地记录下这个不同寻常的民族和正在发生巨大变革的时代,并以其独特的气质和风采令全世界欣悦与叹服。其实,在享有世界声誉的成功典范中,从鲁迅、巴金、潘天寿、徐悲鸿、聂耳、冼星海、梅兰芳,到老舍、赵树理、马烽、郭兰英、刘绍棠、杨丽萍等,不就都是这样走过来的吗? 他们的成功所给予我们的昭示就是:文艺创作一定要具有"中国作风和中国气派",一定要体现特定的生活情境与鲜明的时代精神。

在这一点上,我们是有着深刻体会的。在中国现当代文学中,许多有成就的作家,其实就都是在广泛阅读了大量西方各流派作家的作品之后,才更自觉、更有效地在他们的创作中凝铸和显示出强烈的中国作风与中国气派的。有比较才有鉴别。正因为他们读了、懂了、真正消化了西方文学,才感悟到自己民族传统和民族特色、生活情景和时代精神的优长之处与可贵之处,才能在保持和发扬自己民族特色和时代特色的过程中,恰如其分地吸收西方文学中某些可资借鉴和利用的成分,才能在创作实践中不断地丰富自我、强化自我、提高自我、升华自我,从而创作出独具民族、生活和时代资质与时代风采,深受广大群众喜爱的优秀作品。他们深知,文学要真正走向世界,就首先必须获得本民族广大群众的认同和喜爱,而文学要获得本民族广大群众的认同和喜爱,则又必须在积极吸收域外文学有益营养的过程中不断突出自身的个性和特殊性,而"中国作风和中国气派",就是这种个性和特殊性的典型的、全方位的显示与体现。比如鲁迅，他在开始白话小说创作之前，也就是在创作《狂人日记》之前，已广泛阅读过西方现代主义诸流派中许多代表性作家的代表性作品了，但他并没有被这些作品所吞噬、所奴役，而是始终坚定地站在民族文化传统的基点上，以创作中国式的白话小说为目的，非常自觉而适度地从西方文学中吸收一些有益有用的东西，用以丰富自己的文学视野和表现形式，但在骨子里、在灵魂中、在本质上，他的小说却仍旧是打着明显的"中国制造"的烙印的。对于此，我们是可以从《狂人日记》《阿 Q 正传》这些作品中十分清楚地看出来的。这些作品中明显地留下了借鉴西方现代主义小说技巧的痕迹。如意象描写、意识流和潜意识描写、时空交叉手法等，但它们同时又确确实实具有中国文化传统和民族特色的基因与构架，确确实实是浸润着"中国味"的小说创作。其实，从五四新文学浪潮中所涌现出来的大手笔们，谁个不是这样走过来的呢？茅盾说他"开始写小说时的凭借还是以前读过的一些外国小说"，巴金说他是"照西方小说形式"写自己的"处女作"的，但他们写出来的小说本身却是地地道道的"中国货"，一点也没有"洋派"气韵，非常适合中国老百姓的口味，并因此而奠立了其在中国现代文学史上的地位，由中国走向了世界。赵树理是有名的农民作家，在小说实现民族化、通俗化上作出了很大贡献，但赵树理之所以认准了这条路，走通了这条路，也是有一个曲折的过程的。他在初期创作中，曾因模仿外国小说而使自己的创作陷入了"长句子""欧化"和晦涩的漩涡之中，群众不买他的账，作品没有读者。后来他悟出了一个道理，那就是中国作家首先要为中国老百姓写作，而要为中国老百姓写作，就必须用中国的形式和语言画中国的骨架和灵魂。中国老百姓喜欢的东西，外国老百姓也一定会喜欢。于是，他从此"脱胎换骨"，坚决走民族化、通俗化、革命化、大众化的创作道路，遂使《小二黑结婚》《李有才板话》等小说风行于世。其他像周立波、柳青、杜鹏程、孙犁、马烽、刘绍棠、路遥、陈忠实、莫言等许许多多有创新、有个性、有成就的作家，也都是这样走过来的。

二

提倡和要求文艺创作具有鲜明的"中国作风和中国气派"，本是实现构建有中国特色社会主义文艺之宏旨的题中之义，但在具体实施过程中，创作主体则必须遵奉辩证唯物主义和历史唯物主义的世界观和方法论，必须恰如其分、恰到好处地把握住分寸，掌握好"度"，因为正是在这个过程中，创作主体不仅必然要遇到，

而且一定要处理好守成与变革、坚持与发展、吸收与同化、"纵"向继承与"横"向撷取的关系，决不能拘泥，决不能偏废，决不能因噎废食和顾此失彼。守成，是要把经过实践检验，证明是优秀的受群众欢迎的东西保留下来，而绝不是、也绝不能是保守和僵化。守成，是为了变革，同时也给实现变革提供了必要的前提和基础，守成的本身既是为了更好地实现变革，同时又是与实现变革相辅相成的。在本质上，它们是完全一致的。坚持，是要把经过实践检验证明是正确的和行之有效的东西继续下来，在坚持中实现新的丰富和发展。坚持，是发展的基础；发展，是坚持的目的。只有不断地在坚持中发展，在发展中坚持，才能不断地实现新的积累和新的进步。吸收，是要以开放的眼光看取世界，用海绵一样的吸附能力把世界上一切优秀的、积极的、进步的、对我们有益的东西统统"拿来"，为我们所利用，并使之成为我们自身的一个有机组成部分。在这个过程中，最重要的就是不但要敢于吸收、善于吸收，而且要坚持在选择中吸收，真正把吸收来的东西经过自己的肠胃运动消化掉，并最终实现与自身机体的完全同化。"纵"向继承，就是要对我们传统的东西进行取良为继和择优承传，并在此基础上不断地对之加以丰富、强化、改造和弘扬，使我们的民族传统、民族精神、民族文化在新的生活和新的时代中继续放射光彩、发挥作用，产生巨大的凝聚力和广泛的辐射性，成为改革开放和现代化建设中的一种不可或缺的精神驱动力。"横"向撷取，则是要向外国学习，向世界学习，积极地在筛选和淘漉中撷取域外一切优秀的思想文化遗产，并使之成为我们构建有中国特色社会主义文艺的源源不断的新水分和新营养。"纵"向继承和"横"向撷取既是有区别的，又是相一致的；既是互相促进的，又是互相补充的。但是，"纵"向继承是"根"，是"本"，是主体，而"横"向撷取则是为了强化、丰富和滋养这"根"、这"本"、这主体而施用的营养品和催生剂，其作用和目的唯在于使这"根"、这"本"、这主体更加壮大和发达，而绝不是相反，更不是要淡化和取代这"根"、这"本"、这主体。因为"纵"向继承的东西是我们民族的和传统的文化积淀与粹质聚合，我们是要在这个基础上并以之为基本材料构建具有中国特色社会主义文艺的，它就是使我们的文艺创作获具鲜明的"中国作风和中国气派"的历史渊源与传统基因，它就是我们民族精神和民族文化的血脉与根系。一切域外文化都永远只能补充它、丰富它，而绝不能吞噬它、代替它。由此可见，"纵"向继承和"横"向撷取虽然有主从关系，各自处于不同的地位，发挥着不同的作用，但它们都是重要的和不可或缺的，它们尤其需要互融、互补、互促、互励，在紧密配合和互相驱动中共同成为构建有中国特色社会主义文艺的充满活力与魅力的机制和要素。

"纵"向继承和横"向撷取对于我们构建有中国特色社会主义文艺来说，都是必要的和重要的，二者缺一不可。只继承而不吸收，我们民族的、传统的、社会主义的文化，就会因营养不良而陷于孤独和出现萎黄；但如果只吸收而不继承，我们民族的、传统的、社会主义的文化，则又会由于被域外文化吞噬和取代而失去本体。这两种情况，都是我们所不期望和不需要的。所以，在认识上和实践上，我们一定要处理好"纵"向继承与"横"向撷取的辩证关系，真正在它们之间营构出一种互补、互促、互激、互励的充满创造性和进取力的美学机制，真正有分析、有区别、有选择地撷取域外文化中的优秀成分为我所融，为我所用，真正在广泛吸收世界上各种优秀文化成分的过程中更鲜明地赋予我们时代文化以独标真愫的"史国作风和中国气派"，对域外文化的学习和借鉴，要采取分析的态度，区分先进和落后、科学和腐朽、有益和有害，切实做到既积极吸收先进、科学、有益的东西，又坚决抵制落后、腐朽、有害的东西。学习和借鉴的目的唯在于博采众长，丰富自己的民族文化。如果丧失自己的创造能力，盲目崇拜，照搬西方的价值观念，其结果只能是亦步亦趋，变成人家的附庸。历史和现实都告诉我们，国家要独立，不仅政治上、经济上要独立，思想文化上也要独立。植根中国现代化建设的实践，反映中国人民创造自己新生活的进程和中华民族自强不息的精神，是中国时代文艺的立身之本。只有首先赢得中国人民的喜爱，具有中国风格、中国气派，才能堂堂正正地走向世界和屹立于世界文化之林。

这是我们建设有中国特色社会主义文艺的根本方法和根本方向。就中，如何恰当地认识和处理坚持与发展、继承与创新、选择与吸收、融会与化合的关系，并在此基础上紧密结合改革开放和现代化建设的伟大实践而进行全新的创造，是中心内容和主要方法。铸炼反映中国人民创造新生活的历史进程和辉煌业绩，具有中国风格和中国气派的优秀文艺作品，则是根本目的和主要方向。是的，我们的有中国特色社会主义文艺，就是要紧紧围绕这个中心内容，创造性地运用这个主要方法，坚定不移、信心百倍地朝着这个根本目的和主要方向前进，以其独有的时代姿采和美学风韵向全世界展示中国人民所进行的伟大创造和所取得的光辉成就，让全世界得以欣赏并在欣赏中领略"中国作风和中国气派"的深厚底蕴、绰约风采与无限魅力。

对于这一点，我们在认识和实践上，也是有一个从不自觉到自觉再到高度自觉的渐进过程的。整个说来，我们的文化底蕴是丰富的、深厚的，我们的文艺创作是具有质朴、清淳、刚健、自然的本色，与历史、生活、人民、时代有着天然的联系，

本能地显示出一种民族化、生活化、大众化的气质与风格的。这不仅从鲁、郭、茅、巴、老、曹等大师的创作中可以清楚地看出来，而且从建国后各个时段的创作中也同样可以清楚地看出来。文学是这样，戏剧、音乐、美术等各个艺术门类的创作也大体都是这样，并由此而在文坛上形成了一道具有亮丽资质和独特姿采的文艺景观，在世界范围内赢得了广泛的赞誉。但是，随着改革的深化和开放的扩大，随着新思潮、新观念、新形式、新方法的频频渗入，一个新的不容回避的问题便提到了我们的面前，这就是以往的创作路子要不要改？固有的艺术风格要不要变？应当说，对于具有不可逆性的文艺创作来说，为了实现创新，就必须不断地有所改变。改，肯定是要改的；变，也是肯定要变的。问题是怎样改？如何变？往哪里改？向何处变？对于这个问题，我们的回答只能是：优秀的传统要坚持，民族的特点要保留，自身的优势要强化，骄人的长处要发扬。在这个前提下不断地进行有选择的吸收，不懈地实现个性化的创造，高度自觉地运用独特的文化资质和艺术风韵，积极实现构建有中国特色社会主义文艺的宏伟目标。这里有一个特别重要的问题，就是在对西方现代文化的吸收上必须奉行既积极、又慎重，既大胆、又严格，既博取、又适度，既开放、又选择的方针。积极、合理地吸收域外文化的优秀成分，并将之消融与同化，变成我们的文化创造和文艺创作的一个有机的组成部分，丰富和发展我们的文化创造和文艺创作，是我们必须要做并且一定要认真做好的一件工作。做好这项工作，关键是要掌握好"度"，真正形成"积极"与"合理"的机制与程序，而绝不能在失调和紊乱中硬搞"拉郎配"，绝不能出现"补丁"，形成痞块，使我们的文艺创作变得不三不四、不伦不类，既丢了自己的骨架和灵魂，又招来东施效颦之揶揄。

事实上，从我们文艺创作的实践看，举凡成功的作品，肯定都是在这方面做得好的典范，好就好在眼界开阔，思想深邃，形式新颖，在坚持民族特色和优秀传统的同时，又积极、合理、有效地实现了吸收、融会、变革、创新、丰富和发展，以全新的思想风貌和艺术气质，典型化、具象化地体现了"中国作风和中国气派"。

正是在这个过程中，使许多作家艺术家们深刻地体会到，文艺作品的"中国作风和中国气派"，决不单纯是个形式、方法和风格问题，在深层次上它所代表和所反映的更是一种气质和精神，是作家、艺术家对历史、生活和时代的认识程度与理解程度，是作家、艺术家的历史使命感和社会责任心的艺术体现，是作家、艺术家心灵和思想的美学折射与民族自豪感和自信心的自然流露。因此，我们要使创作具有鲜明而强烈的"中国作风和中国气派"，仅仅局限于对形式和技巧的玩索是远远不够的,最主要和最根本的出路,还在于从真诚地反思历史、挚爱现实和展望未来中,获得纯正的传统基因、真切的生活感受和昂扬的时代精神,以及由之所产生的思想亮光、精神情韵和对现实社会的责任与担当。

这一点非常重要,因为文艺在本质上是文艺家强烈感情的自然流露,是文艺家世界观、人生观和价值观的艺术体现,更是对民族精神、历史轨迹、现实变革和时代风貌与时代趋向的生动具体的形象反映和艺术化描绘。

伟大的变革必然要造就伟大的作品,而作为民族和时代之标志的伟大作品,则一定要具有鲜明而强烈的"中国作风和中国气派"!

第 3 章

文化创造
——文艺创作的活力、魅力与定力

盛世兴文,既是时代发展的必然,又是社会前进的标识。随着改革开放的日趋深化和经济发展的不断提速,文化的繁荣势在必当。这其中,文艺创作所呈现出来的绚蔚景象,尤为瞩目。

一

文艺繁荣的标识,主要体现在六个方面:一是创作队伍的宏大;二是各类文艺作品数量的急遽上升;三是具有生活广度、思想深度和艺术高度的优秀作品频仍出现;四是创作主体的创新意识和精品意识不断加强;五是文艺作品的社会覆盖面和精神影响力迅速扩容;六是中国文艺走向世界的步幅越来越宽广,跫音越来越洪亮,反响越来越强烈。

由于文艺既是生活的反映,又是思想的结晶。所以,有什么样的生活,就会产生什么样的作品;而什么样的思想,则又注定会赋予相应作品以同样的精神风貌与美学品格。

正是在这个意义上,我们完全有理由对现实的文艺创作充满自豪与自信。因为我们的时代和生活在经历巨大变革与实现跨越发展中,自然要比以往任何时候都更加丰富和绚丽。而我们的思想和精神,则会在不断的解放与升华中越来越趋于丰富、新锐、凯切和深刻。处于这样的社会环境和精神氛围之中,文艺创作直须自然而本能地对生活本身加以采真式的艺术描摹,便能够辑构出华彩迭出、动人心弦的优秀作品。因为生活不但为我们提供了铸冶佳作精品的醇醪与材质,而且也赋予我们以充分的认知能力和饱满的创作激情。

文艺的繁荣与发展、活力与魅力，正是在这样的时代条件和社会环境中氤氲而成的。这是一种自然，这也是一种必然。而在这自然和必然性中所潜在的，则是"存在决定意识"和"生活孕育艺术"的永无改易的铁律。既然如此，我们在审视和评骘现实的文艺创作与文艺现象时，就应当既持平常的心态，又用科学的眼光，在充分正视客观事实的前提下，努力对之施以全面的认知和作出正确的判断。

在这个过程中，首先要全面地认识文艺形势和客观地评价创作成绩。只有在这个基础上，才能引申思想和回归本来，并进行客观的分析，得出真切的结论。因为事实是最有说服力的，事实也是产生一切结论的前提与根据。一如创作队伍的空前壮大，就是一个最基本的事实。这既是文艺生产力的充分体现，又是实现创作繁荣的前提条件。截至 2011 年，中国作家协会的会员人数已逾八千。这不仅比改革开放之初增长了 10 倍以上，而且也创下了在中国作协历史上会员增速最快、在世界各国同类组织中成员人数最多的纪录。而中国作协对申请入会人的基本要求之一，便是必须有两本以上正式出版的文学著作和一定数量的以其他形式发表的文学作品。这也就是说，作家协会会员人数的增加是与整个社会文学创作量的增加成正比的，即会员人数越多，其创作和发表的作品也就越多。如果再加上全国各省的作协会员以及各级文联所属各种艺术类协会的会员人数，那可就真是一支历史空前和世界罕见的浩浩荡荡的文艺大军了，更何况在文联、作协之外从事各种文艺创作的"散兵游勇"，也大有人在。早在 20 世纪 30 年代，当鲁迅信誓旦旦地展望新文艺之未来胜景时，就曾热切地期待过"旌旗蔽空"的文艺大军的出现。如今，这期待不就在我们的时代变为真真切切的现实了么！它当然是创作实力的凸显与文艺繁荣的标识。

创作力不仅是创作过程的内在动力，而且是作品得以产生的直接精神资源。事实上，我们这些年来的创作之所以能够连年丰产、佳作频出，不断地呈现"茂林嘉木竞天长，奇花异卉绽春颜"的丰稔景象，其最直接的原因，就正是创作队伍的空前壮大和创作力量的快速增殖。创作主体是文艺生产力的决定性因素。而当创作主体一旦形成庞大的群体，并不断地向着优质精神资源实现高层次转化与全方位提升的时候，便会进入社会创作力的爆发期，进而促成文艺创作高潮的到来。近些年，我国文艺创作所出现的"井喷"现象，其实就正是这种创作高潮到来时的一种外部表征。

由创作队伍高度集萃所形成的创作力的空前爆发，实际上既是因果关系的体现，又是时代精神的凸显。它所印证的，恰恰是文艺创作的一个基本法则与内在规

律。此种情况，在文化发展史上并不鲜见。唐诗、宋词、元杂剧和明清小说，在它们的时代里都曾出现过创作的鼎盛时期，并因此而形成了诸多彪炳史册的优秀作品。而推动和支撑这鼎盛时期的，则正是一个庞大的高素质的创作队伍以及由之所形成的强大创作力。所以，要正确而全面地认识和评价现实的文化现象与文艺创作，就首先必须充分肯定和积极看待在我们时代所形成的这支空前浩大的文艺大军及其所具有的创作潜力和所代表的文化意义。其次才是对具体现象和具体作品的宏观把握与深入解读。因为创作主体本身在任何时候都不失为文艺现象的信息源和文艺创作的原动力。

二

正是由于强大创作力的支撑和驱动，才使我们的文艺面貌大为改观。在并不算长的时间里，我们就已不仅完成了从"书荒"到"书海"、从单一到多样、从贫乏到丰饶、从浮躁到深邃的转型跨越，而且已经进入了创作活力与魅力的爆发期和优秀作品得以普遍孕生的成熟期。现在，我们每年的出版总值都在 1.3 万亿元左右，且尚以前所未有的速度不断向上飙升。这其中，光是长篇小说类的出版物，每年即达 2000 种左右，仅一年的产量，就比前 17 年长篇小说出版的总数几乎多了近 8 倍。即使是在历史上和世界范围内，这样的创作量也是绝无仅有的。至于电影、戏剧、电视剧和其他文艺样式的创作、制作、演出和放映，那就更是数量激增和精品迭出了。大体情况是年产电影 400 多部，电视剧 500 多部，歌曲 20000 多首，诗歌 300 多万首，新创作和首次演出的各类剧目的总数则多达千种以上。如果再加上蓬勃发展的网络创作，那量之巨大和势之凶猛就更是蔚为大观了。

在创作量不断快速增长的同时，中国文艺的辐射面和影响力也在一天天地扩大着和增强着。这不但保障了人民群众的文化权益，满足了社会各界的文化消费和审美需求，并逐渐成为大众日常生活所不可缺如的重要内容和有效提升其生命质量的精神营养，而且也日甚一日地跨出国门、走向世界，愈益成为民族精神的形象化写照和中国软实力的具象化体现，在与世界人民的沟通、融合、相互了解和共同进步中发挥着无以旁代的积极作用。迄今，中国已有 1964 个电视频道，其中定时和持续播放电视剧的频道就有 1764 个，而国产电视剧的播出数量则连续 7 年都稳定保持在 1 万集以上，其辐射面之宽和受众之广，均创历史新高。在电影方面，我国已成为世界第三生产国，其中票房过亿元的电影已达 43 部。从电影票房增速连续 6 年都保持在 30% 以上的事实中，即可烛知电影在社会生活中的广泛影响力。至于文学创作，特别是长篇小说创作，那就更是在人们的文化生活与精神哺养中发挥着主持中馈的作用了。因为小说是文化消费的耐受品，是滋养精神的橄榄果。好的作品，不但百读不厌，而且值得反复咀嚼和经常咂味。与此同时，它还是电影、电视、戏剧和曲艺等艺术创作的胎坯与蓝本。基于此，文学作品对生活和心灵的渲濡与影响，都不仅是深刻的，而且是长久的。特别是在一些长篇小说的销量逾百万册，甚至逾 500 万册的情况下，其对人们思想和精神的干预能力之大和渗透作用之强，便都是其他文艺形式所无法与之齐埒的。

在当今时代，国际上冷对立和硬武力的作用，已经越来越趋于销铄与式微。代之而起的，则是价值观和软实力的广泛交融与深度介入。正是在这种背景下，中国文艺走向世界的脚步不仅明显地加快了，而且其所产生的回声也越来越大。许多中国的优秀文艺作品，都在世界各地以不同形式发挥着思想交流与精神发酵的作用。在儒家文化题材、国学粹论题材、古典小说题材的影视作品走俏全球的同时，更有许多具有民族特点、时代精神和生活情趣的当代题材的影视制作与文学创作，也深为海外受众所青睐。像《孔子》《赵氏孤儿》《金婚》《解放》《潜伏》《亮剑》《唐山大地震》《建国伟业》《辛亥革命》《国家命运》等，就都赢得了广泛的海外市场。特别是《士兵突击》在日本，《李小龙传奇》在欧美，《忠诚》《最高利益》《省委书记》在越南等地的人气更旺，市场更火。迄今，中国当代文学作品被翻译成欧美各国诸种文字的，已超过 500 种；而有作品被翻译成世界其他语种的中国当代作家，则早已超过了 200 位。特别是像《尘埃落定》《白鹿原》《笨花》《古船》《檀香刑》《红高粱》《国家干部》《他乡明月》《平凡的世界》《浮躁》等作品和莫言、刘恒、汪曾祺、余华、铁凝、陈忠实、王安忆、贾平凹、张炜、张平、张承志、刘震云等作家，都已在一定意义上成为中国当代文学走向世界的典范作品和形象代言人。特别是莫言获得 2012 年度诺贝尔文学奖，就更是一个有力的印证。

是改革开放的时代营造了良好的文化环境，是良好的文化环境培孕了强势的文艺队伍，是强势的文艺队伍创作了层出不穷的优秀作品并形成了繁花似锦的文化景致。

这，就是赢得文艺繁荣与发展的链式逻辑和辩证关系。这同时也是主体创新精神与精品意识不断实现强化和提升的必要前提与必然过程。我们的文艺创作正是在这个基础上一步步地走向了生活的深层和思想的高位，并在大面积喜获丰收的亢奋中不断地采集着全方位表现时代脉动与社会变革的精神佳构和艺术杰作。

三

鲁迅曾经说过,"删夷枝叶的人,决定得不到花果。"①文艺创作中的精品佳作,只有在经过诸多初创作品的历练和探索之后,才会产生。所以,我们既想要得到花果,就必须保护枝叶。枝叶虽然不像花果那样好看和有用,但却是花果得以产生和形成的前提与基础。在文艺创作中,这就是数量和质量的转换关系。质是依凭量的积累而存在、而升跃的,没有一定的量的积累,质就不会转换,就不能飞跃,就难以形成。所以,我们在对文艺创作的认识和评析中,千万不能把量和质对立起来看待,更不能认为一旦作品的数量多了,就一定会粗制滥造,就必然是精品弗如。实际上,从文艺创作的具体情况看,不仅是量多必出精品,而且"量多"的本身也就是创作繁荣与发展的必备条件之一,正所谓"万紫千红才是春"嘛!

文艺创作的活力与魅力,在很大程度上就体现在创作数量的增加和作品质量的提升,而创作数量的增加又是造成作品质量提升的必不可少的前提条件。所以,对于近年来文艺创作数量的激增我们必须要有正确的认识。事实上,也正是在作品数量不断攀升的过程中,作品的质量也才相应地得到了明显的上升。即以近期面世的第8届"茅盾文学奖"、第14届电影"华表奖"、第28届电视剧"飞天奖"以及舞台艺术方面的戏剧"文华奖"等的折桂作品为例,就很能说明问题。以这些获奖作品为代表的中国文艺创作的主要特点和基本走向,都越来越体现在创新精神的持续激扬与精品意识的不断增强,以及在这个过程中对民族文化传统和西方现代文本、主体思想追求和时代精神导向、自我意识张扬和社会责任担当、生活底蕴开掘和人性本质内敛等关系的正确认识与恰切处置。

正是在这一认识基础上所进行的精神开拓和艺术寻蹊,才越来越多地赋予了文艺创作以激情与正义的完美契合和感性与理性的有机统一,从而使许多作品都得以在强烈的个性化的艺术叙事中鲜明地表达了对真、善、美的崇尚与追求。这不仅为受众提供了独特的审美视角和崇高的精神导向,而且更能使之在美学陶冶和艺术欣悦中获致精神的鼓励与心灵的震撼,并通过这个过程而实现人性的纯化与思想升华。像电影《建国大业》《建党伟业》《唐山大地震》《辛亥革命》《集结号》《杨善洲》;像电视剧《解放》《潜伏》《士兵突击》《戈壁母亲》《我是特种兵》《毛岸英》;像

---

① 鲁迅:《且介亭杂文末编附集·"这也是生活"……》,《鲁迅全集》第6卷第487页。

戏剧《曙色紫禁城》《文姬归汉》《成败萧何》《王府井》《窝头会馆》《这是最后的斗争》;像原创歌剧《红河谷》、大型音乐舞蹈史诗《复兴之路》、专题晚会节目《我们的旗帜》、儿童题材精品电影《喜洋洋与灰太狼之虎虎生威》《黑毛警长》等,就都是内容厚重、思想明睿、制作精良、形式新颖的艺术佳构,其旺盛的人气和丰盈的票房,特别是广泛而积极的社会影响,显然都在从不同角度、以不同方式毫无悬念地印证着它们是精品。

在文学方面,一个突出的表现,就是长篇小说的创作越来越见诸功力。其中内容笃实、思想深邃、题材重大、艺术精良的上善之作频有面世。从《白鹿原》《将军吟》《古船》《笨花》《东方》《浮躁》《他乡明月》《国家干部》,到新近荣膺"茅盾文学奖"的《你在高原》《天行者》《蛙》《推拿》《一句顶一万句》等,就堪为其中最杰出的代表。这些作品的最大特点,就在于生活质感强,人生况味足,既能从对历史的艺术反思中凝结出精神的果实,又能从对人性的深度追诉中聚敛出生活的智慧。作者不仅艺术视野宽广、审美触角锐敏,而且对人生的思考和对生活的开掘也都更趋于深刻和成熟。特别是在作品中不论写什么和怎么写,都能够做到以小见大、寓宏于微,坚持从当下出发而直逼生活的深处和人性的底蕴,并通过形象化的美学陈诉而给人以深刻的思想启迪和有益的心灵感悟,从而使作品的典型性和感染力大为增强,乃至在对思想和艺术的并列驱动中直奔精神书写的美学峰岚,进而形成足以体现时代脉动和反映社会诉求的文学宏构。

这是一个巨大的跨越,这是一次本质的飞跃。我们的文艺创作,就正是在这一跨越和飞跃的实现过程中,逐步从"量"的增加而达臻了"质"的提升,并在量与质的辩证转换之中有效地增强活力与魅力,不断地走向丰饶与精彩。

四

文化之所以被认为是国家的灵魂、民族的血脉、人民的精神家园,主要是由其所秉具的特性、功能与价值所决定的。而构成文化特性、功能和价值的基本要素和核心内容,则始终都是它所赋有的活力、魅力与定力。

文化"三力",是文化特质和文化作用的集中体现。在文化发挥效能的过程中,"三力"中的任何一力都至关重要,不可缺如。因为它们虽然各呈其殊、各擅其优,各自彰显着各自的独立性,但在本质上却始终都是一个联袂起舞、相偕发力的共同体。只有在精诚协作、紧密配合中,才能充分体现文化的力量,也才能对人的提

升和社会的前进发挥巨大而特殊的驱动作用。因此,在任何文化形态和文化业态中,文化的精彩表现和强势作用所体现的,就都是"三力"合作所产生的奇特效果与巨大效能。

之所以如此,盖由文化的本质特征所决定。因为文化是通过作用于人的思想、心灵和精神而作用于经济发展、社会文明与时代进步的。但要对人起作用,特别是要能够入脑入心,真正化入人的认知世界和融入人的精神底蕴,文化就首先必须有魅力。只有有了魅力,才能产生亲和力和欣悦感,也才能吸引人和感动人。而文化魅力的形成,则主要是由文化的活力与张力所氤氲、所蕴育、所泽被,并由此而天然地决定了活力、魅力和定力的连体式存在与协同式发力的基本美学原则。

文化"三力"的这种互依性和相激性特点,不仅是"文化力"构成的前提条件,而且也是"三力"各自的内在需要。它们只有在互依互激的情况下,才能更突出和更强烈地显示各自的特质与特效。事实上,任何文化产品、文化服务和文化创造,都不可能是没有活力而徒具魅力,更不可能是没有活力和魅力而凭空生出定力来。

这当然与"三力"各自的特殊性质与功能不无关系。活力,是由文化的生活触击点和社会波及面所形成的一种参与性、覆盖率和干预力,以及在这个过程中所产生的时代韵律与社会因子,并借此而扩大和深化文化的社会渗透面与精神浸润力,从而为文化魅力的形成与文化定力的实现而开拓路径和夯实基础。魅力,是在文化活力的作用下所产生的一种感召力、亲和力和吸引力。这是文化所必须具备的一种社会特质与美学品格。桃李不言,下自成蹊。只有具有魅力的文化,才能开启审美的幕幔,叩响心灵的音律,唤起精神的自觉,让人们在美愉与欣悦之中追慕文化、走近文化、接受文化、认同文化,并从对文化的汲取与依恋中吸收营养和提升自我。故而,我们完全可以说:魅力,不啻是文化产品的广告牌,尤其是文化消费的入场券。举凡在文化角逐中走红、从文化赛场上胜出的文化产品和文化服务,就无一不是具有强烈魅力的文化创造与独辟蹊径的艺术探寻。定力,是基于活力与魅力之引导和支撑而所实现的文化功能与价值,亦即文化的征服力、占据力、穿透力和作用力。定,是一种规约,是一种确立,更是一种追索、期冀与兑取。文化定力的价值旨归与本质意义,就在于对文化功能和作用的肯定性实现和超强性发挥;就在于使文化得以用自己的特殊方式,有为而且有效地驱动经济发展和促进社会变革;就在于文化能够通过广泛辐射和深度渗透而持续地烛照和澄清人们思想上的雾霭与心灵中的尘垢,并源源不断地为其注入新的精神养料和思想乳汁,使之在道德与智慧的驱动之下而日趋庄尚、明睿和成熟。

显然，活力、魅力、定力，是体现文化价值与文化功能的基本构件和核心要素，而在活力、魅力与定力之间，又始终都是一个紧密连接的循环圈和统一体。这就要求我们在文化创造和文艺创作中必须顾及它的这个特点，遵从它的这个规律，有序而又有机地将对活力、魅力和定力的设计、创造与追求，切切实实地付诸并体现在文化实践的全过程之中，以求真正形成文化创造和文化服务中的因果正极感应与效能合理对接。

这不仅是实现文化创新和文化提升的必备条件，而且更是转换文化机制和优化文化生态的实际需要。因为在我们的文化创造与文艺创作实践中，对活力、魅力和定力的片面化追求与割裂性解构已渐成风气，并由此而导致许多文化产品与文艺作品都因远离时代而缺乏生气，因肆意恶搞而缺乏美感，因徒慕形式而缺乏内涵，因思想空虚而缺乏意义，因品位低下而缺乏价值。

正因为如此，在文化创新与发展的全过程中，我们都必须高度自觉地提升"三力"的质量与能量，并使之用合璧的形态展现风采，以联袂的方式发挥作用，将精神的大餐献给受众。

第 4 章

从时尚走向时代

之所以要提出文学归真论,全然是由于文学创作的现实状态而使然。因为在我们的文学创作中,确有一种文学越来越不像文学、越来越不是文学的现象。这种现象的出现、存在和不断地趋于热炽化,对于文学实现真正意义和本质意义上的繁荣与发展来说,显然是一种悖论。所以,要实现文学的繁荣与发展,文学就必须归真返璞,真正赋予文学以应有的性质、品格和效能,使其在时代精神、社会蕴涵、思想内曜和美学范式的支撑与驱动下,全面体现自身的价值,充分发挥自身的作用。

文学必须如此。然而,文学既要如此,它就必须从对时代和时尚的定位与选择中划出正确的界域,作出科学的应答。

一

在现实的文学创作中,之所以会出现文学不像文学、文学不是文学的现象,主要是由于在思想导向、审美走向和价值取向发生倾斜与变异的情况下,一些缺乏灵智与操守的文学便被浮靡的所谓"时尚"所围困,乃至陷于缭乱、香艳与矫饰之中,不但失去了自身的活力与光彩,而且沦为精神的腻垢与艺术的疣物。它们一面将文学与时代剥离,而另一面则将文学与时尚联动,要么以前卫的姿态挑战社会认知、颠覆经典文化、摈弃优秀传统;要么用浑噩的架势抒写伤感的情爱、摹传飘忽的灵魂、调侃无聊的人生。它们以时尚的眼光看人看事,用时尚的笔触写生写死,一会儿是音乐、时装、美食、酒吧、迪厅以及小资的天堂与猥亵的笑声,一会儿又是表演、服饰、电影故事、装置艺术、健身运动以及骸骨迷恋式的怀旧复古与销魂呻吟式的情场恋栈。它们作起"秀"来花样百出,时而"下半身写作",时而"胸口写作";时而"欲望膨化",时而"身体狂欢";时而说"千万别把我当人",时而又说"当个小人真快活"。他们扮起"酷"来凶神恶煞,时而大叫反理性、反伦理、反艺术、反美学,时而狂呼"女为悦己者隆""有奶便是娘";时而发誓要"吃掉鲁迅",时而宣称要"水煮《三国》";时而标榜"游戏写作""飘零写作""私语化写作"、采取一切方式"积累象征资本"、不断变换角色充当"时尚写作软件";时而又放言要极力"赋得闲适",任意消受"意念按摩"与"精神桑拿",不断追求"意义的失落"与"人性的变异",大力推行"商业写作""消费写作"与"露水文学"等。

时尚文学的表现形态虽然花样多多,但其本质形态和终极目的却只有一个,那就是假文学之空壳以自娱,以文学之名分而营私,在攀附潮流中追慕时髦,从矮化精神中消解人生。

这样的所谓"时尚文学",其实早已经不是什么真正意义上的文学了,而只是一种文学的泡沫,只是在壮阔的时代大潮中漂泊无定的话语浮萍,只是从社会变革与发展的链条转动中所散落下来的精神碎渣与生活尘垢。文学一旦被这样的时尚所攫取,文学也就失去了它自身的特点、性质和功能,而文坛一旦被时尚文学占据过多过大的空间和地盘,文坛也就难免要发生生态危机。不是么?正是在时尚文学的孳衍中,具有鲜明时代精神、厚重社会涵负、积极思想导向和强烈艺术魅力的文学宏构与文学精品,不就令人颇有难觅蔚象的感觉了么!近些年,文学作品的创作数量几乎是在以几何级数字增长着,长篇小说的创作量早已突破年均1000部,散文和诗歌的创作量更是直线飙升,作家的队伍已经到了浩浩荡荡的程度。然而,正是在这种情况下,写工人和工业题材的作品却占不到1%,更遑论出现可以与《百炼成钢》(艾芜)、《乘风破浪》(草明)、《上海的早晨》(周而复)等相比并的佳作;写农民和农村题材的作品也只能占到3%左右,更遑论出现像《暴风骤雨》(周立波)、《三里湾》(赵树理)、《创业史》(柳青)等那样深为广大读者所喜爱的厚重、峻爽与谐趣之作。虽说写部队、写军事和写战争的作品相对要多一些,但其艺术成就和社会影响力在一定程度上毕竟还是难以与《保卫延安》(杜鹏程)、《红岩》(罗广斌、杨益言)、《林海雪原》(曲波)、《野火春风斗古城》(李英儒)、《欧阳海之歌》(金敬迈)等相轩轾。

当然,我们并不是题材决定论者,但是我们同时也必须承认题材的选择与创作的成败是大有关系的。因为大题材往往是铸成大作品和好作品的前提与基础,更因为只有大题材才有可能、有条件、有资格、有能力承载和涵负时代的主要内

容、核心本质与基本精神。这里所说的大题材，主要是指那些最能反映生活主流、最能体现时代精神、最能代表大众意志、最能涵寓生活本质、最能见证社会变革、最能标示发展趋向的最实际和最深邃的社会生活以及贯穿于其中的"事"和活动于其中的"人"。

显然，这样的大题材，并不是对作家选取题材的拘泥和限制，而只是对作家在确定描写对象时的一种原则性和规律性的引导与启示。这种引导和启示，对于任何臻于成功的创作来说，都不仅是必要的，而且是必须的；不仅是有用的，而且是有益的。凡是具有良知和进取心的作家，都应当欣然接受这种满含智慧和善意的引导与启示，并真诚地将之体现在自己的实际创作之中。

对于成功的文学创作来说，题材只是一个方面。在题材之外，还有思想内容、生活场景、人物塑造、情节展绽、艺术形式和表现手法等。所有这些，也都是需要创作主体紧扣时代本质和时代精神，严格按照生活逻辑、美学法则与艺术规律，加以创造性的选择和应用。而正是在这个过程中，文学对时代和时尚的定位与选择常常至关重要。在这里，趋赴时代与追慕时尚乃是有着巨大的分野和本质的区别的，其结果也大相径庭。前者以凝重的形式和优美的艺术所反映和表现的是最受人们关注和最为历史所铭记的社会变革与生活变迁、灵魂净化与人性淳化、道德提升与时代发展，而后者以轻佻的手法和浮靡的形式所展示和裸露的则是飘浮于生活表面和零落于社会畸角的空虚灵魂与逐利心理、狂躁情态与自悦欲望、顽劣品性与颠顸追求。

由此可见，时尚文学乃是既没有文学的脊骨，又没有文学的灵魂的，其所有的只是徒然而狂纵的文学形式而已。自然，这样的文学最终也不会真正具有文学的价值和发挥文学的作用。正因为如此，我们才提出文学回归论。所谓回归，就是要使文学从追慕时尚而变为趋赴时代，从畸靡、浮艳、浅悖、空泛、低庸与矫饰的围困中走向真实的生活与积极的人生，走向多彩的现实与光辉的未来。这是一种趱进，这是一次飞跃。对于文学来说，只有在这样的趱进和飞跃中才能真正实现自身的价值和发挥自身的作用，并进一步走向更大的繁荣与发展。

当然，对于时尚，我们并不一概排斥，更没有理由完全把它与时代对立起来。这需要分析，更需要分辨。时尚，是一个中性的语义概念，是一种视角符号，是一种意义的编码活动，是识别品位的主观信仰的生产和再生产。所以，要追逐时尚，就首先应当具有理解时尚语义符号意义的能力和判断时尚具体内容优劣正反的能力。因此，对时尚的臧否和取舍，就只能取决于它在特定环境和特定条件下所秉有的具体内容和实际效能。当这种具体内容和实际效能与时代本质、时代精神和时代发展的大趋势相吻合、相一致时，就是积极的和可取的。反之，则是消极的和不可取的。就流行的时尚文学创作而言，正因为其所涵负的内容和所发挥的效能多有消解时代精神和违逆美学规律之弊，所以我们才不得不予其以有分析的理性化的节制与否抑。其目的唯在于将现实的文学创作从对时尚的失度追慕与效法中拯救出来、解脱出来，以使其恢复自身的本性，回归自身的定位，体现自身的价值，发挥积极的作用。

<h1 style="text-align:center">二</h1>

文学在时尚与时代之间所作的定位和选择，只能是义无反顾、坚定不移地从时尚走向时代。因为文学在本质上是与时尚没有关系的，而文学却永远只能是时代的徽记与跫音，是时代的趋赴者和伴跑者，是对时代本质和时代精神的审美体现与艺术传达。不仅文学的生命之根和活力之源来自时代的土壤，而且文学的思想光耀与艺术灵韵也来自时代的律动。文学之于时代，犹如生命之于太阳、大气、食物和水的关系一样，一旦有瞬息的疏离和暌隔，它便立即会成为沙漠之塔与涸辙之鲋。至于时尚，则是只有当它与时代精神相吻合并成为时代精神的一种表现形式时，才可能与文学发生某些非本质的联系，并以融入时代精神的方式而被文学所汲取。显然，时尚对于文学的价值唯在于它与时代精神相一致并被时代精神所融合，否则，单纯的时尚，特别是那些与时代精神相逆忤、相悖离的所谓时尚，不仅是与文学无涉的，而且是对文学有害的。我们现在的文学所遭遇到的时尚，在许多时候就属于这种情况。也正因为如此，我们的文学才需要在时尚与时代之间作出选择，并务求从追慕时尚而转向趋赴时代。

这是文学的需要，这也是大众的渴望和历史的期待。因为只有从丰富多彩、昂扬奋进的时代精神中，才能孕育出无愧于伟大时代的真正具有光彩和魅力的文学。

正是在这个意义上，列宁无比庄严地指出："如果我们看到的是一位真正伟大的艺术家，那么他就一定会在自己的作品中至少反映出革命的某些本质的方面。"① 这本质的方面是什么呢？就是最能代表生活主潮和大众心音的时代精神。

---

① 列宁：《列夫·托尔斯泰是俄国革命的镜子》。

作为作家的契诃夫,从自己的创作实践中所得出来的结论,仿佛是在对列宁的话进行着具有说服力的阐解与诠释,他说:"文学家是自己的时代的儿子,因此应当跟其他一切社会人士一样受社会生活外部条件的节制。"①而作为美学家的泰纳,则从更高和更具普遍性的理论层次上,进一步透彻地告诉人们:文学艺术创作,就其本质而言,是对时代精神的艺术概括、艺术表现和艺术传达,所以,它在任何时候都不可能也不允许与时代精神相割裂、相悖离。泰纳说:"的确,有一种'精神的'气候,就是风俗习惯与时代精神,和自然界的气候起着同样的作用。"对于作家的创作来说,"必须有某种精神气候,某种才干才能发展;否则,就会流产。"因为在实际上,这种"精神气候仿佛在各种才干中做着'选择',只允许某几类才干发展而多多少少排斥别的。"这说明时代精神不仅是创作获得成功的契机,而且也是作家发挥潜能和施展才能的契机。一旦疏离或舍弃时代精神,一切作家和一切文学创作便都将注定会一无所为,或者只能在无奈之中制造出一些在本质上不像文学和不是文学的所谓"时尚型"的"文学"来。所以,泰纳指出:"时代的趋向始终占着统治的地位。企图向别方面发展的才干会发觉此路不通;群众思想和社会风气的压力,给艺术家定下一条发展的路,不是压制艺术家,就是逼他改弦易辙。"②

我们是不是也可以对时尚文学的追慕者和制造者们这样说呢?我想是可以的。因为我们的时代早已给作家定下了一条最能发挥作家才智和发展文学创作的路,对于那些至今仍徘徊在时尚与时代之间,或者至今还痴情于时尚文学的创作者们来说,确实存在着一个改弦易辙、归真返璞的问题,即从追慕时尚而转向趋赴时代。

要使文学从浮艳、缭乱、浅悖和矫饰中归真返璞,真正具有文学的本色、特点、优势和效能,就必须首先弄清楚真正意义和本质意义上的文学应当如何和必须如何。

这个问题至关重要。它是理性分析、科学认知和有效提升文学的前提与基础。对于此,正确而中肯的回答永远都只有一个,那就是从生活到艺术、从内容到形式、从思想到精神、从情愫到心理,都必须切切实实、真真正正地归属于文学所属的时代,并以探求的精神和创新的艺术全方位、多角度、近距离、大聚焦地描绘和表现这个时代。文学的内容和形式尽管可以多种多样,但文学与时代的关系和对

---

① 契诃夫:《给玛·符·基塞列娃》,《契诃夫论文学》,人民文学出版社 1958 年版,第 35～36 页。

② 泰纳:《艺术哲学》,人民文学出版社 1963 年版,第 34～35 页。

时代的担当却永远只有一个准则和目标,即血肉相连、准确表现、深刻反映。文学,只有在与时代的血肉相连中,才能正确地认识时代、准确地表现时代和深刻地反映时代。而文学要与时代血肉相连,作家就必须立于时代的潮头,处于时代的中坚,充任时代的先锋,切实与时代融为一体,感同身受,耳畔时时刻刻跳跃着时代的音符,周身时时刻刻律动着时代的脉搏。而绝不能是倚在时代大潮的边沿轻濯曼浣,更不能是站在时代大潮的对面隔岸观火。为什么? 因为文学不是时尚的花朵,不是空想的月晕,而是真实感情的自然流露和对实际生活的艺术概括。作家没有从实际生活中激发出来的真实而强烈的感情,没有对实际生活的透彻了解和深刻体会,那是绝不可能深刻反映时代本质和准确再现时代精神的。

这是一个铁的定律。诚如鲁迅所说:"现在有许多人,以为应该表现国民的艰苦,国民的战斗,这自然并不错,但如自己并不在这样的漩涡中,实在无法表现,假使以意为之,那就决不能真切、深刻,也就不成为艺术。"① 鲁迅这话,无疑是从实践中得出的结论,但它同时又被无数的实践所证明。像《人间正道》(周梅森)、《英雄时代》(柳建伟)、《历史的天空》(徐贵祥),像《东藏记》(宗璞)、《CA 俱乐部》(柯岩)、《抉择》(张平)、《你在高原》《天行者》《白鹿原》《檀香刑》《推拿》等,这些作品的内容和风格虽然各呈异象、各擅其优,但它们所具有的一个共同特点则是紧跟时代,紧贴生活,紧追急遽变革与发展的现实社会,紧随最直接创造生活和推动社会变革与历史前进的人民大众,并因此而获得了巨大的震撼力和强烈的感召性。人们从这些作品中,不仅可以真切地感受到生活的变迁、大众的心声和时代脉搏的跳动,而且还可以从这种真切的感受中认识生活本质,领悟时代风韵,激扬奋发精神,坚定必胜信念,提升道德素质,树立崇高理想。文学作品能够具有这样的品格和发挥这样的作用,无疑是其自身价值的充分体现,而文学作品之所以能够具有这样的品格、效能和价值,最根本的原因则在于文学真诚地归依了它所属的时代,并真切而深刻地反映和表现了它所属的时代。

时代,是一个开放的概念,是一个广涵的概念,是一个本质的概念。对于文学所属的时代来说,虽然其主流是现实的,是近距离发生的生活变迁与社会变革以及凸显于其中的大事和活动于其中的大众。但与此同时它也不排除对过往的时代的审美呈现与艺术追诉。因为过往的时代同样也是时代,同样也赋有创造活动和情感经历,同样也具有审美功能和认识价值,在经过历史的淘漉与沉淀之后,人们

① 《鲁迅书简》(1935 年 2 月 4 日)第 902 页。

似乎才更容易看清其中的功过是非，分清其中的美丑优劣，并因此而更能够把握其内在规律，更容易得出准确的结论。所以，在文学的时代概念中，是应当包括历史题材在内的。关键是要反映生活和人性的本质，是要赋予文学以闪光的思想、厚重的内容、生动的情节、鲜明的形象、创造的激情和强大的魅力，是要使文学具有崇高的意义、感人的力量、认识的价值和审美的功能。在当代文学创作中，像《李自成》（姚雪垠）、《白门柳》（刘斯奋）、《张居正》（熊召政）、《白鹿原》《你在高原》等，即属此类。

当然，尽管文学的时代概念是一个广涵的概念，可以包括有价值、有意义、有魅力的历史题材，但时代毕竟还是要以近距离、零距离的现实社会和现实生活为基础、为主体、为中心的，这种大的比例格局乃是永远不能改变的，因为不论社会实践和人民大众，都更需要从现实题材的文学佳构中认识生活，提高素养，培育道德，激励精神，汲取源源不断的诗情、画意和美感。同时，现实题材的文学创作自身也最具有这样的本能特点和天然优势，最能够与广大群众发生思想共鸣、审美共融和心灵共振。至于在创作实践中，究竟应当如何进行题材的摄取和把握各类题材的比例，那就是创作主体根据实际情况和实际需要而进行具体勘察并作出最终定夺的事情了，这不啻是对作家思想水平和艺术能力的一种严格测试与严峻考验。

元好问曾有诗云："眼处心生句自神，暗中摸索总非真。画图临出秦川景，亲到长安有几人？"当我们的文学面临要对时尚和时代作出科学定位与正确选择，并实现从时尚走向时代时，读读元好问的这首诗，肯定是会大获启悟、大有裨益的。

第 5 章
磅礴叙事与宏大制作的时代期许

"但见翡翠兰苕上，未掣鲸鱼碧海中。"这原是杜甫的两句诗，但用以观照和考察我们的某些文学现象，倒不禁让人生出缕缕联想来。

一

"翡翠兰苕"虽然不是生活和时代的主体，但却纯雅秀美、晶莹温润，自有其特秉的价值和意义。"鲸鱼碧海"则因其要着力于写大事、抒大情、炫大理，所以便每有所为，必能以黄钟大吕而磅礴于世。在我们的文化创造与文艺创作中，"翡翠兰苕"何在？"鲸鱼碧海"又何在？当然，不是说全然没有，而是说还太欠缺，至少也是没有真正到位，没有充分实现，没有形成大气候，尤其是缺乏掣鲸鱼于碧海中的大手笔和大制作。

我们以杜甫的诗句引喻在创作上只见小题材、小格致，而鲜见大题材、大经营，旨在表明我们对勇掣鲸鱼碧海中的渴求与期待。因为我们的时代太需要内容丰富、思想深刻、形式新颖、艺术精湛的上乘之作了，太需要足以光照时代、炳辉千古的史诗般的鸿篇巨制了，我们的时代也最具有产生大作家和大作品的思想蕴存与美学涵负。所以，我们不仅有理由而且也有能力做到更掣鲸鱼碧海中。掣者，驭制、拽取也，鲸鱼乃为地球上最庞大的动物，只有茫茫大海才是它们的家园。我们以大海比喻伟大的时代变革和广阔的社会生活，以鲸鱼比喻重大的创作题材和深邃的思想内容。显然，掣鲸鱼于碧海，就是要求、鼓励和期待我们的作家深入大变革、大发展的现实生活，以探求的勇气和创新的精神不断地写出具有社会内涵和时代风采的大作品和好作品来。事实上，一个真正的作家，也只有开掘和撷取这样

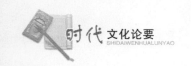

的题材,并为其铸入思想的光耀、时代的精神和美学的醪液,才有可能创作出一如列宁所说的那种"在世界文学中占有第一流的地位",并成为"全人类艺术发展中向前迈进"的旌标式的作品。

这是时代实现发展的需要,这同时也是文学自身实现发展的需要。文学反映时代,时代促进文学。大变革和大发展的时代,为文学创作提供了最丰富的滋养和最良好的环境,文学当然有责任、有义务连绵不断地创作出思想性和艺术性俱佳,对于这个时代具有鼓鼙、旗旌和引擎功能的优秀作品来,以激越而饱满的精神力量驱动时代的更大变革和更快发展。

这是顺理成章的,这也是理所当然的。然而,一当我们对现实的文学创作稍加检点时,便会发现时有航向偏离目标的现象发生。一些作家和作品不仅有意回避大事、大情、大理、大势,着意追求小事、小情、小意、小景,而且对社会、对时代、对改革、对发展、对惊天动地的社会事件和民族兴衰的大是大非,也一概报之以颟顸和茫然,并以为那与文学无关,文学所观照的对象主要是私情与琐事,世俗与人伦,欲望与梦想,迷蒙与困惑。正是这样的认识,导致了一些作家无限缠绵于写隐私,写琐细,写发泄,写惆怅,写蒙昧,写困惑,写"无知者无畏",写"自窥者窥人",写"有了快感你就喊",写"我是流氓我怕谁",并窃以为只有这样,才能写出酷世态,才能写出真性情,才能博得读者群,才能取悦"诺贝尔"。甚至,还有人打着"破戒"与"创新"的旗号,在作品中宣扬:"不穿衣服……是女人最好的生活状态"。更有人在"大胆改编"的名义下肆意解构名著,悍然将《沙家浜》中的抗日英雄阿庆嫂和郭建光之间的革命关系阄改为"淫妇"与"奸夫"的关系。于是,阿庆嫂成了春来茶馆中的"潘金莲",郭建光成了芦苇荡中的"西门庆"。如此荒唐之至,改编者却振振有词,说什么这是"创作的自由",这也是文学"人性化的需要"。

这是"创作的自由"吗?这是文学"人性化的需要"吗?否。因为创作的自由,是必须以法律、道德、艺术规律与美学法则的规范为前提的,而文学人性化的需要则更应遵从纯洁、高尚的原则和特定的艺术环境与生活场景的发展逻辑与实际需要。无论从哪种意义上说,都绝不能把创作的自由和文学的人性化需要理解为和实践为荒唐与堕落。狄德罗说过,"真理和美德,是艺术的两个密友。你要当作家,当批评家吗?请首先做一个有德性的人"。他还说,出于作家、艺术家之手的每一件作品,"都必须是有原则的,都必须是对观赏者有教育意义的"。

二

对于这个问题，我们确实是应当认真予以思考的。不错，我们的作家是享有选择创作题材和发挥艺术才能的充分自由的，我们的作家也是享有以自己的精神产品向社会索取经济回报的权利的，但是在如何具体发挥这种自由和实现这种权利时，可就要受到道德、法律和美学原则的驭御和限制了。尽管这种驭御和限制在多数情况下并非是物化的和强制性的，但它却是严格的和不容违逆的。一旦僭越和违逆，必定要受到抑弭与惩处。除了法律、道德、规章、舆论等方面的辖制之外，更有美学规律与市场法则的监察与裁治。规律和法则是一只看不见的手，但却是一只无处不在的强有力的手。事实上，任何作家的任何创作，都无不处于它的调控与驭制之下。为什么我们有一些作家的自我感觉良好的得意之作，偏偏得不到社会的关注和读者的青睐，并在评价上和市场上连连受挫呢？为什么我们有些作家的率然以性示人的所谓"前卫"作品，在与"禾林爱情小说"以及《廊桥遗梦》《菊花香》《冬季恋歌》等这些进口爱情小说角逐市场时却连连败下阵来呢？为什么有那么多的读者由于在作品中找不到时代的浪潮、历史的脊梁、感情的纯真和生活的质朴，而无奈地对文学报以失望和疏远呢？说白了，就是这只看不见的手在起作用。

创作所崇尚的，是崇高、深刻、新颖、卓异与个性化，而文学则最需要刚健美奂和丰富多彩。所以，"翡翠兰苕"与"鲸鱼碧海"，只要是来自生活、趋赴时代、具有创新精神，并符合真、善、美的原则与要求，读者都是欢迎的，社会也都是需要的。不过，从更宏阔、更本质的意义上说，我们当然更需要和更欢迎全方位反映社会变革、描绘生活大潮、表现时代精神的鸿篇巨制与瑰丽之作。这正是喜"见翡翠兰苕上"，更"掣鲸鱼碧海中"。

第 6 章

文化与文艺评论的功能
及其实现路径和方略

文艺的繁荣与发展，离不开文艺评论的引导和驱动。因为文艺评论作为文艺创作的一种评鉴机制和驱动力量，自有其不可替代的特殊功能与巨大作用。而文艺评论的效能凸显和价值实现，则又唯在于它所秉具的理论品格、精神内蕴、时代韵律和科学素质。因此，我们在倡扬和提振文艺评论的同时，也必须赋予其足以担当时代重任的粹质与能力，这就要求文艺评论在行使自己美学使命的过程中，一定要以清淳、敏睿、明达、深邃的品格和衔史、撄时、务实、求真的资质走完全程，并不断地有所提升，有所发展，有所开拓，有所创新。

一

文艺是一种精神构建，而任何精神构建在本质上都是对以"人"为核心的社会生活的艺术反映。这就不仅使文艺本能地成为社会生活的审美体现与精神赓延，而且也天然地使之与时代、政治和现实社会生活发生着割舍不断的血肉关联。

于此情况下，作为对文艺创作进行臧否评骘与方向引导的文艺评论，当然就更应高屋建瓴地站在历史、社会、时代和政治的高度，对其所评骘和引导的对象施以科学认知、宏观把握、精神定位与正确驱动了。不如此，便不足以尽到文艺评论的责任，更遑论发挥文艺评论对创作的巨大推动作用与特殊观照功能。而要如此，文艺评论本身则必须赋有更高远的基准、更宏阔的视阈、更敏锐的眼光、更精允的判断、更清晰的洞察、更透彻的理喻、更深邃的钩稽和更明睿的诠达。因为只有这样,文艺评论才能够做到像鲁迅所要求的那样"坏处说坏,好处说好"①"剪除恶草……灌溉佳花"②。

实际上,在任何时候文艺评论对文艺创作所应当起和能够起的作用,就都是这样。按说,这并不是什么难事,更不是对文艺评论的额外苛求,但在实践中要真正做到这一点,却往往是很难很难的,特别是在世俗化和功利心越来越浸染文化意识和驭控笔锋走向的情况下,要实实在在地做到这一点,就更不是一件容易的事了。事实上,一个时期以来文艺评论之所以会出现孱弱化和边缘化的倾向,其主要原因就是它渐渐失去了本应禀赋的品格和功能,并因此而越来越不被信任和崇尚。

文艺评论,本来是要对文艺活动、文艺创作和具体作品的倾向与得失,进行具有权威性和说服力的评鉴与引导,并以缜密的创造性思维而赋予其以思想的内曜与美学的光彩,从而使创作主体从中得到启迪和感悟,同时也引发受众的文化自觉和促动读者的阅读欲望,进而在不同层次和不同范畴中对作者和读者共同实现不同程度的提升与引导,并通过对作品的思想发掘和艺术诠释而形成文艺作品的准确社会定位与恰切艺术定格。这种定位与定格,往往就是构成民族和时代文艺发展走向与轨迹的基本元素和主要标识。一个国家的文化史、一个民族的文化值、一个时代和社会的文化精神与文化魂魄,往往就是这样形成和奠立的。想想看,如果只有《离骚》《史记》《红楼梦》和《阿Q正传》,而没有对之的研究和论述;只有孔子、李白、曹雪芹和鲁迅,而没有对之的分析与评说,那么,这些作品和这些作家的价值与意义,乃至其在民族和世界文化发展中的地位与作用,还会像我们今天所认识到的这样具有普遍性、深刻性和典范性么?其在文化史册和民族心愫中的渗透力和影响力,还会像现在这样广泛、深刻而崇高么?答案无疑是否定的。

事实上,无论是文化史、文学史或艺术史,都是以评论家的具有事实依据、科学精神和卓拔见解的"定评"作为根据而逐渐书定的。评论家们不仅以自己的个性化和创造性劳动书定了炫示民族精神与照耀思想苍穹的文化史,而且以特殊的方式与坚忍的耐力发现和磨砺了众多原本并不为人所知的文化珠玑与艺术巨匠。像对《论语》和《离骚》之价值的认识,就是在一代一代的不断发掘和提升中逐渐深化的;像对卡夫卡的小说和凡·高的绘画的认识与评价,也是在众多评论家的不断

---

① 鲁迅:《南腔北调集·我怎么做起小说来》(1933.3.5),《鲁迅全集》第4卷第395页。
② 鲁迅:《华盖集·并非闲话(三)》(1935.11.22),《鲁迅全集》第3卷第114页。

"发现"和深入探赜中逐渐得到提升的。特别是像徐渭这样的大画家，虽然今天早已是艺术天昊中的璀璨明星了，但如若没有当年袁宏道的慧眼识珠和大力评荐，那就极有可能至今仍被埋没在历史的蒿莱与岁月的尘垢之中而不堪世铭和不为人知了。确乎，正是理论家袁宏道从散佚于民间那"烟煤败黑，微有字形"的残卷余幅中，才发现了青藤艺术的内蕴与真谛。

　　文化的价值不仅在于创造，而且更在于发掘、发现、认识、扬励和不断的创造性的磨砺与提升。文艺评论的作用正是这样。莎士比亚戏剧，一开始就只是在乡村戏班子里巡回演出，其受众地域之狭小和影响范围之逼仄，都足以使之成为不登大雅之堂的短命艺术，而正是评论家们的发现和荐举，才使它名声大振、不胫而走，并一步步地成为享誉世界的戏剧艺术瑰宝。《红楼梦》的手稿甫一开始，也只是在民间秘密传抄，写作者唯为录事、言情、抒意，传抄者唯在好奇、谑趣、娱心，谁也没有思考和追索它的社会意义究竟有多大，文学价值究竟有多高？举凡这些，都是后来的评论家和研究者们一步步地将之发掘出来，并以之而启示和引导读者从中撷珠探宝、觅蹊采珍，直至发现和架构出一个无限风光任徜徉的大千艺术世界。鲁迅只活了 55 岁，著作只有 600 余万字，可时至今日，研究和评论鲁迅的书籍与论文加在一起，其文字量又何止超过鲁迅著作的十倍、百倍？也正是在这种世界性的鲁迅研究与鲁著评说中，才不但步步深入地解析了鲁迅著作的精髓，而且也更渐入佳境地抟炼了鲁迅精神的粹质。我们现在认知中的鲁迅之崇高与伟大，其实就正是在这个过程中完成的。

　　历史与现实总是暌隔着一定距离的，而对于文化创造和文艺创作来说，理论和评论就正是占取和弥合这种距离感的思想尺度与艺术材质。因为只有当历史在岁月衍移中沉淀和过滤了现实的混沌之后，其所熠射出来的才会是理论和评论的爝焰与光彩。人们对一个具体文化产品之价值的认识和接纳，往往都会有这样一个过程。对于文艺作品来说，即时的热捧和一时的轰动，收视率的爆棚和市场上的走俏，都并不一定代表其价值的宏大与意义的崇高，而只有在时间的磨砺中所逐渐抟炼和熠射出来的凝重与光彩，才是其实际价值的真正体现。也正是在这个过程中，评论的效能才会尤为凸显和倍加放大，并为文化产品和文艺作品的最终定位和定格铸炼圭臬，以至勾画和引导着文化与文艺的既定格局与未来走向。由此足见文艺评论对于文化创造和文艺创作所具有的既不可缺如又无以旁代的极端重要性。如果说创作者是以自己的作品直接再现生活和取阅读者，那么，评论者则是要以自己的理性论骘和科学评价，通过鉴析作品而提升和引导作者与读者。从某种特定意义上说,显然理论和评论更重要。因为没有理论的匡正和指导,作家就会陷于迷惘;而失去评论的扶掖与鉴析,创作则会撂荒。在文化创造和文艺创作中,任何主体的迷惘和客体的荒率,都会使作品本身及其社会效能陷于不可估量的销铄与紊乱,乃至走向悖论,出现负值,坠入思想的冰窖和精神的黑洞,造成创作力的下沉和收获季的凋零。

这样的例证并不鲜见。人们之所以要把创作和评论比喻为车之两轮和鸟之两翼,作家、艺术家之所以要把评论家及其评论视为园丁和引擎,其原因正在于此。在一个健全的文艺生态环境中,创作和评论的任一失衡与倾覆,都会对实现文艺的繁荣与发展形成妨碍和阻滞。特别是在失去评论护佑和指引情况下的文艺创作,则无异于农民疏于对土地的耕耘和工人放弃对铸铁的淬冶。其后果无疑是不堪设想的。

二

我们肯定文艺评论的价值和作用,强调文艺评论的功能和意义,重视文艺评论对文艺创作的观照性和指导性,当然并不是无前提和无条件的。这前提和条件对于文艺评论来说,就是要求它必须剀切、精当、明睿、卓拔,必须秉有先进性和科学性,必须充盈创新思维和领异精神,特别是必须能够有效地对文艺创作起到匡正、启悟、激励、诫勉、引导和提升的积极作用。

这个前提条件很重要。只有它,才是文艺评论的精魂与枢机,才是文艺评论的全部价值和意义之所在,才是文艺评论之所以至关重要、之所以不可缺如和之所以功能独特、作用无代的全部理由和唯一根据。一旦失却这个前提条件,文艺评论在本质上也就不再是文艺评论了,因为它既不具备文艺评论的原本品格和价值,又不能发挥文艺评论理应秉有的功能与作用。而这,对于文艺评论来说,则无异于是一种自我功能摈弃和主体价值否决。

文化评论是"评论"文艺创作和文艺作品的。而进行评论的目的,则是要给予文艺创作和文艺作品以准确的鉴诊和正确的指导。这当然就首先要求文艺评论本身必须是正确的、先进的和具有睿慧眼光与高卓见解的了。打铁先要本身硬,矮子何以搀巨人?而恰恰正是在这一点上,我们的有些文艺评论却犯了大忌。它们要么见解平庸、思想灰暗;要么语词晦涩,概念扭曲;要么以述充评,文不逮意;要么褒贬失当,结论褊畸,甚至还出现了什么"红包"评论、人情评论、御用评论、权谋评

论、唯美评论、超现实评论、技术主义评论和"去政治化"评论等。这样的所谓文艺评论,哪里还具有文艺评论的素质与品格呢?当然也就无法起到文艺评论所应起和能起的积极作用了!

鲁迅说过"文艺必须有批评"①。但鲁迅更说过:"我们所需要的"只是"坚实的,明白的,真懂得社会科学及其文艺理论的批评家"②。为了这个愿景的实现,鲁迅甚至不惜一再降低标准和要求,提出"我对于文艺评论家的希望却还要小。我不敢望他们于解剖裁判别人的作品之前,先将自己的精神来解剖裁判一回,看本身有无浅薄卑劣荒谬之处,因为这事情是颇不容易的。我所希望的不过愿其有一点常识⋯⋯"③。把对文艺批评家的要求降到了仅"愿其有一点常识"的低标准上,自然是一件十分无奈的事,但它却也说明连一点常识也不具备的所谓"批评家"却并非绝无仅有。

文艺评论的质量和效能,只能取决于文艺评论家的情操、能力与水平。因此,要提高文艺评论的质量和效能,就必须不断提高文艺评论家的思想水平、知识结构、认知能力、艺术素养和道德情操。为此,从文艺评论的现实情况和实际需要出发,我认为评论家在其评论过程和评论成果中至少应当从以下三个方面进行积累、淬冶和修炼。

首先是要处理好文艺评论与文艺理论的关系。理论既是思想的依据,又是评论的根基。评论只有在理论的基础上才能实现生发、升跃与延伸,才能趋于厚实、坚挺和新蔚,也才能有思想、有力量、有内涵。否则,评论就会被平庸和浅薄所弥漫,就会缺乏隽意和深度,就会成为生命力极度脆弱的涸辙之鲋和说服力十分有限的表面文章。正因为如此,历来的大评论家就无一不是一身兼为理论家和学者,甚至还是翻译的高手和创作的能手。而在这方面,恰恰是我们现在许多评论家的短板,并因此而使我们的文艺评论常常显得评述多于论赜,陈言壅堵探蹊,冗叙替代思想,谬说冒充创新。这样的文艺评论,实际情况是只有"评",而没有"论";只有"学",而没有"思";只有"腻",而没有"彩";只有"玄",而没有"益"。而真正有思想、有力量、有情彩的文艺评论,则注定应该是理足评当、意懋思深、寻蹊探奥、臻于旨归。

其次是要处理好文艺评论与政治和艺术的关系。曾几何时,在文艺评论界兴

① 鲁迅:《花边文学·看书琐记(三)》(1934.8.22),《鲁迅全集》第 5 卷第 444 页。
② 鲁迅:《二心集·我们要批评家》(1930.4),《鲁迅全集》第 4 卷第 188 页。
③ 鲁迅:《热风·对于批评家的希望》(1922.11.9),《鲁迅全集》第 1 卷第 468~469 页。

起一股风,就是远离政治,只谈艺术;阻断传统,倾慕"西潮";告别"在场",回归自我。这导致我们的一些文艺评论在行文立意上不仅退出了现实,而且也规避了政治和暌隔了时代,悖逆了历史和疏远了人民。其所筛落下来的,也就只有新名词轰炸、自我意识的无规则膨胀以及所谓的"新锐"概念和"前卫"思潮的漫天盘绕与胡乱纠结,乃至常常在恣肆汪洋的篇幅里和荒诞怪异的理念中所裹藏着的,却仅仅是一个小小的和不可捉摸的空洞意概与猥琐思骸。这无疑是蹈入了一个认识论的误区。文艺创作要民族化、时代化、社会化,文艺评论当然也应当和必须具有民族化、时代化和社会化的品格与气质。否则,评论与创作就会无法实现对接。对于西方文艺思潮当然不能无视,不能拒绝,但吸收则必须是有淘漉、有选择,必须做到择其优而为我所用,撷其用而对我有益。即使如此,中国气派和中国风格也仍旧永远都是我们文艺评论的时代标识与精神芯片。至于对政治的规避,那就更是一种思想的颟顸与认识的幼稚了。政治是融化在现实社会生活中的,人是社会生活的核心和主体,文艺创作是以"人"为描述和表现对象的,或者说是以写"人"为旨归的。那么,作为以评析和引导文艺创作为己任的文艺评论,又怎么能够规避得了政治呢?这简直无异于痴人说梦。正经说来,文艺评论只有认真研究如何才能更好地从政治和艺术两个方面给予文艺创作以切实的和科学的谋划与引导,才是正道。只有从政治上和艺术上对文艺创作进行全面观照和有力驱动,才是文艺评论崇高的历史责任与永恒的时代主题。

第三是要处理好文艺评论与作家和作品的关系。文艺评论的对象是文艺作品,而作品又是由作家、艺术家们创作出来的。在作品中,常常是作家、艺术家价值观和审美观的情韵表达与艺术流露。既然如此,文艺评论在评析作品时就不能不顾及到创作主体。事实上,也只有在将作者看做作品的背景和底片时,评论本身才会更全面、更准确、更有力。鲁迅不仅说过"我总以为倘要论文,最好是顾及全篇,并且顾及作者的全人,以及他所处的社会状态,这才较为确凿"[1]。而且认为"要论作家的作品,必须兼想到周围的情形"[2]。文艺评论的生命之源和价值之枢,也就唯在于它能对作品作出肯綮而科学的评析,并引导作家、艺术家在明得失和知方略的高度自觉中不断地得到提升和发展。而要实现这个目标,认真处理好与作家和作品的关系便显得至为重要,其要点有三:一是全面考察和掌握作家与作品的相

---

① 鲁迅:《且介亭杂文二集·"题未定"草(七)》(1935.12.18),《鲁迅全集》第6卷第344页。

② 鲁迅:《且介亭杂文二集·后记》(1935.12.31),《鲁迅全集》第6卷第361页。

关情况和信息,并对之进行有机联系与缜密分析,从中找出个性化和规律性的东西来;二是既要对作品负责,又要对作家艺术家负责,坚决做到有一说一,有二说二;好处说好,坏处说坏。既指出优长之处,促其擅扬;又指出不足之处,助其改进。既以理论的阐释帮其提升认识,又用忧挚的诚勉勖其鼓足信心。在这个过程中,作家、艺术家也同样需要有足够的真诚与耐心,尤其需要有虚怀和雅量,绝不能只愿听好的,不愿听孬的,更不能媚取和诱发评论家的违心之论和不实之谀。三是评论家不仅有责任对作品进行评析和品鉴,而且也同样有责任对作家、艺术家进行理论引导和学术濡化,并使之在这个过程中不断地增强和提高精品意识与创新能力,从而在作家和评论家的开诚相见、协勉互促中共同构成繁荣和发展文艺创作的时代脉动与强大合力。

十、时代品位之文化提升

——论文化的全球战略

第 *1* 章
文化的全球定位与民族特色

文化的民族化与全球化是统一的、辩证的,并在一定程度上具有一定的因果关系。只有在有效地实现民族化的情况下,才能有效地实现全球化。

在经济全球化的时代浪潮中,文化的全球化不仅势在必行,而且是越来越明显地加快了进程,这是机遇,也是挑战,我们必须予以积极的应对,以便在竞争中稳操胜券。

一

面对文化全球化的强劲走势,我们的任务就是给民族文化以准确的定位,对民族文化进行继承、丰富、弘扬和创新,在积极汲取和融会世界优秀文化的过程中,不断地强化民族文化的特点和个性,不断地丰富民族文化的蕴涵和提升民族文化的品位,不断地赋予民族文化以新的姿容与新的涵义,使民族文化在不断实现创新中不断得到丰富和发展。而绝不是相反,也绝不能相反。任何弱化和排斥民族文化个性与特点的认识和行为,都是与文化全球化的本义相悖的,也都是不科学和不实际的。

文化的全球化,主要是指文化的全球交融与全球接受,文化内容的延伸与文化受众的扩大,文化观念的更新与文化审美的泛化,以及文化载体与文化形式的多样化,文化创造机制的科学化与开放化,文化生产的产业化、规模化与市场化趋向等。毫无疑问,对于文化自身来说,这是一次巨大的变革。在这场变革中是实现飞跃呢,还是走向沉沦?关键就在于如何认识和确定民族化在全球化进程中的地位与作用。这主要是由于文化与经济、政治和科学技术等虽然同属于构成综合国

力的重要因素,同样具有生产力(精神生产力)的性质和功能,同样在一个民族、一个社会和一个国家的发展中起着重要的和无可旁代的作用,但是文化又毕竟是文化,它有着区别于经济、政治和科学技术的诸多个性化特征,在时代的发展与社会的进步中,在人类文明的历史进程中,它总是以自己特殊的方式发挥着特殊的作用。它的效能虽然不能量化,但却是既必不可少,又十分重要;它的存在及其所发挥的作用虽然在许多情况下都是潜在的、无形的,但同时却也是明显的和巨大的。一个人的思想风貌、精神境界、道德情操、认识水平、智慧程度、创新能力,一个民族的灵魂与脊梁,一个社会的秩序、公正、良知和集体无意识,一个国家的文明程度和进取精神,一个时代的变革力量、开拓勇气、知识积储和道德素养等,都是文化及其作用所形成的结果,都是文化用自己神秘而万能的雕刀所精心雕塑出来的精神形象、道德形象、智慧形象与文明形象,都是文化的造化与赐予。特别是在现代社会中,文化的范畴越来越广泛,文化的内涵越来越丰富,文化的功能越来越突出,文化的作用越来越巨大,乃至于被认为是政治斗争的"软权力",经济发展的"大杠杆",社会进步的"火车头"。人们越来越从经济发展和社会进步的实践中认识到:今天的文化就是明天的经济,而政治则越来越被文化所融会,在许多情况下政治常常是以文化的形式出现,并借重于文化而发挥其作用。

　　毋庸置疑,文化的作用是广泛而重要的。但是,要使文化充分发挥其作用,就必须充分认识文化的个性化特征和内在规律,并在实践中尊重这些特点和规律,正确驾驭这些特点和规律。在文化的诸多特点和规律中,最重要的就是它的不可逆性和它的民族性,而它的不可逆性又主要是通过它的民族性来涵载和体现的。所以,只有民族性才是文化的脊梁和灵魂,才是文化的特质所在,也才是文化能够存在并发挥积极作用的前提与基础。正如别林斯基所说,所有的艺术,就其内容而言,便都"是民族的历史生活的表现",而每个民族的诗,则"都是人民意识的直接表现"。因此,一切形式和内容的文化创造,在本质上都是和人民生活"紧密地融合在一起"的。别林斯基强调指出,"这就是何以诗必须有人民性,何以一个民族的诗和一切其他民族的诗不同的缘故"。的确,文化创造和文艺创作的最基本、最主要的性质、特征和规律,都是或直接或间接或显明或隐蔽地体现在其民族性之中的。如,文化产品的时代性、大众性,文艺创作的不可逆性,艺术的个性化特征和文学的独炫异彩的气韵与风格,乃至一切文化创造对生活内容和艺术营养的灌注与汲取,便都是有赖于深宏富厚的民族性的。因为任何人、任何社会和任何国家,都属于一定的民族,或者是由一定的民族所构成的。在其所长期形成的民族性中,既融会着历史的积淀与现实的变革，又涵载着生活的内容与精神的冀望；既凝聚着智慧与文明的创造，又呈露着民族与时代的景致；既宣示着崇高的理想与美好的憧憬，又激扬着改革的力量与创新的热情。一切形式和内容的文化与艺术创造，只要真正地表现了它所隶属的民族的民族性，它也就必然具有了历史感、人民性和时代特征，它也就必然具有了独特的个性、气韵与风格，并因此而获得思想意义与美学价值，成为名副其实的"这一个"。在文化艺术创造中，"这一个"是佳境，也是至境，它是对不可逆性的最完满和最有效的实施，它是独创性、个性化的充分体现。

显然，民族性并不只是指民族的隶划与归属，而主要是指以民族为单元和载体的社会生活、历史变迁、时代特征、精神追求、经济发展与人文景观的凝聚、熔铸与升华。民族性不仅是特定社会、特定历史、特定时代、特定地域、特定生活与特定人群的最富于个性和代表性的标记，而且是对所有这些内容的最权威和最典范的涵寓与诠释。

正是在这个意义上，我们才强调指出，在经济、文化全球化的时代进程中，决不能弱化和衰减文化的民族性。全球化为民族化提供了丰富自身和强化自身的机遇与条件，我们必须抓住这个机遇，利用这个条件，积极为民族文化注入新的营养，砺炼新的活力，增添新的内容，炽燃新的亮点，不断地赋予文化以淳朴厚重的民族性。事实上，也只有不断地丰富和强化文化的民族性，才能真正实现文化的全球化。这既符合大众的愿望和时代的要求，也契合审美的法则和艺术的规律。因为文化与艺术创造最忌讳摹袭与雷同，最崇尚独创与个性。在任何时候所进行的任何文化艺术创造，都无一例外地要以独创作为其生命的灵魂，以新颖作为其价值的支点，而独创、新颖、丰富性和个性化这些文化与艺术的生命要素之源，恰恰就主要蕴育于民族性之中。莎士比亚、歌德、贝多芬、普希金、列夫•托尔斯泰、罗丹与鲁迅等大师们之所以为大师，之所以具有"永恒的魅力"，就因为他们终生不懈地从民族历史和民族生活中挖掘着精神文化的矿藏，就因为他们的作品具有鲜明而突出的民族性。民族性不是限制他们走向世界，走向永恒，而恰恰倒是为他们走向世界和走向永恒插上了飞翔的翅膀。相反，那些刻意追求走向世界，梦寐以求登上斯德哥尔摩领奖台和获得奥斯卡小金人，并为此在创作中抛弃了民族性的创作者们，所得到的结果却往往事与愿违。何故呢？根本的原因就在于他们抛弃了民族性。因为抛弃了民族性就意味着抛弃了文化的根基，堵塞了艺术的生命之源，就意味着与历史、时代和人民大众的疏离，就违拗了创作的不可逆规律和"这一个"法则。所以，文化的全球化与民族化不仅不是矛盾的、冲突的、对立的，而且还是相促

的、相激的、相谐的,它们完全是一个辩证的统一。当然,要使其真正实现辩证的统一,还必须恪守一个前提条件,那就是正确地认识和处理它们之间的关系,科学地建构和调理它们之间的机制,真正将它们纳入良性的意识与艺术的运行轨道。

<h1 style="text-align:center">二</h1>

我们之所以要强调正确认识和处理民族化与全球化之间的关系,强调民族化在全球化进程中的准确定位与不断创新,除了这个问题自身的重要性和紧迫性之外,还因为在我们的文化创造和艺术创作实践中确实出现了一些不正常现象,甚至出现了精神生活物欲化、美学命题世俗化、西方文化主流化、现代主义纲领化的现象。这些现象的出现,肯定是对文化艺术的民族性的耗散与排斥,在客观上势必要将处于全球化进程中的文化艺术创造引向歧途,造成民族文化在全球化进程中的易质现象和弱势地位,最终导致文化全球化出现颓势。因为文化全球化是以文化民族化作为实现要素的,不健康的实现要素必然要影响到要素的总体构成,使文化全球化受到阻滞,出现瑕疵。

这种现象,其实就出现在我们身边,正像西方文化学者亨廷顿所说的那样,"全球化在本质上是西方文明的世界化"。现在的问题是,一些文化从业者和文化创作者在采撷西方文化时,常常定位不准、视角不正、方法不当,缺乏淘漉和选择,缺乏识别和比较,缺乏消化和升华,乃至良莠兼蓄、新旧并取、以莠为良、以旧当新的现象时常发生,从而把汲取世界优秀文化滋养和壮大民族文化,变成了拾人牙慧而冒充文化时尚;用西方现代主义和后现代主义文化倾轧和取代民族文化与乡土文化;甚至把对西方文明的引进和借鉴,也变成了对颓废文化和殖民文化的膜拜与张扬。这样做的结果,不仅使文化产品和文艺作品在思想内容上与我们的社会生活和时代精神相脱节,而且在艺术形式和表现方法上也有悖于文化艺术产品的个性化特征和民族的大众的美学情趣与审美习惯。被毕加索称誉为"20世纪最伟大的画家"的巴尔蒂斯,不但十分景仰中国民族文化,而且对西方现代主义艺术作过这样的评价:"那种被无耻称作'现代艺术'、'前卫艺术'的瘟疫",正产生着贻害无穷的影响。"到处都是它那令人厌恶的形象,粗野之辈还跑到北京大砸一通提琴(真是绝妙的象征之举!),它竟因此而征服整个世界!这是美国生意经!竟在中国公众面前耍弄",不仅是砸提琴,更有那令人不寒而栗的所谓"行为艺术"的丑陋表演。由此可见,文化的全球化绝不是简单的西方现代主义文化的流行化、普及化、主流化，而是必须在严格选择中汲取世界优秀文化和继承民族传统文化的基础上，通过铸冶、淬炼、升华与创新而打造出全新的民族文化，并以之组成全球文化的精神序列，从而实现文化的全球化发展战略。只有在民族文化的熔炉中所铸炼出来的高度个性化的文化产品和艺术作品，才能为世界大文化格局和大文化肌体注入源源不断的活力，也才能以丰富多彩的文化景观为全世界的人们所欣悦，所接受，所赞美！

为此，我们的文化创造和艺术创作，就必须始终以营构、丰富、发展和弘扬民族性为己任，在题材、内容、气韵、风格、方法、形式等方面，都鲜明地突出民族特点和民族气质，都强力地打造坚挺的民族脊梁与浩宏的民族精神，并以此构成一道跳跃着民族灵魂、跃动着民族脉搏、高扬着民族精神的旖旎而亮丽的时代文化风景线。只有从这个基点上迈出坚实的步伐，才能为文化的全球化作出有益的贡献，并真正实现文化的全球化。因为我们所赋予文化的民族性和民族化的基本涵义是：时代精神与民族精神相统一，文化品位与文明品格相统一，审美情愫与道德情操相统一。

文化的全球化是一个时代的大趋势，我们不能忽视，不能逃避，我们唯一的选择就是积极地应对，而我们实现这种应对的最基本和最重要的战略擘划与行动步骤，就是从民族化走向全球化。只有从真正的民族化才能走向真正的全球化！

对于此，莫言的小说创作就不失为一个现实例证。2012 年度的诺贝尔文学奖之所以授予莫言，不是因为他的创作量比别的作家大，更不是因为他模仿了现代主义和后现代主义的艺术形式与表现手法，当然也不是因为他"新锐""前卫""先锋"，而恰恰是因为他的小说具有浓厚的地域特点和方土情结，并以此氤氲出了淳酽的中华民族的民族性和历史变革的时代特点。

第 2 章
占据文化发展的制高点

文化,不仅是与经济、政治、社会等共同构成综合国力与时代风貌的一个不可或缺的重要方面,而且也是最能全面涵盖和大力促进经济、政治、社会等实现提升与发展的智力资源与精神支柱。所以,在国家与民族的复兴和崛起中,文化是至关重要的。

文化的这种重要性,主要体现在"质"与"能"两个大的方面。对于我们来说,这"质",就是先进性与时代性;而这"能",则主要体现在文化所具有的强度和所发挥的效力上。正因为如此,我们便必须占据文化发展的制高点,并从这种占据中充分掌握应对全球文化竞争的主动权。

一

随着信息时代的莅临,世界的距离缩小了,人们的沟通快捷了,社会的交往越来越频繁,意识的融变也越来越急遽。于此情况下,作为国家和民族之思想键盘、精神支柱、智慧渊源与道德矩范的文化,不仅面临着激烈的竞争与严峻的考验,而且还要承受在竞争中被强势文化所消泯和吞噬的风险,在考验中由于失去自身特点和优势而沦为霸权文化之附庸的卑微与尴尬。

为了应对这种挑战,以使我们的文化在竞争中渐增实力、益显风采,我们就必须将建设社会主义先进文化作为大方向和总目标,努力占据文化发展的制高点,切实掌握参与和驾驭全球文化竞争的主动权,真正以旺盛的创造力和不竭的进取精神,扎扎实实地在具有悠久历史、深厚积淀、丰富遗存和鲜明特色的中华民族文化、传统文化与时代文化的基础上,源源不断地创造出辉映着五千年文明和钤印着改革与发展时代之鸿迹的社会主义先进文化，并使之能在与世界文化的交融与对阵中独烁异彩、蔚为大观，成为社会的关注点和时代的闪光点，从而对经济发展和精神升华起到有力的引导、支撑和驱动作用。

在繁荣社会主义先进文化的同时，我们更要发展社会主义先进文化。这不仅是建设中国特色社会主义的应有之义，是思想精神上的旗帜，是推动我国经济发展的必然要求，是实现中华民族伟大复兴的显著标志；而且既是"构建和谐与文明社会的重要任务"，又是"构建和谐与文明社会的重要条件"。正是为了完成时代所赋予我们的这一重大担当和神圣使命，我们便必须占据文化发展的制高点，真正在"会当凌绝顶"的过程和"一览众山小"的境界中扩大视域、鸟瞰全局、开拓胸襟、谋划方略，察世界文化格局于昊天，揽全球文化胜券于彀中，真正具有进取裕如、纵横捭阖的自觉性与主动权。

在建设和发展先进文化与时代文化的过程中，占据制高点和掌握主动权，是相衔的、辩证的、互促互动的。它们既是因果关系，同时又有反哺功能。占据制高点虽是掌握主动权的必要前提，但一旦掌握主动权，具有了筹划大局和驭制方略的资质与能力，也就更能占据制高点，从而在更大的范围和更高的层次上取得更为宏博和更加充分的主动权。

我们要占据文化发展的制高点，就必须从我们所追求的目标和所特有的基础出发，真正利用我们的文化优势来实现我们的文化目标。繁荣和发展社会主义先进文化与时代文化，并使之在世界文化的总格局中韶华灼灼、独炫异彩，获得广泛的认同和由衷的赏悦，成为中国的时代风采与魅力形象，成为中华民族的文明展示与精神象征，有力地推动着和鲜明地标志着中华民族在改革与发展中的和平崛起与伟大复兴，是我们所鼎力奋斗和执著追求的文化目标。为了实现这一目标，我们就必须深刻认识和充分发挥我们的文化个性与文化优势，并不断地以创造性的劳动使之个性更显、优势更优。因为任何文化创造、文化服务和文化产业，都只有以其鲜明的个性，才能形成自身的优势；又都只有以其强大的优势，才能在人们的广泛认同与欣然接受中产生价值和发挥作用。我们要占据文化发展的制高点，就首先必须认识和把握我们民族文化的个性与优势，并在这个基点上进行富于时代意义和创造价值的发掘、升华、融变、汲取、整合与创造，不断地铸炼和衍生出新的产品、新的经验、新的形式与新的价值，从而使我们民族文化的个性与优势得到更为有力和更加强大的凸显与增殖，以至成为异彩纷呈的世界文化总格局中的新亮点、大主流与强势力量。

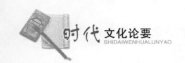

那么,我们民族文化的个性和优势究竟何在呢?主要就在于它的历史悠久、积淀深厚、内容丰赡、形式多样,涵负着深刻的历史经验与鲜明的时代特征,蕴寓着强烈的爱国主义和高尚的道德情操,闪耀着灿烂的思想光芒和纯正的精神内曜,激扬着充沛的创造热情和不屈的奋斗精神。五千年的历史文明,一个多世纪的新旧民主主义革命,濒于一个世纪的社会主义革命和建设,30余年的改革、开放与发展,最终都以文化的形式沉淀下来,并逐渐升华成为历史的龙脉与时代的画卷。这,就是我们民族文化的基本个性与最大优势。因为正是在这个过程中形成了丰富的、灿烂的、个性化和中国式的文化创造、艺术情韵与审美追求,形成了鲜明而深刻地存濡着中国精神与中国风格的民族习俗、道德规范、思维方式与智慧法典。当这一切都以文化的形态表现出来、承传下来、弘扬开去的时候,也就自然形成了我们民族文化的个性与优势。因为我们的民族文化不仅是丰富的和强大的,而且是具有别无可比和独炫异彩的鲜明个性与特殊资质的。

<h1 style="text-align:center">二</h1>

只有精习过往,方可开拓未来;只有步起宏基,才能跨越发展;只有体近而知远,方可察显而识微;只有固本而纳异,才能强己而炫人。

这是一个至理,这也是一个规律。我们既然要占据文化发展的制高点,就必须牢牢站在我们民族文化的基点上,并自觉而不断地扩大和强化这个基点。因为这个基点既是我们走向文化制高点的出发地,又是我们占据文化制高点之后的落脚处。从出发到占据,我们始终都不能瞬间离开这个基点,我们始终都必须忠实而牢固地依托这个基点,区别只在于出发时是以这个基点作为资源、条件和动力,而占据时则是以扩大、延伸、提升和丰富这个基点作为前提与目的。如何找准我国文化发展的方位,创造民族文化的新辉煌,增强我国文化的国际竞争力,提升国家软实力,是摆在我们面前的一个重大现实课题。不言而喻,科学而认真地做好这一课题,是我们占据文化发展制高点的关键之所在,而要做好这一课题的关键,则又在于必须科学认识和正确处理民族文化与域外文化、本体文化与客体文化、历史文化与现代文化、先进文化与时代文化的相互关系,真正找出和确立它们之间的时代定位与因果属性,并在最现实的文化实践中予以兑取和体现。

民族文化是我们占据文化发展制高点的最大资源与优势资本,也是我们汲取和吸收一切域外优秀文化的基础与主体。所谓占据文化发展的制高点,实际上就是通过对民族文化的挖掘、创新、弘扬与提升，使之成为一种具有张力和定力、富于活力与魅力的新型文化形态。这种文化形态，既是个性化的共融，又是中国式的典范，它以自身所特有的内容和独具的形式而熠出于世界文化之林，并在人们的广泛认同与一致悦取之中形成主体与强势。这种主体与强势的形成之日，也就是我们占据文化发展的制高点之时。为了形成这种主体与强势，我们所要做的工作固然很多，但最重要、最根本的工作则始终都是对民族文化的尊重、守望、承传与创新。这是做好其他一切相关工作的前提与基础。文化，向来被认为是"经国之大业，不朽之盛事"。民族文化就是我们中华民族之形象与精神的代表、智慧与德操的萃集、意志与理想的表征、情愫与境界的宣示。民族文化是在长期的历史演绎中伴随着我们民族之奋斗与前进的步履和跫音而逐渐积累与形成的。对于中华民族来说，它是永远无法割离的，也是永远不能取代的，它不仅伴随我们的民族从远古走来，而且也注定要伴随我们的民族向未来走去。这个历史的法则和时代的定律是谁也无法改变的。我们要做的工作就是如何才能更科学更有效地把我们的民族文化继承下来、弘扬开去，不断地通过淬炼和创新而使之更精、更淳、更新、更美，并以此在世界文化的总趋势与大格局中越来越凸显其自身所特秉的资质与魅力。

这，便是我们占据文化发展制高点的最佳选择和必由之路。

此中有一个极为重要而又最为歧义蜂生的问题，即在发掘、承传、创新、提升民族文化的过程中，应当如何对待和处置域外优秀文化，特别是西方文化中那些优秀的可资汲取和借鉴的成分与元素。我们能不能占据文化发展的制高点，与这个问题解决得对不对和处理得好不好关系极大。自近代以来，特别是自改革开放以来，这个问题解决得如何，常常会直接影响着我们的文化走向与文化绩效。对于这个问题，我们的总原则和大方向必须十分明确、十分清楚，那就是一定要坚定不移地继承和弘扬民族文化，并以之作为占据文化发展制高点的核心与主体。与此同时，也一定要积极主动地吸收和借鉴包括西方现代文化在内的一切优秀的域外文化成果，并使之为我所融、为我所用、为我所化。这里的关键在于：谁是主体，谁是客体？谁是器官，谁是养料？谁是根本，谁是辅从？究竟谁为谁服务？都必须有一个明确的分野和认定。这些问题清楚了，在文化建设与文化创造的实践中就不会出现倾向性的偏颇和方向性的悖论了。

对于我们来说，民族文化永远都是文化的主体与根本。我们从域外选择和汲取的一切优秀文化成果，其目的都是为了给我们的民族文化输送和提供养料，以使它发展得更快，发展得更好，发展得更优秀和更强大，而绝不是也绝不能是以之

倾轧、销铄、吞噬和取代我们的民族文化。换言之,也就是要用域外文化中的优秀成分和健康元素来为我们丰富和发展民族文化而提供营养、提供服务、提供一种外促和外补的效能与力量,而绝不是也绝不能是相反。如果把我们的民族文化比作人体的器官,那么,被选择和汲取过来的一切域外文化,就都只是和只能是供给这器官消化的食物,其目的唯在于通过这种消化而使人体(民族文化)自身变得更为硕健和发达。

对于此,我们必须非常明确、非常坚定,并在实践中不懈地予以坚守和创新。否则,我们就不仅不可能占据文化发展的制高点,而且还极有可能在全球文化的激烈竞争与快速发展中被逐渐弱化和消解,乃至终究有一天会不复存在。因为文化的本质是美与创造,而美与创造的本质则是不可逆性和个性化。对于文化来说,民族性格、民族气质、民族韵律和民族精神,永远都是其实现不可逆性和个性化的基本前提与首要条件。我们的先进文化和时代文化建设,就正是要以这一基本前提和首要条件为母体和依托而进行和实现的。只有这种以民族精神和民族个性为底蕴和原色的先进文化和时代文化,才是最有生命力和历史感的,也才最能取悦、震撼和激励时代的情韵与受众的心。

对于我们中华民族来说,尤其如此。因为我们有着灿烂的文化和悠久的文明。而正是在这文化与文明交相辉映的历史进程中,为我们簇拥出了一个又一个煌煌盛世。伟大的中华民族文化在人类文明发展进程中,曾长期占据着文化发展的制高点,而凡是民族文化占据制高点的时期,也便肯定是这个民族实现长足发展的文明时代与强盛时期。在中国历史上,寿数超过200年的朝代只有四个,即汉、唐、明、清,而向来被人们视为盛世之典范的文景之治、贞观之治、永乐之治、康乾之治等,也正是出现在这四个朝代中。这是偶然的吗? 不是。这完全是事物发展的一种必然结果。因为出现长治久安和文明盛世的本质力量和支配要素,便是文化的繁荣与昌懋。事实上,中国的繁荣与昌懋的民族文化,不仅有着文明的粹质和悠久的历史,而且还是世界上唯一从未断裂和间歇过的文化。这无疑为我们占据文化发展的制高点提供了得天独厚的资源与资本。

我们在充分认识这种资源与资本的重要价值和特殊意义的同时,更应加倍地珍惜它、科学地利用它、大力地弘扬它和积极地发展它,并以它作为占据文化制高点的起点、动力、主体、信念和勇气。因为我们的民族文化既涵寓着灿烂的历史,又培孕着光辉的未来;既呈露着鲜明的个性,又秉具着优异的资质;既承载着时代的内容,又蕴存着创新的精神。我们以这样的民族文化作为本体和母株而加以滋养和培植,它便一定能够长成参天大树,在世界文化的大走向和总格局中独领风骚;我们以这样的民族文化作为基点和起点而奋力升跃和趱步前驱,我们便一定能够在最短的时间里以最高的效能和最大的跨度攀上文化发展的大境界与新高峰。

第3章
在求真臻美中导航驭舵

创新,是思想升华、精神激扬和灵智翩飞的具体表现,同时也是在理论上和实践中与时俱进、开拓进取、奋勇登攀的具体表现。建设中国特色社会主义文化,这本身就是一项巨大的创新工程,所以,它尤其需要我们具有良好的精神状态和先进的思想引导,需要我们有远大的眼光和开阔的胸襟,需要我们不断地在实践中探索、奋进,实现全方位的建构与跨越式的超越。

正是在这方面,新的文化理念与时代内容为我们提供了精神的炬火与理论的舵盘,同时也为我们指明了建设中国特色社会主义文化的正确而科学的方向、方法与途径。

一

中国特色社会主义文化,既是一种继承的文化,又是一种创新的文化;既是一种探求的文化,又是一种发展的文化。它是在马克思主义先进的世界观和方法论的指导下,在坚持辩证唯物主义和历史唯物主义的认识基础上,面向中华民族的优秀文化传统和优秀文化成果,面向大变革与大发展的时代主潮和现代化建设的壮伟历程与辉煌成就,面向以人为本的全面的经济发展与社会进步的现实生活,以艺术的方法所进行的宏伟的文化建构。这样的文化建构,有两个基本的构成要素,即"中国特色"与"社会主义"。何谓中国特色?何谓社会主义?这是建设中国特色社会主义文化的前提与基础,也是我们必须首先要搞清楚的问题。只有真正搞清楚了,才能保证在实践中予其以正确的创造性的施行与落实。

在这里,所谓"中国特色",就是要结合中国的实际,符合中国的国情,承接中国的传统,发挥中国的优势,弘扬中国的民族精神与时代精神,观照中国改革与发展的现实生活与历史进程,表现中华民族的绮丽情怀、壮美理想与伟大复兴。所谓"社会主义",就是坚持马克思主义,坚持辩证唯物论和历史唯物论,坚持改革发展与实事求是,坚持科学的发展观和以人为本的经济与社会发展方略。

早在改革开放之初,邓小平在回答什么叫社会主义的问题时,就明确指出:"马克思主义最注重发展生产力。我们讲共产主义,共产主义的含义是什么?就是各尽所能、按需分配。这就要求社会生产力高度发展,社会物质财富极大丰富。所以社会主义阶段的最根本任务就是发展生产力。社会主义的优越性就是体现在它的生产力要比资本主义发展得更高一些、更快一些"[①]。也是在改革开放之初,邓小平在阐述隶属先进文化的社会主义文艺创作的历史承担与时代使命时,更深刻而明晰地指出:"我们的社会主义文艺,要通过有血有肉、生动感人的艺术形象,真实地反映丰富的社会生活,反映人们在各种社会关系中的本质,表现时代前进的要求和历史发展的趋势,并且努力用社会主义思想教育人民,给他们以积极进取、奋发图强的精神"[②]。

什么是中国特色社会主义文艺?这就是中国特色社会主义文艺。同时,这也是建设中国特色社会主义文化的最重要和最根本的理论基础与思想导向。

既然马克思主义最注重发展生产力,既然社会主义阶段最根本的任务就是发展生产力,那么,作为代表先进文化前进方向的社会主义文艺的观照对象、描绘对象和讴歌对象,自然就应当是和必须是改革、发展与现代化建设的奋斗历程、创业历程及其所取得的辉煌成就与丰硕成果了。不论在任何时候和任何情况下,我们的文化都不能偏离这个方向,都不能背离这个宗旨,而决定地需要的则是始终都坚定地站在马克思主义的立场上,按照时代文化的旨向和要求,满腔热情而又多姿多彩地反映在改革、发展与现代化建设过程中人们的思想风貌与精神状态、人们的崇高夙愿与心路历程、人们的创新精神与开拓勇气、人们的顽强拼搏与道德操守、人们的美好憧憬与献身精神、人们的淳真情愫与远大理想、人们的殷切希望与热烈期冀、人们的艰苦探索与执著追求,并通过全方位、多侧面、广辐射、大笔触地对人和社会的生动描绘而全景式地展现大变革和大发展中的时代风貌与生活主潮,深刻而艺术地揭示生活的法则、历史的规律与人们在各种社会关系中的本

---

① 邓小平:《建设有中国特色社会主义》,1984 年 6 月 30 日。
② 邓小平:《在中国文学艺术工作者第四次代表大会上的祝辞》,1979 年 10 月 30 日。

质,用具象、典型、真朴而又富于活力与魅力的意境、场景、情节和形象,真灼而具有感染力和说服力地表现时代前进的总要求和历史发展的大趋势。

<h1 style="text-align:center">二</h1>

为什么要通过描写人,通过塑造艺术形象,通过遵从典型化原则而实现全面深刻地反映生活本质、时代特征与历史趋向呢? 因为"人"是社会生产力诸因素中最重要和最活跃的因素,因为人在本质上是社会关系的总和,因为人具有智慧、道德、情感、希求和潜力无穷的创造力,客观世界的一切美好的东西无一不是人创造的,经济发展和社会进步的原创性驱动力唯在于人的高度智慧与不断创新。马克思指出:"人不仅仅是自然存在物,而且是人的自然存在物,也就是说,是为自身而存在着的存在物,因而是类存在物。他必须既在自己的存在中也在自己的知识中确证并表现自身。"①正因为如此,邓小平才强调指出:我们的社会主义文化要有效和有力地完成自身所承担的历史使命和时代重托,就必须"要通过有血有肉、生动感人的艺术形象",必须以"人"为载体、为中介、为枢机,方可得以实现。这里所诉说的,无疑是一个生活的至理与艺术的真谛。因为在创作实践中,不论作家艺术家们的主观愿望有多么良好,也不论具体作品的题材内容和主题思想多么赋有积极的社会价值与时代意义,但如果艺术上不成功,特别是如若没有塑造出血肉丰满、生动感人的艺术形象,那么,这个作品就会是苍白无力的,就吸引不住人和感动不了人,当然也就无法发挥积极的作用,无法达到预期的目的了。实际上,鲁迅所曾谆谆告诫于文学青年的"万不要忘记它是艺术",也正是这个意思。任何文学艺术创作,在本质上都是一种富有时代精神和思想内涵的美学创造,而绝不是徒然对政治愿望和思想观念的理性化阐释与概念化图解。文化创造与文艺创作所涵载的任何思想、精神、道德和理念,都只有借助美学的燧石,才能迸出火花;假以艺术的羽翼,才能自由翱翔。

显然,邓小平在阐发文化创造与文艺创作的思想性、政治性、社会性、时代性、人民性和历史性的同时,也鲜明而肯綮地提出了贯穿于其中的艺术性问题,他画龙点睛,紧紧抓住塑造艺术典型这个核心,要求作家艺术家们在创作中必须着力塑造"有血有肉、生动感人的艺术形象"。他认为,只有在这一点上做到了、做好了,文艺

---

①《马克思恩格斯选集》第 42 卷,人民出版社 1985 年版,第 169 页。

作品才能有效地反映人们在各种社会关系中的本质，准确而深刻地表现时代前进的内在要求和历史发展的必然趋势，也才能通过文艺作品而达到用社会主义思想教育人民，并能在这个过程中给予广大人民以积极进取、奋发图强的勇气与力量。

这一思想的内曜光芒与科学性，既系统地揭示了文化建设的普遍规律，又符合中国文化事业和文化产业发展的实际情况。对于我们建设中国特色社会主义文化来说，无疑具有宏观性和针对性的指导意义与示范价值。

我们要创造全新的时代文化，就必须努力建设中国特色社会主义先进文化，而在当代中国，所谓先进文化，也就是具有中国特色的社会主义文化。从这个意义上说，建设中国特色社会主义文化不仅是历史的选择和时代的必然，而且也是人民的期冀与现实的希求。而作为文艺，它既是文化的重要构成因素，又是文化中最活跃和最具艺术魅力的组成部分。在许多情况下，文化都是以文艺的形式加以表现并给予受众以欣悦和取得社会的广泛认同的。所以，时代文化的构建对于我们建设中国特色社会主义文化来说，乃是具有极其广泛的普遍性和规律性的指导意义与典型示范功能的。其所论析和认定的文艺的思想性、艺术性、时代内容、美学规律、认识价值、教育功能、审美作用、启迪意义，以及文艺对民族精神和时代精神的涵载与弘扬等，都是中国特色社会主义文化的基本特征、本质内容和主要功能，也都是我们在建设中国特色社会主义文化的实践过程中所必须予以认真施行、严格遵循和热烈追求的。文化的本质是文明，先进文化之所以为先进文化者，就因为它在本质上所反映和所代表的是一种时代精神和社会文明。而任何形式和内容的具有积极意义和先进性的文艺创作，其所涵蕴和弘扬的也必定是一种以人为中介的时代精神与社会文明。正是在这一点上，积极而正确的文艺创作与先进文化殊途同归地达到了高度的契合，这个契合点，就是中国特色社会主义文化。

在现代社会中，文化的寓意越来越丰富、越广泛，文化的功能越来越鲜明、越巨大，文化与经济、政治和社会的变革与发展的关系也越来越直接、越密切。在这种情况下，我们建设中国特色社会主义文化，就尤须加强和凸显时代文化所包容和所阐发的旨向、法则与规律而认真地创造性地履行我们的使命与责任。因为我们的文化建设不仅要弘扬民族精神与时代精神，而且要促进经济发展和社会进步；不仅要展示大变革与大发展时代的绰约姿采与前进步履，而且要防范和抵御西方文化殖民主义的侵扰，积极守护和滋养我们民族民间文化的家园；不仅要通过中国特色社会主义文化建设实现人的全面发展，而且要通过中国特色社会主义文化建设而实现中华民族的伟大复兴！

第 4 章

西方人权观的本质
及其在文化领域中的投影

　　文化是社会生活的反映,但文化在反映社会生活的过程中也常常是一定的社会意识形态和理论思潮的具体体现。人权问题,作为社会意识形态和理论思潮的一个热点,它是必然要投影于文化领域的,也是必然要渗透和影响创作主体的人生观、道德观、美学观、艺术观和价值尺度与创作实践的。

　　在人权与文化的关系中,有两个焦点。其一是从人权的基本命题和基本原则出发,真正实现人性的归真与返璞、自律与自为、解放与升华;其二是通过对人权问题的正确理解和具体贯彻,真正实现"创作自由"与社会责任在文化行为中的和谐匹配与高度统一,从而有效地促进艺术生产力在正确方向指引下和现实生活土壤上的新爆发与新起飞。

　　然而,正是在这两个焦点问题上,我们的文化却时时受到西方人权观的侵袭与敲打,并因此而一度笼罩过云翳与雾霭,很有从理论上和实践中进行校正与廓清的必要。我们一定要以马克思主义的人权观和美学观,全方位、深层次地观照、审视、认识和评价人权与文化的关系,切实找出其中的契机,加以正确的诠释与引导。

一

　　所谓人权,就是人获取实现自身生存、发展,进行自由的创造性劳动和追求幸福生活的基本权利。在人类社会和人类自身的历史进程中,举凡积极的、进步的、正义的和革命的个体力量与社会力量, 所进行的一切内容和形式的劳动与奋斗,就其本质而言,便都是实现人权的具体手段、步骤和过程。社会主义制度的建立,就更是这具体手段中最有力的手段,这具体步骤中最合理的步骤,这具体过程中最关键、最重要的过程了。中国人民经过近一个世纪的浴血奋斗和艰苦创业,使贫穷落后、啼饥号寒的半封建半殖民地的旧中国自立于世界民族之林,开始走上了独立自主、繁荣富强的道路,仅用占世界7%的土地,就成功地解决了占世界22%人口的吃饭问题,并以法律的形式和优越的社会制度,赋予了每一个中国公民以极其广泛的民主权利和极其崇高的人的尊严——这在古今中外的历史和现实中都是绝无仅有的,这尤其是新中国对在世界范围内实现真正的人权所作出的巨大而卓著的贡献。

但是,有人却无视这洞若观火的事实,茫然接受西方资产阶级人权观的负面含义和负面效应,误云在社会主义中国没有人权,社会主义制度是与实现真正的人权格格不入的,并以此为据,在文化上提出了所谓的"本体论""主体性""回归自我""表现自我"、人的残忍的自私本质和生存竞争、极端化的"张扬个性"、无前提的"创作自由"、原始性的"人性归复"和抽去文化与文明特质的纯生物生理性的"生命意识""生命母题""生命宣泄"论等,甚至还把"人权"与"异化"扯在一起,用以否定社会主义社会的本质特征和畸转社会主义文艺的创作方向。如有一种观点在为"人权"破题时,认为"人权就是人的权利,它排除了民族、种族、宗教、国籍、性别、年龄等差别,特别是阶级差别,包括了一切人,具有普遍性……";有一种观点在阐释现代人权的基本内容时,认为"孔子只知道'克己复礼',现代中国人则要'克礼复己',要确立人的主体性、独立性,解放人的个性,肯定人的权利,并建立新的秩序和新的伦理";还有一种观点在诠解人权与社会、美学和文化的关系时,认为"所谓'人权'问题,实际上是一个异化问题","生而为人而要为人权而斗争,这本身就是异化的标志。异化的标志同时也就是谬误——即使人成为无权利、无力量的存在物的那种状况的标志。"

正是由于这些不全面、不正确的理论观点的影响,乃至文化、文艺和美学上一度流散出诸许不无乖谬的言论。什么"异化应当是当代文学的一个主题"呀,什么文学应当如实地去描写人的"如何失去主体性,描写他们的人性如何受到压抑和扭曲,描写人性的异化现象,并通过这种描写表现对异化的批判与抗议,唤醒人的主体意识"呀,什么"原汁原液地表现生活的畸变过程和人的生命本能"呀,什么"描写共同的人性和确证人之'自我',观照人的'主体'和强化人的自私本能,赤裸裸地晾露出生活、人性和生命本身,永远是文学和艺术的头等任务和永恒主题"呀,等等。

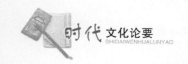

从上述"人权"向文化的迁延与渗透过程中,明显地可以看出人权本义的失落和文化本性的畸化。它已经不是正常意义上的人权和文化了。从人权向文化迁延渗透所形成的后果上看,不仅是具有特定的内涵的,而且是赋有明确的指向性的,那就是归依西方的政治导向、经济体制和文化形态,悖逆社会主义制度、精神和现实生活,悖逆马克思主义的人生观、价值观、认识论和方法论。这样的"人权"及其对时代文化的迁延与渗透,当然是我们所不能认同和不能接受的。

诚然,人权是人类追求的理想和崇高目标,但人类本身并不是一个一成不变的和高度统一的群体,而是始终处于动态和发展之中的具有不同历史背景、社会制度、经济形态、文化传统和政治属性的若干群体。正因为这样,人权在这若干群体中的具体内容和实施过程,也便自然是不同的。各个民族、各个国度不仅可以有自己的人权观点,而且也可以在人权实施上走自己独特的道路,任何人也没有权力把一国的人权模式强加于别国,更没有权力以此作为标准而衡量别国是否具有人权,是否尊重人权。

恰恰在这一点上,西方的某些政治集团和政治势力犯了一个常识性错误,他们总是爱用自己的人权观念和人权尺度,去认识和衡量中国的人权问题和人权状况。与此同时,却又率然抹杀和否定了中国人民所获得和所享受的最实际、最充分的人权,率然抹杀和否定了中国人权自身所具有的广泛性、公平性和真实性等基本优势和特点。

那么,他们的人权观念和人权尺度又是什么呢?

这就是:对内通过对社会劳动的剩余价值的不合理攫取,使全国绝大多数财富集中在极少数人的手里,形成尖锐的政治对立和贫富悬殊。以美国为例,全国1%的人口就占据了全国37%的财富,在一个个百万富翁恃资驭权、不可一世的同时,失业、乞食和无家可归者的长蛇阵却在急遽膨胀。据不完全统计,美国每年都有30万至300万人无家可归。即使在首都华盛顿,每年冬天都有冻死人的现象发生。就连美国前总统卡特近日也不得不发出惊呼:"美国有很严重的人权问题,我们有很多人无家可归,没有房子住,找不到工作。仅在纽约就有5万人露宿街头。"另外,在西方世界,民族压迫和社会伤害也十分严重。仍以美国为例,白人和黑人就有很大的差异。且不说美国本来就是在屠杀印第安人的血泊中建立起来的,就说现在吧,美国仍旧存在着"皮肤越黑,地位越低,经济越穷"的现象。《黑人法典》《吉姆·克劳法》等官方文件,就是专门对付黑人的。有34%的黑人因贫困而负债累累,黑人的文盲比白人多2倍。在参议院100个议员中竟无一个是黑人;在

500 名众议员中,黑人也只有 22 名。至于美国的社会伤害,那就更厉害了。仅以 1990 年为例,每 10 万美国人中,就有 8 人被杀死(中国不到 2 人),300 人被杀伤(中国不到 7 人),70 多名妇女被强暴(中国不到 4 人),200 人被抢劫(中国为 7 人),5000 多人被盗(中国为 160 人)。

看看谁的人权状况好?看看谁有资格讲人权?

在对外方面,西方世界更是通过"人权"喧嚣而对发展中国家进行政治讹诈和经济掠夺。现在,发展中国家负债已超过 11000 亿美元,西方世界每年从这些债务中即可获取利息 1000 亿美元以上。美国是一个只有 3 亿人口的国家,每年消耗的能源却占全世界能源消耗总量的 40%。据统计,在从 1981 年至 1987 年的 6 年中,仅仅通过银行渠道,拉美国家流入西方世界的款项总计已超过 1800 亿美元。此后,这个数字仍在与日俱增,不断飙升。

当然,经济掠夺只是一个方面,更主要的还在于政治目的。西方的权威人士就曾直言不讳地说,他们倡扬"人权国际保护",其目的就在于"堂而皇之地干涉别国内政"、同不友好国家捣乱和攻讦对立的社会制度,强迫第三世界国家俯首帖耳甘当原料基地和工业品市场,进行颠覆和和平演变,促进西方利益,扩大赞成西方人权价值的范围。一位西方高级谋士在他的一本新出版的书中,向美国政府进谏道:"倡导尊重人权影响极大,意义深远,可加速共产主义衰亡的过程。人权是现今时代最有吸引力的观念。西方大声疾呼尊重人权,已使所有共产党国家处于守势。"至于美国前国务卿舒尔茨,那就说得更明白了:"我认为,人权体现了美国及其所捍卫的利益中心"。[①]

显然,西方的人权观念和人权标准,是赋有强烈的政治性质和明确的战略目标的,那就是:"以敌制敌",用经济掠夺、政治讹诈、军事颠覆、外交攻讦和和平演变等手段,向各种存在与潜在的对手实行"Low impact Conflict"(低强度战略)的控制方式。

二

在对西方的人权观念、人权标准、人权性质、人权目标及其实施的方法和途径等有了基本的认识之后,我们再来分析其向文化领域迁延和渗透过程中所形成的

---

① 舒尔茨:《1982 年 7 月 13 日在美国国务院外交委员会的讲话》。

政治黑癜、思想块疣和美学积垢，就容易抓住症结和洞见底蕴了。特别是通过对诸如"高扬人的'主体性'""无限地'表现自我'""回归人的原始本性""催动人的个性彻底解放""尊重人的'做人的权利'""要'克礼复己'，着意表现人'如何失去主体性'、人性'如何受到压抑和扭曲'"等言论的分析，就更能襁其华衮，撄其本质，扼其要害了。

西方人权理论在文化领域中的迁延物尽管是五花八门的，但"人性"问题始终都是其基础和核心。许多问题都是从这里生发出来，最终又回归到这里的。

人性问题是个既老又新的问题。过去虽然屡有涉及和论争，但新的时代、新的生活和新的思潮，又总是要不断地赋予它以新的命题、新的文本、新的材料和新的意蕴，灌注了西方人权理论之汁液的"人性"论，就是与以前的同类问题大不相同的，它在反文明、反道义、逆进步、逆变革的道路上更有新招数，也走得更远，陷得更深。甚至可以说，在本质上它是彻底的反人性和反自由的。因为它的所谓"理论"一旦付诸实施，人性就会堕落为兽性，创作自由就会蜕变为恣意妄为，并会因极少数人的意识——行为肆虐，而殃及最广大的人民群众的刚健意识、理想追求、审美情趣和正常的、向上的生产生活秩序，从而造成改革精神的消泯、创造性思维的萎缩、审美情趣的颓唐和社会发展的停滞与倒退。

人性是什么？尽管对于这个问题的解释历来聚讼纷纭，但使之在反人性的道路上趋于极致的，则当推经过西方人权理论浸渍的所谓"新潮'人性论'"。新潮人性论的本质内容就是要张扬和鼓吹人的野性、私欲，肯定并确证人的"本性恶""犯罪欲""排他性""里比多"和极端个人主义，把人的本性和本能置于同文明、道德、法律、伦理、社会秩序相矛盾、相对立、相冲突的地位，使人性在本质上与社会的进步呈逆向运转，并使人的精神境界、生活内容和思维方式从升华中溅落，从崛跃中沉沦。

一如"高扬人的'主体性'"。在这个命题下，把人的主体性强调到高于一切、大于一切、重于一切的程度，并且高居于客观事物和社会生活之上，支配并主宰着客观事物和社会生活的发生与发展，而"主体性"的本身又是完全按照其"内在需要"驭制和索取客观物，并在这个过程中求得自我人性的满足与膨胀。

如此"主体性"，不仅是违反现实社会实践的基本规律和基本事实的，而且也是不可能和不仁道的。诚然，马克思主义并不否认人的主体性，而且是充分肯定了人的主体性的价值和作用的。但是，马克思主义同时也认为，人的主体性是有限度的，是受客观条件和客观规律的支配和制约的，只有当它"使人类本性的发展与自然界的相互作用之间取得一种和谐的统一"的时候，只有当它切实做到了"合理地调节他们和自然界之间的物质转换"①关系的时候，才能够发挥正常的、有效的作用。至于这"作用"本身是积极的，还是消极的？那则要取决于这主体性及其承载者的立场、观点、认识、方法、意志、情绪、道德、品质等的确否与优劣。这也就是说，积极的、进步的主体性，与相反的主体性所发挥的作用和所产生的后果是完全不同的。对于先进力量和人民大众来说，所倡扬、所鼓励、所发挥的，都永远只能是积极的、进步的和符合客观实际、契合客观规律的主体性，而绝不是相反。事实上，任何违背人性本质自身存在和合理发展的、缺乏内在积极因素和奋发进取精神的所谓"主体性"，都不仅不会促进正当人权的合理实现，而且还会使人权变形、易质，并在具体实现过程中发生错位和阻隔。

又如"无限的'表现自我'"。这个人权命题的本身就是违逆生活逻辑、艺术规律和道德规范的。"自我"者，创作主体本身也！"表现'自我'"，当然是表现创作主体本身了。至于"无限的'表现自我'"，则更是将这一悖论和逆理推向了极致。这就是说，一个作家、艺术家为了膨胀自我的人性，实现自我的人权，就必须把创作主体和创作对象、审美主体和审美对象合二而一，就必须把观照的目标、审视的范畴和描写的焦点，统统折返到自己身上。这也就是说，作家、艺术家的全部任务，就是描绘自己、塑造自己、表现自己、抒发自己，乃至主客观世界完全在"自己"的身上得到重合和统一。

首先，这是不可能的。主客观世界从来就是两个既有紧密联系，又有本质区别的物质单元，而创作主体与创作对象、审美主体与审美对象，在本义上也是不能合二而一的。文化和文艺是表现人生的，是表现社会的，并通过艺术地描写和准确地把握而赋予社会和人生以全面的景观、深厚的蕴寓、积极的意义和进取的力量。唯其如此，创作才有价值，作品才有意义，作家、艺术家们的劳动才受到社会和人民的赞许与肯定，并被尊为"人类灵魂的工程师""社会文明的创造者""人伦德智的弘扬者"。如果不是这样，而只是一味地表现自我，那不就这一切都不存在了么！人们只能把文化看成是与社会、与人生无关的消闲物，把创作看做是创作者自己的私事，乃至于把作家、艺术家看成是蝇营狗苟、浑浑噩噩的营私者。能说这样的创作者实现了自己的人权么？当然不能。

其次，举凡执意"表现'自我'"的作家、艺术家，不论他自己的感觉多么良好，

①《马克思恩格斯全集》第25卷第92页。

其结果都必然是对自己阴冷的感情、幽秘的心灵和狭隘的生活感受与人生体验的消极晾露,并必然要对社会产生负效应,不仅使文化与文艺本来具有的认识功能、教育功能和审美功能消泯殆尽。而且还会在艺术领域中和人生道路上造成诸多"黑箱"和误区。

实际上,创作主体全面地观察生活、深刻地理解生活、准确地把握生活和艺术地描绘生活的过程,同时也就是最有效地表现"自我"的过程。因为在这个过程中,他是用自己的眼光、自己的感情、自己的体验和自己的情趣,去观察、感应、选择与评价客观生活的。在他对客观生活的艺术描写和宏阔概括中,时时、处处都有着他自己——他的人生体验、感情色彩和艺术个性,他的思想品格、理想追求和道德评价,乃至他的生命、灵魂和精神。在鲁迅的作品中,有着民族魂、国家事,也有着生活的脉搏、战斗的烈焰、人民的心音和历史的脊梁,唯独没有着意表现他自己,更没有丝毫显露和张扬"自我"的意思。但是,谁都能从他对生活的真实而典型化的反映中,从他对人民的真实而艺术化的描写中,强烈地感到他的存在,真切地认识他的人格。毛泽东把鲁迅引为挚友,对鲁迅精神作了最准确、最全面的概括,称赞"鲁迅的骨头是最硬的,他没有丝毫的奴颜媚骨",认为"鲁迅是在文化战线上,代表全民族的大多数,向着敌人冲锋陷阵的最正确、最勇敢、最坚决、最忠实、最热忱的空前的民族英雄"①。根据是什么呢? 根据就是鲁迅的作品。以他本人而论,不仅没有和鲁迅直接交往过,而且也根本不认识鲁迅。他只是鲁迅作品的一个忠实的读者。他是从作品中看到了鲁迅的思想、品格和灵魂的。

文化,是人民的事业;作品,是生活的反映。创作主体只有在真实而充分地表现人民、表现生活的过程中,自然而和谐地体现自己的积极的人生观和价值观,才是正确的方法和途径。而任何撇开人民、逃离生活,只一味单纯表现"自我"、把"表现'自我'"当做进行创作的唯一发端和归宿的创作者,都不仅不会创作出什么真正有价值有意义的作品,而且也必然要在其灵魂上留下暗影、品格上留下污损、道义上留下缺憾。如此结果,哪里还谈得上真正体现和实现作家、艺术家的人性与人权呢!

再如"回归人的原始本性"。

人的原始本性是什么? 是野蛮,是蒙昧,是处于自然群落中的缺乏文明意识和道德规范的混沌状的生命品类,是刚刚从动物界脱离出来并带着浓重的动物属性

---

① 毛泽东:《新民主主义论》,《毛泽东选集》第 2 卷第 691 页。

的、非"人化"的生命个体。回归人的原始本性,难道就是要把人从现代社会、现代文明中逆转到这样的生命状态和精神境界中去吗?

这显然是不实际的,甚至是非理性和不道德的,在解放人性、实现人权的旗帜下把文明引向愚蛮,将人性变为兽性,真叫人不能不怀疑这种理论及其营造者的动机和用心。曾几何时,我们的有些作者和有些作品就是在这种"回归热"中走进思想的迷谷和陷入美学的泥潭的,从而使其作品一度成为性、禅、丑、怪、愚、蛮、荒、昧的晾台和载体。这个教训是深刻的,这样的历史也绝不能再度"闪回"。

人之所以为"人"者,最根本、最重要的标志,就在于人不是生物学意义上的动物,不是自然群落中的自发生命个体,而是具有文化品格、文明意识、道德规范、审美尺度和创造性的选择能力与劳动能力的社会生命个体。马克思在把人和动物作比较时指出:"诚然,动物也生产。动物修造巢穴或住屋,就像蜜蜂、海狸、蚂蚁等所作的那样。但是动物只生产它自己或它的小崽子所需要的东西;动物是片面地生产的,然而人是普遍地生产的;动物只在直接物质需要的支配下才生产,可是人甚至在摆脱物质需要的时候也生产,并且只在摆脱物质需要的时候才真正地生产;动物只生产自己,而人则再生产整个自然;动物的产品直接与它的肉体相联系,而人则自由地对待自己的产品。动物只是按照它所属的物种的尺度和需要来造成东西,可是人善于依照任何物种的尺度来生产,并且到处善于对对象使用适当的尺度;因此,人也是按照美的规律来造成东西的。"①马克思在这一阐发中,不仅把动物和人从本质上加以明确的区分,而且深刻地发掘和明晰地认定了人所具有的文化属性、文明意识、审美尺度和秉以高度适应性、选择性、创造性的生产能力。

基于此,所谓"回归人的原始本性",在本质意义上不仅不是解放人性和施行人权,而倒恰恰是对以文化、文明、道德和"美的规律""新的创造""自由的选择"等为基本构体的现代人性和基本人权的逆忤与沉落。

另如"尊重人的'做人的权利'"。

人,不但是有社会性的,而且是有阶级性的;不但是有思想感情的,而且这思想感情还每必分为高下优劣与庄卑正斜。所以,在解决"尊重人的'做人的权利'"的问题之前,便首先必须弄清楚这"做人"究竟做的是什么样的人? 这"权利"又究竟是什么样的"权"和"利"? 是的,在这两点未予确定之前,就无从谈起什么"尊重人的'做人的权利'"。因为在人民当家做主的社会里,只有做为人民服务、为社会

---

① 《马克思恩格斯论艺术》第 1 卷第 225～226 页。

进步和发展服务的人,其在宪法和法律范围内的正当权利,才会理所当然地受到人民和社会的尊重,并积极创造条件予以实施。反之,则弗然。

可是,在西方人权理论的怂恿下,一些"尊重人的'做人的权利'"的呼喊者,在许多时候却恰恰弃置了这个基本的前提,这就使这个命题的本身失去了文本依据,成为理论的空中楼阁,只有反面的唆动作用,而决不会产生正面的、针对性的理论、社会和心理效应。因为谁都知道,在我们的社会现实生活中根本不存在这个问题,在我们的文化艺术创作中也同样根本不存在这个问题。任何一个有理智、有良知的中国人,都会自发地作出这样一个响亮的回答:中国人民在社会主义制度下,享受着从未有过的、最公正和最充分的人权!

在人权中,最基本、最重要的,是广大人民群众的生存权、温饱权和发展权。这在水深火热、啼饥号寒的旧中国,是根本不可想象的。从 1840 年到 1949 年这百余年间,帝国主义列强先后对中国发动过大小数百次侵略战争,杀害了数以千万计的中国人民,强迫中国签订了 1100 多个不平等条约,掠去所谓的"战争赔款"和其他款项竟多达白银 1000 亿两,使中国人民受尽压迫、剥削、蹂躏和欺凌。是中国共产党领导中国人民为争取生存权和民主权而进行了长期的不屈不挠的斗争,直到解放全中国,建立新中国,开始进行大规模的经济建设。《中华人民共和国宪法》规定:中华人民共和国的一切权利属于人民,从 1953 年到 1990 年,国民经济生产总值平均增长率为 6.9%,而从 1979 年至 2011 年的平均增长率则超过 8.8%。这些年来,尽管中国平均每年净增人口 1400 余万,但人们的生活水平却在不断地发展和提高中,中国用占世界 7% 的土地成功地解决了占世界 22% 的人口的温饱问题,这不啻是一个罕见的奇迹!在中国,人民享受着最广泛、最公平、最真实的政治权利、民主权利、经济权利、劳动权利、受教育权利、文化权利等,并在以各尽所能、按劳分配为主的分配制度下,使每个人都有机会以自己的智慧和劳动,构建自己的富裕和幸福。

于此情况下,提出所谓"尊重人的'做人的权利'",并将它作为文化创造的基本命题和文艺创作的基本主题,是毫无根据、毫无道理的。抽象地奢谈"人权",并无实际意义。

三

在西方人权理论的唆动下,以资产阶级"人性论"为基础和中介而提出的"无条件的'政治民主'和无前提的'创作自由'",实际上是"高扬人的'主体性'"、"无限地'表现自我'""回归人的原始本性""催动人的个性彻底解放""尊重人的'做人的权利'"等观点的延伸和具象化,有人甚至把这说成是真正实现"克礼复己"和着意表现人"如何失去主体性"、人性"如何受到压抑和扭曲"的尚方宝剑与必由之路。

其实,实际情况根本不是这样的。第一,世界上从来就没有所谓"无条件的'政治民主'和无前提的'创作自由'";第二,这个问题对于社会主义的中国来说,毫无什么针对性和实际价值与意义。

中国的社会主义制度及其政治、思想、文化等,是最讲民主和自由的,也是最适合真正的民主和自由的普遍实施的。自从结束了鸦片战争至 1949 年那种野有饿殍、民有菜色,外有铁蹄之侮、内有兵燹之苦,上有桀政肆虐、下有腐吏为患的苦难历史之后,经过半个多世纪的奋斗,不仅为整个中华民族及其每一个公民争取来了生存权、温饱权和发展权,而且也争取来了广泛的政治民主和真正的创作自由。一切权力属于人民,人民是国家的主人——这是中国民主政治的实质;在"二为"方针的指引下,实行百家争鸣和百花齐放,这是创作自由的基本保证和核心内容。

是的,我们的政治民主,是有条件的;我们的创作自由,是有前提的。但是,这条件、这前提,非但不是对民主、自由的禁锢和限制,而恰恰是为了促进和保证这政治民主和创作自由的更真实、更合理、更有效和更有益的兑现与实施。不论是作为政治民主之立法尺度的四项基本原则,抑或是作为指导创作自由的"二为"方针,都是以维护中国的国家安全、主权完整、社会稳定、民族团结和经济发展等作为发端和归宿的,都是以繁荣创作、壮大队伍、充分发挥艺术个性、彻底解放艺术生产力、有效地提高全民族的文化素质和精神境界,作为基点和指向的。显然这既是对人权理论的丰富和发展,同时又为人权的具体实施提供了条件和保证,从而形成了与西方人权理论和人权实施状况的鲜明对比,并使之在此面前出现了巨大的落差。

关于这一点,只要看看美国白宫和各州法律中所大量存在的对政治意识形态和政治自由言论严格实行禁制和控制的法令条例,也就一目了然了。马克思主义的意识形态、社会主义理论和共产主义精神,在许多西方资本主义国家中为法律所禁止传播,这是自不待言的。就连使世界的面貌和人们的思维方式发生了巨大变化的达尔文进化论,在美国也居然以法律的形式被禁止传播。至于新闻、出版、言论、结社、游行等方面的控制,那就更严厉、更专制了。否则,就不会出现类似"小

石城事件""密西西比州事件"、马丁·路德金事件、杰西·杰克逊事件等悲剧了。

这说明,西方世界并非就是弥漫着无政府或自由主义气息的伊甸园,而所谓的政治民主和创作自由,其实只不过是出于某种政治需要而故作姿态和眩惑视听罢了。美国前国务卿舒尔茨就曾明白地说过:"摧毁共产党国家的一个主要因素,应该是其内部民主运动。"①一位美国前总统也曾踌躇满志地告诉人们:"我们有一手好牌。我们的自由和民主价值观在世界各地极有魅力……虽然并非所有人都已具有民主管理自己的能力,但几乎所有人都希望民主。"②至于"自由"这个词儿,那就更具有所谓的"魅力"和"煽惑性"了。然而,事实却是:迄今为止,世界上就从未有过什么绝对的、无前提的所谓"自由",当然也就不会有什么无前提的"创作自由"了。区别只在于这"前提"究竟是什么样的前提?设置这样的前提是为了维护极少数人的特权呢,还是为了保证最广大的人民群众的基本人权? 是为了佑护以色情与暴力为主要内容的文艺的创作自由呢,还是为了捍卫刚健的、有益的、美奂的文艺的创作自由?

中国的社会主义文艺的创作自由的前提,正是以后者为基本出发点和全部内容的。唯其如此,这样的有前提的创作自由,才是真正的创作自由。在中国,把坚持四项基本原则和为人民服务、为社会主义服务,作为创作自由的前提,其内涵和指向是非常明确的,那就是要以科学的、先进的世界观、价值观、艺术形式和创作方法,真切而艺术地反映客观世界,描绘和歌颂现实生活的巨大变革和人民群众的丰功伟绩,充分展现人们丰富的内心世界和绮丽的感情风貌,多彩多姿地表现人们高尚的道德情操和对理想的执著追求,从而在怡情、悦性和审美的过程中,启迪、激励、指引和鼓舞人们不断地升华自己,不断地奋发前进! 为此,中国为其文艺家们创造和提供了各种优越的条件,给予了文艺家们以崇高的社会地位和真诚的政治信任,在建立保护知识产权的法律体系的过程中,并实行了著作权法。在中国,各民主党派、社会团体、学术机构和群众组织所创办的刊物,已占到全国刊物总数的五分之四,而在每年出版的数10亿册图书中,又绝大多数都是个人署名的著作。特别是中国用国拨经费成立了遍布中央、省、地、县的大量文化组织和文艺家协会,设置了众多的专业文艺家编制。这在全世界都是绝无仅有的!

为什么要这样做呢? 就是为了使文艺家能有充分的创作自由,就是为了给文

① 舒尔茨:《1982 年 10 月 8 日在美国众议院的讲话》。
② 尼克松《1999:不战而胜》

艺家们实施创作自由提供充分的机遇和条件。在中国，只要不违反宪法所明确规定的四项基本原则，写什么和怎么写？完全是由作家、艺术家们自己决定的，他们可以充分施展自己的创作才能，发挥自己的专业特长，显示自己的艺术个性，体现自己的美学追求。国家为他们实现这一切提供了优厚的待遇和方便的条件。

但是，在西方世界，在美国，情况却截然相反。那里没有政府出资经办的文艺家协会和专业作家编制，除了兼职的业余作家之外，就是靠"爬格子"吃饭的俗文学作家。前者时间、精力很难保证，创作条件也不佳，后者则没有生活保证，一天爬不够一定数量的格子，一天就没有饭吃，且社会地位极其低下，作品常常被摆在杂货店或地摊上与火柴、肥皂、卫生纸之类东西一块卖。据芝加哥统计，仅在1991年，该城就有百余名作家、诗人流浪街头，晚上在大建筑物排放暖气的通风口处取暖，白天则聚在哈罗、华盛顿公立图书馆的阅览室里叫卖自己的作品。一位流浪作家透露，作为"自由撰稿人"，他的年收入尚不足5000美元。另一位流浪诗人估计，当今美国诗人的平均年收入仅2000美元。这在高消费的美国，显然是无法度日的。许多来中国访问的西方作家，都对中国作家既有稿酬收入，又有工资收入，表示了极大的羡慕。

世界上从来就没有什么无前提的"创作自由"。否则，惠特曼就不会被诅咒、欧·亨利就不会被收监、海明威就不会去自杀、伏契克就不会被绞死、裴多菲就不会被拘役、车尔尼雪夫斯基就不会被流放。当然，鲁迅也就不会发出"大夜弥天，饕蚊成阵，杀机四伏"的慨叹，中国新文学史也就不需要用革命前驱者们的鲜血去书写了。显然，问题不在于"创作自由"有无前提，而在于这前提是什么内容、什么性质的，在本质上是羁縻和限制积极的、进步的、有益的创作呢，还是支持和促进积极的、进步的、有益的创作？中国的以坚持四项基本原则为前提的"创作自由"，就是属于后者，而且是后者中具有创造性和开拓意义的典范。所以，它在本质上不仅是与实现真正的"创作自由"完全一致的，而且还是对实现真正的"创作自由"的具体保证、积极支持和有力促进！

创作自由，在中国就是这样得到了具体、真实而充分的实施。特别是当四项基本原则、"二为"方向，同"百家争鸣、百花齐放"的方针和业已建立起来的保护知识产权的法律体系形成互配、互补和充满科学精神与创造活力的机制时，就更为"创作自由"插上了奋翮高翔的翅膀，并赋予其以全新的、更加缜密而充实的含义。

保障人民的文化权益，大力发展社会公益文化事业，广泛开展文化惠民活动，坚持文艺为人民服务、为社会主义服务，不仅是符合时代潮流、社会需要和广大人

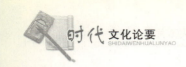

民群众的要求与愿望的,而且也是契合美学法则和艺术规律的。中国的作家、艺术家们正是在这样的时代精神、生活环境和美学机制中,享受着最实在、最充分的创作自由;中国的具有民族特色的时代文化,也正是在这样的意识导向、创作环境和美学机制中,不断地得到了新的繁荣与发展!

四

　　人权问题、人性问题和"政治民主与创作自由"问题,从来就不是抽象的,而是具体的;从来就不是非意识形态化的,而是具有鲜明的社会性的。所以,不同社会、时代和国家,由于各自的历史背景、社会制度、经济状况、文化传统不同,其对人权的认识和看法、赋予人权的具体内容和实现人权的方法与途径等,也就不会完全相同,甚至是大不相同的。中国,作为一个有5000年文明史、13亿人口、960万平方公里国土、经济还不够发达的发展中国家,作为一个以马克思主义为意识导向的社会主义国家,作为一个既有着灿烂的古代文化,又有着遭受帝国主义列强侵略、瓜分、掠夺、欺凌的近代屈辱史的国家,特别是作为一个把坚持四项基本原则作为立国之本、把实行改革开放作为强国之路的,正在集中力量发展社会主义经济的国家,对于人权的观念、认识、内容和实施,都是自有其特点和优势的。

　　这,无疑应当成为认识和评议中国人权状况的一个基本前提。正因为如此,中国既不允许用某一国家的人权尺度来度量自己国家的人权状况,又不允许借口"人权问题国际化"而干涉自己国家的内政,尤其不允许对中国以所谓的"保护人权"之名,而行渗透、颠覆和"和平演变"之实。在这个问题上,中国始终旗帜鲜明地坚持马克思主义的人权观,即:人权不是天赋的,也不是人的自然属性所固有的,而是历史发展的产物;人权不是普遍的、超阶级的,而是具体的、有阶级性的;人权内容是发展的,而不是固定不变的;人权具有一定的限度和范围,而不是绝对的和不受任何限制的。

　　在马克思主义人权观的指导下,结合中国的具体特点和实际情况,广泛、公平、真实而积极有效地实施人权方略,已经在中国结出了累累硕果。这是举世公认的。中国的作家、艺术家们也同广大中国人民一样,享受着最真实、最充分的人权,并在他们自己身上和他们的创作实践中不断地实现着人性的解放和升华,实现着自由与纪律、民主与法制、权利与义务、创作自由与社会责任的和谐匹配与高度统一!

第 *5* 章

汉语交流是中国文化走向世界的桥梁

在全球化背景下，文化的交流、交融与交锋日趋频繁和激烈。而汉字和汉语所处的地位与所起的作用极其重要。特别是《汉字五千年》电视专题片的播出，更凸显了我国文化的深厚根基与强大魅力。

一

中华民族引以骄傲的是我们不仅拥有悠久而灿烂的文化，而且还是世界上唯一从未断裂过的文化。从黄帝的史官仓颉造字迄今，虽说历史已经走过了五千年的风雨沧桑，但强韧的中华民族所呈现给世人的却始终是充满活力与自信的进取姿态和青春风采，原因就在于它比任何国家和民族都更能获得传统文化的浸润与滋养。此间，汉字的功德殊莫大焉。因为如果没有汉字的承载和赓传，灿烂的中华文化和悠久的中华文明就会随着时间的流变而归于销铄与湮灭。经时益彰、历久弥新的汉字，既是中华文化得以传承与发展的介体和载体、又是中华文化实现繁荣兴盛的根基与依托。

随着中华民族的新跨越和新崛起，随着我国综合国力和国际地位的不断抬升与加强，汉语已经越来越成为一门风靡全球和影响世界的国际"显学"，成为中华民族在世界舞台和国际交往中的形象标识与强大工具。正是在这种背景下，国家汉办（孔子学院总部）组织强势创作团队，精心制作了8集大型人文专题纪录片《汉字五千年》，用以向国人传播汉字知识，向世界推广汉语教学，为展示和提升中国国家形象而提供了一个既张扬时代性又极具历史感的文化范本。纪录片在中央电视台首播后，反响强烈，好评如潮。

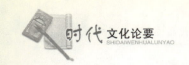

《汉字五千年》以汉字的起源、发展、嬗变与创新为主要线索,并在广泛旁及中国历史文化与社会民生的多维演进和剧烈变革中所形成的大量史实与事实的基础上,科学而形象地勾勒了汉字发生发展的内在动因、外部条件与历史必然性。片中《人类奇葩》《高天长河》《霞光万道》《内在超越》《翰墨情怀》《天下至宝》《浴火重生》《芳华永驻》等题目所要诉之于世的,都是一些与汉字发生发展紧密相关的时代脉络与历史事实。与此类题材通常纯客观述事与说理的表现方式截然不同,本片锐意创新,不仅采取了动漫的方式、摹史的方式、言情的方式,而且还别出心裁地采取了溯史轶与讲故事相结合的方式,从而为干瘪的历史躯壳注入了鲜活的艺术灵魂,使枯萎的时代年轮萌生出浓厚的美学意蕴,这便极大地唤醒了人们的欣赏自觉与强烈的审美欲望,让人们在高度自觉和无限欣悦中循着由汉字所开辟的历史通道而一步步地走进了中国文化的阃奥,并在对中国文化的高度认知与认同中进行深刻的文化反思,获得高雅的审美享受。

《汉字五千年》是讲汉字起源与发展的历史的,但却绝不仅仅止于对汉字肇始与变绎的历史诉说,而是在这个过程中更多地赋予了汉字历史以社会内涵与人文情怀。作品绝不仅仅止于对题旨要义的平直阐释与线性叙述,而是在这个过程中更大地调动了极具开拓精神和创新勇气的艺术匠心与美学创意。正因为如此,这部专题片得以在逻辑化的叙事和哲理化的思辨中始终充盈着盎然的诗意和审美的情愫,甚至还时有一些动人的场景和腾挪的故事在不可抗拒地撩起人们的意蕴和拨动人们的心弦,让人们在理性地接受文化认知的同时,也欣然地享受了情韵的感化与美学的熏陶。

《汉字五千年》除了编创者的匠心独运和刻意求蹊之外,更得济于汉字自身文化内涵的无限丰富与深邃。在五千年的变绎和发展中,无论在意蕴上,抑或在形态上,汉字都达到了登峰造极的地步。首先,汉字表意的丰富性是世界上任何一种文字都无法比拟的,像"仁""理""法""和""德""智""信""道"这些字,其实早就不是一个单纯的字义了,它们所代表和涵盖的往往都是一个很大的概念、很广的意蕴和很深的思想。特别是同一个汉字在不同的时空和不同的语境中,也常常会产生不同的含义。更有一些汉字,即使是在同一时空和同一语境中,也会秉具多种含义。这就使汉字远远超出了仅为记事符号和交流工具的范围,而明显地赋有了文化的内蕴和学术的意义。其次,汉字的形态多样和维度广阔,就更是世界上其他任何文字所不能比及的。不仅对篆、隶、楷、行、草的书写早已演化成了一门艺术,而且不论人们用哪种笔纸书写汉字都会充分利用和享受三维空间所提供的极大自由度。由横、竖、点、撇、捺所构成的汉字,就是这样在极尽指事、象形、形声、会意、转注和假借之功能的同时,也使书写者最有条件和机会发掘自己的艺术潜质与发挥自己的创造才能,于是也便有了甲骨文之神秘美、钟鼎及篆体之古朴美、隶书和楷书之端庄隽秀美、行书和草书之飘逸悠迤美。王羲之、陆机、褚遂良、颜真卿、柳公权、张旭、怀素、苏轼、黄庭坚、米芾、赵孟頫等人都是用同样的笔纸写同样的汉字的,但却能写出不同的形体、不同的神韵、不同的况味和不同的美,由此足见汉字所潜在和具有的广阔艺术天地与绚丽美学宏庑。

《汉字五千年》在循着汉字发生与发展的轨迹,用镜头和画面向人们解读历史的同时,也更以细腻的描绘、饱满的热情和生动的画面,让我们从汉字中源源不断地获得文化的自尊、自强和自信,并充分运用汉字的独特优势和巨大功能,积极而有效地实现时代和事业的新跨越,创造国家和民族的新辉煌。特别是在文化全球化的大背景下,汉字和汉语不仅历史地成为中国文化走向世界的桥梁,而且也历史地成为世界认识中国的脸谱与名片。作为中华民族文明起源的标志和中华民族源远流长、富有生命力的文化载体,汉字所代表和所象征的,必将永远都是民族的智慧结晶与时代的精神成果。

二

本章之所以在一开始便要对《汉字五千年》作出肯定性的评价,主要是基于以下三个原因:一是汉字本身的悠久历史、丰富内涵和优美的形态与意态,值得予以高度赞许和充分肯定;二是汉字承载和赓延着中华民族五千年的文明历史与精神内存;三是在全球化背景下我们尤须以高度的自觉和自信积极营造汉语的文化品格与强势地位,并以之而建设中华民族所特有的信息系统、传输方式、交流平台和独立的语境与语义构体,以增强在国际交流与国际竞争中的主动性与话语权。

这是形势的需要,这也是时代的期许。因为在信息时代,随着传输介质的变化和在国际交流中主体语言使用频率的失衡,常常会使汉语处于一种尴尬的境地,要么成为国际流行语言中的一种附庸,要么被国人于不经意之间加以弱化、淡化和浅化。在这种情况下,我们不仅有责任为汉字汉语正名,而且更有义务为汉字汉语注入新的生活内容和新的时代精神,并逐渐形成特有的和个性化的语义与语境,以期在国际交流中跃上主体地位,趋于强势方阵。只有这样,才能与我们的经济、政治、文化和社会发展相匹配,也才能在国际舞台上显示出中华民族的文化魅

力与社会尊严。其实,在实现中华民族伟大复兴中,促进汉字和汉语的地位凸显与强势发展,亦理应和定当是其不可轻觑的要义之一。

这是必然的,也是必须的。任何时候,文字和语言的发展都总是要与社会的进步取同一步幅、合同一节拍的。英语为什么会成为称雄当今世界的国际性语言?就因为英国曾经的强盛和美国新兴的发达。曾记否?就在距今并不遥远的18世纪,称雄世界的流行性语言并不是英语,而是法语。那时候,法语不仅是外交场合和上流社会的通用语言,而且也深为俄国人和美国人所钟爱与青睐。甚至,在俄罗斯贵族社会中讲法语的人比讲俄语的人还要多。至于如今称霸全球的美式英语,那时候简直就是不足挂齿的村言野语了。然而,随着美国的崛起和法国的式微,当初被讥为"乡村英语"的美式英语也便随之而渐渐地取代了法语的地位,并成为一种通行世界的强势语言。对于此,法国人尽管耿耿于怀,并采取了许多抵制英语影响的针对性措施,如不许用英语做广告,限制英语歌曲在法国的流行,大力强化法语在社会生活和国际交往中的影响力等,但最终都无济于事,美式英语还是越来越广布、越来越强悍了。及至今日,英语已势不可当地成为法国商务领域中的通用语言。尽管他们很不情愿,可又无奈,在经济全球化的今天,只有装上英语这个武器,才能畅行天下,应对裕如。真是国家兴而语言兴,国家衰而语言衰。当然,这个公式在特定情境下也可以反过来写,即语言兴而国家兴,语言衰而国家衰。

这种现象,在中国的历史与现实中,也同样默然地演绎着,不断地再现着。

迄今,在世界所有的古代文明中,中华文明不仅极为丰富而灿烂,而且是唯一延续至今的文化形态与文明板块,这不能不归功于汉字和汉语的有效记录与连亘赓传。否则,中华民族的文化何有?文明何在?正是由于汉字汉语的记录和承载,才使以"六经"系统为代表的王官之学和以"子学"系统为代表的诸子之学得以承传与弘扬,并构成了中国古代文化根脉与精神架构的砥石和宏庑,使中华文明泱泱于世,泽被以远,不仅塑造了每一个炎黄子孙的灵魂,而且也为全人类提供了精神、思想、智慧和道德的文本、圭臬与范式。这无疑是中华民族对世界文化与文明的巨大贡献。而在这一成就与贡献中,汉字汉语功莫大焉。也正是在这个过程中,能否充分而熟练地掌握和运用汉字至关重要。因为汉字汉语只是提供了一种认知工具和表达方式,而要使这"工具"和"方式"发挥有效作用,还在于主体对之的熟练掌握与恰切运用。从现实情况看,确实不容乐观。由于网络语言和强势语言的冲击,对汉字汉语的认知高度和使用密度正在降落和稀释,乃至一些拥有高学历的人群,对汉字汉语的掌握和运用也常常难以过关。中国的绝大多数人对汉字的认识和理解都趋于越来越生疏和肤浅,也正是这种生疏和肤浅,才使汉字汉语的丰富禀赋和内蕴魅力难以被深度发掘和充分展现,并由此而造成了汉字亲和力与吸引力的大幅衰减,至少对于一些浅尝辄止者是这样。因为无知者无道亦无畏。比如,知名高校复旦大学的中国学生在汉语言文字的比赛中,居然败给了留学生。而广东参加高考的一万考生在文言文翻译、十万考生在造句题上竟然仅获得零分。甚至,就连一些具有高学衔和高职称的知识群体,对汉字的辨析和驾驭能力也极差,误读误写的现象早已是司空见惯。上海有一个名为《咬文嚼字》的杂志,居然时时刻刻都能从大媒体和大作家的汉字书写中找出纰漏和差错,更遑论什么让他们充分展示汉语的优势与魅力了。与此形成鲜明对比的,则是"英语热"的持续性走高和"网语热"的狂飙式盛行。而今,中国已有38000万人在学习英语,有5亿多人用网语交流。据国际学生评估项目(PISA)的考察统计,认为中国学生对英语的掌握和了解,比许多澳大利亚学生还要好。而上海学生在数学、英语、科技素养方面的世界排名,则独占鳌头。毫无疑问,这当然是可喜可贺的大好事。不过,与此同时,我们也不能不思考与此相关的另外一个问题,即作为母语的汉字汉语难道就可以理所当然地越来越被边缘化、越来越无足轻重了么?

答案自当是否定的。因为任何工具理性都不应当和不能够排斥和取代人文精神。工具理性只是一种技能,而人文精神则是素质与灵魂的所在。对于一个智能健全、精神高尚的人来说,自然是必须具有人文精神的。也只有具备了人文精神,才能更好地掌握和运用工具理性,并使其以正确的方法发挥正确的作用。另外,仅以母语和外语而论,那也是只有真正学好了母语,才能真正学好外语。否则,对外语的所谓"熟练掌握"最终也只能是归于空壳化和无对象化。世界上的任何一个翻译家,其走向成功的第一秘诀都无一例外地在于首先和充分掌握了母语,并成为母语书写和母语释义的佼佼者。否则,他就不会成为真正的大翻译家。在中国,鲁迅、郭沫若、巴金、曹靖华、傅雷、查良铮、叶水夫、瞿秋白、高莽、周立波、杨春绮、王亚楠等大翻译家,又有哪个不是精通汉字汉语并能将之运用到"百炼钢化为绕指柔"的熟练程度呢?当然就更不用说完全不懂外语却成了大翻译家的林琴南(林纾)其人了。何以如此?唯因其在对汉字汉语的掌握和运用上,达到了别人难以企及的高深造诣。

此外,母语的重要性还在于它是其民族成长和社会发展的伴随者和印证物。世界上举凡趋于较为成熟的民族和社会,都有自己的文字和语言。中华民族,乃洋洋大观;中国社会,乃煌煌耀世。正是在这个过程中,汉字汉语从无到有,从简到

繁,从低到高,从犷到雅,整个儿影印并推动了中华民族和中国社会的兴盛与发展。特别是在对文明和进步的缔造与促进上,汉字的作用就更是无他可为、无他可代了。中华文明有5000年的历史,而从汉字产生至今,已超过了6000年的岁月沧桑。显然,中华文明是汉字得以产生并充分发挥了作用之后才逐渐形成的。成书于明万历年间的《白水县志·帝纪》及清人梁善长撰写的《白水县志·人物列传》中均有记载:"仓颉,轩辕皇帝左史,观奎星圜曲之势,察鸟兽蹄行之迹,依类象形,始创汉文字鼻祖。"自仓颉首创"鸟迹书"之后,汉字经过了一个漫长的发展过程,大体上沿着甲骨文、金文(钟鼎文)、大篆、小篆、隶书、楷书、行书、草书的发展脉络一路走了过来。其间,汉字不仅成为中华民族无可旁代的书写形式、表意工具、信息记录和精神载体,而且竟发展成了一种书法艺术,并因此而产生了李斯、曹喜、梁鹄、张芝、杜度、钟繇、皇象、索靖、许慎、卫夫人、王羲之、王献之、僧智永、欧阳询、虞世南、褚遂良、薛稷、颜真卿、柳公权、张旭、怀素、钟绍京、李世民、苏轼、黄庭坚、米芾、蔡襄、宋徽宗、赵孟頫、文征明、祝允明、傅山、郑板桥、金农、邓石如、何绍基、吴昌硕、唐兰等文字学家和书法艺术家。正是他们的创造性成就,才不仅使汉字的形表意态日臻完美,而且还形成了极具中国风格和中国气韵的书法艺术。特别是经过先秦诸子和以屈原、司马迁、李白、司马光、沈括、关汉卿、郭守敬、罗贯中、曹雪芹、顾炎武、王国维、鲁迅等为代表的一代又一代仁者和智者的创造性劳动,已使汉字无与伦比、无可旁代地成为中华文明的徽志与标识,成为中国人的精神展示与智慧集群。想想看,如果不是借重于汉字的表达与记录,那么,所谓的中华文化与中华文明,不就都会无一例外地陷入历史的隧道和时间的黑洞之中并无可奈何地归之于销铄与湮灭么!更何谈我们对今天和今后文化繁荣与文明复兴的崇高礼赞与热烈期许!

从汉字的发明与发展,到笔、墨、纸、砚的发明与发展;从唐初雕版印刷的发明和应用,到1441年德国金属匠古登堡等人发明金属活字印刷术;从1840年专门用于大规模生产植物纤维纸浆的机器的出现,到1605年德国斯特拉斯堡市出现的世界上第一张报纸,都不仅标志着世界文化的长足发展,而且也显示了围绕如何扩大和加速文字传播的质量与效能而展开的无限探索与创造。就中,有着6000年历史的汉字,不啻是策动这一探索与创造的源头与肇基,而且更是促进这一探索与创造的机锋与动力。

对于汉字,我们只能是除了敬畏,还是敬畏。而实现这种敬畏的优化途径与最佳选择,就是积极传承、丰富和发展汉字,并在这个过程中通过我们的具体行动而使其不断地趋于纯洁、规范和丰赡。特别是面对全球化的历史进程和网络化的社会变革，我们必须有一种高度的自觉和坚定的自信，那就是捍卫和发展汉字，永远都是我们实现中华民族伟大复兴的题中之义。因为汉字的形成和流行不只是代表它所图示的特定对象，而且更包括与图像相关的世情、史迹、情韵与精神。即使是在互联网统治世界的时代，即使是面对所谓的文化快餐和工具理性的强大吸引与诱惑，我们也绝不能随波逐流、本末倒置，更不能将思想和文化的堤坝一任网络信息狂涛的冲决与淹没，尤其不能将蕴藏于汉字之中的族心与国魂让位于金钱和利欲的吞噬与蚕蚀。因为诚如《浅薄》的作者尼古拉斯·卡尔所说："利用网络代替记忆，……我们将面临被掏空大脑的风险。"而更为可怕和更需警惕的则是：鄙薄和淡化汉字的地位与效能，则无异于是对民族尊严的斫伤和对文化建设的解构。

在地球越来越成为"村"和信息越来越成为"流"的时代里，任何文字和语言都必然会是在交流中达臻丰富，在变革中实现发展的。汉字当然也是这样。不过，这种丰富和发展的基础和前提则永远都是坚守与传承。没有坚持与传承，也就谈不上创新与发展。只有当坚守、传承、创新、发展成为一种链式联运机制之时，汉字汉语才会真正进入刚健的生存状态和良性的发展空间，并成为中国走向世界的步履与跫音和世界认识中国的户扉与名片。

第 6 章

全球化背景下的文化安全防范

文化安全是文化得以生成、存续和发展的基本前提与保障条件。在任何时候以任何形式所进行的任何文化建设与文化创造,都应当首先采取有效的安全防范措施,以保证文化的果实不遗落,文化的基因不变异,文化的功能不衰减,文化的性质不蜕化。特别是在信息时代,面对文化的全球性交流、交融、交锋日渐频繁,文化安全问题便尤为令人瞩目。

正是在这一背景下,自 2003 年首次提出"确保国家文化安全"的要求之后,我国就一直对这个问题高度重视,并将文化安全与政治、经济、信息安全相提并论,特别强调指出:在世界多极化与经济全球化深入发展的国际环境中,文化在综合国力竞争中的地位和作用更加凸显,增强国家文化软实力与中华文化国际影响力的要求更加迫切。因此,维护国家文化安全的任务也便随之而成为战略之虑与当务之急。

一

文化不仅是民族的精神基因和人民的心灵密码,而且也是社会进步的动力和时代变革的徽志。它的重要性,就像阳光和空气对于人的生存一样,虽然习焉不察,但却瞬息无舍。一个国家和它的人民具有什么样的禀性、素质、精神和灵魂,大抵都是由其所拥有的文化造成的。正因为这样,文化的安全与否,就常常会与这个国家和人民的思想脉动、精神追求、思维方式、意识走向等紧密相关,并能从中察识和破译出诸许深蕴的奥秘。特别是伴随着后工业时代的到来,在文化密码所隐藏的诸多信息中,除了精神层面、意识层面、社会政治与道德伦理层面的内容外,更平添了经济、科技乃至军事、外交等方面的内容。这就使文化越来越成为具有鲜明集萃特征的信息平台与资讯源流。

毫无疑问，文化所蕴含的信息量和资讯量越大，保护其安全的重要性和紧迫性也就越大。特别是在文化基因、文化版图、文化体系、文化肌理、文化资源、文化形制、文化人才、文化技艺、文化市场、文化品牌、文化价值观和文化创新力等方面，就更应提高警惕性，筑牢防护墙。因为在这些方面一旦出现安全隐患，就极有可能造成精神或物质方面的巨大损失。须知，在全球化背景下的文化考量与文化竞争，由于各个文化主体的实力不均衡、信息不对等以及文化发展程度的差异和抗冲击能力的不同等原因，就很容易使相对处于弱势地位的文化面临安全风险。

在这个过程中，看似受制于一系列章法与规约的国际秩序，实际上却常常要让位于"丛林法则"，从而在客观上造成西方文化的强势驱动，遂使我们的文化难免要遭遇排斥和挤兑，以至在许多时候都不得不处于逼仄地位。于此情况下，本质上秉有普世性和霸权性的西方文化便自然要施展其覆盖功能与吞噬伎俩，以使我们的文化在被挤压中失去藦生能力和扩展功能，乃至其虽赋有强大内蕴和文明资质却仍不得不暂时处于相对的弱势地位。

这几乎是不可避免的。正如马克思和恩格斯所指出的那样："资产阶级由于开拓了世界市场，使一切国家的生产和消费都成为世界性的了。……物质的生产是如此，精神的生产也是如此。各民族的精神产品成了公共的财产。"[1]也正是在这个过程中，由于不公平的竞争法则与分配原则，必然会导致出现安全隐患。华勒斯坦在其世界体系理论中就曾用三个类型来划分和概括世界上的所有国家，即核心国家、半边缘国家和边缘国家。在这样一个由三类国家所构成的运动空间中，全球化所带给各个国家的利弊是完全不同的。其基本格局是发达度越高的国家，就获利越多，其安全系数也就随之而越大；次发达和不发达国家则不仅获利会出现递减，而且其受损的程度也会不断递增。何以如此呢？因为在全球化的运动空间中，发达国家是圆心，也是利益所在的中心。而从圆心投射到周边的半径则分别为次发达国家和不发达国家。半径不同，决定了这些国家获利或受害的程度不同。其函数关系是：离中心位置越近，就获利越多；越远，则获利越少。反之，离中心位置越远，就受损越大；越近，则受损越小或完全不受损害。这一由不同半径所决定的利弊关系，同时也就决定了在全球化进程中不同国家所面临的安全风险的有与无和大与

———

[1]《马克思恩格斯选集》第 1 卷，人民出版社 1995 年版，第 276 页。

小。事实上，当今世界不同国家间的安全程度和安全效能就正是在这样一个圆与力的运动关系中被规定了的。而这种规定对于发展中国家和尚处于落后状态的国家来说，显然是获益少，付出多。这不仅表现在经济、政治等方面，而且也表现在文化上，并由此而导致了文化安全风险的增大。

此种现象，常常会在客观上造成文化安全的陷落。而文化安全的陷落则又不可避免地要使我们的文化基因、文化传统、文化体系、文化版图、文化肌理、文化资源，特别是文化价值观和文化创造力，受到压制、削弱与损害，甚至还会招致西方发达国家的文化殖民。也正是在这个过程中，于不知不觉间，甚至是于陶醉和欣悦之中而自觉领受那溶解于文化之中的西方意识形态、生活方式与价值观念，并任其传输、扩散、膨化和发酵，以至逐渐造成价值观念的颠覆与精神堡垒的失陷。

这并不是危言耸听，而是一个实实在在的现实。自从约瑟夫·奈提出"软实力"概念之后，西方政要便高度认同、一致喝彩，认为这是对西方世界战略图谋的新总结与新提升。新在何处？新就新在它超越了以往对这一内容的传统性概括与表达，既强调了价值观的吸引力和普世性，又显示了其外在的广泛适应特征与亲和力，从而使西方的世界战略图谋变得更具文化情韵和更有人情味。"软实力"所表达的内容，正是对一个多世纪以来西方所遵从的霸权思维和控制战略的更加巧妙的解读与阐释。同样的内容，马克思表述为"现代资本主义"，沃勒斯坦表述为"资本主义世界体系"，罗伯逊表述为"多维度的"，吉登斯表述为"现代化"，波尔穆特表述为"全球文明"。与之相比较而言，"软实力"之论就显然是西方世界战略图谋的新总结与新提升了。它抹去了实际存在的政治意味和西方色彩，而以一个具有文化韵致的中性词汇出现于世界语境之中，不仅大家都能接受，而且大家也都在使用。"化"的妙处正在于此，而西方化主导全球化的妙处就更在于此。

其实，软实力并不等同于文化力、精神力、宣传力、竞争力，它在本质上是一个政治概念，其所凸显的始终都是意识形态的西方操控与资本主义走向，并力求在功能上强化和泛化西方价值观的吸引力与普世性。而今，仅在影视、传媒领域中，无论制作量、传播面和票房收入，美国都占到了世界总额的70%以上。而如此庞大的文化制造与文化传输，不仅挤兑了别国民族文化的生存机遇与发展空间，赚取了大量经济利益；而且在输出其价值观的同时，更利用其传媒优势和话语特权而肆意丑化、抹黑、攻讦别国，极力压制别国民族文化和国家意识的舒张与发展。据对美国《纽约时报》《华盛顿邮报》、美联社、CNN等主流媒体涉及有关中国报道与评论的统计，在篇目数量方面负面的占一半，中性的和较为客观的占一半。而在文字量方面,则有 90% 以上都是丑化和攻讦中国的。当然,丑化和攻讦只是"西化""分化"的手段之一,他们更大量、更经常、更隐蔽和更普遍的做法,则是"淡化""腐化"和"溶化",即通过文化浸渍和精神麻醉而淡化我们对马克思主义的理论信仰和对社会主义前途的信念;动摇我们对市场经济法则的恪守和对廉洁从政原则的遵循;消泯我们对崇高政治理想的追求和对纯正人生价值与生命意义的向往,并力图使我们在此背景下变为背离核心价值观的迷途者和失却精神家园的嗜利者。

显然,这种由对文化安全的失控所造成的思想易帜与精神溺靡,对于我们来说乃是具有不能承受之重的。所以,我们必须清醒地看到,国际敌对势力正在加紧对我国实施西化、分化战略图谋,思想文化领域是他们进行长期渗透的重点领域。我们要深刻认识意识形态领域的复杂性,并采取有力措施加以防范和应对。应当如何加以防范和应对呢?最直接和最有效的方略和措施,就是坚决而持久地维护国家文化安全。而要有力有效地维护国家文化安全,则必须在以下四个字上下工夫,即"防""创""强""广"。也就是采取措施,防范域外不良文化的侵入;加大力度,创造最具活力与魅力的中华文化;打造精品,力促中华文化在全球化进程中逐渐处于强势地位;开拓市场,不断扩大中华文化在世界文化总格局中的覆盖面与影响力。

这是必要的,尤其是必须的。否则,在全球化背景下的文化交流、交融、交锋中,中华文化就极有可能会在不对等与不均衡的情况下被倾轧,被吞噬,被斫伤。"不战而屈人之兵"本是中华文化的天才创意,当然不能使其成为西方强势文化对垒中华文化的战略策技!而事实上这恰恰是我们文化安全所面临的一个不容回避的问题。

二

中华文明虽然并不是世界文明的肇始,但却是世界文明中能够完整地保留和延宕至今的唯一。何以然?最重要的原因就在于它的基因没有遭到流徙和破坏。文化基因是存活在文化传统、文化肌理与文化版图之中的,并由此而决定了文化传承对于文化安全的重要性。文化的个性、特色和优势,在很大程度上是由其基因所造成的,而文化基因能否有效遗传,则主要决定于文化环境是否适宜和文化交融是否适度。环境的不稳定和交融的不合理,是造成文化基因衰减与流失的主要原因。而对于中华文化而言,恰恰在这方面具有得天独厚的先机与优势。五千多年以

来，中华文化既未随着国家版图的变化而迁异，又未因外族的入侵而销铄。它始终都是在相对稳定的社会人文环境中，以本体文化的特质和主体文化的定位而选择性地接纳与汲取着外来优秀文化，并将之变为有益营养，合理融入自身，从而使自身更丰富、更强大，而绝不是丢开本体、失却主体，一任外来文化所吞噬与同化。

在全球化的时代，这个问题显得尤为突出而严峻，也自然要成为我们保护文化安全的首要之策和当务之急。在文化安全中，文化基因、文化版图、文化体系、文化肌理和文化价值观与文化创造力的安全，始终都是首要的和主要的。其次才是人才、资源、技艺、品牌、市场等方面的安全问题。因为前者是脉动，是灵魂，是主体，是根本。而后者则是在此基础上所产生的承载物与衍生品。没有前者，就绝不会有后者；前者一旦衰变，后者则必定易质。文化的价值观与文化的创造力不仅形成和体现在文化的版图、体系与肌理之中，而且它连同这一切都均系文化基因的赓续与造化。所以，在保护文化安全中首先要做的工作，便是以高度的自觉性和强烈的责任心而全力秉持、守护、创新和发展文化的民族特点、地域特色与时代特质，以使我们的文化不仅个性鲜明、品格优越、质地佳尚、内蕴丰富，而且更具有历史感、社会性、创新能力与包容精神。

只有这样，才能保护和扬励我们的文化基因、文化肌理、文化版图、文化价值观与文化创造力。而要做到这样，则必须在文化建设、文化创造和文化服务的全过程中始终保持中华文化的本体、本性、本色与本质，并以此为原点和节点而展开选择性的汲取与包容性的吸纳，进行开放式的创新和升跃式的发展，以使我们的文化既不因交融而失却本体，又不因创新而改换门庭。不论交流多么频繁，交融多么深切，交锋多么激烈，它都能从容应对，依然故我，舒张自如，进取有序，始终保持和呈现出既海纳百川，又不改本性；既广撷英华，又为我所用；既目逮全球，又立足本土；既悉心传承，又锐志创新的高雅韵致与开阔风度。只有这样，才能做到在保全自身、强化自身、提升自身和发展自身的前提下，同时又游刃有余地投入文化的全球交流、交融与交锋，并笃定会从这种全方位、立体化的多元对接与相互角力中赢得主动权，跻登新高地，逐渐形成精粹、独特而气象恢宏的文化品位与精神风采，并以其活力、实力与魅力而快速凸显中华文化在世界文化之林中的强势地位与强大阵容。不但在任何情况下都不会迷失自我，更不会丢失自我，而且在任何时候都能以独禀的个性和特殊的标识而充分彰显中华民族的文化身份、历史脉动与思想内曜。

在这个过程中，抵制和防范当然是必要的，但创新和发展更是必须的。由于全球化的过程，首先是文化全方位裸露和大面积碰撞的过程。而无论裸露和碰撞，都会使文化了无遮拦，产生溢出效应。这样一来，就会使对方的文化战略有更强针对性和更高命中率，并因此而产生更大的腐蚀面与杀伤力。比如美国在对华文化输出中就无时不以现实的策技而兑取预设的战略，明确提出了"三片""六化"的攻讦计谋与战取方式。企望通过好莱坞大片、肯德基薯片和硅谷芯片的对华输出而改变我们的精神环境、思想面貌与生活方式；更企望通过"西化""分化""淡化""丑化""腐化""溶化"等觊觎之为，而使我们改变信仰，失却信心，消解精神，迷失方向，放弃追求，俯仰西方。而这一切，又主要都是采用文化的方式进行的。一方面以其强势文化的压倒优势而逼迫我们民族文化与先进文化退却和让位；另一方面则借力类似后现代主义、新自由主义以及西方式人权与民主的所谓"普世真理"，渍染和蜕变我们民族文化与先进文化的意识导向和精神内蕴，以使之成为其文化仆从与思想附庸。而当这一切都是以赋有吸引力和征服力的"文化"形式进行时，就不仅会使人们失去警觉，而且更会令人们昏昏然乃至欣欣然接受。前些年，正当电影《泰坦尼克号》风靡全球之际，韩国人却能克制欲望，硬是不去影院接受这美国大片的经济攫夺与精神洗涮。而与此同时，他们却能祭起颇为壮观的影视"韩流"，并使之迅速席卷世界。其文化安全的防范意识，由此可见一斑。

的确，在维护文化安全中，防范不仅是必要的，而且是重要的。但防范却绝非封闭和固守，更绝非自囿和内敛。最有效的防范，永远都是自强和自律；而最有力的防范，则始终都是开拓与创新。

文化基因、文化性质与文化效能，最终都是要寄寓在具体而实际的文化产品、文化活动与文化服务之中的。所以，自强和自律的最佳体现，就是务求使文化产品精粹化、文化活动庄尚化和文化服务优质化。果能此道，我们的文化当然也就会渐呈优熠与强盛。而在这个过程中，自律的作用至关重要。自律，就是恪守文化道统，遵从文化规约，秉持文化真、善、美的本质，弘耀文化信、雅、达的品格，发挥文化养心、硕智、激志、诠理、崇德、倡义、向善、趋美的特殊功能，并为此而力戒以文逐利，怂文恶搞，挟文骛怪，假文炫丑；坚持按照文化的法则创造文化，遵从文化的规律发展文化，运用文化的方式提升文化，驭动文化的机理繁荣文化。特别是要防止对民族文化采取虚无主义，对传统文化奉以否抑态度，将革命文化视为"明日黄花"，把群众文化看作"下里巴人"。与此同时，却一味沉溺于慕洋、炫洋、袭洋、仿洋的文化迷惘与精神迷失之中，紧紧盯着斯德哥尔摩的领奖台和奥斯卡的小金人，把文化创造的着眼点和着力点皆一古脑儿放在对利益与奖项的拼争和攫取上，并为此

而长期处于生活失据、心理失重与艺术失真的状态,以至为国家文化安全埋下诸多隐患。

这并非杞人忧天。就在近期,由中国艺术研究院对北京 10 个城区 25 所中小学进行问卷调查,结果发现孩子们对中国电影中的国家形象和华人形象的认可率只占不到 40%,而对美国电影中西方观念和美国形象的认同度却高达 73%。荧屏是最接近生活的大众传媒和文化介体,它所反映出来的社会感知,无疑是在向我们敲响警钟:为了文化安全,我们的创造者和从业者们必须高度自律。曾主祭新自由主义的一位西方政要在谈及本属无稽的"中国威胁论"时,就曾以鄙夷不屑的口吻说过:"中国没有什么可怕的,他们可以出口电视机,但他们出口不了电视节目。"此中所传递出来的信息,难道还不足以使我们深沉咀嚼与深刻反思么!

我们应当相信,一当自律精神成为文化创造者和文化从业者的自觉行为,那么,文化的自强也便会如期而至,势在必然。而要自律,就首先必须改变我们在文化建设与文化创造中的趋利、媚俗、浅薄、浮躁、无厘头恶搞、无休止闹笑、收视率为王和过分娱乐等现象,切实做到怀揣使命感,沉潜生活潮;人民为至爱,炽情颂改革;长卷弘大义,秉笔为报国;懿志铸精品,满心向崇高。

如果说有效防范是保障文化安全的基本前提和必要条件,那么,开拓创新就是保证文化安全的充分条件与得力措施了。因为只有开拓创新,才能铸成精品佳作;只有精品佳作的不断积累与合成,才能形成文化强势;只有以强势文化实现全球对接,才能在对等与均衡中赢得自身的壮大与发展。而在不断壮大和发展的文化生态与文化环境中,自然会具备维护文化安全的能力、条件与信心,从而不唯在交流中获益,交融中受惠,而且更能在交锋中处于优势和占据先机。这是由文化的本质形成的,也是由文化的特性决定的。

由于文化是精神,是德操,是智慧,是素质,是意识形态,是思想内蕴,是魅力的激扬与灵魂的诉求,所以它与一切"物"都有着本质的区别,并因此而使文化只有从被吸引、认同、接受、欣赏、消化与感动中,才能获得生命和产生价值。而不断地进行开拓创新,则是使文化获得活力与魅力、产生价值与意义、发挥功能与作用的最佳途径和最优选择。我们的文化基因、文化传统、文化精神和文化的价值观与创造力,也正是存活于这功能与魅力之中的。只要价值得到肯定,魅力得到扬播,作用得到发挥,文化的安全防范效能也就会自在其中了。

实际上,对我们文化安全构成威胁的,除了诸多外部原因之外,在其内部原因中,开拓创新不足便是主因之一。中国有五千多年的文化积累与文脉延亘,而美国却只有235年的建国史,凭什么能以文化强势而称霸全球?关键就在其始终执守于开拓创新。他们不唯在文化创造中将从欧洲带去的骑士精神、绅士精神和现代科技发挥到了极致,而且其从中国文化中所猎取的要件和元素,也是数不胜数的。花木兰、孙悟空、熊猫、武术、《道德经》《论语》《庄子》《易经》《孙子兵法》《资治通鉴》以及四大文学名著等,皆为其开发新项目和创造新产品的内容之源与智慧之渊。至于日本、韩国和欧洲一些文化强势国家,则更是离开中国文化元素几乎寸步难行。许多韩剧全然就是对中国历史文化的现代演绎,而日本则抢注了中国古典名著的诸多商标。他们连同欧美的一些游戏企业拟从中国武林技击小说、神魔剑侠小说、社会武侠小说和言情武侠小说中开发新项目,打造新品牌。更有甚者,日本光荣公司为了抢注《三国志》商标,竟不惜将一部著作分割为《驰骋沙场》《战记》《网络》《无双》等8个系列。而巨摩公司在抢注"西游记""水浒传""三国志麻将""巨摩三国志麻将"等商标时,也都是煞费苦心,做尽手脚。

类似这样的例证,确有不胜枚举之忧。若单纯防堵与抵挡,显然效能可虞。只有我们在不断加大自身的开拓创新力度,并以其作为资源和素材而不断创造出具有强大魅力和足以征服人心的文化产品与文化鸿绩时,才能从根本上解决这些问题,并在主动进取中以扩大辐射面和加强影响力而筑起有效的文化安全屏障。

文化的"人本"性质和精神铸冶与品位提升功能,决定了文化安全的重要性与特殊性。它不仅是民族得以传承、国家得以维系、人民得以贤睿、社会得以文明的根本保障,是国家权制、政策规制、社会伦理与生活秩序得以建构和运行的重要基础,而且更是整个民族、国家和人民的精神核质、思想爝炬、前进导向与发展动力。故此,我们必须对文化安全高度重视,并以具体措施和实际行动而高质量高效能地完成防范任务,积极创新防范方式,大力提升防范水平,不断完善防范体系。特别是要在持续的开拓创新中变消极防范为积极防范、被动防范为主动防范、对应防范为战略防范、粗疏防范为科学防范。

强力防范,是为了文化的创新发展。而要实现文化创新发展,则必须保障文化活力与文化安全。

2012年6月18日于太原